国际商法评判系列丛书

"一带一路"法律 / 国际商事争议解决

国际民商事关系法律适用法评判

INTERNATIONAL COMMERCIAL LAW

邢 钢 / 著

中国法制出版社
CHINA LEGAL PUBLISHING HOUSE

国际商法评判系列丛书总序

人生没有白走的路，每一步都算数

1998年，本人本科毕业于中国政法大学国际经济法系，转眼间到现在已经20年了。在这期间，本人一路在中国政法大学攻读硕士、博士学位，师从法学大师赵相林教授一直从事国际法中私法和经济法相关领域的研究。赵老师所倡导的从司法审判与仲裁的角度来研究法律问题对本人影响深远，这是本人学术的起点，也从此确定了本人研究法律问题的基本基调与走向，更为本人从事法学教育事业奠定了坚实的基础。

本人在攻读硕士和博士之时正值法律自考培训的繁盛期，因而从事了大量法律课程的讲授，那时可谓什么课都讲，现在想起来，本人曾经讲授过的课程就包括：民法、商法、经济法、民事诉讼法、刑法、宪法、行政法、公司法、合同法、国际法、国际私法以及国际经济法，也就是除了法理与法制史之外，几乎讲授过所有法律课程。对这些课程的重新学习和讲授，不知不觉间使本人思考和解决法律问题时能打破法学学科界限和实现法律知识的融汇贯通，更为真正践行我的导师赵相林教授倡导的务实法学研究方法提供了方法和知识上的储备。当然，在此期间也开始接触司法审判和仲裁实践，更加丰富和加深了本人对法律的理解。

从2006年起，本人进入北京师范大学法学院从事教学和研究工作，在此期间，也承担了大量的教学任务，相对固定地一直讲授国际私法、国际民事诉讼与仲裁、国际经济法、国际贸易法、国际投资法、国际金融法、海商法、模拟审判实践，从现在算来，也有12年了。在教学科研之外，本人有幸也从事了一些法律实践工作，对法律的运作和理解更为成熟和全面。本人一直有一个想法，就是把这十几年研习、讲授这些课程的内容逐一进行整理记录下来，但是，不是以教科书的方式，而是按照自己对相关问题的思考以评判的方法展现出来。如果条件允许，本人愿意在此评判系列中一本一本写下去，并在每年春天到来的时候令其如约而至，这也是一件美好而有成就感的事。

习近平总书记强调指出，要以“一带一路”建设为重点，坚持引进来和走出去并重，遵循共商共建共享原则，加强创新能力开放合作，形成陆海内外联动、东西双向互济的开放格局。深化“一带一路”建设、推动形成全面开放新格局，是推动构建人类命运共同体的伟大实践，开辟了我国参与和引领全球开放合作的新境界，这自然需要国际私法与国际经济法提供相应的法律支持。在此重大背景下，本人将以往十余年对国际私法与国际经济法的所学、所思与所得进行整理，形成一个国际私法与国际经济法相关内容的评判系列丛书，可能是在做一件有意义的事。时刻保持自我约束和克制，随时保持阅读和思考状态，发现并解决问题应是为学者之本分。

这一路走来，本人不管是师从赵相林教授从事法学研究、还是硕士博士期间的大量授课、工作中的授课以及从事法律实践工作，都应是对该评判系列丛书的一种积累和积淀，人生没有白走的路，每一步都算数。

2018 年注定是不平静的一年，唯有爱和奔跑伴我左右。面对世事多艰，我们依旧心存感恩，愿我们的国家更加美好强大。最后，我最想说我爱你们，我的亲人和朋友！

绪　论

当我们谈论到国际私法时，总是离不开国家和国家之间的关系。按照传统的国际私法理论和方法，我们总是在寻找与法律关系有最密切联系的国家，也就是案件所在的“本座”。按照现代的国际私法理论和方法，我们在确定适用法律之前首先要分析一个国家在某一案件中是否有“利益”。这自然也是可以理解的，因为现存世界是由具有不同法律体系的地域国家所组成，这是国际私法产生的主要客观现实。但是，如果我们走出通过国家地域或者国家利益来审视国际私法案件的思维定式，我们所能看到的现实情况是，在国际私法领域中，我们实际处理的是私人主体之间的关系。在最近十年的国际私法法典化浪潮中，我们必须承认的是，当事人可以自由地选择适用法，这一点在国际私法立法中得到极大的发展。

国际私法发展到今天，传统国际私法产生的环境已经发生了翻天覆地的变化，随着时代的变迁，经济、政治和文化有了新的内涵，价值认同也与过去有了很大的差异。传统国际私法确立的以地域主权为基础，划分立法管辖权的冲突规范在调整国际民商事交往方面就有些力不从心，对传统国际私法的批评声和变革的呼声此起彼伏，美国冲突法革命就是在这样的呼声中声势浩大地展开了。但是，革命过后，国际私法规则基础依旧还是保留了原有的框架，不过，国际私法的价值取向已经发生了深刻的变化，原来直接关注的地域主权和国家利益，已经发生了转移，人们开始重新认识国际私法的性质和目的，开始重新强调国际私法的“私法”特性，至此，国际私法的价值取向开始产生新的聚焦，最终归宿为在坚持国际私法基本私法原则的基础上，实现国际私法新的政策目标。

传统国际私法所主张的最重要的政策目标是，不管法院地在任何地方，实现结果的一致性和可预测性。人们希望结果的一致性能促成在社会经济事项方面的国际协调和合作，并且对适用的法律作出预测。因此，促进法律秩序生成、确保稳定性和消除“挑选法院”现象，这三点可以保证在法律选择中实现平等对待和非歧视。这是任何法律领域都值得追求的价值。然而，在法律选择中实现统一司法判决的实质措施要求在所有法律体系中有统一的法律选择手段。很显然，这样的想法是不现实的。而且，法官为了避开机械、统一的法律选择规则所产生的不可接受的结果，会公开求助于规避手段，这必定会破坏判决的一致性和可预测性。

环顾四周，我们会发现人们已经知道在该领域内如何适时而变。这样来看，现实的观点是，我们没有必要在每一个法律选择案件中都要求结果的一致性。在许多情况下，并不需要结果的普遍一致性，或者法律选择的其他目标已经淡化了这样的目标。而在一些情况下，由于政治、社会经济、人文或技术上的条件，判决结果的一致性已经显现出来。在确保实现具体跨国利益的需求被敏感觉察和广泛认同的情况下——如便利多国商业活动，相似的法律选择标准就易于出现，这或者是通过独立的法律演变或者是通过以多国条约形式表现出来的。这样一种法律选择标准通常易于体现出那些对争议有极为重要利益国家的法律适用。比如，个人的母国优先关注于他的婚姻状况，同样，财产所在国在保护财产的登记制度和确定地方土地的权利方面就有优先的利益。

在国际生活需要的情况下，结果一致性的合理程度最好通过多国协作来保证，如相互采纳统一的法律选择标准。为了达到统一适用和实施，这样的标准必须简单、直接，更多应采纳传统的制度指向模式（system-pointing mold）。我们同时也必须认识到实现这样的目标不是免费的，有时是以牺牲其他目标为代价的。

涉及外国因素的情形往往会呈现出基本法理上的困境：通过外国法律标准来判断个人行为的合理性和公平性。在国际私法上，法律公平性要求当事人和对权利与义务作出评估的法律标准之间存在合理联系。而这种合理联系的概念通常是依据确保当事人对适用法的合理期望的要求而表现出来的。

保护法律关系中当事人的正当期望是所有法律中一个值得称赞的目标，当然也包括国际私法。当一个人是依赖于 B 国的法律来从事某种行为，非常明显的是，让他按照A国的法律来承担责任是不公平的。同样，突然让某人的交易适用某一禁止性或规范性法律，但是对于该法的适用在相关时间内不可能被预测，这也是不公平的。因此，实现当事人正当期望的需求在国际私法中具有很重的分量。于是，我们对它的生命力赋予了一些主要的法律选择原则，其中最为重要的就是“意思自治”原则，其大意是当事人能为自己选择适用法。这也使得在跨国侵权案件中允许当事人在争议发生之后协议选择适用法（没有对第三方当事人造成歧视）的方式受到支持，当然，我们不应过分夸大主观可预测性和信赖的重要性。但无可否认的是，承担着实现当事人正当期望保护的“意思自治”原则，成为贯穿国际私法的一条主线，并践行着国际私法本质上是“私法”的特性。

要通过法律保护当事人的正当期望首先必须要该期望真实存在并易于现实确认。当这样的期望真正不存在或不能确认时，把真实期望赋予当事人就会导致法律推理的混乱。确实，设想当事人总是能对支配他们活动的法律标准形成具体的期望，在许多情况下是值得怀疑的，在含有外国因素的情况下尤其如此。

在私人安排、事前计划的活动领域，如跨国商务领域，依据对适用法的真实期望进行推理是有意义的。在归入这个范畴的许多情况下，当事人确实易于留心他们计划好的活动的司法暗示，并且基于获知的相关法律标准的考虑制定他们的商务政策。比如，参与跨国商务活动的公司很可能预测所涉外国法的联系（如与产品责任相关的法律），并且在决定价格或获得保险范围时考虑这些法律。所以，尽可能保证实现当事人对调整他们跨国活动的法律规范所形成的受行为影响的期望是合理的。

然而，对于大量通常没有任何目的的事前法律安排的活动，情况就完全不同了。在这种情况下，依据对适用规则的主观期望进行司法活动就难以让人信服。当人们通常几乎或根本不知道对他们行为可能产生影响的法律调整，支持当事人的正当期望便可能仅是一个空洞的口号。因此，大量的普通人身伤害的侵权案件就不应该简单基于主观当事人期望的概念来进行司法推理。在社会活动中，参与者不易于基于事前对潜在适用法的考虑而从事社会行为，因此确定的法律选择期望概念是不适合的。

现在，要求当事人与适用法适当联系的理念可以依据确保法律选择的主观期望（当这种期望真实存在的情况下）得以说明。然而，体现在这个理念中的基本的公平原则超越了维护当事人具体法律选择期望的目标。这个原则传递出这样一个基本思想，即在法律选择过程中，当事人和法律制度之间存在充分的重要联系是对公平最低限度的要求。这是一个客观的标准，没有必要与任何真实或设想的对适用法的主观期望有联系。按照这个标准，依据外国法律规定判断行为的公平性最终依赖于让当事人事前对潜在外国法的内涵注意是否是合理的。如果当事人能合理承担起对事件的可能跨国调整的公平注意，我们可以得出，在当事人和外国法之间确实存在适当的联系。公平注意意味着，当事人在相关时间内可能合理感到相关法律与个人、财产、机构、事件的可能联系或潜在影响。因此，一般认为，在当事人真实或合理注意到可能涉入潜在受外国法律支配的事项时，他不会抱怨自己与该法律规范缺乏充分的联系。同样的原因，希望实现客观公平注意理念的法律选择方法应该限制与当事人没有适当联系的法律予以适用。

建立在以制度为指向的法律选择规则基础之上的传统方法认为，在涉及外国因素的案件中，应该指定适用诉因地法（lex causae）。传统制度指向的法律选择规则由两部分构成：事实类型分类（如合同、侵权等）与连结因素（空间位置联系，如侵权行为地）。一旦事实识别为属于既定的事实类别，适用于该类别的连结因素就会指导法院适用所指定的法律，这可能是法院地法，也可能是外国国家的法律。因此，可以这么说，传统的法律选择规则基本是制度选择（system－selecting，也可以称为管辖权选择）。它试图指向一个国家，而该国的法律就是判决案件的法律。这样一种指向被认为是独立发生效果，完全不考虑适用法的具体规则内容，当然也不关心实体结果本身的价值。这样一种多边规则试图在法律选择过程中实现公平、互惠、确定、一致和易于适用。然而，传统制度的批评者对传统规则实现这些目标的真实能力提出质疑。特别是，当指向公共秩序和直接适用的法律这样一些规避手段时，多边制度指向手段就融合了地方化的狭隘单边主义。

与传统的制度指向的范式相反，现在的规则选择方法在法律选择中寻求实现社会法律制度实体法利益的最大化。不是仅仅依赖于传统的连结因素，规则选择方法要求对具体实体法律规则进行功能的分析。这样一种思想的独特点在于它的基本假设，即所有法律标准都是试图促进一些特有的社会关注和社会利益，我们可以把它限定为“公共政策”“政府利益”“社会经济目标”等。因此，在具体情况下，适用这些标准（不管是本国的还是外国的）就必须系统分析这些标准所支撑的目的，以此来决定人和地域涵盖的范围。按照这种观点，所有法律标准的正当范围只能通过审视和估量它们具体的基本原理。单单基于传统的空间连结因素和完全忽略特定适用法律的旨意和目的来选择法律，其唯一的结果只能是无理性和无效果。法律选择的过程必须基于实体规则所体现的社会目标进行功能分析。

毋庸赘言，这样一些规则选择方法易于造成适用法的随意。而广泛和随意的自由裁量与结果的一致性和可预测性不符。这就要求我们对法律标准试图实现的政策功能获取可靠的信息，这样的信息还要能提供一种一致的认同，以避免随意的猜想。这就要求我们针对“私法”本身的特性来分析它的价值取向和所要实现的功能目的，依据私法中不同部门法所要秉承和实现的价值为出发点来构建国际私法规范是一条可行的路径。

确实，适当情况下，在法律选择过程中，促进法律秩序中对实体法的关注是应该提倡的一个政策目标。只有含有不同价值目的的实体法律得到合理适用，我们才能实现法律规范的价值目的，这样才能得到人们一致的认同。因此，在确定适用法的选择过程中，我们一定要考虑分析实体可确定的社会经济收益和损害。只有进行这样的实体功能分析，确定的适用法才会尽可能接近我们普遍接受的价值观念和社会目的。

现如今，随着科学技术的发展，特别是交通和通信技术的发展，为人类的跨界交流提供了物质条件，这使得一切事项能够迅速被掌握；人类对加强自由交往和市场经济的共同认同感，真正使世界各国紧紧联系在一起，全球化的浪潮可谓一浪高过一浪，难怪人们感叹世界变小了，我们生活在一个“地球村”中，这种趋势必然带来政治、经济、文化理念的变化，其中就包括了法律理念的变化。交往和近距离的接触，带来了法律理念的认同，进一步寻求更加便利交往的法律手段，在形成法律选择标准时，吸收、合作和融合成了主色调。自发地进行国内限制和调整本国地方狭隘的政策目标以促成相互合作和妥协，这样的国际协调，不光体现在法律选择方法方面，更加凸显在国际统一实体规范方面。这是不可阻挡的国际趋势，也是人类文明进步的结果。

国际私法发展的路径依旧只在当下环境中具有合理性。在此当中，各种价值观念和取向聚集起来，其中的价值观念是可以相互抵消的，如何尽可能地实现价值的协调和融合是国际私法一直谋求的发展方向。现如今，国际私法经历了反传统和激烈的革命之后，理性主义得以回归，平静中的人们认识到国际私法只有在立足于其私法本质的基础上，兼顾其他方面的价值取向，才能构建出符合时代需要的法律规则。这样在坚持原有冲突规范的主体框架内，赋予实体法内容的关注就成为现在国际私法的路径选择。

本书以国际民商事关系法律适用作为主要研究对象，分别从国际民商事关系法律适用的基本原则、价值、方法、法典以及具体规则等维度展开深度探讨，全方位、全景式地展现出国际民商事关系法律适用的所涉问题，为国际民商事关系法律适用法作为未来我国民法典的一篇作出先行的理论研究与探索，更为服务“一带一路”建设提供法律保障。具体而言，本书由五编、二十章构成，其中，第一编是基本原则论，主要探讨了国际民商事关系法律适用中国家主权原则的承载、变迁及私人利益保护原则的构建与勃兴。第二编是价值论，主要分析了国际民商事关系中私人秩序的构建，国际民商事关系中实体正义的实现以及国际民商事关系中秩序与正义的和谐共融。第三编是方法论，主要阐明了国际民商事关系法律适用中的单边主义方法、多边主义方法、实体主义方法以及经济分析方法。第四编是立法论，主要研究了国际民商事关系法律适用法的法典化进程与中国涉外民商事关系法律适用法的立法分析。第五编是具体规则论，主要阐释了公司法律适用规则、代理法律适用规则、合同法律适用规则、物权法律适用规则、知识产权法律适用规则、票据法律适用规则、信托法律适用规则、破产法律适用规则、婚姻家庭法律适用规则。通过上述对国际民商事关系五编二十章的分析，既有理论意义，也有实践意义，这不仅有立法上的考量，更有司法的指导。

目　录

第一编　基本原则论

第二编　价 值 论

第三编 方 法 论

第四编 立 法 论

第五编 具体规则论

第一编　基本原则论

第一章　国家主权原则的承载与变迁

国际私法总是与主权原则有千丝万缕的关系，甚至可以说，主权原则成了国际私法得以构建的基础。然而，围绕主权原则，国际私法的争议就一直未停止过。不可否认的是，主权原则是国际私法产生的基础，不管是学说理论，还是调整方法，都体现着这样一个理念。

一、国际私法中主权原则的历史承载

法律选择中的根本问题，即主权问题，从开始就以各种形式苦恼着每个国家。它也使冲突案件大大区别于法院以普遍基础处理的更为普通的国内案件。几个世纪以来，"礼让"一词一直出现在冲突法的著作中，作为表达这样一种理念的简捷方式，即国家在和平共处与和谐关系的利益驱动下，应相互表示出遵从和尊重。以此行事的一种办法是一国法院应允许另一国的法律在本地域范围内发生效力，至少是在对法院地国的重大利益没有妥协的情况。在斯多利所著的具有广泛影响力的著述中，把地域理论的理念建立在礼让之上，而且承认这个词所暗含了超过礼貌或教育的内容，也加进了道德义务的含义。按照这样的观点，一国法院对另一国的法律表示尊重就不仅仅是对另一国主权礼貌上的尊重，还可以看作对自己主权的确认。①

坚持认为这个世界是由独立和自治的地域所组成，这就要求谨慎地考虑两个国家之间彼此影响的领域（范围）。因此，每个国家主张他们自己的法律在其领域范围之外是没有效力的。而这只能按照普遍承认的国际私法的原则进行解释，好像他们的效力明示限于这个国家。每个国家都有权力制定自己的法律，每个国家的法律应是不同的。与这些法律所牵连的行为应由一国或另一国的法律来裁判，好像这已经落入一国或另一国的地域范围内。这种观点虽然历史久远并且语言华丽，但它蕴藏

---

① See, e. g. , Joseph Story, *Commentaries on the Conflict of Laws*, *lawbook Exchange. Ltd*, 29, 33, 35 (1st ed. 1834).

着深深的确信，这就好像是对于法院来说，没有其他的结果可以想象。

在19世纪，地域概念对司法理念产生了深刻的影响，在政治结构中，没有人想对每个国家在自己的领域内制定法律规则的排他权力提出质疑。这样看来，遵循事件发生地所产生的法律后果只能由事件发生地所在国的法律来衡量。这种准三段论的演绎推理的动力反映了对国家性质和应该存在于他们之间关系的基础价值判断。

除了与这些理念相协调外，在冲突法中把地点作为问题的裁判者还应当具有其他属性。首先是选择法律原则性的方法——这种原则性是建立在排除偏见的意义上，除了明显赞成地域的不可侵犯性之外。这样，法院不必真正选择法律，他们可以单单适用正当地域原则针对事件所提出的法律。既然这样一个优先选择适用法实际上决定了谁赢谁输，法院对案件的结果就没有任何限制，基于相同的原因，法院就不会偏爱自己的法律或自己的居民而无视其他国家的法律或居民。这是一种简单和容易的方法，其要求的仅是相关法律事件的地域位置。作为一种规则，决定如下内容是没有任何困难的：伤害发生地、合同缔结地或履行地、不动产所在地、个人财产所有人住所地，这种规则是确定的和可预测的。因为他们被如此广泛接受，他们利于产生一致的结果，几乎消除了潜在的挑选法院的弊端，既然不管诉讼在任何地方提起，规则总是能提供相同的适用法，那么挑选法院就没有任何意义。

这种地域性规则演变于广泛认同的关于国家主权性质和他们之间权力范围的信服。至少，在理论上，这些规则没有任何偏向，他们具有确定性和可预测性，并易于使用，会产生统一的结果。比尔作为哈佛大学杰出的教授，看到这些特性并以此为优点，在20世纪早期努力以统一体系为选择法律进行合并。由比尔作为报告人的冲突法第一次重述出现在1934年，并且著名的三卷评论出现在一评之后。比尔的成就是显著的，特别是重述，它是对地域主权理论的重大归纳。①

总之，传统国际私法认为，如果承认构成国际社会的各种关系是为了使某种秩序得以建立并且应该服从某些规则的话，那么这种秩序不可能忽视法律冲突。事实上国际秩序的基本观念之一是权能的划分：应该尽力划分不同国家各自的权能的范围，以便避免冲突。而在公认的各种国家权能中，最基本的大概就是制定法律的权能，因此，国际秩序就不能不管这种权能的实施范围，因为它关系到其他国家的这种权能。忽略这一点，同一种私法关系可能因此先后得到相反的解决；在有关的关系中，由此而产生的麻烦可能很严重，而且可以认为这是没有很好划分立法权能造

---

① Restatement of Conflict of Laws (1934). See Herbert F. Goodrich, Yielding Place to New: Rest Versus Motion in the Conflict of Laws, 50 Colum. L. Rev. 881, 882 - 886 (1950).

成的，私法关系的国际性造成不同国家法院同时的管辖或连续的管辖，这涉及国际秩序的根本因素，即立法权能的划分。

国际秩序观念要求划分各国的管辖范围。如果我们承认存在着一个国际社会，而且承认该社会需要一种由法律规则确定的秩序，那么，合理划分各国的管辖范围，就势在必行了。设计这样一种规则，它能确定有关的不同法律各自的范围，并要求法官根据法律规则适用有管辖权的法律，这就成为人类解决法律冲突，创设国际民商事秩序的唯一可选取的路径。因此国家和国家主权成为国际私法构建理所当然的基础，国际私法的理论由此展开。以下我们具体来看：

早期的冲突法理论关注于地域性。法律代表的是国家权力的实施，选择法律被看作一种在竞争的国家之间分配国家权力的机制。按照地域性原则，每一个管辖区有权力调整本领域内的人和事，但是，没有任何一个管辖区拥有权力调整其领域之外的人和事①。当争议涉及跨越多个管辖区的人、行为和事时，单单是地域性不足以决定适用法。在地域的可能性中间，为了选择适用法而调整管辖区一些辅助的原则是必要的。这样各种理论就以国家和国家主权为中心展开了对国际私法的合理性解释。

19 世纪末的许多学者实际上一致承认法律冲突构成国家之间的一种冲突，或者构成国家主权之间的一种冲突。因为这涉及划分不同国家法律的各自适用范围的问题，并且，人们从中得出这样一种结论，即应该从国际公法中寻求解决法律冲突问题的原则，把这些原则建立在国家各自利益的基础上。

这种观念的提出与当时的社会环境是密不可分的。19 世纪，现代国家得到很大发展，主权观念强化，因此，人们认为，国际私法虽然调整的是一种国际性私法关系，但这并不意味着丝毫不涉及国家利益，而现实生活中之所以将私人利益置于首要位置，是因为基于国际私人贸易所要求的效益和公平原则来解决冲突，必然符合相互依赖的国家共同利益，正如国内民法通过私人利益实现一般利益一样。要想维护重大的政治利益（即每一个国家的共同利益），并且绝不能忽视这种利益，即外国法的适用得到承认受制于一国主权和国家利益。以下几种理论就是以此为出发点来分析法律选择规则与解释为适用外国法的原因。

（一）皮耶的理论解释②

皮耶从国家利益和国家相互间的义务的考虑出发来构建他的国际私法体系。而

---

① Joseph H. Beale，1 *A Treatise on the Conflict of Laws* § 2.1，5.2 (Baker，Voorhis 1935).

② 参见［法］亨利·巴蒂福尔、保罗·拉加德：《国际私法总论》，陈洪武等译，中国对外翻译出版公司 1989 年版，第 326 页。

且他的分析比较严谨全面。在他看来，法律的冲突是主权的冲突，重要的是弄清本国的国家主权应该在什么范围内对外国的国家主权让步，即容许适用该外国的法律。国际公法在这方面没有明确的规则。国家主权原则只要求每个国家“最大限度地尊重”他国主权。

然而，他认为，就其法律的适用范围而言，国家主权是通过法律的两种固有属性表现出来的：经常性和普遍性。一项法律的适用应该是经常的，这样才不致变化不定，而且法律应该普遍适用，即适用于它本应调整的所有事项，这样才能达到它实现某种秩序的目的。

但是，如果在国际私法上每种法律都具有这两种属性，任何冲突都不可能解决；每一个国家都将要求对其在外国的国民适用其全部法律，以保证其法律的经常性，同时，各国对在其领土上的外国人也要求适用其全部法律，以维持法律的普遍性。这样就没有适用外国法的任何余地了。

因此，他认为，要想形成一种法律冲突体系的话，就必须“牺牲”主权国家的一种属性，或者是普遍性，或者是经常性。一国的某些法律将始终保持其经常性，适用于它在外国的国民，但是这种法律将不再具有普遍性，不再涉及在该国领土上的外国人。而另一些法律将始终保持其普遍性，针对所有在其领土上的人，但是它们将不再具有经常性，不适用于在其领土外的国民。

为了确定所要牺牲的属性，皮耶根据法律的社会目的将法律分为两大类。任何法律都有自己的目的，或者以保护个人利益为目的，或者以维护公共秩序与治安为目的。在第一种情况下，对实现法律的目的来说最重要的属性是经常性。这样，一国法律保护 21 岁以下的未成年人，宣布他们没有行为能力；如果该国未成年人只要越过国境就可以完全被认为是危险的行为，那么该法律就不能实现它所追求的目的；该法律的适用就应该是经常性的。因此，在这个问题上便让本国人服从其本国法，从而牺牲法律的普遍性。实际上，每个国家都要求统治其国民。然而，有关抵押权登记的法律则必须普遍地适用，如果外国人不服从该法，不动产的取得者就根本不可能确切地知道其财产的物权负担；因此，在这方面就要牺牲经常性。换言之，在每一种情况下都应该做出较小的牺牲，如果牺牲了普遍性，法律就具有了域外效力，如果牺牲的是经常性，法律就是属地的法律。

皮耶提出并明确突出经常性的概念，这种概念似乎是属人法观念的基础，一个未成年人不应该因越过国境就取得行为能力；有些法律的适用必须具有某种连续性，否则这种法律就改变了性质。皮耶将这种思想与法律的一种必然属性联系起来。虽然根据法律的目的，与法律适用的连续性相比，似乎更直接需要法律的普遍性，但法律适用的连续性仍然是法律的属性之一。法律的权威既表示其在一定时刻的一致性，也表示它在连续时间上的一致性。而对于某些法律来说，这种连续时间上的一致性甚至可以胜过瞬间的普遍性。于是，这种法律就将保留其经常性，而牺牲其普遍性。这样就解释了为什么适用外国法。

尽管皮耶的学说内容丰富、新颖，但他的出发点并不符合在国际私法性质上必须具有的观点。他认为国际私法是研究主权的冲突，还想以一些国际立法的概念来解决这些冲突。但是，他的这种企图恰恰证明国际法在这方面不能给予很大帮助。皮耶提出国家应该最大限度地尊重他国主权的原则，这就证明他已别无他法，只能求助于国际法上并不存在的观念。

还有皮耶根据法律的社会目的将法律分为两类，这大概是皮耶学说最明显的缺陷。一般来说，国家不可能将保护个人的法律与保护社会的法律对立起来，因为所有法律都是以维持社会秩序为目的的，而同时所有法律都应该注意不能为了社会而牺牲个人。另外，一项法律首先是普遍适用的，因为它所针对的是一个集体。在法律适用中，经常性是第二位的属性。皮耶否认了这种主次关系。

（二）从国际礼让来解释国际私法[①]

荷兰国际私法学说的独特贡献主要在于国际礼让的观念，这个观念被视为外国法适用的根据。荷兰人第一次考虑到国际性的法律冲突，法官适用一个纯粹的外国法当然比适用同一个主权者批准的外省的法律更难以解释。并且，依据博丹和格劳秀斯的国家主权理论，立法权力的划分原则并未使一国承担在某些情况下适用另一国法律的责任，从而并不能导致国家之间相互使用法律的结果。从让·伍特的著作中还可以看出，只要确定了属地原则，就没有任何理由允许有某些外国法的域外效力的例外。但是，伍特实际上关心的是如何解释法律的域外效力，而不是这种效力的存在，他并不否认其存在。伍特第一个考虑国际性的法律冲突问题，他要研究一个独立的国家是否对其他国家有义务适用它们具有域外效力的法律。他根据属地主义原则对该问题做出否定的回答；根据达尔让特雷本人的思想，国家为其所象征的集体制定法律，在其领土上适用的是其自己的法律。但是，不能由此得出这样的结论：国家不能认为偶然适用某些外国法是不适当的。国家只不过是根据它对外国国家的义务而适用外国法，国家适用外国法仅仅是出于礼让，是一种相互照顾，希望外国也这样做。

胡伯在提出三项著名的解决法律冲突的原则之后，在其所著的《现代法理论》

---

① 参见赵相林主编：《国际私法》，中国政法大学出版社 2002 年版，第 38 页。

中对适用外国法作出如下的解释：很明显，这种决定（是否适用外国法——笔者注）是国际法问题而非国内法问题，因为它不是来自一国更高权力的决定，而是来自国家之间为相互便利主权权力的实施而达成的一种默示协议。

尽管有批评家认为，这表明外国法的适用应该取决于各国的善意，而不再根据法律规则的思想，这就完全否定了国际私法的存在。但后来，人们认识到，这是对荷兰学说的误读，如果存在礼让的话，这种礼让无论如何只是存在于立法者的动机之中，但是，这一规则一经确定，不管其动机如何，就同任何其他法规一样对法官具有拘束力。对于立法者来说，没有国际义务并不意味着立法者可以出于与任何法律因素无关的动机来做出决定。实际上，荷兰作者使用这个词所考虑的是集体的一般利益和人道的因素，表明国家之间达成默示协定的可能性，全部法规，不管是国内法规还是国际法规，都是这样形成的。

1834 年斯多利在美国出版了一部重要的著作，他很容易就接受了荷兰人的观点，其明确主张礼让学说，这也很容易理解，美国人与荷兰人同样具有独立的精神，同样主张特殊主义（本地主义）并有同样发达的贸易。但是，国际公法并不含有一个在私法范围内“分配权力”的原则。换句话说，并不含有一个对各国立法权的范围加以划分的原则。

（三）既得权理论（Vested rights theory）

为了解释这样的合理性，美国冲突法第一次重述的报告人约瑟夫·比尔（Joseph Beale）提出了既得权理论[①]。其可以溯追于约瑟夫·斯多利（Joseph Story）。该理论建立在这样一个观点基础之上，即每个国家对本地域有排他的管辖权。[②] 从这样的原则出发，比尔提出主张，即实体法律权利归属于一个特定的国家，并且也只有这样的国家能决定所创设权利的内容和范围。因此，判决私人争议，只有权利授予的国家法律可以适用。[③] 适用任何其他国家的法律将是对权利授予国家主权的侵犯。[④] 进一步讲，一旦一方当事人的权利已经授予，他们必须被其他国家尊重。因此，如果一特定权利在甲国取得，它就可以在乙国得到执行。这样，按照第一次重述，权利是根据创设诉因的最后行为地或事件地的法律而产生。比如，侵权行为所产生的请

---

① 对既得权理论的总结归纳，See Lea Brilmayer, *Conflict of Laws* 20 – 25 (Little, Brown 2d ed 1995). See A. V. Dicey, *A Digest of the Law of England with Reference to the Conflict of Laws* xliii (Stevens & Sons 1896).

② *See* Joseph Story, Commentarise on the Conflicts of Laws § 18, at 19 (1834).

③ *See* Joseph H. Beale, A Treatise on the Conflict of Laws 311 – 312 (1935).

④ *See* Brilmayes.

求权由损害地的法律所赋予，合同的有效性由形成合同地的法律认可，财产权由不动产所在地的法律来认定。比尔的方法获得相当的成功，这种方法出现在冲突法第一次重述中。①

（四）利益分析（Interest analysis）

利益分析最显著的形态就是布雷纳德·柯里（Brainerd Currie）的政府利益分析说。柯里的政府利益分析认为，法律的选择决定应该能实现政府利益。可以表明是否所涉国家的立法机关意图使他们的法律适用于特定的多国事实。而地域规则实际上起到了促进没有利益的国家的立法政策发展。

利益分析看来强调的是政治过程或利益集团的相互影响，而不是个人选择最适合于他们行为的法律的能力。这种强调的准确性质依赖于法院如何决定政府利益和立法意图。柯里认为一般法院应该适用法院地法处理案件。外国管辖区的法律只有在本地法院没有利益的情况下才予以适用。如果本地法院有利益，它将会适用自己的法律，即使其他国家也在案件中有利益。② 两个国家都有利益的一组案件被认为是存在“真实冲突”。柯里认为，法院地法律应该适用于存在真实冲突的案件中，因为法院是不适合承担平衡有竞争的利益重任的。至少在适用法院地法律时，一国能确定提升如包含在国内法中的本国政策和利益。

柯里在1964年对阐明他的方法作出了如下概括：③ 如果只有一个国家有利益（所称的虚假冲突），这个国家的法律予以适用。当一国法院被要求适用外国国家的法律时，应该审查各自法律背后的政策和国家确认政策是合理性的而所处的环境。如果一个明显的冲突出现，法院应该试图“适度”或“限制”解释竞争的政策以便解决冲突。法院究竟应该如何适中限定政策和限制解释一个利益是不明确的。如果冲突不可避免，法院地法适用。如果法院没有利益，但是在两个其他国家之间确实存在真实冲突，法院应该试图以不方便法院原则为理由驳回起诉，或者如果不能这样做，进入立法状况，立法机关将决定哪个利益应让步而解决冲突。

虽然柯里的政府利益分析实质上部分被冲突法第二次重述所采纳并且现今在法律选择理论中依旧占支配地位，④ 但是它也不曾逃脱批评。批评者认为利益分析过多

---

① *See* Restatement (First) of Conflict of Laws (1934).

② *See* Brainerd Currie, Selected Essays on the Conflict of Laws 183 - 184 (1963), at 183 - 184.

③ Brainerd Currie, *Selected Essays on the Conflict of Laws*, *in* Elliott E. Cheatham et al., Cases and Materials on Conflict of Laws, 477 - 478 (5th ed. 1964).

④ Restatement (Second) of Conflicts of Laws § 6 (1971). Willis L. M. Reese, *Conflict of Laws and the Restatement Second*, 28 Law & Contemp. Probs. 679, 680 - 681 (1963).

强调法律选择的国家和国家利益，强调主权原则，而完全不顾对私人利益本身的保护，这是法律选择最大的不公正。

二、国际私法中主权原则的社会历史发展变迁

在近代意义的主权观念及主权国家产生以前，正像沃尔夫所指出，西塞罗所处的罗马时代，他们认为，“除了我们的市民法外，所有其他的市民法是怎样的粗制滥造和几乎达到可笑的程度，是难以想象的[①]。”“他们拒绝采用外国诉讼人‘本国’的特定法律，显然这是因为，如果这样做了，也许要造成法律的退化。”[②]

到13、14世纪的欧洲大陆，由于资本主义经济的萌芽和发展，国际民商事交流大大加强，近代主权观念尚未发展起来，在这样的背景下，产生了以巴托鲁斯为代表所倡导的“法则区别说”。[③] 沃尔夫曾深刻地指出，冲突法“在中世纪时代的意大利城邦产生时，人们曾经认为它是超国家的法律；那时佛罗伦萨、波罗尼亚和摩德纳没有个别的国际私法体系，它们有着同一法律，这个法律是所有的城邦所共有的，而且出自同一的渊源。[④]”

15世纪末以后，世界历史发生了巨大的变化，欧洲国家率先进入了资本主义时代。随着资本主义生产方式的产生和发展，国际经济关系也发生了深刻的变化，那就是资本主义世界市场的建立、国际分工的加强以及商品和资本的跨越国界的大量流动，使大多数国家的生产、流通和消费有机联系起来，形成了统一的国际经济。在16世纪以后，资本主义工商业有了相当的发展，不但国内各地区之间的贸易关系日益密切，而且南部地中海沿岸各港口已与西班牙、意大利以及亚、非两洲一些国家有着频繁的贸易往来，具有近代意义的主权观念和主权国家尚未发育成熟，新兴的商人阶级渴望建立一个比较统一的全国性市场。在此情况下，杜摩兰适时提出了私权自治原则，强化了能充分体现商业效益的普遍主义精神。这一主张立即受到商人们的欢迎，并逐渐为整个社会所接受。[⑤]

到17世纪，总的来说，欧洲30年战争结束后，特别是《威斯特伐利亚和约》签订后，主权理论还被付诸实践，英、法资产阶级推翻了封建王朝的统治，美国进

---

① 参见［德］马丁·沃尔夫：《国际私法》，李浩培、汤宗舜译，法律出版社1988年版，第43，31，50－51页。

② 参见［英］梅因：《古代法》，沈景一译，商务印书馆1959年版，第29页。

③ 参见赵相林主编：《国际私法》，中国政法大学出版社2002年版，第38页。

④ 参见［德］马丁·沃尔夫：《国际私法》，李浩培、汤宗舜译，法律出版社1988年版，第43，31，50－51页。

⑤ 参见赵相林主编：《国际私法》，中国政法大学出版社2002年版，第38页。

行了独立战争，主权原则在法国《人权宣言》和美国《独立宣言》中都有反映。这些主权原则强调的是“绝对主权”的存在，主权是作为某个领土上至高无上的权力的存在。这样的主权观念直接影响了国际私法的整个发展路径。到 17 世纪荷兰的法学家开始把主权的概念引进了维持法则区别说的达尔让特雷学说，并对其作了发展。[①] 这种主权观念发展到 19 世纪末期，主权的对内最高性及对外的独立性和不受制约性一直受到主权者及学者们的推崇。所以，国际私法的整个理论与实践都与主权原则产生了千丝万缕的关系。

但是，不可忽视的是，在主权原则在国际私法的理论与实践中大行其道时，国际私法强调它的私法特性，要求实现私人利益的保护的呼声此起彼伏，法律选择的非主权化，在最大范围内实现私权自治，实体主义的提出和重视就逐渐成为影响国际私法发展的另一条主线。

三、国际私法中非主权化趋向的发展

国际私法，作为一种法院用来解决在国际环境下法律冲突的规则体系，主要是基于地域主权原则和国家主权平等原则。它设想每个国家有权力规范在本领域内的个人和活动，并且一国的法律和行为在另一国没有直接效果。这反映出国际私法的基本定向，表明法律的冲突就是主权国家之间关系的一种情况。但是，跨国商务活动的增加已经产生了不同的法律动因，这从传统的观念来看，却被视为对国家主权的侵犯，以致力于发展跨国法的举措到试图便利在跨国环境下国家法律的合作与适用的措施，这些提议都可以视为对国家用自己的法律调整本地域内产生关系绝对权力的削减。

经济市场的全球化和伴随着跨国调整策略的改变，这对国际私法的基本原则提出挑战。这些发展单单直接说明一个熟悉的问题：如何用一种限定规范主权作为对地域尊重的体系来调整跨国商务活动。通过挑战基于主权国家地域权力的调整（规范）权力概念，通过重新构造国际经济规范进程和国家法律在这个进程中的使用，这些发展已经直接影响了国际私法本身。他们已经促使传统以主权为基础解决冲突模式的冲突法理论走向了实体模式。

在传统的冲突法分析模式中，主要是基于地域主权的，在特定的冲突情势中，保护国内规范利益的主要方式是适用内国法。换句话说，与法律冲突相关的国家将通过适用自己的法律于争议中来寻求实现自己的规范利益。然而以实体方式的观点来看，国家的政策利益单单是通过确保适用法的实体内容——不管是外国法，商人

① 参见张宏生等主编：《西方法律思想史》，北京大学出版社 1990 年版，第 350 页、第 402 页。

法或超国家法——与相关国家有足够的相似性来获得保护。这样的体系有一个重要的优点，那就是，由于它不把法律冲突看作国家之间规范权力的冲突，它降低了国家关系领域中潜在的冲突。

（一）传统的地域与主权权力

传统国际私法理论建构在分配权力的框架之内，在这其中，基础的调查是如何确立主张调整特定活动的国家优先于提出相反主张的其他国家。这种规范（调整）主张反过来大大依赖于主权的地域方面：国家调整在本领域内社会事务活动的绝对权力。由大法官斯多利（被认为是美国国际私法之父）所阐明的冲突法基本原则反映出这样的前提假设。他所著的具有影响力的论文提出了这些基本前提：首先，每个国家在其领域内拥有排他的主权和管辖权。其次，“拥有主权权力的他们有唯一制定法律的权力，并且：无论一个国家的法律对另一国家有什么样的强制力和义务，这单单依赖于另一国家（后者）的法律和市民规范……和它自己明示或默示的同意”①。规范的地域权力所形成的模式定向已经形成了解决法律冲突的传统方法。②

1. 合同领域的法律冲突：对意见自治原则的限制

要求法院执行国际合同中的法院选择或法律选择条款，并因此排除了法院地法的适用，这样冲突就会避免。历史上，通过指向一国在其地域范围内排他性权力来调整某事项，这样法律冲突得以解决。也就是说，国内私人主体试图影响适用法几乎是不可能的。试图排除法院地法院的管辖权的法院选择条款是无效的。法律选择条款被认为是无效的，因为这不符合一国适用自己的法律来调整本领域内的人的绝对行为。就适用法条款来说，这种绝对的方法较早被更加灵活的理论所战胜，这就是承认了私人当事人有权选择支配特定活动的法律，以后，当事人能选择最终诉讼的法院也被承认。

然而，在更加宽松的环境中，法院继续对意思自治原则施加额外的限制，这反映了国家主权权力一样重要，特别是跨国合同暗含了几个国家的规范法律时。虽然这种对意思自治原则限制的理论基础没有作出统一的说明，但是，大家一致接受国家在本地域内成就国内政策的权力击败了意思自治原则，在这个意义上，在合同中的法律选择问题还是求助于主权特权得以处理。因此，虽然意思自治原则一般被广

---

① Joseph Story, *Commentaries on the Conflict of Laws* 19 – 21, 24 (1834) (Arno Press ed. 1972).

② See Robert W. Hillman, *Cross – Border Investment*, 55 Law & Contemp. Probs. 331, 336 (1992).

泛解释并很少强调地域，但是，合同法律冲突依旧可以透视出主权权力本身。①

2. 其他领域内的立法管辖权冲突

（1）在确立立法管辖权基础方面地域的作用

正如在国际合同方面地域主权设置对意思自治原则的限制，它也限定了一国调整民商事活动的范围。在解决立法管辖权的冲突方面地域边界的重要性在早期的案件中得以充分体现。一国的法律只约束在本国边界之内的行为。虽然以后的案件认为，一国法律也可以适用于发生在本国边界之外的行为。这些案件确立管辖权是基于在本国领域内发生了效果。在这个意义上说，他们也基于对地域的考虑。因此，主张调整权力的主要基础来源于一国在本国边界内控制事务的权力。②

（2）在限制立法管辖权方面地域的作用

跨界商务活动的急剧增加创设了重叠立法管辖权事项的增加。发行者参与在本土管辖区之外的证券销售；在多国拥有实质活动的公司与其他公司合并；在多国拥有资产、债务人和债权人的跨国公司提起破产在每个这样的案件中，一个以上的国家可以基于在本领域内的行为而主张立法管辖（Prescriptive jurisdiction），而且，越来越多的国家适用本国的法律调整域外的行为，当各国以不同的管辖权标准确定立法管辖权时，额外的重叠性规范形成。一国的法律可以适用于这样的行为，因为它发生在本国区域内，然而，其他国家的法律也可以适用，因为该行为在该国边界产生了效果。因此，越来越多的法院走出了起初立法管辖权基础来解决这些冲突。适用于这方面的主要方法——利益平衡——依旧保留了对地域权力的关注。

利益平衡方法认为，为了保持国家之间的和谐关系，立法管辖权的冲突必须解决。解决的方法是把冲突的立法管辖权主张放入法律适用范围的分析中：尽管存在上述的立法管辖权基础，但是，另一国的规范利益是以排除本国法律来适用的。因此，这种分析坚守于地域的考虑，把冲突架构成一种可以对另一国主权的侵犯，这种冲突可以通过决定哪一国的规范权力更高而予以解决。③

在多边主义中的利益平衡分析的起源加强了这种地域方面的定位。多边主义，用于选择哪一国法律来支配特定私法争议的方法，审查相关法律关系与一个或更多地域的联系，为的是找到这个关系的适当"本座"，因此它大大依赖于审查当事人和

---

① See Mathias Reimann, *Savigny's Triumph? Choice of Law in Contracts Cases at the Close of the Twentieth Century*, 39 Va. J. Int'l L. 571, 589 fn. 75 (1999).

② See also Stephen J. Choi & Andrew T. Guzman, *The Dangerous Extraterritoriality of American Securities Law*, 17 Nw. J. Int'l L. & Bus. 207, 216 (1996).

③ See generally William S. Dodge, *Extraterritoriality and Conflict - of - Laws Theory: An Argument for Judicial Unilateralism*, 39 Harv. Int'l L. J. 101 (1998).

他们的活动与特定地理位置的联系点。保留了地域的定位。[①]

（二）现代国际私法领域内对主权原则提出的挑战

经济全球化的浪潮从根本上对传统主权国家之间规范权力的分配提出挑战。典型商务活动渐增的管辖权联系的多样性和网络与电子商务的非管辖权性质动摇了传统认为主权的主导方面：[②] 对发生在一国边界内事项行使权力的排他性。正是出于这样一个原因，全球化被一些人视为主权死亡的代表。对于把国家看作继续承担主要作用的人们来说，认为这代表了对规范权力的重新分配，以此寻求对地域区域逐渐削减作出回应。

跨越政府的许多领域，传统由主权国家所享有的规范权力已经转向其他层面。一些已经转向超国家的层面，如条约，[③] 一些已经转向私人主体，[④] 一些转向由次国家层面的机构所形成的非正式网络体系。[⑤] 这样一种权力的分配特别是在跨国的商务活动中是普遍存在的，如在超国家层面上，多国条约被制定来解决国际货物赔偿和仲裁裁决的承认与执行。在全球化时代下，对由商务活动所提出问题的非国家的解决，呼唤新的商人法的趋势已经得到加强。在次国家层面上，在发展规范框架中国家机构的工作在应对劳工和资本急剧流动所提出的挑战方面，已经变得越来越重要。尽管这些改变不会预示着以国家为中心的社会经济调整的结束，但是他们确实反映了分配规范权力形成的方式发生了转化。这些发展已经对冲突法模式产生了重要影响。这就是：（1）私人主体，超国家机构和非政府机构逐渐增加的权力；（2）有利于统一适用于国际交易的法律的运动；（3）在国家之间对规范协作和合作的趋向。这些发展弱化了强调在解决法律冲突方面主权权力的作用。

---

① Harold G. Maier, *Extraterritorial Jurisdiction at a Crossroads: An Intersection Between Public and Private International Law*, 76 Am. J. Int'l L. 280 (1982). See also Jumurgen Basedow, Conflicts of Economic Regulation, 42 Am. J. Comp. L. 423 (1994).

② See Joel P. Trachtman, *Cyberspace, Sovereignty, Jurisdiction, and Modernism*, 5 Ind. J. Global Legal Stud. 561 (1998). See generally Global Transformations: Politics, Economics and Culture 2 – 10 (David Held et al. eds., 1999). See also Louis Henkin, *That "S" Word: Sovereignty, and Globalization, and Human Rights*, Et Cetera, 68 Fordham L. Rev. 1, 2 (1999).

③ See also Paul B. Stephan, *The New International Law – Legitimacy, Accountability, Authority, and Freedom in the New Global Order*, 70 U. Colo. L. Rev. 1555, 1556 – 1561 (1999).

④ See Joel P. Trachtman, *Cyberspace, Sovereignty, Jurisdiction, and Modernism*, 5 Ind. J. Global Legal Stud. 561 (1998).

⑤ See David Zaring, *International Law By Other Means: The Twilight Existence of International Financial Regulatory Organizations*, 33 Tex. Int'l L. J. 281 (1998); Sol Picciotto, *Networks in International Economic Integration: Fragmented States and the Dilemmas of Neo – Liberalism*, 17 Nw. J. Int'l L. & Bus. 1014 (1996 – 1997).

1. 在非国家层面上更多的规范选择

（1）私人主体的作用

在国际商务中成就可预测性和确定性的目标，在历史上一般被作为一种私法价值，个人与国家相比在利益上更加相关。在最近的几十年中，一般认为作为一种规范目标更为重要。这方面发展的一种表现是仲裁的增加，通过仲裁这种方式，在跨界的商务交易中争议的解决机制已经大大地私人化，并且国际商务活动有效地非国家化。① 更近一些年里，一些评论者走得更远，提议一种对意思自治原则更为系统的扩展，以此作为解决在国际领域内对规范挑战的办法。比如，Choi 和 Guzman 教授已经提议这样一种体系，就是公司可以自由选择任何国家的证券法律制度（不但是他们的证券被卖或交易的地方）来支配他们的证券交易。② 相似的，Rasmussen 教授曾提议这样一种破产制度，按照这样的制度，公司可以在破产选择等菜单中选择适用于他们破产发生时所适用的破产制度。③

这些提议极大地偏离了传统指定管辖权的概念：确实他们有效地拆散了地域和规范权力之间的联系。按照 Choi 和 Guzman 教授的提议，一国的法律可以适用于完全发生在另一国的证券买卖并不涉及所选国家的国民；相似的，按照 Rasmussen 教授的观点，一国的破产制度可以适用于另一公司在该国既没有资产也没有债权人的破产。事实上，Rasmussen 教授的提议走得更远：他的理想破产选择菜单由一个统一的选择系统构成，而不是由每一个主权国家所提议的一系列选择。④ 因此，所选择的法律可能甚至没有主权国家的渊源。尽管这些提议把私人选择带得比立法机关更远，但是他们反映了有利于法律冲突私人解决的趋向。

（2）超国家组织和非政府组织渐增的作用

尽管一些规范权力转向了私人主体，但是有一些也已经转向了国家组织和非政府组织。这种发展，我们可以从这些组织在努力统一或协调规范法律方面所起的作用中看出。比如，在破产领域，早期的努力集中于在国家层面所协调的条约或公约，如美国与加拿大之间的条约草案，⑤ 以及欧洲议会的多边公约草案。然而最近，改革努力

---

① Friedrich K. Juenger, *The Need for a Comparative Approach to Choice - of - Law Problems*, 73 Tul. L. Rev. 1309, 1329 (1999).

② See also Stephen J. Choi & Andrew T. Guzman, *The Dangerous Extraterritoriality of American Securities Law*, 17 Nw. J. Int'l L. & Bus. 207, 216 (1996).

③ Robert K. Rasmussen, *A New Approach to Transnational Insolvencies*, 19 Mich. J. Int'l L. 1 (1997).

④ Id. at 26 n. 120.

⑤ See generally Kurt H. Nadelmann, *International Bankruptcy Law: Its Present Status*, 5 U. Toronto L. J. 324 (1944).

的更大部分主要是由超国家或非政府组织所完成。跨界破产协议在国际律师协会的组织下制定。[①] 之前是国家破产合作示范协定；[②] 最近，美国法律协会完成了北美跨界破产规划。[③] 联合国国际贸易委员会，一个超国家的组织，负责制定成员国所认可的示范法。[④] 另外，国际货币基金组织和世界银行在统一破产法方面发挥了重要的作用，这主要是把贷款支持作为一个选择来要求发展中国家进行破产改革。在其他领域也是一样，这些组织依旧作出自己的努力。[⑤] 在证券法领域，不但规范委员会同盟，而且非政府团体，在改革的努力方面都发挥积极的作用。国际会计标准委员会，一个私人组织，则负责在跨界收购方面所使用国际会计标准的发展。相似的，在反垄断法领域，经济合作与发展组织中的竞争法律与政策委员会在发展国际反垄断政策方面发挥了积极的作用。另外，世贸组织已经提议一种在跨界交易方面并购前的通知体系。[⑥]

国际、区域和非政府的组织——不是主权国家之间的条约磋商——在发展适用于跨界活动的法律方面起到了越来越重要的作用。这种发展也反映出远离以地域主权为基础的解决法律冲突观点的方向，非国家的主体与国家主权相比更少关心保护地域意义上的规范权力，这不是说这些主体不促进特定的利益，其中一些内容也符合特定主权国家的利益——但是，在这种情况下，他们规范的集中点已经远离了在特定地域界线内的主权权力。

2. 法律的统一化运动

一般说来，在法律的统一化运动方面主要有两种趋向。第一种是融合或统一，这是有利于在全世界范围内的统一规范法律的发展。这种统一化的趋向一般认为是在法律调整方面对主权作用的最根本破坏，因为它将完全替代每个主权国家的国内法。第二种趋向是在跨界案件中所使用的统一规则的发展。虽然这种体系不会在国内案件中代替国内法使用，但是，他们形成了远离主权为基础冲突法的分析，因为

---

① See generally Anne Nielsen, Mike Sigal & Karen Wagner, *The Cross – Border Insolvency Concordat: Principles to Facilitate the Resolution of International Insolvencies*, 70 Am. Bankr. L. J. 533 (1996).

② See generally Timothy E. Powers, "The Model International Insolvency Cooperation Act: A Twenty – First Century Proposal for International Insolvency Co – operation", *in Current Developments in International and Comparative Corporate Insolvency Law* 687 (Jacob S. Ziegel ed., 1994).

③ See Jay Lawrence Westbrook, *The Transnational Insolvency Project of the American Law Institute*, 17 Conn. J. Int'l L. 99 (2001).

④ Andre J. Berends, *The UNCITRAL Model Law on Cross – Border Insolvency*, 6 Tul. J. Int'l & Comp. L. 309, 401 (1998).

⑤ See Jay Lawrence Westbrook, *Colloquy: A Global Solution to Multinational Default*, 98 Mich. L. Rev. 2276, 2278 (2000).

⑥ See generally Andre Fiebig, *A Role for the WTO in International Merger Control*, 20 Nw. J. Int'l L. & Bus. 233 (2000).

他们避开需要选择一国法律而不是另一国法律来适用于跨界案件。

尽管法律的完全统一还是一件比较久远的事，但是走向融合在个别领域已经迈出了坚实的一步。比如，在证券法领域，仿造美国法的内幕交易法律，已经被大多数国家采纳，反不正当竞争法也已经变得更为广泛。[①] 正如在这个领域的著作所反映的，继续强调统一的这种形式值得期待。

在第二层意义上的统一——适用于跨界交易的统一规则的采纳——也已经取得长足的进步。这种发展最好的例子是证券法领域：供参与跨国证券出售和交易上市的发行者所使用的国际会计标准和国际披露标准。证券交易委员会长期使用的方法是要求外国发行者或者以符合美国通常所接受的会计原则来出示他们的财政说明，或者提供给这些原则的折中办法；相似的，它也要求外国发行者基本满足适用于国内发行者相同的非财政披露标准。在 20 世纪 80 年代中期，为了寻求在美国增加公开外国发行者出售证券的数量，委员会作出广泛的努力发展了一整套供跨界证券销售的国际会计标准和披露要求。与国际会计标准委员会和证券委员会国际组织一起合作，委员会帮助发展了标准化规则。证券委员会国际组织最终在 1998 年完成了一套国际规则，并在 1999 年委员会修订了它的披露要求以符合提议的财政标准还没有最终获得通过，但是，在 2000 年委员会发表了赞成此项计划的内容，随着这些改变，委员会在推动规范的统一化目标中迈出了坚实的一步。[②]

随着这些解决办法的发展，需要选择一个特定国家国内法来解决冲突的情况会更少。以证券法为例：一旦标准化的规则被各国所采纳，参与跨国证券发行的发行者就必须遵守这些规则。没有必要分析是否某一特定国家的法律应适用或哪个地方最受交易的影响。在跨国的商务活动中继续强调统一规则的使用，因此所导致的结果是带来对国家主权权力范围的不再强调。

---

① See James A. Kehoe, *Exporting Insider Trading Laws: The Enforcement of U. S. Insider Trading Laws Internationally*, 9 Emory Int'l L. Rev. 345 (1985) . See Lawrence L. C. Lee, *The Basle Accords as Soft Law: Strengthening International Banking Supervision*, 39 Va. J. Int'l L. 1 (1998).

② See discussion in Roberta S. Karmel, *Will Convergence of Financial Disclosure Standards Change SEC Regulation of Foreign Issuers?*, 26 Brook. J. Int'l L. 485, 497 – 500 (2000).

3. 全球法律的协调与合作

努力促进在国际范围内规则的协调与合作几乎与统一化运动同时发生。[①] 这些努力与统一化相比更少程度涉及对主权的侵犯，因为他们寻求在跨国环境下发展更具效率地对国内法适用的机制并因此促进国内利益，[②] 然而，这些解决办法也影响了地域主权，因为他们是通过合作而不是通过赋予一国权力也不是通过另一国来解决立法管辖权冲突。他们的实施影响了冲突法的所有领域——司法、立法和执行——并减少了对单个国家利益和权力平衡的信赖。

走向合作的一个特别成功的例证就是规范机构之间达成的双边谅解备忘录，用以执行反垄断和证券规范。[③] 早期这种协议主要是一种信息共享协议，用以克服规范机构在从国外获取资料和证据方面的困难。然而，以后的协议不但扩展了相互协助的范围而且把所谓的“积极礼让”制度化，依据该原则，一国机构可以采取措施保护另一国的利益。在这些协议发展之前，在跨国案件中执行国内反垄断法和证券法就提出了国家主权冲突的问题。在外国国家地域内参与调查或其他执行活动将被视为一种对该国主权的侵犯；[④] 因此，在这类事项方面要求任何工作都是在冲突的主权权力之间的框架内得以处理。相反，更新多边协议的产生视为一种规范执行体系，看起来更像一种共享主权。虽然这种协议的目标是由具备相应规范能力的国内规范者对本国进行保护，但是，通过这种协议所形成的机制能通过把规范机构国际化而得以成就；因此也就断绝了国家的内在主权。[⑤]

相似的趋向在并购规范领域也可以看到。一个以上国家的规范机构寻求审查和规范特定的跨国并购。尽管对这种冲突传统的解决办法可能是基于交易中国家利益的相对强度来寻求分配规范权力于一个国家。但是对于合并审查，在规范者和跨国公司中，已经发展了某些程度的容忍（至少在美国与欧盟之间），双边协议提供了这方面的合作，这正如 WTO 提议的通知体系。接受这种共享管辖权消除了我们对主张一国的主权的需要。

在这方面，司法层面上的合作已经成为国际破产改革的一部分。这方面行动的

---

① See Russell J. Weintraub, *Globalization's Effect on Antitrust Law*, 34 New Eng. L. Rev. 27, 34 (1999); Spencer Weber Waller, *An International Common Law of Antitrust*, 34 New Eng. L. Rev. 163 (1999).

② See Marney L. Cheek, *The Limits of Informal Regulatory Cooperation in International Affairs: A Review of the Global Intellectual Property Regime*, 33 Geo. Wash. Int'l L. Rev. 277, 279 (2001).

③ Legislative authority enhancing regulatory capacity to enter into such agreements was granted in the International Antitrust Enforcement Assistance Act of 1994, 15 U. S. C. 6201 – 6212 (antitrust) and in the Insider Trading and Securities Fraud Enforcement Act of 1988, H. R. Rep. 100 – 910 (securities).

④ Hans W. Baade, *The Operation of Foreign Public Law*, 30 Tex. Int'l L. J. 429, 441 (1995).

⑤ Kanishka Jayasuriya, *Globalization*, 6 Ind. J. Global Leg. Stud. 425, 448 – 449 (1999).

集中体现就是跨国破产协议和欧洲破产公约，两个协约都强调了破产法官需要进行积极的合作。在这个领域最重要的提议则可能是跨界破产示范法，它包括了要求不同国家的法官在解决国际破产案件时的合作。可以相信的是，交流与合作渠道的提升将使法官以更加衡平的方法来处理复杂的跨界破产，尽管仍会存在不同国家单个规则不一致的情况。事实上，示范法仅仅加强了作出决定策略方面的特定合作，从跨国公司的重整和资产分配中可以看出。许多案件中，是法院发展了当事人能接受的解决破产程序的议定书，统一了不一致的破产法，而不是选择一国法律的适用而排除另一国的法律，使用合作来避免不同主权国家国内破产政策的冲突。①

以上的趋向表明，超越主权解决法律冲突的办法越来越重要。与全球化更为广泛的运动相一致，这些解决办法走向了超国家和次国家的层次，来替代建立在地域主义之上的传统分析。没有意向表明，主权国家没有任何作用，毕竟，他们依旧拥有执行法律标准的权力。在许多法律冲突领域，主权和地域性依旧是非常重要的概念。比如，当一个案件直接提起美国法律的域外适用范围时，在 Hartford Fire 一案中美国最高法院的判决表明了严格基于地域主义分析的可适用性。② 尽管国际披露标准在跨界证券发行时使用，但是，在证券领域的责任问题依旧得按照美国国内标准评估。但是正如上述所讲的新的规范框架，越来越多的潜在规范性法律冲突将通过这种解决办法得以防止和解决，并且地域主权权力问题的重要性将会削减。

（三）在保护本国政策方面从主权走向实体主义

前面我们分析了在全球化下解决法律冲突框架的变化，现在我们审查国际私法规则如何在这种新的框架内来实现对国内规范利益的保护。我们首先来讨论在以地域主权为基础的体系内所使用的传统机制确保实现反映在法律中的政策利益，接下来分析在实体主义的体系内已经发展起来的可替代的方法。这里我们以美国作为分析的对象。

1. 在地域主权体系内保护经济政策

法院用以解决法律冲突的传统方法是通过透视在特定地域内的主权权力来审视这样的冲突。这些方法是通过地域方法来寻求实现国家政策：适用本国的国内法。而考虑冲突法律之间的内容——用以调查是否一国政策可以通过非本国法律的适用而得以实现——已经起到了次要的作用。

---

① Robert B. Chapman, *Judicial Abstention in Cross – Border Insolvency Proceedings: Recent Protocols in Simultaneous Plenary Cases*, 7 Int'l Insol. Rev. 1 (1998).

② Hartford Fire Ins. Co. v. California, 509 U. S. 764, 813 – 814 (1993).

（1）国际合同案件：通过限制当事人自治来保护本国利益

因为调整本国地域范围内活动的国家权力传统上视为胜过当事人自治，所以在解决争议时国内法律的适用是自然的。考虑当事人所选法律的内容是否会剥夺本国的政策是没有任何必要的——当法院把不可能被剥夺适用的本国法用来调整法律冲突时，没有可替代的法律可供选择。因此，在国际合同诉讼中，一国的政策可以用一种直接地域的方法得以保护：通过自动适用国内法律。

（2）其他冲突的立法管辖权案件

立法管辖权的管辖基础与这种管辖权范围相关的潜在限制因素都是在地域性权力的框架内进行分析。按照这种分析，一国的政策可以通过保留本国适用自己的法律于特定的跨国活动的权力来进行保护，单边主义的方法最清晰地表明了这种地域主义。采取单边主义的法院既不会考虑另一国调整相关活动的冲突利益，也不会考虑其中冲突法律的实体内容，而是一在国内发生或在本国领域内产生效果的行为所提出的政策利益通过适用本国法来得以实现。这种对地域主权的关注是单边主义理论的核心。

解决立法管辖权问题的利益平衡方法也以地域的观点说明了对国内政策的保护，虽然——不像单边主义——但它确实包含了更多实体为导向分析的要素。确立了调整特定活动的管辖权基础之后，使用这种方法的法院一定要通过估量确定的因素来考虑行使管辖权的合理性。尽管一些是完全以地域为基础的，其他包含了实体的因素，因为他们寻求估量每个国家在规范活动方面的利益。然而，这种调查是关于每个国家在调整行为方面的利益，而不是每个国家法律实体内容的比较后果。因此，任何这些法律内容的考虑只是对地域的管辖权选择分析的一种补充而不是完全的替代。

2. 向实体主义的转化

在冲突法理论中，实体主义是一个特别的学派，因此在这里我们有必要先对这个术语作一说明。法律选择盛行的方法，单边主义和多边主义我们可以把他们看作实体中立，他们单单关注于分配适当管辖权，把他们作为法律的渊源。冲突法律实体内容的分析明显是这些方法的一个部分。比如，单边主义考虑特定适用法实体的内容，但是只决定这种法律是否可以适用，因此只是作为调查规则适用范围的一个部分。与此相似的，多边主义在某种程度上必须考虑冲突法律的实体内容来估量每个国家在调整特定行为方面的相对利益，然而，这种对内容的考虑只是发生在管辖权选择方法的情况下。因此，实体分析在使用这种方法的体系内只起到次要的作用。相反，实体主义用作一种法律选择方法，其主要的目标是：在任何既定的案件中选择更好的法律，按照这种方法，实体内容的分析是其核心的内容并且不仅仅是地域或主权为基础方法的一个方面。换句话说，按照这种方法，面对法律选择问题的法院将通过选择法律而不是管辖权来解决法律冲突。①

在国际环境下，实体主义的方法已经用作一种理论的基础，按照这种理论，特定规则发展是用来解决纯粹使用供国内适用的规则进行调整已不可能满意的跨国交易。Vonmehren 教授曾证明了三种情况下，实体规则的发展是适当的：第一种情况是，法院考虑两种法律秩序充分关注于既定的情势，他们的法律都是有效力的，但是，国内规则不会让自己在这种情况下重叠适用……第二种情况是，因为某种情势的多国特征，在相对的国内环境里，这不会有特别的重要性。第三类情况是，真实冲突的情况，也就是说，两个或更多法律秩序有正当的理由调整这种争议，但是彼此之间对这种调整所采取的形式持有不同的观点。②

在每一种情况下，跨界冲突的特定形式都要求以实体主义而不是地域联系为中心的解决办法。以下我们分析上述的发展所带来的对实体主义内容的考虑来保护本国政策方面的方法。新的实体主义在国际私法理论的变化和远离关注于用国际私法规则解决冲突方面都有明显的印记。

（1）在国际合同方面的实体主义：扩展当事人自治。正如前面所述，经济全球化所表现出的一面是在法律规范领域私人主体作用的扩张，这种扩张在直接改变国际私法规则方面得到明证——就是消除了以前对法律私人选择可执行性的限制。在这些限制中，法院已经走向实体主义，把它作为保护本国利益的一种手段。

在国际合同中选择法院和适用法的当事人自治传统受到限制，这是把规范性法律看作主权权力的扩展。但是，在著名的 Bremen v. zapata 一案中，美国最高法院的判决开始逐渐侵蚀在确定选择条款的可执行性方面以主权为基础进行分析的重要性。尽管 Bremen 一案本身没有关注规范性法律潜在的适用，但是，在国际合同中强力赞成当事人自治通常很快在规范性案件中得以采纳。紧随着 Bremen 一案，美国最高法院在国际合同中执行了外国仲裁条款，在这其中，相关的诉讼涉及的是按照美国证券法和反垄断法提出的主张。这些案件只是表明当事人可以协议仲裁，至少在执行仲裁条款阶段，在每个案件中最高法院相信没有理由认为美国规范性法律在仲裁中

---

① See, e. g., Robert A. Leflar, *Choice - Influencing Considerations in Conflicts Law*, 41 N. Y. U. L. Rev. 267, 295 -304 (1966).

② See Arthur T. von Mehren & Donald T. Trautman, The Law of Multistate Problems. 76 -79, 376 -378 (1965); Arthur T. von Mehren, *Special Substantive Rules for Multistate Problems: Their Role and Significance in Contemporary Choice of Law Methodology*, 88 Harv. L. Rev. 347 (1974). See Albert A. Ehrenzweig, *Interstate and International Conflicts Law: A Plea for Segregation*, 41 Minn. L. Rev. 717 (1957).

不予适用。但是，通过主张在适用经济法律方面主要国家利益的衡量没有必要要求考虑按照在国内法院中唯一适用法律的主张，判决反映出在国际合同中开始远离以地域为基础的方法来解决法律冲突。确实，这些判决明示指出仲裁在（非国家和非地域机构）解决国际事务争议方面的重要性。①

在走向实体主义的关键一步是更近的判决最终赞成在涉及规范性问题的国际合同中选择适用法的当事人自治。在来自劳埃德（Lioyd）的保险市场的一系列案件中，美国九个联邦上级法院执行了在由美国投资者所签订的投资协议中所包含的有利于英国的法院选择和法律选择条款。不像更早的仲裁案件，这些案件明示接受不考虑美国证券法，他们认为，即使美国当事人不能按照美国证券法提出自己的主张，法律选择条款也是可以执行的。因此，这些案件没有把地域主权看作决定性因素，相反，他们认为应按照是否当事人所选法律依据美国政策是合理的来决定所适用的经济法律问题。②

一旦与当事人自治相对的规则性法律的自动最高性在国际合同的情况消除，那么，美国的规范性政策被保护的方式也发生变化。不是排除当事人选择——因此规范性法律作为地域权力予以适用——他们通过公共秩序例外的支撑机制予以保护。在说明法院选择和法律选择条款的执行性中，这种例外只是当事人所选法律的适用将违反法院地的公共秩序（政策）时才会提出。这种分析确定是实体的，法院必须审查所选法律的实体内容来决定他们适用的效果。在涉及规范性法律的案件中，可以通过看国内法律与所选法律的实体相似的条件来达到对美国政策利益的保护。美国法律不会像以前那样当然地予以适用，但如果所选法律与美国法律足够的相似，那么国内的经济政策也可以通过适用外国法律得到实现。

在上面所提到的劳埃德案件中，法院认为适用英国证券法而不是美国证券法来解决由美国投资者所提出的欺诈主张是可以接受的，准确地说是因为这些法律的实体内容。解决劳埃德问题的第一巡回法院只谈到了通常的公平要求，基本上仅证实了对劳埃德的欺诈主张在英国是可诉的。然而，接下来的判决对英国证券法律与美国证券法律相比的实体内容进行了详细的分析。基于这种分析，法院得出的结论是，美国证券法律背后的经济政策甚至通过适用英国法律也可以实现。接下来第九巡回法院的案件适用这种方法于反垄断领域，结论是，外国反垄断法律的适用不会侵犯美国反垄断法律的政策。用实现美国规范性政策的方法，这些判决反映了从主权到

① 407 U. S. 1 (1972).

② Riley v. Kingsley Underwriting Agencies, Ltd., 969 F. 2d 953 (10th Cir. 1992). Simula, Inc. v. Autoliv, Inc., 175 F. 3d 716 (9th Cir. 1999).

实体主义的转化。主要的关注点不是美国适用国内法来解决原告的规范性主张的权力，而是所选法律与美国法律之间的相似性。①

有趣的是，在破产法领域，这种关注实体主义的发展更早。在美国与外国破产法冲突的案件中，法院在其中考虑的是外国法律的实体内容。比如，要求美国法院决定是把位于美国境内的破产人的财产按照美国的分配规则分配给美国的债权人还是应该按照外国法律把财产提交给外国进行的程序中进行分配。美国破产法列出了相关因素来帮助法院作出这种决定，其中的一个因素是是否按照外国破产体制进行财产的分配将产生与财产按照美国法律分配“实质上一致”的秩序。这种因素把实体因素引入这种分析中：实施的结果是，美国的利益不但可以通过主权权力的实施得到保护（适用国内法律）而且还可以通过实体的解决得到保护（适用另一国法律，只要实体内容适当美国法院是可接受的）。这种关注不是主权权力而是相关法律的实体内容的适当性。②

（2）实体主义和重叠立法管辖权的解决

国际私法中的立法管辖权没有明示包含了实体内容为导向的解决办法。与此相反的是，美国最高法院在这个领域最近的判决采取了确定无疑的地域主义方法。③ 虽然全球化没有直接影响该领域内国际私法理论，但是，它已经对国际私法的适用范围有了实质的影响。统一与合作的努力成功减少了需要适用传统国际私法的分析，他们的目的是最小化一国法律需要选择另一国法律的可能性。因此，这种统一与合作的解决办法的发展已经把许多法律冲突转出了国际私法规则的领域。国内这种解决办法本身依赖于实体内容的考虑，结果是在传统立法管辖分析中对地域主权的关注大大地被关注于实体内容的解决所取代。

a. 法律的统一化运动

对冲突法律规则实体内容的关注不可避免地是走向传统法律的统一化。不管是通过国内法律的融合，还是发展超国家的法律或者创设供跨国案件使用的统一规则。当目标是发展统一的实体法律时，工作的重心有必要从实体审查现存国内法律的内容开始。这种关注不仅是实体内容，而且是实体内容的相似性。正如我们所看到的，统一化的目标是在统一的法律不太有分歧的情况下才是可行的。再如，在反垄断法

---

① Riley, 969 F. 2d at 958. Roby, 996 F. 2d at 1365 - 1366. Simula, Inc. v. Autoliv, Inc. , 175 F. 3d 716, 723 (9th Cir. 1999) . See Courtland H. Peterson, *Choice of Law and Forum Clauses and the Recognition of Foreign Country Judgments Revisited Through the Lloyd's of London Cases*, 60 La. L. Rev. 1261, 1273 - 1274 (2000).

② See generally Hannah L. Buxbaum, *Rethinking International Insolvency: The Neglected Role of Choice - of - Law Rules and Theory*, 36 Stan. J. Int'l L. 23 (2000).

③ In Hartford Fire Ins. Co. v. California, 509 U. S. 764 (1993).

领域，评论者就指出在各国出现了相似的反不正当竞争的禁止性内容，这表明统一化进程是可能的，① 在国际证券法领域有限统一化措施的成功同样依赖于基本相似的事先存在的披露方法和会计标准。② 在不同国家相应的法律缺乏足够相似性的领域，统一化的努力就会失败。在破产领域，不同国家在破产法和相关法律间存在根本不一致时，这就让统一化不可能达到。③ 相似的，在某些国家反垄断执行程序存在不一致已经被认为是在这个领域对统一化进程潜在的阻碍。④ 因此，美国统一化的努力集中于国内规范性政策很少有风险的领域，因为统一化的标准将与国内法足够相似。

b. 法律的协调与合作

因为设计协调机制仅仅是为了便利在跨国情况下国内法的适用，所以他们主要被看作程序的发展，不会改变国家政策实现的方法。尽管协调机制已经使执行程序更少地以地域为导向，换句话说，他们没有改变这样一个事实，即一国的政策还是通过适用本国法得以实施。但是，这种机制已经在某种程度上构成了走向实体主义的一个部分。早期的调解备忘录完全是以实体为导向的，因为他们以相关法律的实体相似性来规定执行协助的条件。规范性机构不会应相对机构的请求主动开始调查或执行活动，除非争议行为违反了本国的规范性法律。⑤ 在一定程度上，甚至在执行层面上的合作——与统一基本法律的合作相反——要求对规范性目标有共同的理解。以后的协议除去了这种要求，把相反的条款合并其中，要求在缺乏共同违反的情况下也应该协助。在以后的调解备忘录中，对实体内容的关注来自另一个渊源，这就是把这种协议的使用作为成就一致性目标的方法。因为执行合作可视为为发展统一实体标准以后的合作创造一个基础，双边协议部分地致力于统一不同国家的规范性政策，在这个意义上，他们要求注意相应国家规范性法律的实体内容。

国际破产的合作，以协调联合程序形式出现，也反映出在解决冲突政策方面强调了实体主义的相似性。在策划对跨界破产的联合解决办法时，破产法官不必实施一国或另一国的破产法。相反，他们发展了债权人与债务人的特别协议，在此来寻求统一这些法律，像立法的统一化，这种程序有必要事先假设相关规则背后政策的

---

① See generally Jumurgen Basedow, *International Antitrust: From Extraterritorial Application to Harmonization*, 60 La. L. Rev. 1037 (2000).

② See James A. Kehoe, *Exporting Insider Trading Laws: The Enforcement of U. S. Insider Trading Laws Internationally*, 9 Emory Int'l L. Rev. 345 (1985).

③ See Lynn M. LoPucki, *Cooperation in International Bankruptcy: A Post – Universalist Approach*, 84 Cornell L. Rev. 696 (1999).

④ Daniel K. Tarullo, *Norms and Institutions in Global Competition Policy*, 94 Am. J. Int'l L. 478 (2000).

⑤ See James R. Doty, *The Role of the Securities and Exchange Commission in an Internationalized Marketplace*, 60 Fordham L. Rev. 77, 83 (1992).

基本一致。如果冲突规则服务的基本政策在实质上足够接近，破产法院可以发展一种协议，消除需要选择一国的政策而不是另一国的政策。另外，对于解决跨国破产法的立法提议，在促进程序上合作与协调的努力被看作一种实现实体内容统一化目标的方法。正如在反垄断法和证券法领域，这些努力要求关注法律的相似性。

当解决规范性权力的冲突方法已经以主权的地域概念走向更加实体主义的解决时，这也促使我们发生一种转化，这就是我们如何设想在国际范围内实现国内规范性政策，不再把这种事项看作主权权力的实施——一国对发生在本领域内的行为实施政策的权利——更常见的问题是，是否所提出的实体性解决办法更加接近于实现国内政策。

（四）实体主义的缺陷

在调整跨国经济活动时，强调实体内容而不是地域性主权的方法在许多方面是具有优点的。这种方法对 Juenger 教授所认为的在“法律选择”术语中隐含的不能言语的假说提出了挑战：Juenger 教授认为解决多国问题的唯一办法是在两个或更多冲突的法律中选择一个法律。这些方法考虑到经济市场的全球化和在国际商务中继续降低的地域边界的重要性①。另外，他们允许在不要求适用本国法的情况下保护本国的政策。同时，实体主义也增加了某种成本，存在两方面的风险：其一就是潜在的本国法的过度适用，其二就是潜在与程序相关联的不公平性。

1. 潜在本国法的过度适用

正如前文所述，在国际合同中，尽管按照美国经济规范性法律可以提起权利主张，但是美国法院最近还是执行了法院选择和法律选择条款，在国际合同中这种方法也可以导向美国法律的过度适用。原因很简单，首先，当所选法律在实体上与美国法律不相似的情况下，实体主义法就可能产生不适当的结果；其次，这种方法可能潜在促使适用美国法律。

（1）当不相似的法律被选择时实体方法的使用。在劳埃德案件中，尽管原告可以按照美国证券法提出主张，但是上诉法院考虑的是包含在投资协议中的法院选择和法律选择条款是否具有可执行性。法院进行分析不是考虑美国证券法的可适用性（这里存在立法管辖权）而是考虑包含在这些法律中的政策是否将会通过适用当事人所选的法律而被违反。法院用一种消极的方法对这样一个问题作出了回答，基础是所选择法律足够相似于美国法律，因此不再考虑是否事实上美国法律应适用于相关

① See Friedrich Juenger，Choice of Law and Multistate Justice 21（1993）.

的交易中。可能因为他们没有进行详细的立法管辖权的分析，所以他们很少注意交易与美国和英国的特定联系。

但是，如果当事人所选择的法律不是英国法律，而是一个不是实体上与美国法律相似的法律，那么结果会如何？依据在劳埃德案件中所采纳的实体分析，法院在面对这样一个问题时，将会拒绝执行选择条款，理由是适用不相似的法律会违反美国的公共政策。按照美国证券法在美国法院提起的诉讼应该进行——在这点上，一般要求法院考虑这些法律对行为的适用范围。如果法院审查了交易与美国的管辖权联系后，法院认为美国证券法不适用于被告的行为，法院会驳回起诉。

出于这两个原因，这种方法是有问题的。首先，以法院地法和所选择法律的实体比较作为对法律选择条款分析的出发点不符合传统法律条款的方法。在非经济规范性案件中，考虑外国法律选择条款的法院通常是审查合同与法院地的地域及所选地域的联系来确定选择的有效性。按照 Nussbau 的教授的“相对原则”，即使外国法律与美国的公共政策相反，法院也应该适用。① 只要案件事实与美国法院的联系是非常遥远的。因此，起初的地域联系的审查为考虑冲突的政策提供了条件，特别是在解决涉及经济规范性权利主张的争议中，法院应该以这种方式审查地域联系：而通过实体法内容的比较来分析通常依赖于美国司法和规范权力，美国是通过国内标准来衡量外国经济规范性体制的价值。

更为重要和准确的是，因为在涉及经济规范性法律案件中的执行性分析与不涉及经济规范性法律案件的比较分析不同，以实体理由拒绝选择条款的法院在接下来适用美国法律认为是正当的，在不涉及经济规范性权利主张的案件中，拒绝执行法律选择条款的法院将适用本国的冲突规则确定适用的法律。在涉及经济规范性权利主张的案件中，分析是不同的。在拒绝执行选择条款后，法院必须调查是否美国经济规范性法律适用于该交易——但如果不适用，法院必须驳回起诉，因为法院不会适用其他国家的经济规范性法律，它没有其他选择。

（2）促使向本国法的靠近

只有在所选的法律与美国法律足够接近的情况下，法律选择才会有效，这样一种在商务交易中能产生可预测性的国际私法方法也有某种动机，有利于向美国法律靠近。首先它表明在美国法院关注于他们的法律选择可执行性的当事人将选择美国法律或者实体上有相似的外国法律来支配他们之间的交易。通过影响当事人选择的

① Arthur Nussbaum, *Public Policy and the Political Crisis in the Conflict of Laws*, 49 Yale L. J. 1027, 1030 - 1031 (1940).

结果，美国冲突规则可能在国际事务中扩展美国经济规范性政策的范围起到积极的作用，这样当事人会规范他们的行为来满足这些实体标准。这样对“有利”体系的偏爱同样会鼓励本国的经济规范性法律与美国法律不足够相似的国家让他们的规范符合美国的标准。在这种走向统一化的进程中，美国冲突法可能以这种方法成为促进靠近的一种水平线。因为它的操作通常是在形成统一化运动的政治进程之外，这方面的影响值得仔细关注。

在促进融合方面，国际私法规则的潜在效果也是重要的。因为这样一种融合将不可避免地降低经济规范性体系的分歧。这样一种对经济规范性分歧所产生影响的优缺点引发了许多讨论，一些评论者表明这样的降低至少阻止了最低限度标准的消亡，然而其他人则赞成分歧，认为这是最优化全球经济规范性体制演变的核心。无论如何，实体主义的冲突方法在促进经济规范性统一化所可能起到的作用值得考虑。

2. 在解决经济法律冲突方面实体主义和公平方法的发展

基于主权原则所确立的国际私法体系的主要弱点是，每种法律冲突呈现的是国家之间冲突的特征，这样，在每个案件中的问题就是哪个主权国家将实施规范权力。依据这种观点，外国关系问题融进了私人主体之间的诉讼。然而，这种体系的优点是冲突的法律建立在平等对待的基础之上——这就是法律选择（或决定是否适用国人法来解决域外行为）的作出不是基于每个国家的相对权力而是基于交易与每个国家的联系。相反，以统一化和合作的机制来解决法律冲突，并且关注于所有法律体系之间的实体相似性让确定国家的权力更加密切相关。

正如 Saskia Sassen 所指出的，在引导全球规范性机制发展方面“一些国家与其他国家相比更加具有主权”。①

在不同的国际经济法律运动中被认可的趋向是走向西方标准，并且认为美国的规范者正寻求把美国模式转向全球范围内。比如，在证券和银行规范领域，许多评论者已经表明在统一化的进程中美国的主要目标是在全世界采纳美国的规范标准。

按照实体方法，主权国家的相对权力在决定规范性法律冲突的结果方面发挥了重大的作用，不谈标准化解决办法的内容，这种过程是以外国关系为基础，因为它替代了在每个案件中对冲突法律的“中立”考虑，适用了反映出“非中立价值”的法律。这种实体主义体系的危险是因为全球规范性体系标准反映出对特别国家方法的偏向，这种偏向反映在它的法律得以适用的每一个案件中，而不考虑受这些规范

---

① Saskia Sassen, *The State and Economic Globalization: Any Implications for International Law?*, 1 Chi. J. Int'l L. 109, 116 (2000).

调整的行为是否与该国有任何联系。

远离传统的国际私法分析中的地域主权概念一直被认为是对国际商务变化所作出的正当回应。因为以地域为基础的冲突方法以地理区域分割了规范权力，明显在许多方面是不适当解决跨国活动所产生的冲突。地域主权概念已经在更大程度上被其他原则所取代，但是，以实体主义的发展来看，主权原则在国际私法的发展中依旧具有很重要的作用，因为它是解决法律冲突问题最客观、最中立的方式，也是形式规则，是确立秩序的最佳方式。

第二章　私人利益保护原则的构建与勃兴

不可否认的是，主权原则是国际私法赖以产生的基础，只有在坚持主权的原则下，才会平等地对待内国法和外国法，才会有法律选择的问题，但是，这并不代表主权原则就要绝对地成为贯穿国际私法的唯一原则。在主权原则之下建立起来的国际私法需要的是调整国际民商事法律关系，需要促进国际民商事的交往，需要保护交往中私人主体的利益，这才是国际私法的真正使命，也才是国际私法走出理论困境的唯一出路，只有这样才能寻求确立国际私法的全新体系。因此，在确立国际私法的基本规则时，一定要把保护私人利益原则作为国际私法的基本指导原则。

传统国际私法把主权国家的权力作为国际私法规则的排他性源泉，随着国际私法的发展，私权自治理念开始得到国际私法的注意，这样的命题得以提出：在私法领域，当事人的选择或协议是否是私人主体权利与义务直接的源泉？接下来国际私法最基本的分歧点就集中在国家主权原则是否是冲突法的排他性基础。国际私法是否依旧要强调它的私权特性？纵观国际私法的发展进程，我们发现主权原则与私人利益保护原则本身就构成国际私法的两条主线，两者的斗争与协调就形成国际私法整个理论的全貌。以下我们以国际私法的历史发展为线索，来重新审视私人利益保护原则在国际私法中的地位。

一、传统国际私法的主权理论根基

传统国际私法认为，如果承认构成国际社会的各种关系是为了使某种秩序得以建立，应该服从某些规则的话，那么这种秩序不可能忽视法律冲突。国际秩序的基本观念之一事实上是权能的划分：应该尽力划分不同国家各自的权能的范围，以便避免冲突。而在公认的各种国家权能中，最基本的大概就是制定法律的权能，因此，国际秩序就不能不管这种权能的实施范围，因为它关系到其他国家的这种权能。忽略这一点，同一种私法关系可能因此先后得到相反的解决；在有关的关系中，由此产生的麻烦可能很严重，而且可以认为这是没有很好划分立法权能所造成的，私法关系的国际性，造成不同国家法院同时的管辖或连续的管辖，这涉及国际秩序的根本因素，即立法权能的划分。

国际秩序观念要求划分各国的管辖范围。如果我们承认存在着一个国际社会，而且承认该社会需要一种由法律规则确定的秩序，那么，合理划分各国的管辖范围，就势在必行了。设计这样一种规则，它能确定有关的不同法律各自的范围，并要求法官根据法律规则适用有管辖权的法律，这就成为人类解决法律冲突，创设国际民商事秩序的唯一可选取的路径。因此国家和国家主权成为国际私法构建理所当然的基础，国际私法的理论一切以此展开。

早期的冲突法理论关注于地域性。法律代表的是国家权力的实施，选择法律被看作一种在竞争的国家之间分配国家权力的机制。按照地域性原则，每一个管辖区有权力调整本领域内的人和事，但是，没有任何一个管辖区拥有权力调整其领域之外的人和事①。当争议涉及跨越多个管辖区的人、行为和事时，单单地域性就不足够决定适用法。在地域的可能性中间，为了选择调整管辖区，一些辅助的原则是必要的。这样各种理论就以国家和国家主权为中心展开了对国际私法的合理性解释。

19 世纪末的许多学者实际上一致承认法律冲突构成国家之间的一种冲突，或者构成国家主权之间的一种冲突，因为这涉及划分不同国家法律的各自适用范围的问题，并且，人们从中得出这样一种结论，即应该从国际公法中寻求解决法律冲突问题的原则，并把这些原则建立在国家各自利益的基础上。

这种观念的提出与当时的社会环境是密不可分的。19 世纪，现代国家得到很大发展，主权观念强化，因此，人们认为，国际私法虽然调整的是一种国际性私法关系，但这并不意味着丝毫不涉及国家利益，而现实生活中之所以将私人利益置于首要位置，是因为基于国际私人贸易所要求的效益和公平解决冲突，必然符合相互依赖的国家共同利益，正如国内民法通过私人利益实现一般利益一样。要想维护重大的政治利益（即每一个国家的共同利益），同样重要的是绝不能忽视这种利益，即外国法的适用得到承认受制于一国主权和国家利益。各种学术理论就是以此为出发点来分析构建法律选择规则。如国际礼让说、既得权说等都认为，法律的冲突是主权的冲突，重要的是弄清本国的国家主权应该在什么范围内对外国的国家主权让步，容许适用该外国的法律。强调法律选择的国家和国家利益，强调主权原则，而完全不顾私人利益本身的保护。

---

① Joseph H. Beale, 1 *A Treatise on the Conflict of Laws* È 2.1, 5.2 (Baker, Voorhis 1935).

二、国际私法理论对私人利益保护的关怀和张扬

尽管传统国际私法根植于国家主权和国家利益的保护来展开对国际私法的构建，集中关注于解决法律冲突中的国家主权和国家利益，直接把解决法律冲突的适用法与地域主权联系起来，但是从国际私法产生之时，就无法灭杀其私法特性，依旧不能抑止国际私法中保护私人利益和私权自治理念的萌动和迅速成长。所以，国际私法从另一个视角出发，展开了对国际私法的理论构建，它如星星之火，开始出现和蔓延。这就是一改过去完全关注于国家主权和国家利益的方法，直接走向以私人利益为中心寻找国际私法的另一条出路。于是国际私法的一些理论中零星出现了以私人利益为中心的解决法律冲突的办法。

（一）法国法则区别说的杜摩兰[①]

沃尔夫经过研究后得出结论，早在属人法时期的 8 世纪末，“有时当事人似乎可以指定不是他们真正的原籍地法，而是他们所愿意服从的法律。这是第一次离开属人的原籍地法原则，而由契约当事人选择法律的第一个例子”。[②] 16 世纪法国法学家杜摩兰（Durnoulin）在《巴黎习惯法评术》一书中，开始主张在契约关系中，应该适用当事人自主选择的那一习惯法。后来人们便把这种思想加以理论化而称之为“意思自治”原则。

杜摩兰从对夫妻财产制的定性入手讨论问题。他认为，应将夫妻财产制定性为于结婚时在夫妻共同住所地缔结的合同，这样，就可以认为夫妻双方默示其合同受住所地法支配。对此，巴蒂福尔等人指出，杜摩兰提出这一主张的思想与 14 世纪合同适用缔结地法原则中包含的尊重当事人意愿的精神是相承接的。他们说：“因此，杜摩兰使合同的系属规则迈出了决定性的一步。意大利在合同问题上适用合同缔结地法，尽管罗朱斯·库尔蒂乌斯已经以当事人同意的观点来解释这种系属，这并没有引起人们注意从中产生的结果。杜摩兰第一个突出了这种结果；如果说适用订约地法是出于当事人的意愿，那么，他们也可以要求适用另外一种法律。例如，对于一个买卖合同，要求适用出售的不动产的所在地法。从此，便出现了这样一种观念，即由当事人指定适用于其合同的法律。”杜摩兰这种解决法律冲突中直接强调当事人的意愿和为自己的利益计算，可谓是第一个真正开始从当事人的利益出发解决法律冲突的。

---

① 参见赵相林主编：《国际私法》，中国政法大学出版社 2002 年版，第 38 页。

② 参见［德］马丁·沃尔夫：《国际私法》，李浩培、汤宗舜译，法律出版社 1988 年版，第 44 页。

（二）孟西尼的自由原则

在实证和明示选择适用法的意义上，第一位主要采纳当事人自治的法学家是孟西尼（1817—1888年），当然，孟西尼最为著名的是把国籍作为国际私法中的主要连结因素。但是，更为基础的是，他拒绝以前理论所赖以存在的地域性。在他看来，国籍国法支配个人的身份关系，而不考虑当事人居住或暂留在什么地方。在国家关注于个人福利的事项中，如合同缔结的能力，国籍国法也应支配。在以上这些情况下，当事人选择的自由不能超越国家法律。但是在当事人的事务留给自己调整的情况下，如决定合同的术语和条件，当事人应该自己自由决定哪一个法律应该适用。地域性法律只在如下情况通过公共程序予以适用：如果国籍国法或当事人所选择法律的适用有违于公共秩序或法院地更多的利益，法院应该拒绝该法律生效。

（三）萨维尼的法律关系本座说①

法学上的私法自治观念在19世纪居于支配地位，萨维尼强调私人自治的空间，他甚至将“法律关系的本质”定义为“私人意志独立统治的领域”。在他看来，法律是确保私法自治的工具，法律规则对单个意志规定一个领域，在该领域中，单个意志独立于他人意志而具有统治地位。私法自治实际上是私法主体的意思自由。萨维尼深受康德观点的影响，在法律是可以给所有的人提供最大限度自由的全部条件的总和的理论前提下，他的法律理论十分强调实现个人自由、个人利益的法律价值。正因如此，他认为，个人自由是一种普遍权利，因此论证了法律的普适性。在建立法律选择理论时，他基于上述观点作出如此的推断，调整法律冲突时，应将内、外国法平等看待。适用外国法是为了涉外关系中各国当事人的共同利益的实现，为了个人最大限度自由的价值追求的实现，而非为了基于主权原则维护内国利益，实应顾及一切有关方面的利益，包括外国国家和个人，重视人类整体利益的协调。

萨维尼首先考虑的不是国家的利益或义务，而是各种法律关系的场所（“它们的本座”）。他虽然不赞成属地主义那种从原则上反对外国法的立场，但他也不提倡通过扩大属人法来扩大外国法的适用范围，他谋求根据法律关系的性质将每一种法律关系客观地系属于适合它的法律，萨维尼的学说也正是在这方面作出最积极的贡献。

我们的确可以看到，在法律关系的性质与适用于这种或那种关系的法律的属性之间确实有一种联系。萨维尼强调法律关系的性质，因而增加了统一解决办法的可

① 参见赵相林主编：《国际私法》，中国政法大学出版社2002年版，第38页。

能性，他强调指出，共同的基本观念有利于对法律关系作出一致的分析。

简言之，萨维尼认为应该“根据法律关系固有的性质为每一种法律关系确定其所归属的法律制度”。根据萨维尼的观点，属人法应该系属于人的住所，有关物的法律关系应该参照物之所在地法，既然债是一种不占有空间场所的无形之物，我们就应该从其自然的发展中寻求可见的表象，以便将债的不可见的实体系属于这些表象，从而使债具有一种形体。从这点出发，他做出这样一种推定，即如果当事人没有明确表示的话，他们很可能把合同之债的场所确定在合同履行地。同样，以此为出发点，把侵权行为之债的场所确定在侵权行为发生地。

萨维尼可谓彻底摆脱了确定法律属人性与属物性的困境，客观地考虑事物的性质。以“事物的性质”来确定应适用的法律，更加关注国际私法中私权特性，关注私人利益的保护和私权自治，为冲突法律体系的全新建设和价值转承作出了积极的创新和贡献。

（四）实体政策的司法估量（Judicial evaluation of substantive policy）

针对传统冲突法完全是主权国家立法管辖权选择和主权的考虑，美国爆发了冲突法的革命，一些学者也从全新的角度寻找国际私法的出路，其中一些学者一针见血地提出国际私法要实现实体正义，实现私人利益的关怀和保护好他们的利益。

卡弗斯（David Cavers）认为传统的法律选择理论是进行管辖权的选择而不是规则的选择。他认为法院应该估量冲突实体法律背后的政策①。这种政策直接关注的私人和私人利益，最终法律的选择是实现他们的利益。相似的是，里斯（Willis Reese）也强调需要规定政策为基础的规则，因为这样的规则要求在冲突的法律之间作出清晰的选择②。而这种选择尤其要考虑更要保护好当事人的正当期望。

可能在支持以实体主义为基础的法律选择方法的人当中最突出的是利弗拉尔（Robert Leflar）。他认为法院应该在选择适用法方面使用五种影响选择的考量③，其中最为重要的是“更好法律规则”④。利弗拉尔基于这样的原因来合理化他的结论，即选择更有利的法律在法院的实际操作中是固有存在的，并且律师也以这样一种方式来在案件中主张。据利弗拉尔观察，法院经常事先就作出法律选择的决定和判决

---

① Id at 190（认为法官通过参考体现在法律中的社会政策来在个案中分配正义）.

② Willis L. M. Reese, *Choice of Law: Rules or Approach*, 57 Cornell L Rev 315, 321－323 (1972). See also Joseph William Singer, *Real Conflicts*, 69 BU L Rev 1, 79－80 (1989)（认为法院从一开始就应该关注于实体正义和特定法律领域的实体政策）.

③ See Robert A. Leflar, *Choice－Influencing Considerations in Conflicts Law*, 41 NYU L Rev 267, 282－304 (1966).

④ See Brilmayer, *Conflict of Laws* at 71.

结论，然后依据支持法院结论的法律选择理论来解释这样的结果①。其中追求具体案件中的正义（这点有时亦被其他学者们称为选择法律的目的）和保护当事人公正的期望，要靠适用较好的法律规范来实现。

以上理论的解释和全新诠释一改过去从国家利益和国家主权中探求国际私法的本身的发展和出路，直接指向了私人主体和私人利益。虽然这些理论的探求是零星的、还没有构成一个系统的理论基础，但是在国际私法范围内，从私人利益角度出发寻找解决法律冲突的办法，却为国际私法的全新发展点燃了另一种亮光。

三、国际私法中实现私人利益保护的历史考察

自从产生国际民商事交往的那天起，就给我们呈现出这样的事实样态：其一，这样的民商事交往已经跨越了国界，涉及两个与两个以上的主权国家和法律；其二，这样的民商事交往的主体是私人，他们向往自由流动，他们希望在交往中获得自己想获得的利益。对于这样的民商事交往，如何进行规范，才能最终有利于交往顺利健康进行，这样的疑问就出现在人们的面前。当然，最直观的解决办法认为是，这样的民商事交往涉及的是两个或两个以上国家的法律关系，合理分配所涉及不同国家的法律给这样的法律关系，问题就能得以解决。传统国际私法的构建就是在这样的前提下建立起来，所以关注点自然归于国家和国家主权。但是，不可忽略的是，在国际民商事交往产生之时，人们注意到，这样交往的产生是由私人主体所启动，他们希望在这样的交往中获取利益，由交往所产生的是民商事的私人关系，实现私人主体利益是形成这样的法律关系的目的，我们应该保护这样的利益。这就是从另一个方面来考虑如何规范国际民商事交往，其关注点就是私人和私人利益。但如何具体规范国际民商事交往来实现私人利益的保护呢？从历史发展变化来看，一般认为赋予当事人自治权利是最有利于保护私人利益的，最大限度地实现私权自治就实现了对私人利益的保护。于是，私权自治就成为实现私人利益的发端，更成为在最大范围内实现私人利益的最基本、最主要的手段。下面，我们从国际民商事交往的产生与发展的历史中，考查私权自治的萌芽和国际私法是如何促进实现私人利益保护的。

“私法上的私法自治原则在私法领域有着优势的地位，并且在国家间的私法关系上具有更重要的意义。一方面，这种私权特性要求法律对个人意志具有一定程度的尊重；另一方面，这种关系的国际性使个人意志在国家间的立法和司法主权的争夺中有特别应该被强调的意义。”② 国际私法中的意思自治对契约自由和私法自治的实

---

① Robert A. Leflar, *Choice of Law: A Well-Watered Plateau*, 41 L & Contemp Probs 10, 11-12 (Spring 1977).

② 参见沈娟主编：《合同准据法理论的解释》，法律出版社2000年版。

现程度高于国内民商实体法，在于其需要在国际立法和司法主权争夺中寻找出路。而且这种出路只能在国际社会探寻，不能只停留在国内的政治经济背景上。我们从国际民商事交往的社会发展变化的过程，就可以看出私权自治理念的种子随处可见。

而私权自治原则最早就是从罗马法中的“诺成契约”演变而来的。罗马法的契约先后经历了口头契约、文书契约、要物契约和诺成契约四种形式，其中的诺成契约将当事人的合意视为一项契约的核心，这是人类契约发展史上的一次质的飞跃。这其中孕育着一个崭新的、极具生命力的契约法原理：契约的成立与否取决于当事人的意志，契约之债的效力来源于当事人的合意。这一原理被后世概括为契约法的一项基本原则——契约自由。而“契约自由不过是意思自治派生出来的，建立在意思自治基础之上的一个原则”。但诺成契约在产生之初除了要给当事人契约自由外，还有其他目的。其中就有适用当事人所选择法律的最初萌芽。罗马帝国时，诺成契约产生有两个背景。一方面是更多的人获得自由，争取自由的斗争是当时的一个政治文化背景；另一方面是城邦间经贸交往存在法域冲突。罗马共和国中期以后，罗马统治者致力扩张，其结果是引起罗马国家经济生活主体的变化，罗马公民以外的外国人被纳入罗马经济生活的范围，他们不可避免地会与罗马公民以及相互间发生一系列经济交往。而传统的市民法契约以属人主义为原则，仅适用于罗马公民，对外国（邦）人无法适用。这就为创设一种新契约为社会需要服务提供了社会经济环境。① 对外扩张所导致的经济发展使传统市民法显然无法适应商品贸易发展的需要，因为所谓“罗马人根据罗马法而生活，异邦人则根据自己的城邦法而生活。强调市民法的属人主义原则难以解决罗马帝国内部实际上存在着法域之间的冲突，而这很显然不符合社会发展需要。为了适应商品贸易快速、迅捷发展的要求，外事裁判官于是总结了地中海贸易中，在市民法规定之外，外国人之间及罗马人与外国人之间采用的较罗马法更简洁的形式（这种形式为外邦法律所确认）进行贸易的实践，以告示的形式确认了贸易双方的这种选择。实际上，告示确认诺成契约这样一种契约也就是确认了当事人选择法律这样一种自由”。诺成契约最初只是万民法上的一种契约形式，仅适用于罗马公民与外国人之间的贸易。可见，诺成契约在产生之初虽有满足实现贸易自由的目的，更多的却是为解决国际民事交往领域的法律冲突，它在确认当事人订约、履约自由时，也确认了当事人这种选择适用罗马法以外法律的

---

① 杨振山、［意］斯奇巴尼：《罗马法、中国法与民法法典化》，中国政法大学出版社 1995 年版，第 342 －347 页。

自由。①

15 世纪的地理大发现极大地推动了国际交往的发展，15 世纪末以后，世界历史发生了巨大的变化，欧洲国家率先进入了资本主义时代。随着资本主义生产方式的产生和发展，国际经济关系也发生了深刻的变化，那就是资本主义世界市场的建立、国际分工的加强以及商品和资本跨越国界的大量流动，使大多数国家的生产、流通和消费有机联系起来，形成了统一的国际经济。

在 16 世纪以后，法国一方面仍处于封建割据状态，各省立法极不一致，习惯法仍占主要地位，而另一方面资本主义工商业有了相当大的发展，不但国内各地区之间的贸易关系日益密切，而且南部地中海沿岸各港口已与西班牙、意大利以及亚、非两洲一些国家有着频繁的贸易往来。因而经常发生各地习惯法在适用上的相互冲突，一地商人与国内他地商人、国内商人与他国商人进行商业交往或发生商业纠纷时应适用哪地、哪国法律便成为越来越突出的问题，并成为商业发展的制约因素，阻碍了个人的自由流动。这对于新兴的商人阶级建立一个比较统一的全国性市场愿望的实现显然是一大障碍，因而迫切要求改变这种状况。在此情况下，杜摩兰适时提出了私权自治原则。这一主张立即受到商人们的欢迎，并逐渐为整个社会所接受。在 16－19 世纪，零星有私权自治的原则得以提出和确立，这当然与政治自由和自由市场经济的自由观念紧密相连。但是正如 Keller 和 Siehr 所指出的，真正的发展属于 20 世纪。

在经历了两次世界大战之后，各国从战争中吸取经验和教训，一致认为只有平等交往与发展才能促进世界的和平，在此思想的指导下，各国一道为扫除阻碍各国经济交往的障碍共同努力，国际货币基金组织和关税与贸易总协定的形成为国际经济的交往提供了更加广阔的空间，各国私人之间的民商事交往空前展开。资本主义国家为了最大限度地获取国际交往的利益，必然要寻找一种办法来解决国际民商事领域中频繁发生的法律冲突。而意思自治原则在软化国际私法领域的冲突上无疑起到了其他任何国际私法原则所不能起的作用，因为它直接将国家间的法律冲突变成了一种私人间的问题，尽管还存在某些国家特殊利益的考虑，并因此作出了种种限制，但这种限制毕竟是微不足道的。正是因为资本主义的极度繁荣导致了国际交往利益的极度放大，才使得意思自治原则在 19 世纪下半期被各主要资本主义国家的判例或成文法确定下来，并从此得以广泛适用。而在资本主义竞争进入垄断时期，自

---

① 参见马骏驹、陈本寒主编：《罗马法契约自由思想的形成及对后世法律的影响》，载《武汉大学学报》1995，(1)：第 17－18 页。

由受到限制以后，意思自治作为一项重要的国际私法原则，不仅没有没落，相反却进一步得到了巩固和发展，向侵权、婚姻家庭、继承等领域渗透，这都要归因于其能有效缓解国家间私法冲突的功能。

由以上分析，我们得出只要发生国际民商事交往，就需要寻求解决在交往中发生争议之后的办法，由此国际私法应运而生，因为国际民商事交往的主体是个体私人，所以如何保护好私人主体的利益就是头等重要的事情，但是如何能更好地保护好私人利益，唯一的选择就是实现个人自由，而这就要求各国尽量淡化冲突，寻求一种和平的国际环境，而意思自治原则无疑满足了这种需要。

四、国际私法实现私人利益保护的正当性基础

当各国采取闭关自守的锁国主义时，不但拒绝外国人的入境，而且也禁止内国人出境，根本不会有国际民商事的交往，自然没有国际私法发展的余地。但是历史告诉我们，向往自由流动总是人类永恒的渴求，更是经济和社会发展的强有力推动因素之一。后来，由于国际交通的发达，国际商务渐盛，各国人们之间的交往与时俱增，相互之间形成的国际民商事关系也日益复杂，而各国之间的法律冲突由此发生。不同国家人民之间各种交往的顺利实现，是现代文明的基础……然而，要实现人员和货物交往的顺利和便利，就必须要有一个能使相互冲突的主张和对主权相互冲突的要求降到最低限度的方法，其结果是不得不确定适用的规则，于是国际私法得以产生。应该说自国际私法产生之时，其就承担了规范国际民商事交往并保障这种交往顺利展开的重任，自始至终国际私法一直体现和践行着其私法特性，可以这么说，国际私法本质上是私法。下面我们从国际私法的产生、主体内容和目的，来看它如何践行着其私法的特性。

（一）国际私法称谓的起源及其演变

德国国际私法学家科恩（Franz Kahn）曾经指出，国际私法可以说是从书名页起就是有争论的一个学科。确实如此，自从国际私法产生之时起，就有不同的称谓伴随着它，从最早的法则区别说，历经法律冲突、法律选择、外国法的适用、法律的域外效力论、国际私法、私国际法、涉外私法和法律适用法，但是历经岁月的涤荡，直到现在，只有两种称谓被大家广泛使用，这就是“冲突法”和“国际私法”。“冲突法”是被美国、加拿大和英国主要使用的一个术语，“国际私法”是被大陆法系国家使用的术语，并自 Westlake 的著作中使用后，被一些英国学者所使用。这两个术语反映出对这个法律部门性质和功能的不同设想。

继法则区别说命名国际私法后，荷兰学者 Rodenburg 首创了“冲突法”（Conflict of laws）这个概念，认为法则区别说不切合国际私法的实际，为国际私法正名，取名“冲突法”，其后被欧陆学者如荷兰的 Huber、德国的 Wachter、英国的 Dicey 和美国的 Story 所采用，该名称意思是各国法律的规定，对于同一法律关系各不相同，而都可以适用，这就是法律冲突，而国际私法面对此冲突寻求解决的办法，这就是“法律冲突法”。“冲突法”虽然可以表现国际私法的现象，但是不足以代表国际私法的内容和性质，人们寻找真正符合国际私法特性的名称。

“Private international law”这个英文名称，最早是由美国国际私法奠基人斯多利（Joseph Story）在 1834 年发表他的《冲突法评论》一书中提出的，其直译应为“私国际法”。但他自己并未用它来给这本书命名，相反他仍采用“冲突法”这个名称。首先用“私国际法”这个名称的是法国学者 Foelix，他正式使用“Droit international prive”来称谓这一法律部门。当时的欧洲倡导国际法应分为公私两种，规定公益关系的为公国际法，规定私益关系的为私国际法。一般人们认为，此名称以国际私法为国际法之一种，这与国际私法的现状不符。但是，现在人们在称呼国际私法时，英文的表示一直使用“Private international law ”。1841 年，德国学者 Schaeffner 著《国际私法发达史》一书时，第一次使用“国际私法”（Internationales privatrecht 其翻译为英文是，International private law）的称谓，随后流行于德欧、荷兰、瑞士等国，该名词不光成为学术上的习惯称呼，更加被立法和司法实践所采用。不管是“私国际法”还是“国际私法”，这样的称谓反映出对这样一个学科和法律部门性质和内容的整体掌握，它能够解决国际范围内的事项，这样的事项是属于私人的而不是国家的。

从以上的说明我们可以看出，尽管有“Private international law”和“International private law”称谓的区别，但是，唯一可以肯定的是，都认为这是“私法”。不管是从国际私法的性质上所作出的判断还是先前的路径依赖，当然这回应了大陆法系关于私法与公法的划分，并指出只有私法争议是在其调整的范围之内。

事实上，将法律分为公法和私法是西方法律文化的成果。在古罗马，罗马人不仅在事实上区分了“公法”和“私法”，而且给“公法”和“私法”下了准确的定义。乌尔庇克说：“私法是涉及个人利益的法”“公法是关于罗马国家的法律”这一定义虽不是永恒不变的经典定义，但它的确道出了公法和私法的某些特征。随着市民经济的发展和市民阶级的崛起，资产阶级国家政权的确立，公法和私法作为一种制度，被正式确立在资本主义社会的法律体系中。就私法而言，它被赋予调整市民社会中私人利益之间的关系的职责，如调整私人利益之间的物权、债权、亲属、继承等方面的关系。而公法，其职责是维护市民社会的私人利益，不能对私人利益横加干涉。那么国际私法究竟是不是“私法”，一直以来是存在争议的。

针对国际私法是不是“私法”这一问题，现在有三种学说主张。第一种观点认为国际私法是“私法”，该观点认为国际私法调整的法律关系的主体是私人，调整的关系是民商事法律关系，具体而言，国际私法是适用各国的民商法等私法来调整一定的法律关系，即国际私法是划分实体法适用范围的法律，这样为参与国际民商事交往的私人主体具体确定了他们的权利与义务，实质上是保障他们的权利。这样的调整虽然是间接的，并不是直接规范实体权利与义务，但是，从最终的落脚点与最终实现的目的看，这与民商法等私法没有什么不同，其理应成为私法的一个部分，不同的只是规范与调整的形式不同而已，所以国际私法为“私法”。第二种观点认为国际私法为“公法”，在它看来，国际私法为决定关于各国立法管辖权的法律，即决定在内外国法律中，应适用何国法律以解决涉外民商事法律关系，这就是国际私法并非直接调整涉外民商事法律关系的法律——民商法等实体法，它是确定适用何国实体法，换句话说，国际私法是确定实体法的适用范围，而指示法院如何适用内外国法律，其性质相当于法律的实施法，这并非直接调整法律关系本身，而是间接指示该法律关系所应适用的法律是什么，民法施行法在形式上是公法，这是一种程序法，而程序法就是公法，所以国际私法为公法。第三种观点认为国际私法既非私法也非公法，而是一种特殊的法律。从国际私法是划分实体法的适用范围来讲，一般认为不是私法。但国际私法的主要任务在于保护私人利益而非保护国家公益，这当然不能视为公法，并且从主体和调整内容上来讲，也不能认为是公法，因此是另一特殊系统的法律。

以上对国际私法性质的评述，都是站在不同的角度来对国际私法本身的认识。这样的认识不是对事物本身的简单陈述，对国际私法不同的定性是否逼近了国际私法的本相，都会决定国际私法最终的发展导向。在对事物定性时，我们考查的是事物最终实现的目的，从目的探求事物的特性，是最能清楚地看到事物的本相的。简言之，国际私法的产生源于有私人主体的国际民商事交往，促进这种规范的发展就是国际私法的使命，最终目的是保障和保护好私人权利和私人利益。虽然国际私法规范的手段是通过指引法的形式，但是手段的不同，丝毫不能掩盖它的私法特性，而且在考虑采取何种调整手段时，国际私法也是以如何能实现保护私人权利和利益为目的，这样来看，国际私法属于私法的一种，是可以理解的。

（二）国际私法调整的对象

经济的进一步发展必然要求冲破国家的界限，从一国走向多国，而引导这种突破的先行军就是私人主体，他们在弥漫着民主开放思想的氛围中，走出了本国的边界，在更为广阔的空间范围内从事民商事活动。他们交往的基础仍然是商品经济和作为商品经济基础的市民社会，只是在跨越国界范围的世界市场的进一步拓展。这种情况下，虽然私人交往的空间位置发生了改变，但是主体作为人的价值却丝毫没有受到影响，反而对人的价值有了更全面的认同与实现。因此，商品经济所保护的交易自由和市民社会中确认的身份平等仍是其中应有之义，这些主体要求自身的人格能够在外国得到平等尊重，自身的权利能够在外国得到充分保护。通过享有充分的私权，并在私权受到侵害时能够得到充分的救济，使私主体在与他人自由合法的交往中获取自身的利益。国际私法的产生就是在民商事交往的自由空间拓展到世界范围后，私权的确认与保护要求不再局限于一国范围的情形下，提供法律适用规则，肯定更多的法律关系的效力，实现私人所欲谋求的利益的最大化，以激发私人交往的积极性，最终促进国际交往的进一步繁荣，在全球范围内实现经济要素的顺利流通，经济资源的合理配置。虽然比起国内民商事法律而言国际私法所提供的对私权的保护是间接性的，但是，这丝毫没有影响它致力的目标——保护好私人利益。

（三）国际私法实现的终极目的

国际私法之所以得以存在，一般认为需要具备几个条件，归纳起来，可以包括这样几个：（1）国内外人民的频繁交往；（2）外国人权利应受保护；（3）各国司法独立；（4）内外国法律有差异；（5）平等适用内外国法律。这几个条件构建了国际私法的基础，更加成为国际私法所一直致力实现的目的。在闭关自守的时代，国内外人民老死不相往来，自然没有国际私法生存的余地；再后来古代各国，或视外国人为敌人，或视外国人为禽兽，把权利作为本国国民的特权，凡不是本国国民者均不得享有，此时国际私法也不能产生；只有到了近世，国际交通日益发达，文明各国以开放和宽厚的心态打开国界，以相互主义和平等主义为基础确立了国民待遇和最惠国待遇原则，承认外国人在内国享有权利，这样，民族之间才开始频繁交往，商品经济全球化的扩展则更加促成了此类交往的进一步展开，这样就产生了如何保护内外国人的权利的问题，进而国际私法顺应产生。国际私法的目的就是通过指引可以适用的一切法律来保障国际交往的安全与自由，使国内外人民的权利得以保障，这也是国际私法的终极思想。具体而言：

1. 确保外国人的合法权益

国际私法的产生，正如上文所言，是由于国内外人民的交往而产生了各种不同的民商事法律关系，这里首先暗含了需要赋予外国人平等的法律地位，但是接下来，国际私法对于涉外民商事法律关系的解决，如果只顾维护本国人的利益，而藐视外国人的利益，这样的法律后果只会增加纠纷而不能解决争议。古代孤立主义的国家都视内国的外国人为奴隶，外国人在内国法律面前毫无权利的保障。一旦本国人前往他国，也不免会有相同的遭遇，后来互惠的思想观念得以产生，国家对友邦国家的人民给予优惠，到近世平等思想弥漫全球，各国立法都赋予外国人以平等的法律地位，内外国人有同等的权利，这种平等互惠思想是对外国人权益的最佳保障。进一步，在调整涉外民商事法律关系时，确保外国人的合法权益也成为决定适用法最为重要的一个方面。

2. 确保本国人的合法权益

国际私法是由于涉外民商事法律关系而产生，并以维护外国人的权益为重要原则，但是只便利外国人而损及本国人的利益，这也是本国所不允许的，因此，国际私法致力于确保本国人的合法利益也是自然趋势。

从上论述我们可以得出，国际私法的产生就注定了它是以国际民商事的交往为前提，更是以保护这样的顺利交往为目的。虽然国际私法的调整方式是间接性的，但是这种间接性依然脱离不开它试图实现的目的。国际私法的产生就是保护好参与国际民商事交往的私人主体的权利和他们试图实现的利益，国际私法是保护而不是限制私人权利的法律，国际私法更不是以完全维护国家利益为终极目的。

五、国际私法中实现私人利益保护的步骤

综观冲突法理论，其中压倒一切的“政策”和“主权”基调几乎掩盖了这样一个基本事实，就是在每一个法律选择的案件中，我们所面对的只是两个或两个以上的当事人，他们的冲突主张需要公正裁判，更为特别的是，严格关注于政府社会经济利益的方法易于忽略或淡化存在于许多法律选择情况中的基本问题：用外国法律标准来对个人行为作出合理或公正的评估。在法律冲突情况下，这种困境来自普遍法律上不情愿参与被认为是一种不公平的依据外国法律标准判决案件的过程。这种不公平的程度直接依赖于所涉国家之间文化哲学、社会结构和道德观念之间差异的大小。在联邦体系内，如美国和欧盟等，宪法保证——体现在正当程序、平等保护和特权与豁免中——来阻止个体当事人免受适用外国法律所造成的整体不公平。在跨国区域内，也必须通过在冲突案件的判决中使用法律选择所采纳的特定方法来实现相同的功能。

在特定案件中实现正义的理念已经成为许多冲突法学者老生常谈的话题。然而，大部分人不能把这种迫切的需求转化成为一种可操作的法律选择方法。因此，人们

已经指出“正义”是英国国际私法中的一个基本原则。切西尔（Cheshire）作为在该领域内非常杰出的一位现代英国权威，就把英国冲突法理论建立在“正义”原则基础之上。另一位杰出的权威格雷夫森（Graveson），循环路径并提出“理性正义”是英国冲突法的主要基础。相同的正义概念已经被英国法官在维护他们对冲突案件判决方面反复使用。[①]

在美国方面，卡弗斯在1933年发表的著名的论文经常被引用——不论是赞成还是批评——这是作为在法律选择过程中“对特定案件实现正义”理念的经典表述。在该论文中，卡弗斯反复强调他的确信，适用法律的法院，在判决国内还是冲突法上的争议时，有义务在作出判决前考虑案件的所有切实相关的方面，即使争议本身缺乏任何重要的社会意义。[②] 除非直至法院评估了对私人诉讼主体正义方面任何一致的解决办法的可能影响，要不然，这样的司法责任就没有尽到，无须赘言，只能就特定问题和个体当事人实现司法正义。[③]

许多敌意的批评者把卡弗斯在1933年的表述解释为直接提议特定正义，这没有给法律选择规则留下任何空间。Ehrenzweig是典型地反对卡弗斯这样的主张的，他认为传统法律选择规则应完全抛弃，并且在每个案件中，法律选择应该按照在当事人之间成就正义作出。[④] 他警告，这样一种不受控制的，没有指导的正义内容的体制，是会导致混乱和无政府状态的。应该承认的是，卡弗斯这种任意和模糊的表述事实上一般理解为引进了这样一种特定化的正义概念。卡弗斯本身也意识到这一点，并在他接下来的专著中，急切抛弃这样一种难以捉摸、有点随意的不切实际追求的正义观。相反，他提出在法律选择过程中对当事人公平的标准与“政策”因素应处于同等的位置。他力劝冲突案件的裁判者应寻求这样一种解决办法，即不但能给政府政策提供一种合理的调和，而且也能保护对私人主体的平等对待，以免让他们不公平地暴露在惊吓和欺骗之中。

在不同冲突法学者的著作中，我们可以从不同程度上看到指出了政府政策和对个体诉讼主体公平的区分。因此，Lorenzen在1924年,[⑤] Harper在1947年,[⑥] 和

---

① See, Graveson, *Philosophical Aspects of the English Conflict of Law*. 78 L. Q. Rev. 337 . 348 – 355.

② See, Cavers, “A Critique of the Choice of Law Problem”, *in selected readings on conflict of laws*.

③ See, Harper, *Policy Bases of the Conflict of Laws: Reflections on Reading Professor Lorenzen's Essays*, 56 YALE L. J. 1155, 1174 (1947).

④ Ehrenzweig, Conflict of Laws 346 (1962).

⑤ See, Lorenzen , *Territoriality*, *Public Policy and the Conflict of Laws*, 33 YALE L. J. 736, 748 (1948).

⑥ See, Harper, *Policy Bases of the Conflict of Laws: Reflections on Reading Professor Lorenzen's Essays*, 56 YALE L. J. 1161, 1174 (1947).

Nedelmann在1963年①分别倾向于按照政府利益和个体正义来分析法律选择问题。另外，其他的如著名的Rheinstein② 极力坚守冲突法中极端的对当事人正义的观念：冲突法主要的政策和存在的理由是给个人减轻由不同国家法律事实或潜在的冲突所引起的不便和问题。正是基于这样考虑，他自然地认为，如果建立在政府政策概念之上的法律选择体系不能保证涉及冲突法纠纷中的私人诉讼主体利益的平等调整，那么，它就必须被抛弃。试图牺牲由于不可预想法律的适用使其突然陷入不公平对待的私人主体利益来提升国家的利益，这样的体系是可悲的。

站在问题的对立面，我们发现柯里认为当公共利益需要某种结果时，既得权利和合理期望都可以不管。完全由这种严格的实用主义“政策”思想所主宰，他拒绝在任何有意义的方式考虑法律选择过程中对私人主体的公平。柯里明确坚持国家政策和私人主体利益的分割，并优先强调前者。他明确承认法律选择过程应该成为一种共同实现政府政策的工具，只不过他经常用狭义的社会经济术语来表述。但是，在柯里的著作中我们还是可以看到零散的，经常是隐晦的表述，要求法院作出的判决应当合理且公平。法官不应该削弱当事人的权利，也不应该牺牲他们来换取某些政府政策的成就。在一方面，他准备承认对当事人正义考虑的次要剩余的作用。在另一方面，令人惊奇的是，他实际上允许这样的确认：在国际私法领域，对诉讼当事人公平应该是主要考虑的内容。

尽管柯里不太情愿，但是，这样一种对正义需求的认可，基本上首先拒绝了严格的政策——公平的分割。被柯里和许多评论者所接受的分割法意味着一种区别于私人利益估量的公共利益的估算，而这里提到的主题是把公共和私人利益分析的过程看作一种统一紧密的整体。与由外国法律来评断当事人行为公平性的相关考虑确实构成了法院自己公共利益的内在部分，并是整个利益分析过程必不可少的内容。

在私法领域内，大部分国内法律规则的目的是实现法律关系中当事人的利益或对当事人之间的争议实现正义，而不是保护或促进公共利益。有时我们强调当事人的共同利益，如在订立合同或缔约婚姻时，当事人共同希望交易或法律关系能产生法律后果；有时我们强调对当事人之间实现正义则是体现在侵权领域中，实现对弱者一方当事人利益的保护。

在私法领域内，适用于争议中的不同国家国内法律规则的目的是在当事人之间实现正义，而不是实现公共利益，这样，这些国家的利益对于法律选择来说就不再

---

① See, Nedelmann, *Marginal Remarks on the Trends in American Conflicts Law*, 28 LAW &CONTEMP. PROB. 860, 861 (1963).

② See, Rheinstein Book Review, 32 U. CHI, L. REV. 369, 375 (1965).

相关。进而，法律选择规则背后的政策将会同私法领域的国内规则本身一样是实现当事人的正义的。在侵权、合同领域内国内法律规则的目的是对当事人实现正义，这不仅包括了非强制性规则（它的功能是填补当事人协议的漏洞），而且还包括了强制性规则（不管当事人的协议而直接适用），它们的设计是为了保护弱者一方当事人的利益。在婚姻家庭关系领域，也是在当事人之间实现正义而不是促进公共利益的规则，这些规则是当事人可以选择成立婚姻关系，当然也可以基于生理缺陷或缺乏同意而选择撤销婚姻。以下我们就国际私法中实现私人利益保护所坚持的原则和规则作一阐述。

（一）国际私法实现私人利益保护所秉承的原则

在涉及当事人正义和保护当事人利益时，我们必须区别在国内法层次上的正义和在法律选择层次上的正义，前者直接关注的是当事人争议的实质：其功能是对当事人实现正义的国内规则提供一种公平的解决办法。当然遇到的困境是，不同国家的国内法规则体现出对公平不同的观点，而法律选择规则的功能是决定哪个国家的公平标准应被适用。在决定哪个国内正义标准正当时，不同的正义标准在此出现，该标准不是直接关注于争议的公平解决，而是所选择的国内规则所涉及的事项。总结归纳，该标准在法律选择层面上体现为如下一些原则：

1. 意思自治原则

“私法自治”在国际私法领域的集中体现，是在法律选择问题上遵循当事人意思自治原则。这首先反映在合同方面，即合同准据法应根据合同当事人双方共同的意思表示来确定。目前，它是解决合同法律适用问题的首要原则。另外，私法自治具体表现主要包括个人人格和身份平等、财产权自由、契约自由、结婚离婚自由、遗嘱自由和社团设立自由，应依据这些不同私法的性质来确定法律选择规范是一个基本趋势。

综观各国立法及判例，当事人意思自治原则已经在下列领域得到不同程度的应用：夫妻财产关系、继承、物权、侵权行为、不当得利、信托以及司法管辖、国际商事仲裁，等等。因此，可以说，扩张当事人意思自治原则的适用范围，泛化当事人意思自治原则的作用领域，是当前国际私法立法和司法实践呈现出来的一个重要特点。

2. 当事人与法律之间合理联系原则

应该认可的法律原则要求把当事人和判断他们行为的法律标准之间的合理联系作为司法过程中一般正义的基本保证。实际上，这是熟悉的美国宪法中法律正当程序理念所体现的主要内容。确定这种正当联系的标准最终得源于裁判法院所具备的合理性和公平性的理解，这样来看，就合理联系的法律公平适用中当事人私人利益的估量而言，唯一相关的正当性概念是体现在立法与司法机关之中。因此，私人利益的估量通常不应该与外国法律理念相冲突。

按照传统的冲突法方法，坚持地域主义的探究和严格的法律选择规则，几乎不考虑诉讼当事人与“支配”法律之间合理联系的分析。虽然根植于完全不同的方法论基础，相似的态度也被柯里所采取，整个“合理联系”问题就用一个简单的注脚来处理。在该注脚中，他提出如果受不利影响的当事人在某些方面不愿受这样的法律支配，是否有利益的国家适用自己法律的权力是正当的？相反，像“公平依赖”“合理期望”“可预测性”和“可靠性”这样的标准在 Ehrenzweig 和 Rheinstein 的冲突法哲学中被认为是至关重要的。①

这些不同的概念已经用作试图传递这种合理联系的理念，也取得不同程度的成功。这些概念部分是重叠的，以下我们讨论几种大家最为熟悉的。

（1）“服从”和“同意”

“服从”和“同意”的概念在传统冲突法领域中是很受欢迎的，特别是有关管辖权的问题。在法律选择范围内，有时人们主张，使用行为地更为严格的法律对当事人的活动调整得出的司法结果不应该认为是不公平和不合理的，即使当事人的本国法律就这样的活动所采取的标准更为宽松。这样主张是因为当事人可以选择不在拥有更为严格法律标准的地方从事活动。一旦当事人选择在这样的地方从事活动，他就已经宣布他“同意”或“服从”在行为地有效实施法律的调整。行为者可以让自己承担由于选择在外国行为所实施的可能提高责任的风险。而且，他通常可以采取某些措施来减轻这种风险，如通过取得责任保险。

但是，就“服从”和“同意”而言，合理联系原则的概念化通常是机械的，并且有时是空想的。比如，侵权行为者在从事侵权行为之前通常不会有意识和自愿“服从”行为地所设立的法律标准。任何有意义的“同意”“服从”概念的启动或者是风险承担的前提假设是某些意识清醒的显著措施和代表宣称“服从”当事人的有意识的主观行为。这样一些心理条件在许多冲突法情形下是缺乏的。然而，在某些情况下，按照服从和同意来推导确实是有意义的。特别是商业企业明示让外国公司法对其进行规范以此作为准许它在那里从事商业活动的正式条件时，就会有实际的效果。

（2）“可预测性”或“正当期望”保护的需求

法律关系中私人主体“正当期望”的保护是通常被传统法律著作反复强调和高

---

① EHRENZWEIG, CONFLICT OF LAWS. 346 (1962).

度称赞的目标，特别是在冲突法领域，一般认为这是我们大部分私法的基石并且也是许多公法的基础，这也是我们整个合同法律存在的理由。经常称赞这是布满在整个冲突法规则体系中更高的正义原则。通常认为这是整个法律实施所赖以依据基础的最高表述：人们将会调查影响他们活动的法律并相应来计划他们的行为。因此，一般认为让诉讼主体在从事行为活动之前受他不会合理期望考虑的法律标准来约束是不合理和不公正的。一般正义总是与可预见性和可预测性的考虑紧密地联系在一起。

习惯上对合理期望保护需求的司法热情，在表面上是可取的，但是经常证明当我们实际审视时就没有保证。许多致力于当事人可预见性目标的人们易于忽略这样一个决定性的事实，即为了认可这样的期望值得法律保护，那么，这样的期望不但应该是合理的，而且他们应该在事实上真实存在并能现实确认。但在当事人期望不存在或不能适当确定的情况下，强制要求推导出在法律争议中当事人的私人期望可能会混淆法律上的推理。这样一种对法律规则适用主观期望性估量的法理坚守可以为经常的不真实想象提供理想化的基础。法官和学者对参与法律活动的当事人设想的期望进行了极端的推测性分析。这种设想的假设是个人实际确实能深入考查规范性标准并得以确定，形成了有意的期望。坚守这种假设通常是很有问题的。

进而，大部分支持“促进正当期望”的人们通常很少或不注意两方或更多当事人冲突的“合理期望”可能相互作用的内容。而且，支持者一般认为，作为事实本身，与期望相关的时间点会随着事件的完成而告终。在以后阶段形成的所有其他可主张的相关期望自然不会考虑。因此，一旦争议发生之后，关于在一法院提起诉讼、提交仲裁、寻求一些行政救济或是协商一种私人解决办法的可取性等当事人的合理预测和算计总会被断然拒绝，法院认为这些都是毫不相关的内容。

应该承认的是，真正和合理的私人期望的保护本身在任何自由的社会中都是一个有效的公共利益。没有人会对要求在可能的情况下实现而不是挫败个人的真实和正当期望的社会目标提出质疑，何况这本身与其他迫切的公共利益相联系。进而，我们已按照来自过去取向并适合相关社会价值的社会整体期望来进行司法过程。如果“社会整体期望”这个术语涵盖了社会的道德规范和社会习惯，那么这样一个理念也不是不合理的。我们坚决反对的是随意性，典型特征是传统地按照与适用法相反的个人特定期望进行推理，而不管真实的事实环境是否允许这样的推理。这样一种推理过程不合适的特性明显在许多纯国内的环境下呈现出来，并且，当事人经常生活在不同法律体系内，因而在没有共同的法律或法律之外习惯和期望的情况下，这样的跨国争议同样会得到呈现。

显而易见，对于可预见性、可预测性和当事人公平期望的考虑在不同的争议类型中其本身的有效性是不同的，在商业交易中，依赖于可预测性的私人命令和个人计划因素确实非常重要。在大量的协商交易中，我们一般都会想到参与者通常是在对法律有清醒认知的情况下活动，并且他们一般都清晰知道法律规定的相关内容。如果参与者本着如此信任进行磋商，我们可以进一步认为他们一般会设想到有约束关系的形成，但是，这样一种一般假定的当事人心理状态并不排除同样一种合理的假设，即他们信赖于对交易的法律保护，而且扩展到对每个个人利益的法律保护。因此，协议的当事人通常会想到“所适用的法律”会阻止他可能的错误，欺诈胁迫或任何其他的整体公平。另外，按照这样一种交易关系心理背景的观点，“基本有效规则”的整个概念就指出了一个不同的方向，这被 Ehrenzweig 所积极推崇，并作为首要的和最重要的法律选择原则。“基本规则”是正当公共利益的合理表达，它通过赋予跨国交易以效力来促进交易的安全。

另外，这样一个有效规则不可能总是能准确反映出作为整体参与有约束力的交易合同当事人一般的心理状态。围绕商业交易一般法律认知的心理环境已经使许多冲突法学者把“当事人的期望或意图”设计为一种重要的法律选择标准。比如，在英国冲突法中的“合同适当性”理论的主观主义学派坚持“当事人自治”概念并且赋予当事人选择适用法的实质性权力，而不管这样选择是明示的还是默示的。在缺乏当事人明示选择的情况下，鼓励法官去“推导”或“设想”当事人的意图。事实上，在当事人没有明示选择法律的情况下，他们可能根本没有考虑过这样的事实，因此也不可能形成所谓一致的意图，在这种情况下，通过主张给予不存在的“默示”“意图”以效果，法官真正是用隐蔽的手段来掩盖他们意图达到的认为可取的结果。大家一般都认为，支持当事人“推导”意图或“设想”的期望，实际上，法官只是为自己法律选择的偏好进行合理化。

当事人意图与适用法律规则之间关系的任何理念都来自这样一个前提假设，即在商业交易中，参与者通常会熟知，在将来发生分歧的情况，可以求助的一些具体的法律规定和体系，换句话说，在交易形成的一般法律环境下，司法确定剩余的问题是确定当事人试图调整交易法律所属的特定管辖区。

可以确定的是，在主要的书面档中包括了一个明示的法律选择的规定——这在许多冲突法体系中是被鼓励的——这样一个假设就有非常好的基础。然而，在大部分情况下，在当事人法律选择不能确定时，其内部的逻辑就很容易受到挑战。在通常意义和实践经历的基础上，一般认为，参与者通常不会对将来的争议适用什么法律形成任何特定的意图。这样解释更为合理，特别是对于惯常安排和日常参与者而言，从事跨国活动的大企业可能希望更加深思熟虑和准确地行为。但是由这样的当事人所制作的法律档首先不会轻易对法律选择问题保持沉默，可以进一步认为，甚至在成就交易方面有专业的法律专家积极参加也不一定会保证。

关于适用法一般期望的形成。在律师制定的法律档中没有明示法律选择的规定可能意味着至少以下四种情况：（1）双方律师正好忽略了这件事；（2）对该事项双方没有达成统一的意见；（3）涉及将来第三方的判决，让该问题悬而未决；（4）一方或双方律师有意识阻止把该事项带到谈判桌上来。

一旦我们把视线以合同领域转到侵权领域，我们发现当事人期望保护需求的严重夸大就更为明显。现实审视，许多传统侵权——不管责任是建立在过错意图上，还是严格或绝对上——通常不会承认按照对适用法律标准的主观期望来进行推理。激动的超速驾驶车辆的新郎为了不会迟到他的婚礼造成交通事故，一位中年行政人员发现他的女秘书性感不可抗拒对其实施性骚扰，义愤填膺的杂志编辑报道了大量声名狼藉的内容来诋毁政治对手，这些通常都不会对适用法律标准有清晰的事前期望。当然，每一个人有正当利益知道他们从事的行为是否会对别人造成侵权，但是有多少普通的侵权人会有意识考虑到这样的事项，更不用说会努力调查该事项。而且，在侵权事例中，我们遇到的诉讼当事人可能不是引起争议的侵权事件的直接参与者，诉讼当事人可能包括保险人、雇主、父母、配偶等，这样一些诉讼当事人在事件发生时不可能预见到任何的适用法，即使他们没有参与到其中。

因此，可以认为在侵权法律选择过程中，当事人合理和公平的期望概念经常缺乏实证的基础。因此，在侵权范围内，就当事人可能对事件产生影响法律的可预见性而言，Ehrenzweig 努力制定“真正”的法律选择规则的有效性是有问题的。

然而，在现在侵权领域的范围内，有关企业事故的法律，合理预测性和可预算性的因素起到了重要的作用。大规模企业对有计划的和投保活动的司法暗示的合理期望普遍承认是一个值得称赞的目标。虽然，来自瑕疵食品的损害本质上说是偶然的，但是，在食品流转过程中的商业参与者是一个有计划的活动。这种活动是按照对相关法律标准掌握的估量来行事。跨国运输者、保险者、制造者、银行、供应者、分配者等通常能预见到所涉及的外国法律制度的可能性。因此，当他们在决定特定行为时，如决定价格和充分的承保范围，他们会对法律进行考虑。

因此，当涉及本地居民被在本地进行销售产品的外国生产者的瑕疵产品造成损害之后，本地法院坚持严格适用本国法律的严格责任规则就没有什么不公平。即使后者的本国规定传统的过错责任标准，也是这样，这种完全可以预见的财政负担只是企业所能考虑到在本地从事商业活动的额外成本。生产商可以通过保险来保护自己。甚至承认在企业事故领域中“可预见性”的重要性，法院也不应该推测企业关于适用法律的主观真实持有的期望。我们应该寻求客观的标准，与此相关的是企业是否能合理预测到所涉行为的更为严格的标准或外国所规定的赔偿，自然，企业的商业活动越大，操作越娴熟，法院就越能找到客观的可预测性。在剩余的传统侵权领域，正当期望似乎没有什么用武之地，在频繁的社会活动中，正当期望这个术语基本难以发挥功效。在按照主观期望不能合理推理的情况下，我们应该考虑合理联系的客观和功能性考查，这可以成为对私人利益正义的一个公平标准。

（3）确认外国法律平等责任的考虑

在一定情况下，要求一方当事人获得对相关法律标准的事前知悉和遵守这种要求的平等责任是合理联系理念的重要体现。在这种情况下，我们可以认为这方当事人知道相关法律的实质内容，或更准确的是，我们要求他有义务熟悉该法律并遵守该指示行事。对相关标准内容的真实知悉不是有责任的当事人与法律合理联系存在的前提条件。该标准是一个客观标准——施加确定查明和遵守责任的合理性。施加给平等责任的一方当事人不能在以后的诉讼阶段抱怨按照特定标准对其行为的估量过分地破坏了合理联系原则。

在所涉入的法律事务中哪一方参与者可以适当承担起这样的责任呢？一般来说，熟悉义务公平地应施加给更有充分资源，更加有经验，更精明和更老练的当事人。“附意”“标准格式”或“票证”合同中更为强大的当事人，政府机构、公共机构、庞大的私人公司和其他像公众运输公司、产品生产厂、银行、保险公司等大企业，从事大量国际活动的大商人和交易中更为主动，更具组织性的当事人通常都可以认为他们比参与各种交易的个体当事人都更为有见识，经验和法律上更为老练。因此，要求他们承担事前确认和遵守相关法律规定的义务是更为公平的。第二种引导确认平等承担这项责任的当事人是在相关时间段内一方或另一方当事人对将来诉讼的合理预见。因此，如果当事人甲能在当事人乙之前想到可能来自既定事件所产生的将来诉讼，那么，前者就会承担责任来确定和遵守相关法律要求。

（4）“合理依赖”标准

这种情况大都发生在当一方诉讼当事人提出合理主张的情况下：他已经在特定的社会法律环境下行事并依赖于该特定概念和制度。因此，我们以不同环境的不同概念来衡量他的行为就是不公平的。

可能关于“依赖”最清晰的例子就是当某人被他出现地方的法律积极要求以特定的方式行事。在缺乏清晰的强制义务时，行为者主张他被鼓励、授权和赋予权力以行为地的法律标准来从事相关事务时，我们不应该轻易排除这种法律的适用。每个人首先都有权按照行为地的规范命令来从事自己的事务，即使相同的事务可能证明对其他管辖地有一些影响。

然而，赞成这种主张很容易误导异想者作出不正当的归纳，比如，在侵权行为是以过错为基础的情况下，行为地法律就有权主张支配这种惩罚。但是，对于按照他行为所依据的法律，该行为不是侵权或违约行为的，惩罚被告是不公平的。

作为一个一般真理的模糊性，就是一种捉摸不透的“依赖”主张，任何依赖的保持首先看相关当事人是否真正地、合理地和信任地依照某些特定法律条款来行事。只有行为的形成是具体依赖于某些法律条款时，才可能产生正确的评估。

在法律选择过程中，“合理依赖”主张的正当性建立在两个相关考虑的基础之上：法律引导的价值和不愿意允许不公平的突袭。可以公平地说，许多法律规则都是效力于这样的目的，即提供引导当事人安排他们的事务。在有计划活动的领域特别是这样的商业交易。如果促进了这样一种引导价值，那么，应该鼓励人们寻求了解熟悉同样对他们将来的行为参与产生影响的法律规定。在一种法律的适用实际上会不合理地突袭或不公平地歧视一方当事人的情况下，法院通常应拒绝这样一种法律的适用。

3. “合理注意”原则

前面对“服从”“期望”“责任”概念的分析表明，他们充其量是为合理联系原则提供一种部分的合理化。因此，我们提议把这项原则建立在一种对既定事件所适用潜在外国法律含义全面和客观的公平注意概念基础之上。换句话说，在法律选择中估量私人利益的考查应该归结为如下的疑问：我们能合理要求一方当事人对法律关系潜在跨国结果的及时优先注意吗？

应该重点指出的是，提议的这种标准是客观标准并且建立在所有相关情况下对有关合理性达到熟悉的法律理解。因此，真实掌握最终支配规则达到的特定含义不是公平注意的必要组成部分。而且，既然在许多情况下，人们不会以头脑中任何特定法律标准来行事。因此，把公平注意与对实体法律标准适用的合理想象等同起来没有任何意义。这里关键应该考虑的是，一方当事人在适当时间是否曾想到与既定管辖区可以对其主张正当利益的个人、财产、关系、制度或事件有潜在的关系。

在纯合理国内环境下，我们通常要求参与者掌握相关法律标准。但是，这样一个普遍接受的前提条件在跨国环境下就会失去其本身的性质。因此，我们把客观合理注意理念作为合理联系的基本原理，需要明确的是，一方当事人在适当时间内曾预想到能与有关事项发生联系，而这些事项的地域所在地国是否可以主张正当利益，这样看来，我们需要确立的就是合理注意中合理联系的相关时间点和地域本身。

在合理联系存在的情况下，时间适当点的确定自然是私人利益分析过程中一个关键性的步骤。确定决定性时间阶段的唯一可行性标准是非常熟悉的客观类型：按照所有的相关情况是合理的：合理注意必须在设想可能对行为产生影响的阶段予以确定。因此，订立合同、建立婚姻关系、购买财产、设立遗嘱的决定是什么时间、在哪里或如何提起诉讼通常被认为是与合理联系问题相关联的。通过排他地选择行为的时间来归纳出时间因素，这是非常必要的。

对于合理注意理念来说，地域性是非常重要的，在现代美国的冲突法理论中，我们很容易会发现对地域主义概念的不信任。这样来看，政府利益是“中立的”或“功能性的”，而不是“地域的”或“个人的”，我们绝不是否认现代方法的合理性，但是我们必须承认，地域性概念作为一种解决合理注意问题的有益手段依旧有一些现实重要性。如在地域划分的世界中，我们应该接受适用地域性的法律是公平的。地域性的重要呈现在大部分人的脑海中，这有些太概括。但是，现实世界中，甲国的居民在乙国行为和发生事务，我们都会合理地想到潜在会与乙国的法律秩序相关联。另外，事件本身的域外性质经常与合理注意问题有重要的联系。

（二）国际私法实现私人利益保护的规则设计

正如约翰·迪金森所说的，我们所需要的不只是一个具有确定的一般规则的制度，我们还需要该制度中的规则是以正义为基础的，换言之，是以对人性的某些要求和能力的考虑为基础的。否则，这个制度就会不可行；而且，由于它违反了根深蒂固的判断倾向性和标准，所以它会不断地被人们所违反，进而它也不可能提供确定性，而这种确定性则正是该制度存在的理由。确实，有序的连续性在某个特定情况下必须让位于正义的强制性要求。在这种情形下，习惯上的法律普遍性在一个具体情形中就要被牺牲，以满足实现特殊正义的需要。为了正义的利益而背弃或放宽既定规范的要求被认为是必要的，尽管秩序倾向于常规性和一成不变地恪守规则。

在国际私法领域内，正义的诉求要求法律选择规则的确立不能只注重划分各国立法管辖权的范围，而更为重要的是应公正地解决法律冲突问题，亦即体现法律的正义性质。这要求法律选择规则不只是一种立法管辖权的选择方法，而应是一种结果选择方法，寻求公正、正义的结果是其唯一的目的。详细分析与具体案件具有联系的法域的法律内容，发现有关法律背后的政策和目的，据此确定有关法律的政策和目的是否同具体案件有利益关系以及这种利益关系的密切程度，如发现某国法律的适用能使案件得到公正的解决，即可适用；反之，如发现其适用会违反自己的社会政策，则应根据法院地的法律来决定如何解决。也就是说，完全依据对当事人公正、正义的结果来确定法律选择。

这种观点以这样一个前提出发，即多国案件本质上和完全的国内案件没有什么不同，而且公平并合理地解决争议的法官责任，在法官面对一个含有涉外因素的案件之时，也不会消失。用对诉讼当事人实质公平和平等的方式解决这样的争议应如同国内法一样是国际私法的一个目标。为了决定它是否真正产生“适当”的结果，应直接审视适用法。这样的观点比我们通常所认为的更古老。历史先例包括 Byzantine 学者们对仁慈的结果的偏爱，意大利注释法学者，偏爱法院地良好法则而不要外国令人厌恶的法则，并且 Magister Al Dricus 提倡善良法的适用。

正义的考虑已经被法典化的国际私法体系在一定程度接受，并已被囊括到结构上适合传统模式的法律选择规则中。这些就是结果为导向的规则，同样是被设计成就某种被认为值得优先考虑的实体结果的规则。这种结果可能是有利于某种法律行为的效力、有利于某种身份地位或者有利于特定一方当事人。这或是通过提供给法院一系列可替代适用的几个国家的法律和指导法院选择产生事先设定好结果的法律，或是通过允许受影响的当事人在确定的可参照的法律中选择适用法。这些规则的大部分来自法典化的国际私法体系，但也不能认为非法典化的国际私法体系就没有结果为导向的规则。情况恰恰相反，如在美国，几个结果为导向的规则已被法规所规定，甚至更多这样的规则已被判例法所阐明。

六、结论

在国际私法发展的历史长河中，似乎“地域”“主权”和“国家”就成为国际私法永恒的基调，表现的规则也先验地以地域性联系作为其主要特征。这样确立国际私法规则似乎维护了国家利益和国家主权，但是完全忽视了这样一个最基本事实，在每一个法律选择的案件中，我们所面对的只是两个或两个以上的当事人，他们的冲突主张需要公正裁判。而国际私法的目的就是通过指引可以适用的一切法律来保障国际交往的安全与自由，使国内外人民的权利得以保障，这也是国际私法的终极思想。这样看来，国际私法以往规则确立的方向完全走向了国际私法本质上是私法的对立面，其结果是，这样确立的规则在规范国际民商事交往方面显得有些力不从心，于是美国冲突法革命爆发。革命的结果是发出了保护私人利益的最强音……国际私法发展到今天，国际社会结构发生了很大的变化，国际民商事的交往已经完全自由、开放和平等，在这样全球化的市民社会中，我们似乎应以保护私人利益作为国际私法的基石。

第二编　价 值 论

第三章　国际民商事关系中私人秩序的构建

“国际私法的基本原则是秩序与正义，秩序优先，秩序是正义的前提条件。”① 事实确实如此。追溯历史，向往流动和追求自由是人类永恒的渴求。不同国家人民之间各种跨越国界交往的顺利实现，是现代文明的基础。然而，有序交往是顺利交往的基本保证。也就是说，人类在自我发展的进程中，在社会生活的各个方面，一直都在摆脱起初的无序状态，而寻求有序。每一要素在秩序的形成过程中都在回应实时环境，对所有特定情势作出一种调适。而要素在应对实时环境的过程中遵循某些规则所产生的结果则就表现为一种秩序，即某种有序性的东西，存在着某种程度的一致性、连续性和确定性。② 在组成国家的不同集团之间必然会建立各种关系，人的本性的根本一致和发展贸易的自然趋势大概是建立这些关系的根本原因。这些关系的总和构成了人们所说的国际社会的基本内容。然而，经验表明，任何社会都需要一些规则来调整其赖以组成的各种关系。有社会就要有法律；如果没有规则，完全从各自角度出发的个人才智，以及其有本身弱点的个人意志，是不可能识别并遵循实际可行的途径而避免会导致冲突的途径的，也就是说，没有制裁与秩序，社会就会解体。因此需要探索应该根据那些指导方针建立组成国际社会的各种关系，以便使国际社会得以继续存在，并为其成员带来它们期待由于国际社会的存在而带来的利益。这些指导方针构成国际秩序。③

以往频繁的个人对外交往中法律属地主义的实行，更多地使内国人置于外国法的支配下，而各国法律的发展又加深了彼此的差异，因此，这种差异便经常成为内国人在外国利益受到损害的原因。从各国涉外关系整体而言，在法律属地原则下，这种损

---

① 加拿大最高法院在 Tolofson 判例中这样认为。See, Can. Year Book Int. L p1058.

② ［英］弗里德利希·冯·哈耶克：《法律、立法与自由》（第一卷），邓正来、张守东、李静冰译，中国大百科全书出版社 2000 年版，第 63 页。

③ ［法］亨利·巴蒂福尔、保罗·拉加德：《国际私法总论》，陈洪武等译，中国对外翻译公司 1989 年版，第 346－375 页。

害是相互的，这对当时世界经济的发展、个人利益的实现有害无利。法律属地原则对法律冲突的解决已被证明无积极效果，只会束缚涉外关系的发展。法律属人原则虽在一定程度上考虑了法律的域外效力，但其调整法律冲突的单一性已无法适应世界经济和法律发展的需要。相邻的集团的存在，其成员之间私法关系的不可避免，以及难以消除的人类共性的情愿，长期以来迫使人们寻求构成国际私法秩序的指导方针和规则。

如果我们承认存在着一个国际社会，而且承认该社会需要一种由法律规则确定的秩序，那么，合理划分各国的管辖范围，就势在必行。似乎难以否认法律冲突涉及国际秩序。如果承认构成国际社会的各种关系是为了使某种秩序得以建立，应该服从某些规则的话，看来这种秩序不可能忽视法律冲突，因为国际秩序观念要求划分各国的管辖范围。国际秩序的基本观念之一事实上是权能的划分：应该尽力划分不同国家各自的权能的范围，以便避免冲突，达到判决结果的一致性。而在公认的各种国家权能中，最基本的大概就是制定法律的权能，因此，国际秩序就不能不管这种权能的实施范围，因为它关系到其他国家的这种权能。如果法国和英国对某一在英国定居的法国人的身份同时主张适用其各自的法律，就不能说国际秩序对否定权能划分的这种现象可以漠不关心。如果在法国和英国同时采用的法律冲突规则对这两个国家的法律分别规定不同的适用范围，一国法律以当事人的国籍为根据确定其适用范围，另一国法律以当事人的住所为根据确定其适用范围，就没有立法管辖权的划分，而只有竞争和冲突，即秩序的反面。而这种情况对诉讼当事人肯定是不利的，因为，在同样的问题上，忽略这一点，同一种私法关系可能因此先后得到相反的解决；在有关的关系中，由此产生的麻烦可能很严重，而且可以认为这是没有很好划分立法权能所造成的，国际秩序观念要求划分各国的管辖范围。私法关系的国际性，造成不同国家法院同时的管辖或连续的管辖，这涉及国际秩序的根本因素，即立法权能的划分。设计出一种规则，它能确定有关的不同法律各自的范围，并要求法官根据法律规则适用有管辖权的法律，就成为人类解决法律冲突，创设国际民商事秩序的唯一可选取的路径。这样也便出现了冲突规则，这种规则具有两个基本性质。它是“间接的”，因为它本身对所涉及的问题并不提出解决办法，只是指出解决问题的法律。它是“双边的”，因为它指出应适用的法律可能是外国法，也可能是本国法。冲突规则的确立确实增进了社会的秩序价值，带来了有序的私人交往关系，增加了私人交往的确定性、可预测性、连续性和一致性，同时，也便利了私人的交往。

在这里为什么要设想与国内秩序相对的国际秩序。国际秩序概念的提出似乎是国际关系存在的需要，如果我们接受这种概念，那么，看来各国的国内秩序必然从属于国际秩序。正如家庭集团或职业集团从属于国家秩序，国家秩序才有意义一样，国际秩序要想名副其实，难道就不应该使各国的国家秩序受国际秩序的需要的约束吗？

但是，必须指出，从历史上看，国内秩序的建立先于国际秩序。国际秩序还没有严格意义上的立法机关，也没有直接组织的制裁。因此，理所当然，国内秩序自发地、有效地发展了适用于某些问题的规则，而国际秩序还不能提出解决这些问题的规则，而且也很难保证使这些规则得到遵守。这种对比可能与法律的性质本身有关，法律的目的是以一些普遍规则支配人的行为，法律中既含有一种理性因素，又含有一种强制因素，前者在于提出法律的普遍主张，后者在于制定法律和保障法律制裁的权力，国内秩序和国际秩序的关系问题将这两种因素分开。从理性上说，国内秩序从属于国际秩序。但是，从强制因素上说，国内秩序在存在先后方面又先于国际秩序。

如果国际秩序表现为一些确定有效的规则，而且完全能够保证这些规则的遵守，就应该寻求国内秩序与国际秩序的解决办法之间的协调。国内秩序或许会放弃一个它认为对其本身的统一有用的规则，并相信这种牺牲是不会徒劳的，它会在足够明确建立的国际秩序中取得成果。

公法所组织的体系是社会本身所承担的任务（行政管理、镇压）的规则的体系。可以想象，在这些规则适用范围之内的任何行为都应该由这些规则调整；然而，社会委托其适用这些规则的权力机关却无权干涉上述规则适用范围之外的行为。与此相反，私法，既然是由社会颁布的，必然与社会利益相关，但是它所涉及的是一些自发建立的关系，这些关系的总体才具有一种普遍意义。因此，一国法律可以承认，在总体对比而言比较小的一些情况下，在一定程度上涉及该国生活而该国法官应该受理的私法关系，由某一外国法调整，原因就在于该私法关系与该外国的法律体系的联系超过它与该国法律体系的联系。

由外国法调整的这种结果是由该法律关系的私法性质所决定的。例如，一国法官将受理定居在该国的外国人之间的离婚案件，因为该国家从一般利益出发，认为这些外国人的离婚案件应该在该国得到解决，与此同时，他们的离婚案件将适用某一外国法律，因为该国社会按照自己的观点调整各种私法关系的利益并没有因为对某些关系偶然适用外国法而受到损害，这些关系的性质是由于国际性私法关系而自然具有的，因而这些关系有一部分不属于该国的社会环境。

冲突规则只是在私法上规定外国法的适用，民事法律并不限于确定哪些行为，哪些关系，哪些人由本国法来调整或支配，它确定有关的不同法律各自的范围，并要求法官根据法律规则适用有管辖权的法律，这就是人们为获得国际有效民商事秩序而寻求得到的解决法律冲突的办法，冲突规则就这样出现了。

经验似乎证明，各国采用这种或那种冲突规则，一般来说并不是出于特定的政治利益的考虑。国家是一般利益的保护者，但这种冲突规则对一般利益的影响只是一些间接的影响。另外，国际关系的共同利益在大多数情况下似乎只要求权能的客观划分，即每种法律都调整因场所所在国家而自然属于其范围内的关系。在刑事或税收方面，如果各国都对在其自己领土上的行为进行惩罚或者征税，国际秩序的要求将得到满足。同样，传统一般认为，如果每一个私法关系都由其客观场所所在国家的法律调整，国际秩序也将得到满足。不过，这种观点只是将国内秩序中在私法关系方面所接受的东西搬到国际秩序中去。原则上，秩序关系如果是以最有利于个人利益的方式调整，也就满足了一般利益。

国际私法规则同所有法律规则一样，这些规则都是由社会权力机构颁布的，因为它们也涉及一般利益，否则，这种关系就可以由风俗或道德来调整了。国际私法的独特之处在于，有关的一般利益，或者用另一个术语来说，有关的共同利益，既涉及国内司法机关以其名义做出判决的国家，同时也涉及所要调整的关系的国际性。因此，必须弄清在这方面什么是当事人的利益，然后还要弄清国家的和国际的一般利益对此产生什么样的影响。

如果首先考查什么是当事人的利益，似乎可以说当事人的利益要求以与他们的经常利益有最实际联系的法律为准据法。仍旧用迪穆兰的古老的例子来说明，两个定居在荷兰的荷兰人在意大利商谈关于位于荷兰的一处不动产的买卖问题，他们对荷兰法大概了解得很清楚，并且与这笔交易有关的所有关系都将由荷兰法来调整，因此这笔不动产买卖由荷兰法调整完全符合当事人的利益。

在此，萨维尼适时提出“法律关系本座”概念。在确定这个“本座”时，当然要考虑私法关系的多样性和国际贸易的灵活性的需要，但是，当事人的基本利益还是不希望他们的关系由与之只有某种偶然联系的法律来调整。这种法律迟早会与无可争议地适用于某些有关问题的其他法律发生矛盾。而且，同一个问题在不同国家很可能得到相互矛盾的解决，这样就破坏了当事人之间的关系，而不是调整他们的关系。因此，萨维尼强调根据其性质探索法律关系的“本座”，认为这才是避免出现矛盾的最好解决办法。

另外，如果考虑到作为一般利益的代表的国家利益，其方向也是一致的。实际上，国家的基本利益似乎在于确保其法律的同一性及其法律的权威。国家颁布的各种法律形成一个整体，一些法律关系与该法律有密切联系，本应无争议地适用该法律整体来调整该法律关系，如果不适用该法律整体，就不可避免地会造成不一致、矛盾和对法律权威的损害。但是，对于那些只是由于某种偶然因素才进入法院地国立法范围内的法律关系就可以适用某一外国法，这也不至于对该法律整体造成损害。

这也是国际秩序客观确定场所的要求。如果各国法律都适用于这样一些法律关系，该法律关系与适用法律的领土相联系，那么我们可以预计这会取得判断上的一致性，这可以实现既没有空白也不致重叠的权能划分，并且因此可以避免对同一案件的解决办法之间产生矛盾。这种结果表明，一种立法形式一个整体，如果将它分开，很可能破坏该整体的一致性。这种不一致的结果对其利益被忽视的当事人来说是毁灭性的，对于没有达到其目的的法律来说是灾难性的。因此，如果某一法律关系只是由于某种偶然因素才涉及特定的法律体系，就应该避免将该法律关系属于这种法律。出于同样的理由，应该排除使法律冲突的解决取决于有关的法律关系之外的某种因素的任何做法。以下就是传统确定客观场所合理划分立法管辖权，从而达到判决结果的一致性，以形成有效秩序的方式：

一、根据私法关系的客体确定其场所化（地域化）的法律[①]

以往国际私法总是表明这样一种看法，即如果法律关系有一个物质客体，根据客体确定该法律关系的场所，依据客体所在场所的法律调整该法律关系，则是最好的方法。这更多出现在物权和继承领域，之后又扩展到依据私法关系产生地的法律来调整该私法关系。

实际上，一种法律关系的物质客体，动产或不动产，在其组成部分中是唯一自然在空间占据某一位置的部分。根据其物质客体确定法律关系的场所有这样一个优势，即不会引起任何争论，在不动产方面不会引起什么欺诈，在动产方面可以尽量减少不确定性，它表现了国际秩序要求的客观确定场所的特征。这种做法同样有利于当事人的利益，因为当事人的利益自然集中于其客体的场所。把法律关系的场所确定为其物质客体所在地同时也照顾到了第三者的利益。实际上，由于这种客体是物质的客体，而且有其确定的场所，所以它是该法律关系的表现因素，因此是第三者所知道的。因此适用不动产所在地法尊重有关该不动产的全部利益。

基于这种事实，国家在颁布民法时所追求的一般利益同样得到了维护，因为第三者的利益代表着集体的任何一个成员的利益，而法律谋求共同利益也就是要保护集体的各种利益。客体的场所化就这样将围绕法律关系的各种利益切实集中起来，国家为了尽可能保证其法律适用的同一性，规定对涉及位于其领土上的财产的法律

---

① 萨维尼的法律关系本座说就是以此来构建国际私法秩序的。

关系适用其自己的法律，这是一种“双赢”的办法，同时形成了有效国际民商事秩序。

二、根据法律行为或法律事实确定场所化（地域化）的法律①

法律行为实质上是从合同行为、遗嘱行为、婚姻行为和收养行为中抽象而来的理论，是以意思表示为要素，而依意思表示的内容发生法律效果的民事合法行为。私权自治，在法律上是通过推行法律行为制度来实现，法律行为是践行私权自治的工具，在合同领域确立的契约自由，在婚姻领域确立的婚姻自由，在继承领域确立的遗嘱自由，在物权、收养和设立社团等领域所体现的自由把私权自治推到了极致。在国际私法中，为了形成有序的国际民商事交往，给交往的人们提供法律的确定性和稳定性，依据当事人的意思来确定适用法，已经成为各国立法的通例。

在合同法领域方面，意思自治原则的运用特别有利于当事人的利益，因为订约各方可以根据自身的便利自由确定其合同的场所，他们是自己便利的最好判断者。尤其是对于这种场所化，存在着这样一种占优势的观念：合同的场所并不一定固定在合同缔结地，当事人可以规定其利益的实际场所。

在婚姻领域方面，赋予当事人选择结婚地与离婚地的自由，因此，现在越来越多的国家，从原来坚守属人法，走向了结婚适用婚姻缔结地法，离婚适用法院地法。

在继承领域，被继承人可以在遗嘱中确定遗嘱适用的法律，这已经受到各国立法和国际公约的认可。

财产权自由理念体现在国际私法范畴内，就是对于财产的归属上，一般是适用财产所在地法，因为财产所在地法赋予了权利人对财产的绝对支配权和排他权，对于财产的流转，一般就会考虑到当事人选择的自由。

在国际私法上，为了践行社团设立自由，就是社团设立人可以自由选择社团设立地，设立地的法律支配社团的内部关系法律问题，这已经得到美国、欧盟各国立法和国际公约的认可，不得不说是社团设立自由在国际私法上的充分体现。

另外，侵权行为、无因管理和不当得利等法律事实地法，鉴于其客观存在而有一定的确定性，对当事人有益。如果这些系属能够实现客观地确定法律关系的场所，它们就可以满足国际秩序的要求。

---

① 更多是从私权自治理念出发，以当事人的期望作为构建私法秩序的基点。

三、确定有关人关系的场所化（地域化）的法律[①]

人都依附和归属于一定的地域（场所）而生存，确定人的身份和能力的场所，可以以一种物质的和外在的方式，即通过住所确定人的场所，或者以一种法律的和精神的方式，即通过国籍确定人的场所，但是，无论以哪一种方式确定人的场所，都应该看到，人的移动只具有某种偶然的性质。在这种属人法的观念中，法律的权威似乎是决定的因素，如果法国法律规定离婚须具备这种或那种条件，而只要在日内瓦或布鲁塞尔申请就可以在不符合这些条件的情况下获准离婚，然后在法国取得效力，那么，法律规则自然就失去了意义。然而，如果一个法国人在比利时或瑞士根据比利时或瑞士法律获得一笔不动产，就不会存在这样的反对理由。

这种区别的产生显然是因为一个人的身份是其在一个集体中的法定地位；某种移动，至少是暂时的移动，并不改变人的身份，因此，人始终应该服从同一个法律。人的移动这一偶然现象不应该使得始终受某一法律支配的关系摆脱该法律，因为该法律的目的并没改变。

但在这里，住所地法和国籍国法的分歧又涉及国际秩序的利益。住所地法对移民入境的国家是有利的，在这些国家，对移民永远适用其各自的本国法会有损于当地法律的同一性及其权威，并且会鼓励人们坚持其原籍国的特殊主义。与此相应，向外移民的国家适用本国法，因为本国法有助于这些国家通过使其国外的移民继续受本国法的支配，培养这些人的民族感情。

但可靠的演绎推理不能排除任何其他考虑，对所要达到的目的考虑在所有范围内都可以弥补，甚至改正演绎推理的不足。对立法整体的尊重和实现各种解决办法的一致性居首要地位，这表现出国家集体的利益要求法院合理适用其自己的法律，以及外国的法律。另外，如果涉及一般政治利益，还应该考虑到这种利益。但是，在考虑最有利于国家集体利益的法律秩序时，当事人的利益显得更为突出。最后，还要想到各种解决办法的国际协调，这种协调通过国际秩序的直接利益表现了当事人确定的利益。

概括而论，国际私法秩序的寻求要求合理划分各国的立法管辖权能的范围。这样，表现国际秩序的一些确定有效规则的确立就应在本着最有利于个人利益，满足一般利益的基础上，使法院国自己的法律以及外国的法律都得到合理适用。

---

① 这里主要是从人本身的归属感和依附性来确定人的适用法，其实这里更加体现了人与地域的紧密联系，以此确定私法秩序。

第四章 国际民商事关系中实体正义的实现

综观国际私法理论，其中压倒一切的“政策”“主权”和“秩序”基调几乎掩盖了这样一个基本事实，那就是在每一个法律选择的案件中，我们所面对的只是两个或两个以上的当事人，他们的冲突主张需要公正裁判。传统冲突规则在地域主权的基础上，通过划分各国立法管辖权来实现国际民商事秩序的建构，这确实给国际民商事交往提供了交往所需的确定性、稳定性和结果的可预测性，但是，随着社会的发展也产生了很大的负面效应，即规则的僵化性、缺乏针对性、盲目性和简单性。这是因为：一方面，一般性的规则是在特定的情势下形成，随着时代发展，它无法跟上时代的脚步，无法满足社会进步所提出的正当要求。另一方面，冲突规则自身的特性——只划分各国的立法管辖权和指引适用法——也带来了如上盲目性的负面效应。这样，法律的秩序价值与实体正义的冲突便凸显出来。在此境况下，如果法律因其所具有的惰性或抵制力，而不能适应或应对变革中新出现的情况或问题，那么，一场社会危机或革命就可能会使法律制度发生一次实质性的改革，或促使人们对法律制度进行一次大检查，而这种改革或检查的目的就在于使这两大最重要的法律目标进行协调，至少也是使他们之间的距离缩小。① 美国冲突法的革命正是在这种内在机理的作用下爆发的。至此，法律选择中正义的需求得以张扬。

正如约翰·迪金森所说的，“我们所需要的不只是一个具有确定的一般规则的制度，我们还需要该制度中的规则是以正义为基础的，换言之，是以对人性的某些要求和能力的考虑为基础的。否则，这个制度就会不可行；而且，由于它违反了根深蒂固的判断倾向性和标准，它会不断地被人们所违反，进而它也不可能提供确定性，而这种确定性则正是该制度存在的理由”②。确实，有序的连续性在某个特定情况下

① ［美］E. 博登海默：《法理学：法律哲学与法律方法》，邓正来译，中国政法大学出版社 1999 年版，第 324 页。

② Administrative Justice and the Supremacy of Law（Cambridge，Mass. 1922），p. 122.

必须让位于正义的强制性要求。在这种情形下，习惯上的法律普遍性在一个具体情形中就要被牺牲，以满足实现特殊正义的需要。为了正义的利益而背弃或放宽既定规范的要求被认为是必要的，尽管秩序倾向于常规性和一成不变地恪守规则。

在国际私法领域内，对正义的诉求要求法律选择规则的确立不能只注重划分各国立法管辖权的范围，更为重要的是应公正地解决法律冲突问题，亦即体现法律的正义性质。这要求法律选择规则不只是一种立法管辖权的选择方法，还应是结果选择方法，寻求公平、正义的结果是其唯一的目的。详细分析与具体案件具有联系的法域的法律内容，发现有关法律背后的政策和目的，据此确定有关法律的政策和目的是否同具体案件有利益关系，以及这种利益关系的密切程度，如发现某国法律的适用能使案件得到公正的解决，即可适用；反之，如发现其适用后会违反自己的社会政策，则应根据法院地的法律来决定如何解决。也就是说，完全依据对当事人公平、正义的结果来确定法律选择。

这种观点以这样一个前提出发，即多国案件本质上和完全的国内案件没有什么不同。这样的观点比我们通常所认为的更古老。历史先例包括 Byzantine 学者们表现出对仁慈的结果的偏爱；意大利注释法学者体现其倾向于法院地良好法则而不要外国令人厌恶的法则；Magister Al Dricus 也提倡善良法的适用。

其实，在特定案件中实现正义的理念早已成为许多冲突法学者一个老生常谈的话题。然而，大部分人不能把这种迫切的需求转化成为一种可操作的法律选择方法。切西尔（Cheshire）作为在该领域内非常杰出的一位现代英国权威，就把英国冲突法理论建立在“正义”原则基础之上。另一位杰出的权威 Graveson，循此路径并提出“理性正义”是英国冲突法的主要基础。相同的正义概念已经被英国法官在维护他们对冲突案件判决方面反复使用。[①] 因此，人们已经指出“正义”是英国国际私法中的一个基本原则。

相似的是，里斯（Willis Reese）也强调需要规定以政策为基础的规则，因为这样的规则要求在冲突的法律之间作出清晰的选择[②]。可能在支持以实体正义为基础的法律选择方法的人当中，最突出的是 Robert Leflar。他认为法院应该在选择适用法方面使用五种影响选择的考量[③]，其中最为重要的是“更好法律规则”[④]。Leflar 基于这

---

① See, Graveson, *Philosophical Aspects of the English Conflict of Law*. 78 L. Q. Rev. 337, 348 - 355.

② Willis L. M. Reese, *Choice of Law: Rules or Approach*, 57 Cornell L Rev 315, 321 - 323 (1972). See also Joseph William Singer, *Real Conflicts*, 69 BU L Rev 1, 79 - 80 (1989)（认为法院从一开始就应该关注于实体正义和特定法律领域的实体政策。）.

③ See Robert A. Leflar, *Choice - Influencing Considerations in Conflicts Law*, 41 NYU L Rev 267, 282 - 304 (1966).

④ See Brilmayer, *Conflict of Laws* at 71 .

样的原因来合理化他的结论，即选择更有利的法律在法院的实际操作中是固有的，并且律师也以这样一种方式来在案件中主张。据 Leflar 观察，法院经常事先就作出法律选择的决定和判决结论，然后依据支持法院结论的法律选择理论来解释这样的结果①，这就是对正义的诉求。

在不同冲突法学者的著作中，我们可以看到其不同程度地指出了政府政策和对个体诉讼主体公平的区分。因此，Lorenzen 在 1924 年，② Harper 在 1947 年，③ 和 Nedelmann 在 1963 年④分别倾向于按照政府利益和个体正义来分析法律选择问题。另外，其他学者如著名的 Rheinstein⑤ 极力坚守冲突法中对当事人实现正义的观念：冲突法的主要政策和存在理由是给个人减轻由不同国家法律事实或潜在冲突所引起的问题。由于不可预想适用的法律，私人主体极可能会突然陷入不公平对待，其利益必然会受到损害。基于这样的考虑，如果建立在政府政策概念之上的法律选择体系不能保证涉及冲突法纠纷中的私人诉讼主体利益的平等调整，它就必须被抛弃。试图牺牲私人主体利益来提升国家的利益，这样的体系是可悲的。

站在问题的对立面，我们发现柯里认为当公共利益需要某种结果时，既得权利和合理期望都可以不管。完全由这种严格的实用主义“政策”思想所主宰，他拒绝在任何有意义的方式考虑法律选择过程中对私人主体的公平。合理划分立法管辖权是其政府利益唯一考虑的因素。柯里明确坚持国家政策和私人主体利益的分割，并优先强调前者。他明确承认法律选择过程应该成为一种共同实现政府政策的工具，只不过他经常用狭义的社会经济术语来表述。但是甚至这样，在柯里的著作中我们可以看到零散的，经常是隐晦的表述，要求法院作出的判决，不但应该是合理的而且应是公平的。法官不应该削弱当事人的权利，也不应该牺牲他们来换取某些政府政策的成就。在某方面，他准备承认对当事人正义考虑的次要剩余的作用。尤其在不能显现出任何可以确定的国家利益冲突的情况下，这就是一个决定性的司法标准了。在另一方面，令人惊奇的是，他实际上允许这样的确认：在国际私法领域，诉讼当事人的公平应该是主要考虑的内容。

尽管柯里不太情愿，但是，这样一种对正义需求的认可，首先是建立在拒绝了

---

① Robert A. Leflar, *Choice of Law: A Well – Watered Plateau*, 41 L & Contemp Probs 10, 11 – 12 (Spring 1977).

② See, Lorenzen , *Territoriality, Public Policy and the Conflict of Laws*, 33 YALE L. J. 736, 748 (1948).

③ See, Harper, *Policy Bases of the Conflict of Laws: Reflections on Reading Professor Lorenzen' s Essays*, 56 YALE L. J. 1161, 1174 (1947).

④ See, Nedelmann, *Marginal Remarks on the Trends in American Conflicts Law*, 28 LAW &CONTEMP. PROB. 860, 861 (1963).

⑤ See, *Rheinstein Book Review*, 32 U. CHI, L. REV. 369, 375 (1965).

严格的“政策——公平”的分割基础上的。这样的分割法意味着一种区别于私人利益估量的公共利益的估算。然而柯里在某些方面又把公共和私人利益分析的过程看作是一种统一紧密的整体，在他看来，与由外国法律来评断当事人行为公平性的相关考虑，确实构成了法院自己公共利益的内在部分，并是整个利益分析过程必不可少的内容。

在私法领域内，大部分国内法律规则的目的是实现法律关系中当事人的利益或对当事人之间的争议实现正义，而不是保护或促进国家利益。有时我们强调当事人的共同利益，如在订立合同或缔约婚姻时，当事人共同希望交易或法律关系能产生法律后果；有时我们也强调当事人实现正义，这体现在侵权领域中，实现对弱者一方当事人利益的保护。

在私法领域内，适用于争议中的不同国家国内法律规则的目的是在当事人之间实现正义，而不是实现国家的利益，这样，这些利益对于法律选择来说就不再相关。进而，法律选择规则背后的政策将会同私法领域的国内规则本身一样是实现当事人的正义，在侵权、合同领域内，国内法律规则的目的是对当事人实现正义，这不仅包括了非强制性规则，它的功能是填补当事人协议的漏洞；而且还包括了强制性规则（不管当事人的协议而直接适用），它们设计是为了保护弱者一方当事人的利益；还有就是与合同的成立相联系的规则。在婚姻家庭关系领域，也是在当事人之间实现正义而不是促进国家利益的规则，这些规则是当事人可以选择成立婚姻关系，当然可以基于生理缺陷或缺乏同意而选择撤销婚姻。

这些理论和主张不但对美国法律选择理论的进一步发展产生了重要的影响，并且在欧洲大陆也有反应。更为重要的是，实质正义正式成为法律选择过程中一个重要考虑因素。自不必说美国冲突法，实体因素的考虑在欧洲现代立法中亦可清晰地看到，虽然在法律选择过程中，它的涉入范围被严格限定。这种使法律选择规则更轻易实体化的原因部分是基于当今法律事务广泛的全球性质。这种事务不但有不同的法律体系，还将拥有不同价值体系的整个文明涉入其中。因为这些原因，保护个人权利、利益和价值的需要已经被人们强烈感受到。确定特定法律行为或身份的有效性，以及保护法律体系中弱者的利益，就是对实体结果的维护。成就这种结果所使用的技术通常有以下几种：1. 重力中心方法；[①] 2. 功能分配方法；[②] 3. 有利方法；[③] 4. 当事人意思自治；5. 强制性规则；6. 法院地法的适用；7. 可选择的法律选

① 该方法由于具有解释上的模糊性，因此方法确定的冲突规则就可以公开对结果进行考虑。

② 使用该方法可对弱者一方的利益进行保护，如消费者、被雇佣者等。

③ 使用该方法可尽量有利于行为能力的效力和保护婚姻、家庭和继承关系。

择规则。

因此，国际私法的实质正义观认为，多国案件本质上和完全的国内案件没有什么不同，当法官面对一个含有涉外因素的案件之时，公平和合理地解决争议的法官责任不会消失。如同国内法一样，用对诉讼当事人实质公平和平等的方式解决这样的争议也应是国际私法的一个目标。国际私法不应满足于所谓的“冲突正义”，而应追求成就“实质或实体正义”。因此，这种观点拒绝传统的推定，即适当国的法律当然是适当的法律，相反，为了决定它是否真正产生“适当”的结果，应直接审视适用法。另外，就限定这种结果的“属性”方面意见是不同的，但这种观点的所有不同主张都同意，这种属性必须以实质而非以空间的措辞来决定。

从以上的论述可以看出，对正义结果的追求要求在确定法律选择规则时，不考虑规则所指引的适用法是哪一国法（本国法还是外国法），唯一关注的是哪一国法的适用能带来正义结果。

第五章 国际民商事关系中秩序与正义的和谐共融

针对传统法律选择的缺陷，美国革命倡导者强调法律选择的灵活性、个案的公正和保护法院地的利益。在其看来，在国际私法领域内，不能只注重划分各国立法管辖权的范围，正义的诉求要求采取结果选择方法，寻求公正、正义的结果是其唯一的目的，这就是说，法律选择应该考虑实体法的性质、目的和功能，针对私法领域中不同实体法本身的性质和目的，以实现私人利益的保护为最终关怀，依据不同法律的价值取向，确定应该的适用法律，即完全依据对当事人公正、正义的结果来确定法律选择。① 加拿大的卡斯特（Castel）教授也认为："在21世纪来临之时，加拿大最高法院不必宣告加拿大冲突规则进入一个以固定、僵化规则为特征的严格规则时期，意图成就秩序而非公平。如果一种选择必须作出，公平应优先于秩序……"②更为极端的，则主张完全抛弃规则，来追求实体正义。但革命的热潮过后，即使是激进的革命倡导者在深刻反思之后，也认为这样做是极不可取的，因为这样会导致国际私人交往关系的失序。更为可取的是，设计的规则能达致秩序价值与实体正义二者之间的协调与衡平。亦即这样的冲突规则应能创设一种正义的国际民商事秩序。也正如加拿大的卡斯特教授接下来所说的："……这不意味着，在个案中，一些限制不必施加于正义之上，冲突规则应提供这样一种秩序，这种秩序通过外部环境判断看来是最适当的。"③ 经过美国冲突法革命各种思想的激烈撞击之后，经过历史的沉淀，人们从国际私法的性质出发，试图在现有规则的前提下，把正义

---

① 笔者认为这是一种新的"法则区别说"，这样确立法律选择规则的方法是，首先确立国际私法在本质上是私法，在此基本框架下，分别依据不同实体法试图实现的价值、功能和目的，来确定应该的适用法，这样确立规则，就不再直接关注于主权，而是直接以私人主体为中心。至于主权的问题，我们可以留给公共秩序处理。

② See, Castel, *Canadian Conflict of Laws*, (4th edtion, Toronto, butterworths, 1997), p. 67.

③ 同上注。

价值赋予其中，以此来实现秩序和正义这两大法律目标协调与衡平。

这样，正义的考虑已经被法典化的国际私法体系在一定程度接受，并在结构上已被囊括到适合传统模式的法律选择规则中。这些就是结果为导向的规则，这些规则是被设计为成就一定的实体结果，而这种结果被认为是理应优先考虑的。这种结果可能是如下的几种：

（1）有利于法律行为形式或实体的效力，如遗嘱、结婚或普通合同。（2）有利于某种身份地位的效力，如婚生或亲子关系的身份地位，夫妻的身份地位或甚至身份地位的解除（离婚）。（3）有利于特定当事人，如侵权的受害者、消费者、雇员、抚养权利人或法律秩序认为他是弱者或他的利益被认为是值得保护的任何其他一方当事人。[①] 上面首要的两个目标（有利于法律行为的效力或有利于确定的身份地位）通过包含有一系列可替代的几个国家的适用法律的法律选择规则所成就（可替代的适用规则）和允许法院选择使法律行为有效或给予优先的身份地位的法律。第三个目标（保护特定一方当事人）通过以下法律选择规则所成就：①提供给法院如上的可替代选择；②允许被保护的当事人或在引起争议的事件之前或在之后，从超过一个国家之上的法律中选择适用的法律；③保护这样的一方当事人免受一个潜在强制性的或未被告知的法律选择所导致的不利结果的影响。

自从产生国际民商事交往之日起，人类就开始寻求规范和促进国际民商事交往顺利展开的路径。随之，国际私法作为专门规范国际民商事交往的法律部门得以产生，其首先直面的问题是，如何找到合理规范，让这种交往有序进行，这样便产生了建立在地域主权基础之上划分各国立法管辖权的冲突规范，这种规则确立了规范之制，这样，交往形成的法律关系可以让其地域所在地的法律予以规范，秩序得以确立。但是，这种简单以地域的联系作为确立规范的标准没有充分考虑到交往私人主体自身的利益和其实现的目的，于是，正义的诉求提出，推到极致就是抛弃规则，实现个案的正义，但是，这样导致的结果是完全的放任自由及规范的不确定和无序，显然是不可取的。不断地实践和调试，最终，在现有以地域为基础的规则框架内，依据私法实体的性质吸收正义的考虑，构建新的国际私法规则，成为历史的选择，也成为国际私法发展的方向——和谐融合秩序和正义的诉求。

从国际私法的发展进程来看，国际私法对秩序的追求所体现的是对传统国际私法以地域为联系点的冲突规则的确定以及确定的方法。而现代国际私法发展所体现的是对正义的渴求，并由此提出对传统国际私法的革命和改良。但是，从当代国际

---

① 实体法的价值导向和内容的变化无不影响了国际私法规则的发展变化。

私法发展轨迹来看，对秩序和正义任何一种价值的追求都不能割裂开来，要寻求秩序和正义的衡平。

法律旨在创设一种正义的社会秩序，一个法律制度若要恰当地完成其使命，就不仅要力求实现正义，而且还须创造秩序。在一个健全的法律制度中，秩序与正义这两个价值通常不会发生冲突，相反，它们往往会在一较高层面上紧密相连、融洽一致。

诚如我们所知，秩序与正义是人类的两种价值追求。对秩序的追求导致了人们对规则的渴望。秩序的形成有赖于有形或无形的规则。确定规则的目的就在于反对和防止无序状态。作为现代文明社会中最重要的制度性规则，法律在整合社会、使之有序方面起着不可替代的作用，并且被认为是人类规范社会生活过程中最伟大的发现之一。对正义的追求导致了人们对平等自由与公正原则的尊崇与确信。法律对上述两个原则的保障正是人们对正义的渴求付诸实施的具体步骤。因此，“秩序与正义是两大最重要的法律目标”。秩序所关注的是建构人的行动或行为的模式，而且只有使今天的行为与昨天的行为相同，才能确立起这种模式。这样，一致性、连续性和确定性便是这种模式的内在要求。而正义所关注的却是法律规范和制度性安排的内容，它们对人类的影响以及它们在增进人类幸福与文明建设方面的价值。秩序是人们追求的理想社会的形式，正义则是理想社会的实质。二者在人们适用法律之行为中的具体化，便体现为秩序价值与实体正义。

法律的遂行这一过程本身，体现了秩序价值，经由这一过程，应当促成实体正义的实现。这正是人们希冀的理想状态。但这一推理并不总是顺理成章的；法律固有的属性往往会使秩序价值与实体正义之间发生背离。这是因为一般性的规则是以类似提取公因式的归纳方法形成的，所针对的是普遍情况。而社会关系的无限多样性和复杂性决定了某一同类情况中个案所具有的特殊性必将是层出不穷的。这种特殊性将使一般性规则应对无力。特殊性问题使一般性规则的一味使用显得僵化而难以真正符合社会要求，于是秩序价值和实体正义的对立便出现了。

秩序价值与实体正义的冲突，是法律特性决定的在法律适用中的难解之惑。亚里士多德在2300多年之前就看到这一点。他指出，尽管法律是一种不可或缺的社会制度，但是由于法律具有一般性与普遍性，所以它就可能因此给解决每个个别案件带来困难。他因而提出，在某些得到明确规定的情形中，应当允许用特殊的衡平手段来纠正法律。① 衡平手段虽带有牺牲秩序价值的倾向，但对其合理的运用既能达到

---

① ［美］E. 博登海默：《法理学：法律哲学与法律方法》，邓正来译，中国政法大学出版社1999年版，第403页。

对法律的维护，又能在法律制度中直接融入正义原则的抽象表述，若对其加以发展，使之制度化，便可成为法律制度自我防护的安全阀，不失为可取之处。这样的做法可谓强化了法律的适应性并弱化了秩序价值与实体正义之间的冲突，亦即在秩序价值得到整体维护的基础之上争取了最大限度实体正义的实现。

上述有关法律中秩序价值与实体正义的论述让我们明晰了法律在创设与适用中普遍存在的内在机理。如果我们由此进入国际民商事领域发现，国际私法作为一种产生于一法域之内的，但调整涉外利益关系而非域内关系的规则，其也毫无例外地在实现着秩序与正义的法律双重价值。也就是说，立法者在制定法律选择规则时，也意图使规则本身能体现上述这两种价值。

第三编　方 法 论

第六章　单边主义方法

单边主义的法律选择方法首先由注释法学者提出，但随着法律关系本座说与既得权说的盛行，多边主义方法成为法律选择的主导方法。20 世纪 30 年代，在美国冲突法革命中，单边主义方法得以回归，综观单边主义方法的历史演变、理论逻辑以及实现路径可知，单边主义方法是主张以本国主权为中心，适用最适当的本国法律来裁判案件，因而，当正当和占优势的利益需要保护时，单边主义方法就成了法律选择唯一能求助的路径。

引　言

在法律选择过程中，单边主义方法一直名声不好，其体现的是消极的内涵，代表的是利己和民族中心主义。这部分的原因是单边主义方法强调法院地国通过适用自己的法律来维护自身利益，还有部分原因是不能正确区分司法单边主义和政治单边主义之间的差异，因此，明晰“单边主义”和“多边主义”的含义就变得非常重要。实际上，单边主义方法是这两种方法中较为古老的一种，它伴随着国际私法的起源而出现，并且经常与中世纪的注释法学者相联系。如果简单地将这两种法律选择方法进行概括的话，单边主义的冲突法理论仅仅关注于法院地的法律是否应该适用于争议事实，而不考虑任何其他法律的适用。相反，多边主义的冲突法理论试图解决管辖冲突，把每个法律关系排他性地分配给一个国家的立法管辖。可见，在冲突法中单边主义方法和多边主义方法之间最为本质的区别是他们对平行立法管辖权的态度。单边主义的冲突法理论仅仅关注于法院地法的适用，他们允许平行立法管辖权的存在。相反，多边主义的冲突法理论从开始就是在冲突法律的可能性中作出一个选择，这样分配某一问题由一国管辖的同时也就排除了他国管辖的可能，其目标是排他性的立法管辖权。

单边主义和多边主义本属于国际关系中的两个特定术语，将这两个术语移植于国际私法领域内容易导致得出这样的结论：单边主义方法就是法院地国完全以自己的概念和偏好来选择适用法而完全无视法律冲突中所涉其他国家存在。相反，多边主义方法是以合作的方式进行法律选择，任何法律的选择都是与法律冲突中所涉其他国家的共商或者至少是探究其期望而作出的。虽然这样解释具有先验及修辞学的正当性，但是，结论本身是完全错误的。其实，这种标签化的概念存在错置，单边主义这种标签化的概念并不是由最早提议这种方法的学者所提出（如12世纪的注释法学派），而是由对这种方法进行批评的学者所创设（如19世纪的多边主义学者）。这种标签化的错置除了造成不必要的混淆之外，还会严重影响对被描述为单边主义方法的正确理解。通过审视这种错置标签化概念背后的内容及自身逻辑有助于更好理解这种被错误命名和特征化的方法，进而为正当解决法律选择问题提供有价值的帮助。

一、国际私法体系中单边主义方法的历史演变

单边主义方法是“单边主义”与“多边主义”这两种法律选择方法中较古老的一种。其中，最早的单边主义者是意大利的法注释学者，其通过确定法则的适用范围来回答法律选择问题。单边主义者按照法则的性质将法则划分为“人”法、“物”法和“混合”法，作出此类划分的依据是法则的地域效力，如“物”法只有域内效力，“人”法随人所至，具有域外效力。其后，随着法律关系本座说与既得权说的提出和盛行，欧美国际私法更多地采用多边主义的法律选择方法，从此奠定了多边主义方法在国际私法中的主导地位，单边主义方法则走向衰落。

20世纪二三十年代，法律现实主义学者率先对古典法律思想原则和蕴含古典法律思想的比尔（Beale）既得权理论提出批判，单边主义方法的思想又再次被提出。法律现实主义者认为古典法律思想所构造的法律结构既不中立也不自然，更是不必要的，相反，只是一种历史偶然和为了应对社会现实所创设的思想体系。[①] 法律现实主义学者把三段论式的推理看作机械的、形式主义的和概念化的。[②] 他们相信法官不应该从普遍原则中推导法律规则，他们接受霍姆斯（Holmes）法官的格言“普遍提议不能决定实质案件”。[③] 他们更加重视经验、现实和社会政策。法律现实主义学者也反对明晰的分类，赞成衡平考查和程度的比较分析。[④] 美国学者库克（Walter Wheeler Cook）展示了现实主义者的法律推理，他认为法官应该把分析建立在社会或

---

① Morton J. Horwitz, *The Transformation of American Law* 1870 – 1960: *The Crisis of Legal Orthodoxy*, *Oxford Vniversity Press*, 273 n. 1 (1992).

② 这种攻击在20世纪的第一个十年就开始，See, e. g. , Roscoe Pound, *Mechanical Jurisprudence*, 8 Colum. L. Rev. 605 (1908).

③ Lochner v. New York, 198 U. S. 45, 76 (1905).

④ 同①注。

经济政策基础之上，因而，法官将需要知道两方面的事情：其一，追求什么样的社会效果或结果。其二，判决将以何种方式影响这些结果的取得。① 法律现实主义学者批判比尔的法律选择方法不能反映现实中的法律，因此，其拒绝属地主权和既得权理论。② 美国学者劳伦森（Lorenzen）认为，法院选择法律应基于政策而不是地域。③ 也正是因为法律现实主义学者相信法律是对法院将怎么行动的预言，其认为既得权理论是毫无意义的。④ 相似地，美国学者卡弗斯（Cavers）同样批判比尔所提倡的多边主义方法，其反对任何管辖权选择规则——一种不考虑法律的内容而选择法律的规则。在卡弗斯看来，不考虑冲突法律的内容，法官怎么能知道什么能满足正义的需求和政策的需要。⑤

总之，法律现实主义者认为，首先，比尔主张只有一个国家的法律适用于一个争议，这是机械的和武断的。一国的法律能扩展于本国地域之外，进而，一个案件可能与几个立法管辖权有联系，人为地指定某一国法律的适用，这显然在逻辑上是不能成立的。其次，比尔的既得权理论反映了过时的法律理论——法官仅仅是发现法律而不是创设法律。由此形成了对比尔的多边主义法律选择方法的猛烈批判。

单边主义方法得以真正回归，"本地法"理论功不可没。美国法官汉德（learned Hand）和美国学者库克采纳的"本地法"描绘出法官在冲突案件中的作用，在某种程度上强调的是法院的自治。在 Guihess V. Miller 一案中，汉德作为一名地方巡回法院法官发展了"本地法"冲突理论。在 Guines 一案中，汉德承认流行的"既得权"冲突法理论，但是他拒绝把它作为案件判决的理论基础，他认为："没有任何一个法院能执行任何其他国家的法律，除了自己主权的法律。""并且当诉讼当事人来到不同于侵权地的管辖区时，他只能获得一项由这个主权国家所承认的义务（责任）。"换句话说，法院总是适用法院地的法律，甚至是在判决含有外国因素的案件时。但是，这不意味着法院必须适用和纯国内案件完全一样的法律。而是"按照文明法律，外国主权国家将侵权发生地所产生的义务以几乎完全相同的内容施加给自己"⑥。虽

---

① Walter W. Cook, *Scientific Method of the Law*, 13 A. B. A. J. 303, 307 (1927).

② E. g , David F. Cavers, *A Critique of the Choice - of - Law Problem*, 47 Harv. L. Rev. 173, 173 - 175 (1933); Walter W. Cook, *The Logical and Legal Bases of the Conflict of Laws*, 33 Yale L. J. 457, 458 - 460, 464 (1924); Ernest G. Lorenzen, *Territoriality*, *Public Policy and the Conflict of Laws*, 33 Yale L. J. 736, 743 - 746 (1924).

③ Ernest G. Lorenzen, *Territoriality*, *Public Policy and the Conflict of Laws*, 33 Yale L. J. 736, 743 - 746 (1924).

④ David F. Cavers, *A Critique of the Choice - of - Law Problem*, 47 Harv. L. Rev. 173, 173 - 175 (1933).

⑤ 同上注。

⑥ 291 F. 769 (S. D. N. Y. 1923); *See* David F. Cavers, *The Two "Local Law" Theories*, 63 HARV. L. REV. 822 (1950).

然“本地法”理论对法院自治的强调是单边主义导向的重要一步，但汉德的冲突法理论尚不能准确地被限定为单边主义，因为他在重申“本地法理论”时，还一再强调立法管辖权的地域限制。① 在 Guiness 一案判决作出一年之后，库克教授提出了相似的“本地法”理论：当面对一个含有涉外因素的案件时，法院总是适用自己的法律于这样的案件中，法院所适用和执行的是本地规则，是从与案件有关的外州或外国法律规则中所得出来的。该规则与在另一州或国执行的法律体系内找到的规则相同，或虽不相同，但至少是高度相似的。② “本地法”理论看起来仅仅是文字游戏，一位学者曾认为：“如果把这些理念从法律领域转移到语言领域，结论只能是，如果一个英国人说法语，那么在实际中，他应该尽可能符合法语的方式去说英语。”③ 然而，尽管“本地法”理论仅仅是对法官在冲突案件中所选择适用法的一种重新定义，但是，它突出强调了该理论的重要区别和特征，它一再提醒，法院是自己法院的主人。

在美国，单边主义方法通常还与柯里（Brainerd Currie）和艾伦茨维格（Albert Ehrenzweig）联系在一起。④ 因为他们都认为，法院一般应适用自己的法律。柯里提出了冲突法的单边主义理论，今天被称为“政府利益分析”说。柯里提议法院在面对一个冲突法问题时，首先应该决定是否每一个国家（州）在让它的法律得到适用时有“利益”，这种审查可能表明是一个“虚假冲突”，即只有一个国家有利益的情况。在这种案件中，柯里认为有利益国家（州）的法律应该被适用。更困难的问题是，如何处理“真实冲突”。当两个国家在适用自己的法律都有利益的情况下柯里的回答是，采纳斯同（Stone）法官在 Pacific Employer 一案中所发表的单边主义方法的意见。“如果法院发现法院地国在适用自己的政策方面有利益，它应该适用法院地的法律，虽然外国（州）在适用其不同的政策时也有利益。”⑤ 柯里提出两种基本的主张来支持他的单边主义方法：第一，法院不具备衡量不同国家（州）的冲突利益的职能；第二，国家（州）利益不应低于判决结果一致性的目标。对于第一个主张而言，汉德法官曾认为，没有法院能执行除了自己国家的任何法律，柯里对此作出了回应，表达了相同的司法限制理念：为了决定哪个利益优先，对两个主权国家冲突

---

① Siegmann v. Meyer, 100 F. 2d 367 (1938); Scheer v. Rockne Motors Corp., 68 F. 2d 942, 944 (1934).

② *See* Walter Wheeler Cook, *The Logical and Legal Bases of the Conflict of Laws*, 33 YALE L. J. 457 (1924).

③ Gerhard Kegel, "Private International Law: Fundamental Approaches", in *iii international encyclopedia of comparative law*3 (Kurt Lipstein, ed. 1986).

④ Brainerd Currie, selected Essays on the Conflict of Laws 184 (1963); Albert a. Ehrenzweig, a Treatise on the Conflict of Laws 326 (1962).

⑤ Brainerd Currie, Selected Essays on the Conflict of Laws 184 (1963).

的正当利益各自价值的衡量是很高层次的政治功能，在一个民主的社会中，这是一个不应该赋予法院的功能。对于第二个主张而言，柯里清楚地承认在采纳一个单边的、法院地法合法时，牺牲了判决结果的一致性。在柯里的视野中，规避手段如识别、反致和公共秩序已经给予法院适用法院地法以广阔的空间，并且在某种程度上，结果一致性的理念本身就是虚幻的。而且，即使判决一致性能够成就，也不能弥补贬损国家利益的成本。柯里认为，多边主义者对结果一致性的强调导致了不可接受的自相矛盾：最高优先性保护赋予虚空的政策（结果一致性），这就要求专门制定的社会和经济政策从属于外国（州）的不同政策。同时，艾伦茨维格也阐明了一个相似的单边主义方法，[①] 其认为正确的结果可以通过承认法院地法是主要适用的规则而直接成就。他承认，他正抛弃法律适用结果的一致性，当所有国家寻求冲突案件判决结果一致时，最坏的结果只是追求一个远离现实的想法，最好仅是新规则创设考量的因素之一。

单边主义的支持者对法院地法的偏好和对多边主义所主张的判决结果一致性目标的抛弃引发了人们强烈的批评。一位欧洲批评者宣称柯里和艾伦茨维格引起了冲突法的一场危机。[②] 其后，贝克斯特（Baxter）和利弗拉尔（Leflar）教授对其提出革新和改良意见，最终，美国冲突法第二次重述除了在有限范围内保留单边主义的内容之外，采纳了比较利益衡量的方法，一种柯里式的多边主义观念。

二、国际私法体系中单边主义方法的理论逻辑

国际私法是在承认主权原则的前提下构建起来的，管辖权、法律选择适用与判决的承认和执行是国际私法的三大基石。虽然这三大基石在制度意义上是独立的，但从整个国际民商事争议解决的过程来看，它们三者之间存在密不可分的联系又相互牵制。单边主义法律选择方法与国家主权、司法管辖权以及判决的承认和执行之间会形成何种内在的逻辑联系，并且能够因应适当地解决国际民商事争议，这直接关乎单边主义方法的命运。

（一）单边主义方法与国家主权

在单边主义者的视野中，既不可能逃避国家主权，也不需要逃避国家主权，因为国家主权就包括了行使私法管辖权的法院适用本国法律来裁判涉外案件。这样，

---

① *See* Albert A. Ehrenzweig, *The Lex Fori - Basic Rule in the Conflict of Laws*, 58 MICH. L. REV. 637 (1960).

② Gerhard Kegel, *The Crisis of Conflict of Laws*, 112 RECUEIL DES COURS 89, 95 (1964 - II).

采纳单边主义方法的法院首先必须确定，裁判案件所适用的法律是否正当代表法院地国的利益。在单边主义的语境下，裁判案件的法院首先是一个内国法院，其维护本国的利益，执行本国的政策。单边主义者拒绝承认这样一个理念，即裁判法院可以裁判任何国家的利益。在说明法院是什么时，单边主义者强调在本国法院背后没有一个国际法院。所以，法院适用自己的法律是其裁判案件权力的正当来源，法院总是一国国家主权的创造者。

同时，单边主义者主张，在冲突案件中，只有法院地法律应该起作用，这不仅仅是为了描述法院是什么这样一个事实，更是维护和提升司法主权。因此，法院理所当然应当适用自己的法律来裁判案件，如果法院发现适用自己的法律是不适当的，那它就应驳回起诉。如果案件事实不是法院地的事务，案件同样应被驳回。正如实施国家司法权力的人一样，法官作为一名门户守卫者，在决定什么时候实施国家裁判权力时负有重大责任，因此，采纳单边主义方法的法官唯一的选择是不适用法律或适用法院地法律。[①] 单边主义的法官不是为全世界立法，虽然他们也希望他们的观点是基于普遍性原则。单边主义的法官清楚地知道自己仅仅作为国家司法权力的实施者在决定着诉讼当事人的命运，并且其他国家的判决可能因此被忽略或被挫败，法官对作出判决的内容负全部责任。同时，法官必须负责解释其是否尊重了立法意图，正是固守在单边主义者观念中的这种考量，因此，在单边主义者看来，能被适用的唯一法律是法院地法律。

（二）单边主义方法与司法管辖权

一般认为，有关裁判国际民商事争议的司法管辖权的规定与规定什么样的国内法律调整争议当事人的权利和义务关系之间有连续性的交互作用。什么样的法律选择规则是可取的，部分依赖于司法管辖权的设定范围。法院管辖权的管辖范围反过来应参照这个法院将适用什么样的法律来解决争议。比如，如果管辖权规则确立的基础是，拥有裁判管辖权的唯一国家就是通过正当的冲突法分析得出其法律被适用的国家，在这种情况下，最简单和最可取的法律选择规则应是法院地法。另外，如果司法管辖权管辖基础进一步扩大，那么，法律选择规则应当考虑不同于法院地的国家的相关政策。在广泛意义上，法律选择规则与司法管辖权确定的标准是相似的，坚持国家与当事人或交易之间的一些联系是这两个领域确定标准的核心要素。一国

---

① William S. Dodge, “Extraterritoriality and Conflict of Laws Theory : An Argument for Judicial Unilateralism”, in *Harvard International Law Journal* Vol. 39, 1998, pp. 107 – 109.

是否行使司法管辖权可能转向一国是否可能适当地适用自己的法律。当然，准据法之选择与管辖权之确定在法律逻辑上应为两种完全不同，而相互独立之步骤①。

因为单边主义者相信当法官裁判案件时，法院总是促进自己国家政策的实现，实现本国的利益，所以，单边主义者希望法院在能适用法院地法律的情况下行使管辖权。除非与诉讼相关联的联系让法院地法律的适用是正当的，否则法院地不应对案件作出裁判。因此，单边主义方法坚持把司法管辖权限于适用自己的法律来解决实体问题的法院。总之，按照单边主义方法，司法管辖权和法律选择背后的政策是相互适用的。这意味着单边主义者不赞成依据在法院地临时出现或短暂交易的方法来获得司法管辖权，因为单边主义者认为无利益的第三国不可以实施司法管辖权。

（三）单边主义方法与判决的承认和执行

当判决需要另一国法院承认与执行时，单边主义方法就会面临判决承认和执行问题。与多边主义理论相反，单边主义方法承认平行立法管辖权，因此，不主张在判决中平衡执行国与法院所在国的潜在利益冲突。接下来的问题是，既然如此，为什么另一国法院会执行依据他国法律和政策所作出的，并且主要属于他国事项的判决呢？秉持单边主义观念的法院，又会依据何种理由执行他国作出的判决呢？

单边主义者相信执行法院地的自我利益是执行政策的基础。按照单边主义的观点，如果执行法院相信作出裁判的法院有正当权利对诉讼中的事项进行调整，那么，执行法院应把判决的承认与执行看作为本国法院节约时间和司法资源的一个重要手段。如果相同的基础事实只被提起一次诉讼，就会节约司法资源，据此，单边主义法院作出的判决可以被他国法院承认和执行。

如果诉讼一方当事人试图再次诉讼，单边主义法院也接受当事人的诉讼主张，那对另一方当事人执行判决就会提出更为复杂的司法经济问题。拒绝承认和执行判决的一方当事人可能在执行法院所在国重新起诉，希望可以得到一个不同判决。但是，一方当事人在执行法院再次提起诉讼的根据是什么？其可以主张第一次诉讼不够公平、公正。首先，可主张做出判决的法院所依据的程序是不公平的，并且它们与执行法院进行诉讼的程序标准存在冲突。其次，还可能主张实体法律适用的不公正，如第一个法院适用了违反执行法院国重要政策的法律，这也可能构成潜在的不公平。或者，对判决的承认和执行主张公共秩序保留，以此对抗承认和执行判决的请求，并且据此提出新的诉讼。此种情况下，对判决的承认和执行是否适用公共秩

① 陈隆修：《国际私法管辖权评论》，五南图书出版社公司1986年版，第99页。

序保留作为判断的标准就需要平衡执行法院两方面的利益：第一，不执行不公平的判决；第二，通过执行第一个基本公平的判决来节约司法资源。单边主义的法院使用公共秩序保留作为一般平衡手段可能不会排除所有可能与自己相冲突的第一个判决，要不然就会有太多的第二次诉讼。只有在第一个判决的某一个方面与执行法院如何做出判决方面存在根本冲突的情况下，基于公平的平衡才会超过司法经济的考量。①

总之，从单边主义的根本宗旨出发，其在决定案件的法律适用和判决的承认和执行上的主张是一致的，即都是从案件的实体正义出发，维护单边主义法院本国政策的贯彻和利益的实现。因此，很难说是否单边主义方法希望增加判决的强制执行。作为一个前提事实，这首先可能依赖于是否真正有利益的法院对案件行使了管辖权，因为这是单边主义方法自己管辖权力行使的依据，单边主义方法只会愿意执行在外国国家利益相似范围内可接受的类似判决。按照这样的前提条件，如果单边主义的法院认为通过增加其他地方判决的执行促进了自己的政策而不是有害于自己的政策，那么，单边主义的法院可能希望增加判决的承认和执行。当然，各个国家也可以自由地缔结判决承认与执行的有关条约，但是，正如海牙国际私法会议进行磋商所证实的一样，这样的磋商明显是参与者的自我利益所促使，而绝非出于利他原则。总之，判决承认和执行谈判的真实世界正是按照单边主义的观点在进行。

（四）单边主义方法的适用

在真实冲突的情况下，当法院地在对案件作出裁判获得的利益与其他相关国家一样时，单边方法能发挥最好的作用。在这种情况下，适用法院地法律作出判决至少打破了僵局。正如美国最高法院在几年之前所得出的结论，如果任何其他国家与法院地在案件的处理上有潜在的冲突利益时，法院地总是排除自己的政策，那这种做法是不可理解的。可以推定的是，每个国家应允许在自己的法院适用自己的法律。然而，沿此路径，遇到的困境在于如何判断法院地是否在裁判案件方面与其他国家有相同的利益。一般情况下，法院会放弃基于平衡来裁判案件，只要从外部来看，法院地利益是实质相关的，法院就认为它有足够的利益来裁判案件。

在真实冲突的情况下，多边主义方法与单边主义方法对如何尊重主权利益反映出不同的政策平衡。多边主义方法主张通过冲突规则指引的中立的实体法律做出判决来平衡冲突的主权利益，而单边主义方法进行的是更为简单的平衡。首先单边主

---

① Larry Kramer, *Rethinking Choice of Law*, 90 Colum. L. Rev., 1990.

义的法院决定是否对案件作出裁判有充分的利益，一旦单边主义法院决定自己对案件有管辖权，所有的平衡即告终止，单边主义法院适用自己的政策于它认为合适的案件中。从单边主义的观点来看，单边主义方法的优点是，它在应该实现自身利益的情况下适用了法院地的政策，不负责对其他国家法律的内容与目的进行校正或者解释。如果法院适用了法院地法，那么，单边主义方法对裁判国实体法律内容负有责任就更为理所应当了。①

因为单边主义方法是不全则无，所以就很有可能扩展到法院地法律适用于很少有法院地利益的情况中，这样，其他裁判案件的相关国家很可能对案件适用不同的法律而得出一个不同的判决，造成重复诉讼的情况大量出现。所以，在单边主义方法主张与诉讼的联系足够紧密足以支持法院地法律的适用，而不考虑法律本身内容的情况下，应该约束这种单边主义方法的不正当适用，当难以决定是否应该行使管辖权时，适用单边主义方法的法院应该仔细判断其行使管辖权的合理性。

（五）总结

单边主义方法产生作用的前提是裁判国家是判决的唯一正当性来源基础，因此，按照单边主义理论，法院总是作为一个国内法院，而不是作为一个国际或分配主权的法院。但这不意味着法院地的法院应该忽略案件的国际方面，也不意味着法院地不想对法院地之外的判决予以执行。它仅意味着，法院地法院总是承认，作出任何判决的权力和正当性来源于本国在该案件中存在国家利益。单边主义方法允许平行立法管辖权的存在，避免和纠正了立法过程中所导致的一些领域规范不足的情况。②各国适用单边主义方法，在本国对案件有重大利益的情况下，适用法院地法，导致适度数量“冲突”的平行管辖权的产生，这样就提供给各国更加强大的动力去磋商，实际上提升了长期的国际合作。

三、国际私法体系中单边主义方法的实现路径

法律冲突方法应该是多边主义还是单边主义？这是自冲突法产生以来一直被追问的。单边主义方法审查争议的法律，然后探求是否一国或多国法律有意图适用，通过此种分析所得出的结论在某种意义上是独立的。因为找到适用其中一个法律的

---

① Lea Brilmayer, *Conflict of Laws: Foundations and Future Directions*, Little, Brown and Company, 2nd ed., 1995.

② 多边主义方法加剧了规范不足的趋向，因为他们把立法管辖权排他地分配给单个国家，而该国立法可能没有法律规定或者没有立法意图去阻止该种损害的发生或者弥补相关的损害。

适当理由不能构成否定适用其他法律的适当理由。实际上几个国家可能与案件均有实质联系，因此，如果几个法律竞相适用，单边主义体系对如何行动需要进行补充性的指导。这就是理解法院地法优先性问题的关键，因为法院地法优先应该是最符合理性的选择。相反，多边主义方法从一开始就是在冲突法律的可能性中作出唯一的选择，把问题分配给一国管辖的同时也就排除了另一国的管辖，也就谈不到哪国法律应该优先适用的问题。

单边主义的优势也是很明显的，对于法律实证主义者来说，这种方法避免决定中立法律选择规则的正当性基础。无论如何，只有一个国家的法律将被适用，得到适用目标就已达到。单边主义方法固有的问题与 14 世纪法注释学者的主要问题并没有什么区别，那就是如何确定法律规则的正当适用范围。在探究这个问题时，早期的冲突法学者与现代学者面临同样的挑战——就是法官应该使用什么方法来确定沉默规则的适用范围？巴托鲁斯（Bartolus）认为通过语言和逻辑形式的分析能决定一个法规的正当适用范围。其他法注释学者并不同意。考奎勒（De Coquille）好像预测到柯里（Currie）的著作，很早就提出审查实体制定法背后的政策的替代方法，他建议法规的适用范围不应仅仅求助于语义结构，而是制定法规或惯例符合那些人所设想的明显目的。

单边主义方法发展到现在，在美国，单边主义方法集中表现为柯里政府利益分析的使用和法院地法的优先适用。在其他国家，单边主义方法的回归已经更显分立和渐进。在所有非法典化和法典化的国际私法体系内，已出现了三种形式：其一，强制适用法院地法的单边冲突规则的客观存在；其二，直接适用法概念的普遍承认，国内或国外的特定实体法规则，它们绕过法律选择规则被解释和适用到特定的多国情势中；其三，公共秩序保留的现实存在与适用。

（一）柯里政府利益分析的使用和法院地法的优先适用

单边主义方法无疑在美国取得了巨大的成就。在 20 世纪 50 年代的美国，美国学者柯里教授无意识地复兴了它。柯里阐述了解决法律冲突的另外一种理论，该理论与早期历史上提倡的单边主义方法有很大程度的相似性，也与优先适用法院地法的主张十分相似。

建立在库克和卡弗斯理论的基础上，并且借助于美国最高法院的先例，柯里主张法律冲突的解决应首先确认是否争议所涉国家真的在使他们的法律得到适用方面有“利益”。这样一个利益的存在与否是通过以下步骤来确定，即审查冲突法律的内容并决定其基础目的或政策是否对特定案件的适用有所影响——换句话说，通过成文法规的解释过程，决定是否所涉国家曾表达愿望适用他们的法律于特定案件中。当进行这样一个分析时，存在如下可能性：第一，所涉国家中只有一个国家在适用它的法律于特定案件方面有利益（虚假冲突模式）；第二，一个以上的国家可能都有利益（真实冲突模式）；第三，没有国家有利益（无利益模式或未规定的案件）。柯里认为，除了那些相对很少的、法院地适用其法律是无利益的第一种模式案件外，法院地应该有权适用其法律到任何其有国家利益的案件中。因此，柯里的理论又返回到法院地法优先适用上来。现在，虽然大部分美国法院拒绝了柯里理论的法院地优先说，但是，美国的三个管辖区——加州、新泽西和哥伦比亚特区——继续遵循政府利益分析方法。尽管大部分学者和许多法院也拒绝了柯里对政府利益的狭隘解读，但是，大部分现代美国法律选择方法仍然采纳了柯里的两个基本分析前提：第一，国家对多国私法争议的结果有利益；第二，在解决这些法律冲突方面，这些利益应该与其他因素一起被考虑进去。这种分析方法在《美国冲突法第二次重述》中得到了充分的体现。确实，尽管萨维尼的“法律关系本座说”理论被广泛接受以及多边主义方法占据了国际私法的中心地位，但是，《美国冲突法第二次重述》还是为单边主义方法留下了一席之地，正如美国学者比特森（Peterson）教授所言：虽然《美国冲突法第二次重述》设定规则的基本立场是多边主义的，即把争议的种类划归到与他们有“最密切联系”的法律体系中……然而，第 6 条的中心原则之一是对“法院地相关政策”的考量。通过基本政策的解释来限定国内法的空间范围，以此引进单边主义方法到法律选择中。① 因此，比特森得出的结论是：从冲突法革命中出现的《美国冲突法第二次重述》的内容和被许多美国法院所采纳的折中观点来看，在美国，法律选择方法中占主导地位的方法是单边主义和多边主义方法的结合。

（二）单边冲突规则的客观存在

综观世界各国的国际私法，没有一个国家不制定单边冲突规则。单边冲突规则是明确规定涉外民商事关系适用某一具体国家法律的规范。一般通常明确规定适用内国法，如典型的法典化国家瑞士的国际私法典第 44 条第 3 款规定：“有效离婚的个人被允许在瑞士再婚，即使适用的国内法不承认这种离婚”，和第 138 条第 2 款和第 137 条第 2 款规定，在适用外国法的产品责任或不正当竞争的案件中，“不按瑞士法，在瑞士没有损害赔偿被授予”。这些都是通过单边冲突规则的设置来促进特定国

---

① See Symeon C. Syeonides, *Private International Law at the End of 20th Century*: *Progress or Regress*? Kluwer Law International, 1998. p. 430.

家利益或政策的实现。① 我国《合同法》第126条第2款规定："在中华人民共和国境内履行的中外合资经营企业合同、中外合作经营企业合同、中外合作勘探开发自然资源合同，适用中华人民共和国法律。"② 又如，1804年《法国民法典》第3条规定："不动产，即使属于外国人所有，仍适用法国法。"

单边冲突规范体现的就是一种最典型的"单边主义方法"观念，体现了国家对本国法律的偏爱和对本国利益单方面的优先保护理念。1804年《法国民法典》第3条的规定就是这种思想的集中反映，并得到1896年德国《民法典施行法》的继续贯彻。尽管随着萨维尼"法律本座说"理论的提出和相继被各国采纳，这种单边主义方法逐渐让位于多边主义方法，但是，在"二战"后的美国，又在"冲突法革命"中一定程度上得到复兴，并影响到欧洲。就现代国际私法来看，多边主义方法占据了各国国际私法立法的主导地位，但是，单边冲突规则依旧有其存在的价值，在一定范围内具有现实的意义和作用。尤其对于某些需要给予特殊保护的利益，如在婚姻家庭、消费者保护、妇女和儿童的保护、知识产权保护等公共利益格外关注的领域，可以从单边冲突规则上提供这样的保护，因此，这一规则被各国所适用。现在发展的一个明显趋向是，随着私法公法化以及公私法混合的所谓的"公法冲突"领域，单边冲突规则集中出现并广泛适用，这是因为在这一领域更多地体现了对国家利益和公共利益的保护，如我国的外商投资企业领域。单边主义规则的目的也是满足实质正义的需要，随着国际私法的逐渐发展更加注重维护某些特殊主体的利益，如劳动者、消费者、保险人等特殊主体的利益都需要国际私法的规则予以特别的关注，但是传统多边主义的法律选择规则无法实现这样的目标，而将有关的规则纳入单边主义规范的范畴直接适用于相关的涉外案件，能够最大限度地实现特殊主体保护的目的，从而维护实质正义。

在我国，《中华人民共和国涉外民事关系法律适用法》（以下简称《法律适用

---

① 陈卫佐：《瑞士国际私法法典研究》，法律出版社1998年版。

② 2007年6月11日由最高人民法院审判委员会第1429次会议通过的《最高人民法院关于审理涉外民事或商事合同纠纷案件法律适用若干问题的规定》第8条规定：在中华人民共和国领域内履行的下列合同，适用中华人民共和国法律：（一）中外合资经营企业合同；（二）中外合作经营企业合同；（三）中外合作勘探、开发自然资源合同；（四）中外合资经营企业、中外合作经营企业、外商独资企业股份转让合同；（五）外国自然人、法人或者其他组织承包经营在中华人民共和国领域内设立的中外合资经营企业、中外合作经营企业的合同；（六）外国自然人、法人或者其他组织购买中华人民共和国领域内的非外商投资企业股东的股权的合同；（七）外国自然人、法人或者其他组织认购中华人民共和国领域内的非外商投资有限责任公司或者股份有限公司增资的合同；（八）外国自然人、法人或者其他组织购买中华人民共和国领域内的非外商投资企业资产的合同；（九）中华人民共和国法律、行政法规规定应适用中华人民共和国法律的其他合同。尽管该规定已于2013年4月8日被最高人民法院废止，但是，该条款的规定对于解释《合同法》第126条依旧具有现实意义。

法》）颁布之前，我国的国际私法中就存在着到单边主义的法律选择规则。但是由于当时我国没有统一的单行国际私法立法，所以这类规则散见于各个单行立法中，如比较典型的是《合同法》第126条第2款规定："在中华人民共和国境内履行的中外合资经营企业合同、中外合作经营企业合同、中外合作勘探开发自然资源合同，适用中华人民共和国法律。"又如，我国《公司法》对于外国法人分支机构的规定，《消费者权益保护法》《劳动法》中对于消费者、劳动者这类特殊主体的保护都采用了单边主义冲突规则的立法方式，等等。

（三）直接适用法的普遍承认

所谓的"直接适用的规则"或"强制规则"是国内法律的实体规则，它直接适用到法律冲突案件中，也就是说，该种规则的适用并不考虑其适用是否被法院地法律选择规则所指引。

可以确定的是，直接适用的规则一直存在，但是，其被学理和司法实践所承认则出现在20世纪，它完全契合了单边主义的思想——为了决定一国法律是否意图适用到既定的法律冲突案件中，需要审查法律实体规则的内容。采纳了弗朗西丝卡凯斯（Phocion Francescakis）经典著作中所阐述的强制规则的存在和对其功能的解释，① 这些规则已经被许多欧洲国家和其他国家的立法所承认，如得到了20世纪具有代表性的四个国际私法典的明文承认——瑞士、魁北克、意大利和委内瑞拉法典。例如，瑞士国际私法第18条规定本法"不排除瑞士法的那些强制性条款，按照其立法宗旨和特定目的，它无须考虑本法所规定的有关规则的指引而直接适用"。有人对该条款提出批评，认为其存在根本是不必要的，理由是：（1）当强制性规则包含有指出意图被适用到特定案件的成文法语言时，那么，具体的规则自然胜过普通法律选择规则；（2）通常作为事实，当强制性规则不包含有其意图适用的空间范围表示时，那么，它对法律冲突案件的适用能够通过公共秩序保留条款来实现。虽然有些争论，但第二种理由也间接证实了直接适用法的理念和法院地利益的理念之间密切的相互依赖关系。而第一种理由恰恰证实，被法院所承认的强制性规则，就其性质来说，能替代法院地的一般法律选择规则。

在我国，《法律适用法》第4条，"中华人民共和国法律对涉外民事关系有强制性规定的，直接适用该强制性规定"，该条即为"直接适用法"的规定。该规则对

---

① See Symeon C. Syeonides, *Private International Law at the End of 20th Century*: *Progress or Regress*? Kluwer Law International, 1998. p. 17.

于中国国际私法立法的发展完善具有非常重要的指导意义，是中国国际私法完善的重要表现之一。但是由于规则本身并没有涉及强制性规定的定义、适用范围等相关的具体内容，虽对于“直接适用法”这样的单边主义规则的确立具有意义，却缺乏对司法法实践的具体指导功能。因直接适用法本身的内容和范围并不明确，需要根据本国的具体情况进行明确。2012 年 12 月，最高人民法院发布了《关于适用〈涉外民事关系法律适用法〉若干问题的解释（一）》（以下简称《司法解释（一）》），在该司法解释的第 10 条中对于《法律适用法》第 4 条的“强制性规则”做出进一步的界定：“有下列情形之一，涉及中华人民共和国社会公共利益、当事人不能通过约定排除适用、无需通过冲突规范指引而直接适用于涉外民事关系的法律、行政法规的规定，人民法院应当认定为涉外民事关系法律适用法第四条规定的强制性规定：（一）涉及劳动者权益保护的；（二）涉及食品或公共卫生安全的；（三）涉及环境安全的；（四）涉及外汇管制等金融安全的；（五）涉及反垄断、反倾销的；（六）应当认定为强制性规定的其他情形。”司法解释的出台为“直接适用法”的具体实践操作提供了依据，界定了强制性规则适用的具体范围，在立法形式上采取了列举加兜底的形式，在确定性的前提下又为了弥补立法规则的滞后性和僵硬性留下了一定的空间，规定了赋予法官自由裁量权的一般性条款。

（四）公共秩序保留的现实存在与适用

公共秩序保留，是指一国法院依其冲突规范本应适用外国法时，因外国法的适用与法院地国的重大利益、基本政策、道德基本观念或法律的基本原则相抵触而排除其适用的一种制度。《法律适用法》第 5 条规定：“外国法律的适用将损害中华人民共和国社会公共利益的，适用中华人民共和国法律。”公共秩序保留制度的目的主要是防止适用外国法律会损害本国人民或者国家的利益，一直被视为国际私法中的“安全阀”，完全体现的是单边主义的思想。

公共秩序保留与“直接适用的法”的规定同时存在于《法律适用法》中，完善了我国单边主义方法的体系，但是二者之间的关系也需要进一步的厘清。《司法解释（一）》中对于强制性规定进行了简单的界定，以“涉及中华人民共和国社会公共利益”来规定强制性规则的性质，这使得强制性规定与公共秩序所保护的利益有所重合，理论上也有学者认为“直接适用的法”实质上是一种“积极的公共秩序保留”，相比公共秩序保留的消极排除的效果，直接适用的法则具有主动排除外国法适用的功能。虽然理论上对于二者之间关系的观点尚未达成一致，但是多数理论肯定二者之间存在着一定的差异，那在立法上应该如何界定二者之间的关系，就成了明确法律规则职能的必然要求。而《法律适用法》以及司法解释均未对强制性规定与公共秩序保留有所界定，未能明确二者之间的界限，司法解释虽然明确了直接适用法的范围，但是由于第6项兜底规定的出现，为法官的自由裁量留下了空间，所以进一步界定直接适用的法与其他制度之间的关系就显得尤为必要。同时，二者虽然都有维护本国利益的功能，但过度适用会妨碍国际民商事交往的安全与稳定，均应予以限制，不宜滥用。

结　论

尽管国际私法的发展已经有近八百年的历史，但是，单边主义方法作为法律选择方法最初的形态依旧保持其新的生命力，这绝不能简单认为单边主义是国际私法的“沙文主义”。从上面论述可以得出，单边主义方法在国际私法领域中的延续是地域主权理念的进一步体现，更是法律现实主义的必然选择。在法律选择问题还不能独立于国家而存在，并且这样的选择会涉及国家利益的情况下，单边主义方法的存在就有其合理化的理由。现如今，单边主义方法的回归又一次说明，尽管单边主义方法有其自身的缺陷，但是，当正当和占优势的利益需要保护时，单边主义方法就成了法律选择唯一能求助的路径，现在的问题并不是单边主义方法应不应存在的问题，而是其应该如何以及在多大程度上合理存在。

第七章　多边主义方法

随着法律关系本座说与既得权说的提出，多边主义方法一举奠定了在国际私法中的支配地位。20世纪30年代，在美国冲突法革命中，多边主义方法的危机彻底爆发，综观多边主义方法的理论根源、内在机理以及发展趋向可知，多边主义方法是试图作为调解员和仲裁者来平等对待所有国家，进而平衡所有国家的主权利益的，但是，这样的平衡却带来了不公正的问题，于是，赋予多边主义方法以实体内容的考虑，完成了多边主义方法的提升。

引　言

单边主义和多边主义是国际关系中的两个特定术语。其中，在现代，人们将研究多边外交行为和活动的理论称为“多边主义”（multilateralism）。迄今为止学术界对“多边主义”仍没有统一的确切定义。多边主义是认识和分析国际关系的一种途径和实现国家大量合作的方式，以及对国际普遍行为准则和规制的重视和遵守。作为一种着眼于发展国家行为体之间良性互动的社会性安排，协调与合作是多边主义的基本特征。人们将多边主义这个术语移植到国际私法领域内，将这样一种法律选择方法描绘为多边主义，即任何法律选择都是通过与法律冲突中所涉其他国家共商或者至少是探究其期望，以合作的方式作出的。一般认为，德国学者萨维尼（Savigny）与美国学者斯多利（Story）是提出多边主义方法的代表人物，他们找到了作出正当法律选择的方法。接着，美国学者比尔（Joseph Beale）与里斯（Reese）提出了多边主义方法的具体方案。①

多边主义的冲突法理论试图解决立法管辖权冲突，把每个法律关系排他性地分配给一个国家的立法管辖，因此，多边主义的冲突法理论从一开始就是在冲突法律的可能性中作出一个选择，这样分配某一法律关系（问题）由一国立法管辖的同时

① See E. S. Fruehwald, *Choice of Law for American Court: A Multilateralist Method*, Greenwood Press, 2001.

也就意味着不分配给另一国立法管辖，他们的目标是排他性立法管辖权。因此，该方法并不倚重于国家利益，而是认为国际私法的最终目标是，不管跨国案件在哪里起诉，都会适用同样的法律，取得一致的判决结果。这是一种双边化、不偏不倚和法院地中立的法律选择方法。也正是以上原因，从产生之初，多边主义方法就以积极正面的形象示人。虽然这样解释具有先验及修辞学的正当性，但是，这本身存在标签化的错置，由此得出的结论可能是完全错误的。其实，这种标签化的错置除了造成不必要的混淆之外，还会严重影响对被描述为多边主义方法的正确理解。通过审视这种错置标签化概念背后的内容及自身逻辑有助于更好理解这种被错误命名和特征化的方法，进而对于正当解决法律选择问题提供有价值的帮助。全面解析多边主义方法的理论根源、内在机理和发展趋向成为正确理解国际私法理论和实践的一条重要路径。

一、国际私法体系中多边主义方法的理论根源

从 19 世纪中期到 20 世纪初，随着法则区别说被推翻，一种新的法律选择方法诞生，不管是大陆法系国家还是普通法系国家的国际私法，都开始采用一种被称为多边主义的法律选择方法，前者以德国学者萨维尼的“法律关系本座说”为基础，后者以美国学者比尔的既得权理论和里斯的最密切联系原则为出发点。

（一）“法律关系本座”说所体现的多边主义

多边主义法律选择方法的出现可以追溯到 1849 年萨维尼《现代罗马法体系》第八卷的出版。萨维尼提出了看待冲突法问题的不同方法。不同于注释法学者从法律的性质着手来确定法律所支配的法律关系，萨维尼从法律关系着手并以其本身正当的性质来寻求法律关系隶属于成文法律的地域范围（法律关系在该法律地域范围内有其本座）。萨维尼对冲突法问题的简单重新定位构成了冲突法理论上的“哥白尼革命”。萨维尼拒绝的不单是起初单边主义方法的基本信条，而且包括了法院地法的优先适用地位。萨维尼采纳并完善了双边或多边主义方法，他不关注冲突的法律和试图确定他们意图适用的空间范围，而是从相反的目标出发开始其分析。萨维尼关注于争议或“法律关系”，然后寻求确认每个法律关系的“本座”所在的国家或每个法律关系所“属”的立法管辖权所在的国家，其把国际私法这个领域划分为与国内私法的主要划分相对应的广泛类别，然后，通过连结因素来确认每一个法律关系本座在一个国家而不在另一个国家。这种分类方法的结果是形成了一个中立的、公正的双边法律选择规则的网络，这种规则把外国法和法院地法一视同仁并分配每个法律关系于一个特定的国家，而不考虑是否这个国家曾表达“意愿”适用它的法律以

及这个法律的内容。在萨维尼的视野中，法律选择规则的目标应该是确定“判决结果的国际一致”而不考虑法院地。在萨氏世界主义的语境中，没有为法院地保护主义留下任何空间——国际私法不应关心促进法院地的利益，而应希望确定每一个多国私法争议能按照相同的法律解决，不管在任何地方起诉。

萨维尼建议每个法律关系都有一个适当的“本座”，也说明每个法律关系只有一个国家的法律所支配，这样做的目的就是取得判决结果的一致性。在法律冲突案件中，相同的法律关系只希望相同的判决，而不管这个判决在这个或那个国家作出。如果每个法院能中立地决定法律关系的适当“本座”，那么，相同的法律将被适用，而不管诉讼在什么地方提起。萨维尼认为，国内法院有时只得适用外国法律，而适用外国法就是为了取得判决结果一致性而在主权回归之间所作出的友好妥协。这样，萨维尼多边主义的核心理念就是，只有一个法律适用于一个法律关系，才会实现冲突案件判决结果的一致性，其简单地设想实现这种结果的方法是让法院适用外国法于有“外国本座”的关系中，但是，如果法院都驳回任何由外国法支配的诉讼，让原告到其法律得到适用的法院去诉讼，那么，萨维尼的排他管辖权和判决结果的一致性目标也同样能实现。总之，愿意适用外国法不是多边主义的本质，只有一个法律适当地适用于任何既定的案件中才是其本质。

（二）“既得权”理论所体现的多边主义

美国学者比尔（Joseph Beale）提出的“既得权”理论所体现的多边主义方法在20世纪前三十年一直处于美国法律选择方法的支配地位，并构成了1934年制定的美国冲突法第一次重述的基础。

比尔的既得权理论产生于古典法律思想盛行时期。古典法律思想出现在美国国内战争之后，其试图形成一种处理当时发生经济和社会变迁的自治法律文化。[①] 从1870年到20世纪30年代，古典法律思想是美国主要的法理学派。古典法律思想学者把法律看作一门科学，而现代学者已经把这种思维模式归类于“概念化的”或“形式主义的”。[②] 坚守于无可争议的必然规则、原则和原理成为当时学科的基本特征。通过适用唯心论和进化论的奇妙结合，经济学家、自然科学家和社会学家发现了支配他们领域的普遍绝对真理。人们也只得发现这些真理：政治、经济、社会和

---

① See Duncan Kennedy, *Towards an Historical Understanding of Legal Consciousness: The Case of Classical Legal Thought in America*, 1850 - 1940, 3 Res. Law & Soc. 3 (1980).

② See Marcia Speziale, *Langdell's Concept of Law as Science: The Beginning of Anti - Formalism in American Legal Theory*, 5 Vt. L. Rev. 1 (1980).

生物的理论都来自这样的发现。法学同样被这样的普遍原则所吸引。法官通过语义区别和概念限定来作出判决。从那时起，快速形成这样的结论：当原理适用于案件事实，确定的结果总会产生。① 三段论是19世纪法律适用的主导方法。② 对于19世纪晚期的法学家来说，法学的主要目标是在法律领域对主导原则进行提取和归类。因此，关键的问题是，把争议放于正确的分类中，一旦把争议放于正确的分类中，结果自然就是清楚的。同时，古典法律思想还主张法律的客观方法。法律思想家采纳客观的理论来创设判决的一致性。因此，法院会客观决定过失，而不看侵权行为者的主观意图。相似的，法院审查合同形成问题不是基于当事人的主观意图而是客观要素。格瑞（Thomas C. Grey）曾阐述了朗丹（Christopher Columbus Langdell）的法律方法：朗丹相信通过科学的方法，律师可以从几个基础的原则和概念中得出正确的判决，而发现这些原则和概念也是学者的任务。③

比尔的既得权理论遵循了古典法律思想的原则，一旦把一系列事实放于正确的实体范围内，法律选择是清楚的。比尔把其理论体系建立在地域基础之上，一国在本国领域范围内有排他的管辖权，在其领域之外没有任何的权力。④ 按照比尔的既得权体系，事件或交易的重要地域位置，经常是最后行为地，决定哪个国家的法律应该适用。⑤ 另外，按照既得权方法，任何权利和义务是按照某个国家的法律在适用的时间和地点内取得，并且其他管辖区必须承认这种权利和义务。⑥ 换句话说，法院不执行另一国家的法律，它只是执行按照另一国家的法律所产生的既得权利。理论上，既得权理论给出了一种简单和统一的法律选择方法。法院仅仅决定问题的特性，并且适用正当的规则于事实中，结果是，不管在哪个法院起诉，都会得到一致的结果。然而，既得权方法包含了允许法官避免“尴尬”结果的机制，其中之一是识别。同时，当权利的执行违反法院的公共秩序和政策时，法院不必执行既得的权利。⑦

在20世纪早期，美国的冲突法理论主要受到“既得权”的多边主义理论所支

① See G. Edward White, “From Sociological Jurisprudence to Realism: Jurisprudence and Social Change in Early Twentieth – Century America”, in *Patterns of American Legal Thought* 99, 101 – 102 (1978).

② See Morton J. Horwitz, *The Transformation of American Law* 1870 – 1960: *The Crisis of Legal Orthodoxy*, 273 n. 1 (1992).

③ See Thomas C. Grey, *Langdell's Orthodoxy*, 45 U. Pitt. L. Rev. 1, 5 (1983).

④ See Joseph H. Beale, Selections from A Treatise on the Conflict of Laws 6 (1935).

⑤ See Restatement of the Law of Conflict of Laws § 377 (1934).

⑥ See A. V. Dicey, A Digest of the Law of England with Reference to the Conflict of Laws at xliii (1896); Slater v. Mexican Nat'l R. R., 194 U. S. 120, 126 (1904).

⑦ See Restatement of the Law of Conflict of Laws § 612 (1934).

配。哈佛大学的比尔教授在学术上阐述了"既得权"理论，霍姆斯法官让它成为法律。[①]"既得权"理论建立在斯多利（Story）法官有关主权的严格地域观点之上。斯多利认为，每个国家在自己的地域范围内拥有排他的主权和管辖权，并且，如果其他国家能自由地调整不在其领域内的任何人或事，那么它完全与所有国家的主权平等性和排他性是不符合的。比尔回应了斯多利的地域主义，也认为："既然一个国家的主权在其领域内是最高的，没有其他国家能在那里实施，这样通常是没有任何法律有强制力来影响在其国家范围之外的任何人、事或行为（除了作为其自己的公民）。"[②] 比尔教授认为："当一项权利已经由法律所创设，那么，这种权利本身就成为一种事实……有权力改变权利的法律不曾改变一项权利，那么，现存的权利应该在每一个地方得到承认，既然这样做仅仅是承认一种事实的存在。"[③] 因此，比尔认为："冲突法的主要任务是决定一项权利产生的地域和创设它的法律。"[④] 比尔作为美国冲突法第一次重述的报告人在重述中明确了该规则。

美国冲突法第一次重述所采用的"既得权"理论明显具有多边主义的特质。比尔对平行立法管辖权的理念心存余悸，其认为："如果两个法律在相同时间、相同地点，对相同事项同时出现，我们有一种混乱的状态。"[⑤] 通过把世界划分成排他的地域单元，并且假定权利只在唯一一个国家内取得，比尔从理论上避开了这一种平行立法管辖权存在的混乱状态，并确保了法律选择到判决结果的一致性。然而，在1934年美国冲突法第一次重述出现时，"既得权"理论已经受到法律现实主义批评者的攻击，比尔驳斥现实主义是一种现时而且短暂的法律理论流派，但是，美国最高法院很快给予基于政府利益分析和法院地法的单边优先适用以垂青，在接下来的30年中，美国冲突法的理论中，多边主义方法的主体性地位面临严重挑战。[⑥]

---

① See Elliott E. Cheatham, *American Theories of Conflict of Laws: Their Role and Utility*, 58 HARV. L. REV. 361, 379 – 385 (1945).

② See Joseph H. Beale, A Treatise on the Conflict of Laws (1935).

③ See Joseph H. Beale, JR., A Selection of Cases on the Conflict of Laws Ë 4 – 5, at 501 (1902). Beale 从英国学者 A. V. Dicey 那里获得"既得权"概念，而 Dicey 则是从 T. E. Holland 那里获得。See Kurt H. Nadelmann, Some Historical Notes on the Doctrinal Sources of American Conflicts Law, reprinted in Kurt H. Nadelmann, Conflict of Laws: International and Interstate 14 – 18 (1972)。A. V. Dicey, A Digest of the Law of england Whit Reference to the Conflict of Laws 22 (1896).

④ See Joseph H. Beale, A Treatise on the Conflict of Laws (1935).

⑤ See Joseph H. Beale, A Treatise on the Conflict of Laws (1935).

⑥ *See* Walter Wheeler Cook, *The Logical and Legal Bases of the Conflict of Laws*, 33 YALE L. J. 457 (1924); Ernest G. Lorenzen, *Territoriality*, *Public Policy and the Conflict of Laws*, 33 YALE L. J. 736 (1924); Hessel E. Yntema, *The Hornbook Method and the Conflict of Laws*, 37 YALE L. J. 468 (1928).

（三）美国冲突法第二次重述中最密切联系原则所体现的多边主义

美国冲突法的革命经过“法院地法”理论所代表的单边主义插曲之后，多边主义方法在美国冲突法第二次重述的“最密切联系方法”中得到重申。在1952年，齐塔姆（Elliot Cheatham）和里斯（Willis Reese）建议冲突法问题应通过比较利益平衡解决，拥有支配（主导）利益国家的法律通常至少应被适用。[①] 这种方法得到纽约上诉法院的支持，其在法律选择问题上采纳了“最重要联系的考查”，这首先出现在合同领域，然后扩展到侵权领域中。[②]

作为第二次冲突法重述的报告人里斯教授决定把这样的原则包含在重述中，这样就形成了“最重要联系”的考查。这种考查的多边主义特质明显来自“最重要联系”这个术语中。它设想的是比较衡量，然后最终确定唯一适用法的地域。荣格尔（Juenger）教授曾提到，第二次重述的“最重要联系”方法可以追溯于萨维尼关于法律关系“本质”的假设。[③] 大部分现代的法院和评论者认为美国冲突法第二次重述是令人失望的，批评主要集中于“最重要联系”考查的灵活性（弹性）。甚至，重述的报告人里斯教授都认为这种考查给予法院太少的引导并从来不认为它能永久被采纳，它只是一个暂时的文本。[④]

现在的多边主义也历经完善，提出了法律选择的基本步骤和标准。一般认为多边主义方法法律选择的基本步骤分为两步，第一步是确定法律关系，第二步是在真实冲突的情况下选择适用法律。而在法律选择过程中应坚持的标准是：1. 法律选择应该建立在实证法的基础之上；2. 法律选择应该是实体中立；3. 法律选择应该是法院地中立；4. 法律选择应该是可预测的；5. 法律选择应该是反映相关国家的利益；6. 法律选择应该对个体诉讼参与人公平。正是在这些步骤和标准指引之下，力求法律选择的科学和公正。

二、国际私法体系中多边主义方法的内在机理

国际私法是在承认国家主权原则的前提下构建起来的，管辖权、法律选择适用

---

① See Elliott E. Cheatham & Willis L. M. Reese, *Choice of the Applicable Law*, 52 COLUM. L. REV. 959, 972 (1952). *See* J. H. C. Morris, *The Proper Law of a Tort*, 64 HARV. L. REV. 881, 888 (1951).

② *See* Babcock v. Jackson, 191 N. E. 2d 279, 283 – 284 (N. Y. 1963). 正如法院在 *Auten v. Auten* 一案中所言“这种方法的价值在于它让对问题最有利益的所在地对来自特定事实情势的法律问题实施最重要的控制”。124 N. E. 2d at 102.

③ See Juenger, *Choice of Law and Multistate Justice*.

④ See Willis L. M. Reese, *American Trends in Private International Law: Academic and Judicial Manipulation of Choice of Law Rules in Tort Cases*, 33 VAND. L. REV. 717, 733 – 734 (1980).

与判决的承认和执行是国际私法的三大基石。通过对比分析多边主义方法与国家主权、司法管辖权以及判决的承认和执行之间的内在关系，可以多维度地清晰认识多边主义方法的本质及其所产生的功效。按照多边主义的法律选择方法，立法者和法官试图平衡所有相关国家的主权利益，而这些国家是通过特定诉讼促进他们政策的实现而获得利益。多边主义方法把国家主权放置在法律冲突解决的中心地位，处理法律冲突案件的法院既不是作为一个纯粹意义上的国际法院，也不是国内法院，解决争议的法院从几个相关国家中获得它的权力和正当性，而法院试图平衡和促进这几个国家的政策，但是，在其中只有一个国家的政策得以实现。换句话说，多边主义方法把平衡主权理念作为它的理论基础，将适用法律的选择建立在与地域边界和国家主权之间联系的衡量之中。按照平衡主权理念，司法管辖权应受到一定的限制，只有有利益的国家应该管辖其自己的事务。按照多边主义方法，只要裁判机构与争议有充分联系或判决真正考虑了所有相关内容的利益，就可以调整该争议，所有国家应该尊重这种结果。

（一）多边主义方法与国家主权

大部分立法者和学者可能都是多边主义者。多边主义方法符合传统关于冲突法理论的理解。按照多边主义法律选择方法，法院在冲突的国家之间解决法律冲突。多边主义方法设想发展一种特定的法律体系——冲突法，而该法考虑到所有相关国家的利益，并因而平等对待所有国家。多边主义法院的角色地位是中立的调解员和仲裁者。但是，应该如何解释和说明多边主义方法的适用，现在看来并不存在完全一致和清晰的看法。就如何平衡冲突的国家利益，现在主要有三种不同的方法来解释和说明多边主义法律选择理论。①

第一种方法就是来源于平衡主权利益的一般规则，其把国家主权看作在特定争议中有利益的国家之间的相对共存和共享状态。该方法被美国冲突法第一次重述的既得权方法所完整展现，其主要是为不同类型的案件发展了管辖权选择规则。美国冲突法第一次重述设定规则的一个基本前提是认为可以用普遍或抽象的方法平衡主权利益。如果利益是作为对所有国家相似的替代概念存在，那么，对国际体系或所有管辖地利益的共同关注可以提前准确地预测并因此平衡这些主权利益。美国冲突法第一次重述认可诉讼的多样性，并且认为每一个管辖地都一致认为与诉讼有相互

① See E. S. Fruehwald, *Choice of Law for American Court: A Multilateralist Method*, Greenwood Press, 2001.

关系的因素都是重要的，通过事先衡量这些相关因素都可以发展一种可预测的、普遍适用于处理某一方面争议的规则，理论上来讲，这种规则就是用单一的管辖权选择规则。因此，这种方法的合理性至少有两方面：其一，可能所有的管辖地都同意一个特定管辖地的法律总是应该适用于特定案件中。其二，即使所选管辖地的法律不能总是符合所有影响国家的利益，但是，如果所选法律在大部分情况下符合所接受的利益，那么，这种方法的可预测性也值得偶然牺牲真实国家的利益。许多评论者指出，美国冲突法第一次重述所存在的最大问题是，并不是所有管辖地都会同意某种类型的所有案件总是受相同的法律关系所在地法律的支配。美国冲突法第一次重述在大部分情况下忽略了受案件影响最大的国家的真正利益，这是挫败了主权，而不是促进了主权。

第二种方法就是试图创造出一种对案件有特定利益的管辖地平衡主权利益的方法，该方法并不是完全以规则为导向，而是更加注重法律选择的灵活性，赋予法官更多的自由裁量权。因为在其看来，特定管辖地的利益可能随着不同国家涉入特定诉讼而发生改变。按照该方法，多边主义法律选择理论的目标是帮助法院确定潜在的主权利益，并可能以一种相对模糊的方式建议如何平衡冲突的利益。第二种方法被大部分现代多边主义者所采用，美国冲突法第二次重述就使用了这样的方法。审视美国冲突法第二次重述所创设的法律选择所考量的相关因素，可以看出其依旧坚守对冲突案件产生规则的普遍方法，但是，该重述中大部分内容对利益和政策寻求的强调以更加灵活的方式出现。不管如何对美国冲突法第二次重述进行解读，现代多边主义方法主要进行的是一种法律选择的过程方法。其是进行冲突利益的分析而不是适用一个事先的规则或程序。这样一种过程方法反映出（共同）共享主权的相对观点。现代多边主义者采取了更加相对和特定化的方法来平衡主权利益。这种更加相对化的方法指出现代多边主义法律选择方法如何平衡冲突的国家利益。按照对主权利益进行平衡的相对方法，没有理由认为相同类型的每个案件都会产生相同的利益。无论什么时候与案件事实相联系的国家是不同的，就案件所体现的对其的利益也是不同的，就特定案件来说，究竟哪个因素对特定国家将是重要的，只有明确了哪种利益体现在特定国家的相关法律中，才会有相应的答案。因此，相对主义者的多边主义方法强调冲突利益被平衡的过程，每个冲突案件面对的是以不同的方式来平衡或共享主权。因而，相对主义者的多边主义法律选择方法在任何一个特定冲突案件中不可能事前从平衡主权的过程中得出哪个实体法予以适用。这种方法只是试图找出潜在的相关利益，并指导法院进一步检查哪些利益真正出现在特定案件的事实中。如果说相对性是现代多边主义方法所固有的一个方面，那么，至少美国冲突法第二次重述的模糊性真正是多边主义方法必要和可取的特征。一个成功的法律选择过程应是对主要因素的确定，而不是事前说明哪一个因素是最重要的，只有法院参与了这个过程之后，才可以阐明什么是真正的利益，才能发现可取的实体法结果。然而，平衡主权利益的法院将会面临这样一个现实，即在特定案件中所涉及的真正利益已经确认之后，这些利益发生冲突怎么办？现代多边主义方法对如何解决真实冲突没有提供任何指导。①

第三种方法是为特定案件发展特定的法律，这是通过妥协法律的内容来解决真实冲突的一种办法，并且，该方法认为这能促进共享主权。理论上讲，就某一问题通过创造和适用妥协两个国家政策的一种法律就可以同时实施两个国家的政策，而不是实施一国的政策而舍弃另一国的政策。但是，这样一种方法没有被多边主义法院所采纳，也没有被大部分现代多边主义者所提倡。分割方法是多边主义者指出合并两国法律最接近的方法，但是，使用分割方法就特定问题而言是一国的整个政策会实施，这是破坏主权，而不是促进主权。按照现代多边主义者的观点，这暗示着对分配主权概念的重要限制。采取多边主义的法院不是一个有权发展一种超越真正国家所提供法律的国际法院。多边主义法院仅仅是作为一个裁判者通过选择法律来试图平衡政策。

（二）多边主义方法与司法管辖权

司法管辖权的确定充分依赖于国家地域边界和主权，多边主义方法与司法管辖权确定的标准具有一定的相似性，坚持国家与当事人或交易之间的一些联系是这两个领域确定标准的核心要素。这样多边主义法律选择理论的依据与确定司法管辖权的基本依据之间存在着一定的联系甚至是重合。什么样的法律选择规则是可取的，部分依赖于司法管辖权的设定范围。一般认为，扩大或者限制司法管辖权的方法和相关规定同样会促进法律选择多边主义方法的目标。也就是司法管辖权的任何规定对多边主义法律选择方法产生的影响甚少，因为按照多边主义方法的设想，不管案件在哪里起诉，只要适用多边主义的法律选择方法都会取得一致的判决结果。当把法律冲突案件的司法管辖权赋予与基础争议有利益的法院时，这可以看作通过强调任何法律冲突案件主要是国内解决的事项而促进多边主义的目标。允许有利益的法院去平衡冲突的国家政策，这样做并不是因为它自己的政策优先于其他国家的政策，而是因为应该由有利益的国家来平衡主权利益。从外部来看，由有利益的管辖地实

---

① See L. Kramer, “Rethinking Choice of Law”. *in Columbia Law Review*, Vol. 90, 1990.

施相关国家主权利益的平衡可能意味着不能公正地解决法律冲突。另外，把司法管辖权赋予与基础争议无利益的法院，中立的法院可能会处于中立地位来平衡冲突管辖地的利益。中立法院可能会更为公正和客观地在冲突的管辖权之间寻求真实的利益，这可能更有利于实现多边主义方法的目的。

（三）多边主义方法与判决的承认和执行

多边主义方法潜在的益处在于有利于判决的承认和执行。如果裁判法院真正考虑了所有冲突国家的利益，那么，最终适用于案件的法律就不会违反任何有利益国家的重要政策。进而，如果司法管辖权的条件也得到满足，那么，所有国家应有义务承认和执行按照多边主义方法所正当作出的判决。然而，这里的争议点是承认和执行的法院如何理解裁判法院所作出裁判的质量。

（四）多边主义方法的适用

正如前面所讨论的，有关多边主义方法是以利益为基础的观点在虚假冲突的情况下，会发挥很好的作用。通过使用分割方法或对利益进行仔细的分析，可以把明显的冲突转化为虚假冲突。虚假冲突是多边主义方法的最佳用武之地，因为在这种情况下很容易实现利益国的政策。① 也如前面所解释的，多边主义方法在解决真实冲突方面就难以发挥作用，正如其他法律选择方法所强调的，兼顾于所有受影响国家的利益，原则性的方法就无法破除真实冲突。在真实冲突的情况下，单边主义方法通过给予法院地利益以优先地位来打破僵局（实现自己的政策），实体主义方法主张采取适用更好法律的路径而实现真实冲突的解决，然而，多边主义方法尊重每个国家的主权，这就没有办法在平等利益国家之间作出取舍。如果特定案件的事实同样显现出冲突的法律政策，坚持适用最有利益国家的法律是没有任何益处的。当两个管辖地都是同样有利益，僵局再次不可被打破。如果多边主义方法坚持主张用主权平衡原则作为解决真实冲突的合理原则，那么这是唯一可能会掩盖作出最后判决的动机。如果现代多边主义强调个案及过程分析，特别是利益为基础的分析，多边主义方法很容易达到理想的实体效果，这主要是多边主义方法提供了各种不同的例外手段。

---

① See Lea Brilmayer, *Conflict of Laws*: *Foundations and Future Directions*, Little, Brown and Company, 2nd ed., 1995.

三、国际私法体系中多边主义方法的发展趋向

解决法律冲突的方法应该是多边主义的还是单边主义的，这是自冲突法产生以来一直的追问。单边主义方法注重审查争议的法律，然后探求是否一个或两个法律有意图适用于国际民商事关系中，这样的寻求在某种意义上是独立的。因为找到适用其中一个法律的适当理由并不是否定适用其他法律的适当理由。几个相关国家可能与案件都有实质联系，因此，如果几个法律竞相适用，单边主义方法体系对如何行动需要进行补充指导。这就是法院地法优先适用性问题变得明朗的关键，因为法院地法的优先性是最明显的可能性。相反，多边主义方法从一开始就是在冲突的可能性中作出选择，因此，把一个问题分配给一国法律管辖同时意味着不分配给另一国法律管辖。

自20世纪以来，多边主义方法与单边主义方法相比已经获得了相当的社会基础，并且取得了在国际私法领域的支配地位。确实，甚至那些以法国民法典为参照模式制定成文单边主义规则的国家逐渐通过司法实践而把单边规则多边主义化。在美国，介绍注释法学者所主张的单边主义方法的尝试宣告失败后，斯多利所主张的多边主义方法基本未受到任何挑战。但是，在美国冲突法革命之后，单边主义方法得到回归，实体主义方法得以确立，这为解决法律冲突提供了全新的视角，丰富了国际私法的内容和方法，至此，多边主义方法受到了最为严重的挑战。多边主义方法在凸显其优点——确定性、中立性、结果一致性——的同时，其缺陷也进一步被放大，这就是法律选择的盲目性、机械性、僵硬性，在越来越复杂的国际民商事环境下，多边主义方法在发挥其规范功能方面越来越显得力不从心，多边主义方法的危机彻底爆发。彻底抛弃多边主义方法，实行实体主义方法所面临的问题就是法律选择会丧失形式规则和确立秩序的功能，这导致的结果就是法律选择的失序，于是，在法律选择中坚持多边主义方法形式规则的同时，加入实体法内容的考量，成了多边主义方法发展的必然选择。从此，多边主义方法获得了新的生命力。于是，实质内容的考量成为多边主义方法体系中一个非常重要的内容，并体现在结构上适合多边主义方法的法律选择规则中，这就是结果为导向的规则。这些规则的设计目的就是取得一定的实体结果，而这种结果被认为是理应优先考虑的。这样一些多边主义方法的规则在立法中主要体现为：

第一，有利于法律行为形式或实体有效的规则。

以有利于某种法律行为有效的结果为导向的规则在国内和国际立法中越来越多，几乎在每一个国家立法中都能找到这样的规则，其表现形式为包含若干连结点的选

择性冲突规范（可替代连结点的适用规则）或者允许法院选择使法律行为有效的法律的冲突规范。该规则的适用范围也在扩大，如遗嘱、结婚或普通合同，并且不先适用于形式问题还包含实质问题。

1. 遗嘱（有利于遗嘱的效力）

有利于遗嘱有效的政策是继承法领域中一个最为基本的实体法政策，这个政策越来越多地通过法律选择规则的实体化而反映到国际私法层面上。现在一些法律选择规则授权法院适用其列举的一系列可替代适用的多国法律来确定遗嘱有效，以此维护遗嘱的效力，更多包括可替代适用法的冲突规范体现在《有关遗嘱处分形式冲突法的海牙公约》第 1 条中。该条款规定如果遗嘱符合如下几个潜在不同法律中任何一个国内法，那么，遗嘱应被认为形式有效：遗嘱制作地的法律；在制作遗嘱时或在死亡时，遗嘱人的国籍、住所或习惯居所的法律；关于不动产，财产所在地法。这个公约在超过三十个国家内被执行，并且也大大影响了在一些国家内相似条款的制定，如荷兰、意大利和魁北克省。[①] 相似的规则在美国 1909 年统一遗嘱法规中被提议，这个法规在美国大部分州内被采纳，并最终包含在统一遗嘱检验法规中。2010 年《中华人民共和国涉外民事关系法律适用法》（以下简称《涉外民事关系法律适用法》）第 32 条规定："遗嘱方式，符合遗嘱人立遗嘱时或者死亡时经常居所地法律、国籍国法律或者遗嘱行为地法律的，遗嘱均为成立。"

2. 其他法律行为

关于合同或其他法律行为的形式效力问题，尽量使之有效的原则，选择适用多种规范在许多大陆法系国家的国际私法中得以体现。随着促进交易达成理念的深入，尽量使法律行为有效成立成为各国实体法的基本立法政策，各国普遍放弃了对法律行为方式的严格要求。表现在法律行为的法律适用上，就出现了可选择的包含若干连结点的冲突规范，如可选择的法律包括法律行为实质要件的准据法、行为地法、属人法、法院地法和法律关系成立地法等。1946 年《希腊民法》第 11 条规定："法律行为的方式如果符合决定行为内容的法律，或者符合行为地法，或者符合全体当事人的本国法，就认为有效。"[②]

第二，有利于某种身份地位效力确定的规则，如婚生或亲子关系的身份地位确定，夫妻关系的身份地位确定甚至身份地位的解除（离婚）。

经济全球化促进了国际民商事交往的空前发展与繁荣，不同国家的法律体系与

---

① 余先予主编：《冲突法资料选编》，法律出版社 1990 年版，第 372 页。

② 参见韩德培主编：《国际私法》（第 3 版），肖永平修订，高等教育出版社 2014 年版，第 174 页。

不同价值体系的整个文明得以交流和融合。正因如此，保护个人权利、利益和价值的需求被相互影响、唤醒和激发。确定特定身份地位的有效性及保护法律体系中弱者个体的权利和利益得到人们的普遍认同，这本身就是对实体结果的维护。

第三，有利于保护特定当事人利益的规则，如侵权的受害者、消费者、雇员、抚养权利人或法律认为其是弱者或其利益被认为是值得保护的任何其他一方当事人。①

一般而言，法律是公平公正的，对各方当事人都应予以平等保护。但是，必须注意到，在当今世界，私人主体在市场上的力量时时处在极不平衡的状态中，如富人与穷人、企业与消费者之间等，经济实力较弱的一方主体有时不得不附和经济实力较强的一方主体，或者一方主体凭借其丰富的信息与技术知识，在交易中占据优势地位，强迫另一方主体接受对己有利的条件，从而使得法律关系显失公平。因此，坚持给予在交易中处于弱势一方主体提供特别保护是公平原则的体现，是平衡双方利益的需要。② 具体到国际私法中，一般通过以下路径来实现对弱者利益的保护：其一，在争议案件发生之前或在之后，一方当事人有权从一个以上国家的法律中选择适用法，或者允许法院为有利于一方当事人而作出法律选择。这集中体现在国际侵权领域中，出于对受害者利益的保护而作出的立法规则设计。一方当事人有权选择适用法的规则同样是结果为导向的，因为该方当事人可以选择其认为是最好的法律作为适用法。其二，保护一方当事人免受强制或一致法律选择条款所产生不利后果的影响。在消费者合同或者雇佣合同中，商家和雇主往往利用其优势地位在合同中加入法律选择条款，该条款从表面上看是合同双方协商一致确定的，但是，形式上的平等掩盖了事实上的不平等，因此，从保护消费者或雇员利益出发，各国国际私法立法规定，消费者或雇员免受法律选择条款所导致不利结果的影响。

第四，允许双方当事人进行法律选择的规则。

正如上面所提到的，允许一方当事人在争议发生之前或之后选择适用的法律的规则是结果为导向的，因为它是以试图实现某种特定结果为前提，但是，允许双方当事人在双边和潜在对抗的关系中，如普通合同或婚姻协议中，去提前选择适用法的规则应该是内容为导向的规则，然而，从选择是在实体正义考虑的驱使下作出的来看，它却是结果为导向的。

---

① 实体法的价值导向和内容的变化无不影响了国际私法规则的发展变化。

② 参见赵相林主编，杜新丽、宣增益副主编：《国际私法》（第4版），中国政法大学出版社2014年版，第20页。

结　论

为平衡国家间主权利益而产生的多边主义方法从产生之初就以其中立性和追求判决结果的一致性等特性一举奠定了在法律选择中的支配地位，它在解决虚假冲突的情况下显现了强大的优势。然而，在面对真实冲突时，多边主义方法就不再能保持其初衷了。这从另外一个侧面也反映出其盲目性和缺乏灵活性，多边主义方法因此面临巨大危机，其留存成为人们讨论的热点。理性思考后，多边主义方法所建构的形式规则和秩序，依旧是法律选择的根基。寻求多边主义方法的变革也由此展开，在保持多边主义方法形式规则的前提下，赋予其实体的内容，这成为多边主义方法生命力的又一次新展示。多边主义方法从此得以全面提升，依旧保持了其在法律选择方法中的主导地位。

第八章　实体主义方法

实体主义的法律选择方法认为所有的管辖地都应适用最好的实体法律来解决相同的国际法律冲突案件。综观实体主义方法的理论内涵、内在机制以及规则构造，可知实体主义方法的确立避开了地域边界和主权，不仅实体正义的追求在不遵循事先确立的法律选择规则的国际私法体系中实现，实质正义的考量也被大陆法系国家的国际私法体系所接受，并已体现在结构上适合传统模式的法律选择规则中，这些就是结果为导向的规则。冲突正义和实质正义的两难境地不再是他们之间的取舍选择，而是何时、如何以及多少实质正义的考虑应与冲突正义追求调和的问题。

引　言

法律选择的目的是选择“适当”的法律来解决法律冲突争议还是最终取得公平的实体判决结果，这是国际私法的发展演变中一直存在的争论和理论分歧，由此在国际私法中形成了冲突正义（制度正义、形式正义）与实质正义（个案正义）两种正义观。冲突正义观（也就是传统国际私法）认为，国际私法的任务不是解决案件的实质争议，只是选择应适用于含有涉外因素案件中的法律。[①] 从这个意义上来说，国际私法具有“技术性”特征，扮演的是一个指引当事人和法院寻找最终处理案件实质争议的路标。冲突规则的角色是解决有关决定适用法的“事前问题”。当案件的事实证明某个法律适用是合理的，就不再审视这些法律的内容或诉讼当事人的实质利益，而是由被选的法律来决定什么是公正的。这就是人们所称的“冲突正义”(conflicts justice)，一种正义的特殊类型，它通过与特定交易有最密切联系法律的适用而获得。[②] 总之，冲突正义观认为，国际私法的功能是确保每一个多国法律争议依据与争议有“最适当”关系的那个国家的法律来解决。即选择适当国家来提供适用

---

① See M. Reimann, *Conflict of Laws in Western Europe*, Transnational Publishers, 1995, p. 12 - 17.

② See Juenger, *Choice of Law and Multistate Justice*, Martinus Nijhoff Publishers, 1992, p. 69.

法，适当国家的法律就是适当法，而不是直接寻找适当法或适当的结果。在此语境下，选择适用法的标准不是这个法律的内容或解决争议的真实质量而是地域或空间所决定。正如克格（Gerhard Kegel）所言，国际私法旨在确定空间范围内争议的最好解决，然而实体法旨在确定实体上的最好解决。①

从冲突法理论产生之时起，一直伴随并普遍困扰学者和立法者的问题是，在法律冲突案件中，是否以及应在多大程度上审查冲突法律的内容？对于拟适用的实体法内容或者可能产生的实体结果是否以及应该如何进行比较？这也成了国际私法发展中的两难困境。在12世纪，意大利学者巴托鲁斯一方面提议应选择在特定情势下看来最公正的法律，但是，另一方面则主张，属人法就是授予个人权利和权利能力的所在地法律。20世纪的美国冲突法革命在对传统国际私法理论批判的同时，要求在法律选择中审视实体法内容或实现实体结果公正成为当时国际私法革新的最强音。这就是国际私法的实质正义观，具体到法律选择中就是实体主义方法。进一步的问题是，当把实质正义作为法律选择过程中一个重要考虑的因素时，实体主义方法是否对正当解决法律选择问题提供有价值的帮助？本文从实体主义方法的理论内涵、内在机制以及规则构造三个维度进行分析，以求全面厘清实体主义方法，并回应和解答上述疑惑。

一、国际私法体系中实体主义方法的理论内涵

美国冲突法革命后，解决法律冲突要求考虑实体法律的具体内容，并适用最好的法律成为另一种趋势，最终形成了实体主义方法。实体主义方法反对传统法律选择只重视管辖权的选择而不考虑所选法律具体内容的方式，在它看来这样不可能达到实体上的公正。在美国冲突法革命中，由美国学者卡弗斯提出的“结果选择说”，美国学者利弗拉尔提出的“更好法律方法”，以及美国学者里斯提出的“最密切联系原则”奠定了实体主义方法的理论内涵。

（一）卡弗斯的结果选择说

美国学者卡弗斯（David Cavers）认为传统的法律选择理论是进行管辖权的选择而不是规则的选择，这样冲突法律的实体内容和该法将得出的实质结果被忽略。其认为在处理冲突案件中，法院的义务不是通过研究管辖权来选择适用于案件的法律，法院的职责永远是实现结果的公正，要达到这一目的，对可能适用的法律体系的内

① See Kegel, *Paternal Home and Dream Home: Traditional Conflict of Laws and the American Reformers*, 27 Am. J. Comp. L. 615, (1979).

容就不能视而不见，法院应该估量冲突实体法律背后的政策①，为取得判决结果的公正而选择法律。法院面临选择本国法还是外国法时：首先，应认真研究导致有关问题产生的事实或交易行为；其次，将可能适用的法律规则及其适用的结果与法院地规则以及适用它们的结果进行仔细比较；最后，基于当事人之间的公平正义，以及对冲突法律所引起的社会政策的充分考虑，评价各种法律的适用可能会产生的结果，基于结果的公正性最终作出法律的选择。这被称为结果选择说。②

卡弗斯从结果公正这一角度探求法律选择的理论，并为实现这种公正创造性地提出了自己的一套方法，这就是解决真实冲突的“优先选择原则”（Principles of Preference）。“优先选择原则”的最终目的是产生解决法律选择问题的正确方法，而这些解决方法之所以是正确的，并不仅仅因为它们公平调解了相互冲突的各州的政策，而且还因为它们对于卷入各州政策相互冲突问题之中的个人提供了公平待遇。③这种方法考虑了当事人之间获得实体正义的需要。

（二）利弗拉尔的更好法律方法

主张以实体内容为基础进行法律选择的学者当中最杰出的可能是美国学者利弗拉尔（Robert Leflar），他认为法院在法律选择时应该使用五种影响选择的考量因素④，其中最为重要的因素是“更好法律规则”⑤。利弗拉尔基于这样的原因来合理化他的结论，即选择更有利的法律在法院的实际操作中是固有存在的，并且律师也以这样一种方式来在案件中进行主张。据利弗拉尔观察，法院经常事先就作出法律选择的决定和判决结论，然后依据支持法院结论的法律选择理论来解释这样的结果⑥。

利弗拉尔从适用较好的法律规范这一角度来探讨法律选择的理论，并将其作为五种影响法律选择考量因素中最为重要的一个因素，其目的显而易见就是追求法律选择的实质正义。利弗拉尔教授指出，传统法律选择方法必须加以变革，因为如果法律选择仍然像传统做法那样，把它看成一个纯粹的选择管辖权程序，即法院首先确定何地的法律应当被适用，然后再去了解该法律的具体内容是什么，那么适用较

---

① 卡弗斯认为法官应通过考虑国家法律中所体现的社会政策来在个案中分配正义。

② 参见赵相林主编，杜新丽、宣增益副主编：《国际私法》（第4版），中国政法大学出版社2014年版，第36－37页。

③ 邓正来：《美国现代国际私法流派》（修订版），中国政法大学出版社2006年版，第74页。

④ See Robert A. Leflar, *Choice – Influencing Considerations in Conflicts Law*, 41 NYU L Rev 267, pp. 282 – 304 (1966).

⑤ See Brilmayer, Conflict of Laws at 71.

⑥ See Robert A. Leflar, *Choice of Law: A Well – Watered Plateau*, 41 L & Contemp Probs 10, pp. 11 – 12 (Spring 1977).

好的法律规范这一因素也就不会出现了。任何一个明智的法院都愿意适用一种能使本地社会经济利益得到更好实现的法律规范，而不会问这个法律规范是法院地的规范还是其他法域的规范，追求具体案件中的正义和保护当事人公正的期望，[①] 也要靠适用较好的法律规范来实现。

（三）里斯的最密切联系原则

美国学者里斯（Willis Reese）认为，任何法律规范，其中包括冲突法规范，都是政策的产物。制定规范的初衷是为了实现立法者视之为与它相关的基本政策。一条规范的最终成功，将取决于它是如何有效地实施了这些政策。里斯所倡导的“最密切联系原则”（ The Doctrine of the Most Significant Relationship）强调应制定政策为基础的法律选择规则，因为这样的规则要求在冲突的法律之间作出清晰的选择[②]。为达此目的，里斯提出了十项基本法律选择原则：（1）法院必须遵循立法者制定的指导方针；（2）有助于国际或洲际制度的实施；（3）法院应该适用法院地法；（4）应当考虑有关法律中的目的；（5）判决的确定性、可预见性和一致性；（6）保护当事人的合理意志；（7）努力适用具有重大利益的州的法律；（8）法律选择规范应当便于适用；（9）努力实现有关法律领域中的根本政策；（10）努力在具体案件中主张公正。

里斯从实体政策这一角度来探讨法律选择的理论，并将其完整体现在“最密切联系原则”中。“最密切联系原则”突破了美国传统国际私法规范的呆板性，从而具有了相当的灵活内容，因为只有在具体案件的具体分析中才能反映出“最密切联系”这一概念的具体内容。这其中就包括了实体正义的内容。

上述理论不但对美国法律选择理论的发展产生了重要的影响，并且辐射到整个欧洲大陆，促成了国际私法中实体主义法律选择方法的形成，实质正义正式成为法律选择过程中一个重要考虑因素。国际私法的实质正义观认为，国际民商事案件与完全的国内案件没有什么本质上的不同，公平和合理地解决争议是法官的责任。当法官面对一个含有涉外因素的案件时，应如同国内案件一样，以作出公平公正的实体裁判结果为目标。国际私法不应满足于所谓的“冲突正义”，而应追求“实质或实体正义”。因此，在法律选择中，为了决定是否所选择的法律真正会产生“适当”

---

① 邓正来：《美国现代国际私法流派》（修订版），中国政法大学出版社2006年版，第164页。

② See Willis L. M. Reese, *Choice of Law: Rules or Approach*, 57 Cornell L Rev 315, 321-23 (1972). See also Joseph William Singer, *Real Conflicts*, 69 BU L Rev 1, 79-80 (1989).（认为法院从一开始就应该关注于实体正义和特定法律领域的实体政策。）

的公正结果，应直接审视适用法，选择适用法的标准必须以法律的实质内容而非以空间的措辞来决定。保护个人权利、利益和价值的需要已经成为法律选择中着重考虑的内容，这是对实体公正结果的维护，而成就这种结果所使用的技术手段通常有以下几种：1. 重力中心方法；[①] 2. 功能分配方法；[②] 3. 有利方法；[③] 4. 当事人意思自治；5. 强制性规则；6. 法院地法的适用；7. 可选择的法律选择规则。

让法院选择适用实体法会产生的问题是，由于司法决定的信息和代理成本，法院的政策决定不一定比由立法者或当事人作出的更加可靠。法官采纳以法院为导向的法律选择规则往往有自身利益的考虑，并且法院通常也会视法院地的法律是更好的法律。

二、国际私法体系中实体主义方法的内在机制

实体主义的法律选择方法认为，所有的管辖地都应适用最好的实体法律于相同的国际民商事案件中。这种对最好法律内容的关注意味着，如果法院认为自己的法律是次一等级的，那么就不应适用“自己”的法律，而应适用潜在更好的法律。实体主义方法最直接的优点是它断开适用法律与地域边界之间的简单联系，避开地域边界和国家主权。就判决的承认和执行而言，实体主义法律选择方法认为结果的“正确”将有助于判决的承认和执行。然而，因为司法管辖权确立的基础依旧充分依赖于国家地域边界和国家主权，这样实体主义法律选择理论的依据与确立司法管辖权的基本依据之间存在着断裂，因为在现实的世界里，判决的承认和执行依赖于司法管辖权来审查，这样实体主义方法潜在地会造成判决不予承认和执行的结果。[④]

（一）实体主义方法与国家主权

实体主义法律选择方法强调任何法律冲突案件在国家主权之外的性质，按照这种理论的观点，对于法律冲突案件来说，适用任何一个特定国家的国内法都是不适当的，也只有一国对案件争议有排他性的利益时，国内法才予以适用。一旦案件争议是在任何特定主权国家的排他性关联之外，国内法就没有必要适用，进而，按照

---

① 该方法由于具有解释上的模糊性，由此方法确定的冲突规则就可以公开对结果进行考虑。

② 使用该方法可对弱者一方的利益进行保护，如消费者、被雇佣者等。

③ 使用该方法可尽量有利于行为能力的效力和保护婚姻、家庭和继承关系。

④ See, e. g. , Friedrich K. Juenger, *Mass Disasters and the Conflict of Laws*, 1989 U. Ill. L. Rev. 105, 121 - 127.

这种理论，冲突案件适用法的内容没有理由应该反映任何特定主权国家法律的内容。冲突法应该是特定的国际法。至少，法律冲突案件应允许裁判法院不考虑任何特定主权国家的利益而从所有相关的法律中选择适用法，从这些可替代指向的法律中所选的法律一定是对基础争议产生最终实体结果的法律。这样裁判法院就是作为一个国际法院存在，而不是国内法院。这一点多边主义者也没有争议，因为多边主义者也认为在冲突案件中，要求裁判法院适用某种法律体系——冲突法——以此在纯国内环境之外适用。但是，实体主义法律选择理论要求的不仅仅是适用一种冲突法律体系，而是这种法律体系试图把国际法律体系的共同原理统一化。实体主义法律选择理论的目标是消除对国家主权的关注。适用实体主义方法的法院把冲突案件看作有机会通过适用更好法律来超越国内法的。

多边主义者衡量冲突案件与冲突主权国家的关联性，进而把每个冲突案件看成能产生不同实体结果的，相反，实体主义方法的支持者把所有相同类型的冲突案件看作要求相同的实体法律予以适用。另外，多边主义者主要把法律冲突案件视作是正当平衡独立国家主权关联的事项，然而，实体主义者则把法律冲突案件看作要求超越特定国家主权的关联性。

（二）实体主义方法与司法管辖权

按照实体主义法律选择方法，法院并不衡量特定法院的利益。因为实体合理性是法院适用法律的唯一标准，而不考虑任何特定法院的利益或政策。这意味着在理论上讲任何使用实体主义理论的法院应该能就相同事实达到相同的实体结果。如果在任何特定的法律领域，确实存在某些大家共同认可的最好实体法律，那么，适用实体主义方法来解决冲突案件的法院就仅仅是适用最好的法律。当对什么是最好的法律产生疑惑时，使用实体主义法律选择的法院应直接认可实体的合理性是法院成就冲突正义的唯一标准，并且应该清晰地阐明为什么适用的法律是最好的。按照实体主义法律选择理论，这种对最好实体结果的关注是客观的，“最好”法律的内容相信是客观确定的，而不是特定法律适用过程的产物。进而，就实体结果的合理性而言，按照实体主义法律选择理论是不需要对在哪个法院审理案件作出限制的。选择一种限制不能确保适当法律予以适用。对司法管辖权的限制与法律适用权力的正当性没有联系。“最好”法律是作为一种可确认的事实存在，并且可以被任何面对相同冲突案件的法院所适用。

然而，作为一种实践性事物，依据任何法律选择体系，限制哪个主权国家将适用什么法律的所有前期工作是在司法管辖权确定的情况下完成的，而不是通过法律选择理论完成。一些法律选择方法可能把司法管辖权或判决的承认和执行理论看作与法律选择理论一样在实现相同的政策目标，另外，其他一些理论则把司法管辖权、法律选择和判决的承认和执行看作完全不相关联的政策关注和价值。而实体主义方法完全是属于后者。[①] 实体主义方法把司法管辖权限制和挑选法院的机会最多看作一种便利当事人诉讼的问题。就司法管辖权的目的而言，实体主义法律选择方法把整个世界看成一个体系，其把限制特定法院的管辖权仅看作一种权宜之计，法律内容的适用不会因为在哪个法院作出判决而提高或获得终局判决公正性的增益。鉴于实体主义法律选择方法所固有的对国家主权的漠视，围绕许多司法管辖权对国家主权关注的讨论自然让实体主义者看来是不重要的。

（三）实体主义方法与判决的承认和执行

当按照实体主义方法作出裁决，胜诉者试图在作出裁决地之外执行这些裁决时，问题就会产生。实体主义法律选择方法本身不会阻止与诉讼事实没有任何联系的法院对案件行使管辖权。相似的，实体主义方法也并不要求或鼓励法院去适用以主权为基础的意义上与案件的基础事实存在管辖联系的法律。但是，不管按照什么法律适用来解决争议，法院对争议行使司法管辖权之前，往往需要与诉讼和当事人存在最低限制的联系，这正如在有关判决承认和执行的海牙公约的论战中所证实的，在国际环境下，大部分国家的执行法院只有在认可作出判决法院在获取正当司法管辖权的情况下才会承认和执行。通过回避对主权的关注，实体主义方法本身就与判决承认和执行的现实不相符。

与主权不相关的实体主义法律选择理论与现在以主权为基础的判决承认和执行体制之间存在一定的紧张关系，现在并没有合理满意的解决办法。按照实体主义方法，在局部意义上，根本没有主权，就法律选择的目的来看，整个世界基本上应该是相同主权的。但是，在现实世界中，国家主权继续存在并且在判决承认和执行方面起到了至关重要的作用。没有任何一个国家会自动承认和执行任何其他国家的判决。并且，当任何一个国家在寻找承认和执行外国判决的合理性时，其不是关注于实体法内容，并把它作为执行的理由。一个判决被承认和执行并不是因为它产生了合理的法律结果。相反的，法律内容仅是作为承认和执行判决的消极方面。判决被拒绝承认和执行是通过公共秩序来实现的。[②]

---

① Friedrich K. Juenger, *Choice of Law and Multistate Justice*, Dordrecht: Martinus Nijhoff Publishers, 1993.

② L. Kramer, "Rethinking Choice of Law", *in Columbia Law Review*, Vol. 90, 1990.

当按照实体主义方法所作出的判决进入以主权为基础的判决承认和执行体系内时，就会产生某种紧张关系。当判决承认和执行体制不承认适用最好实体法律时，实体主义方法的使用就会大大降低或消失。在法律选择方面，司法管辖权的效果体现在，为满足判决承认和执行的要求所选择的法律一定是与诉讼有充分联系特定国家的法律，如果充分联系管辖地的法律也是所适用的最好实体法，那么，实体主义方法就满足了这种要求。在美国，按照国家主权理念，如果作出判决的法院与当事人或事实之间没有充分联系，那么一般情况下，判决不会得到承认和执行，当然，许多国家不是以美国的方式把司法管辖权要求宪法化，因此，增加以实体主义法律选择理论为基础判决的承认和执行的可能路径是通过条约或立法达到的。当事人自治可能是帮助实现实体主义方法主张的一个领域，在这里，法律选择无须考虑国家边界。现在越来越多的国家事前给予私人主体对法院选择和法律选择进行协议的权利。虽然执行法院经常要求所选法律或所选法律与当事人或争议有某种联系，但是事实并非总是如此，美国冲突法第二次重述以更加自由的方法证实这只是逻辑而非主权为基础相关的可能性，这符合解决冲突案件的非主权原则和对实体内容的强调。然而，很难说明当事人自治本身促进了最好实体法律的适用。当事人自治仅仅允许当事人指出约束他们的法律，这不能保证他们所选法律就是实体最好的法律。最后，实体主义方法可能确实促进了判决的承认和执行，设想承认和执行判决的法院相信以实体主义方法作出判决的法院有充分联系来作出这个判决，这样一个判决按照任何合理的公共秩序保留条款都不会被拒绝承认和执行。

（四）实体主义方法的适用

当特定国家对基础争议作出判决没有优先主权利益的主张，而且大多数当事人希望对此争议有一个普遍与一致的结果时，实体主义法律选择的方法就能发挥最好的作用。相反，当少数国家对基础争议主张优先利益的情况下，实体主义方法发挥的作用最少，作为一种例外手段，在个案中，实体主义方法可以成为一种实现法官所认为的正义的手段。①

实体主义方法在群体性或集团诉讼中能产生最好的作用，比如，对于产生灾难的诉讼，乘客可能来自不同的地方，多方被告，如制造商、零件供应商、服务商和航空公司也可能来自不同地方，灾难发生地基本也是非常偶然的地方。事件和当事

---

① S. C. Symeonides, ed. *Private International Law at the End of the 20th Century: Progress or Regress?* Kluwer Law International, 2000.

人的连结点如此分散，明显没有任何单个管辖区在这样的诉讼中对所涉的所有当事人有强烈的主权利益主张，也没有排他性的权力去调整产生该灾难的所有行为。如果诉讼作为一个整体被裁判，法院面对这样一个案件该何去何从？面对如此困境，采纳多边主义的法院可能适用分割原则来裁判案件，即使用不同管辖地的法律来裁判案件的所有不同方面，然而，裁判案件的方法可能对相似的当事人作不同的处理，这会影响被告实现问题的合理性解决，并且会推翻法官公平的实体正义观。更为满意的解决办法是确保案件由优秀的法官审理，并允许法院适用明智的实体主义解决办法。实体主义法律选择方法的倡导者经常通过指出这样的状况来主张采纳该种方法。实际上，许多美国联邦法院的法官在集团诉讼中就适用这种实体主义方法，尽管它还是依附于主权为基础的法律选择理论。如果说实体主义方法在解决无边界（主权）争议时发挥很好的作用，那么，在边界（主权）非常重要的情况下，就并不令人满意。另外，如果实体主义方法真的回避主权，那么，其也不应该适用标示为“虚假冲突”的方法来裁判任何跨界案件。虚假冲突的概念意味着特定国家有权力解决争议，然而，实体主义方法发生作用的前提是法律的内容而不是管辖地所在国的特定利益。

如果说实体主义方法意味着只适用于冲突案件，那么，在某种程度上，实体主义方法是承认了主权的重要性，因为“冲突”本身就意味着包括有冲突政策的国家，缺乏冲突，适用“冲突法理论”是不正常的。因此，准确地说，这才是实体主义方法的基本前提。著名的“更好法律”的支持者利弗拉尔认为，在法律选择过程中，法院地的正当性是其作为“正义实施国家”的角色，① 把这种理论推至逻辑的极限，这意味着对案件有管辖权的无利益法院在适用最好法律方面可以自由地实施它的正义。甚至，在其他与诉讼事实有更直接联系的其他管辖地不需要这种最好法律。总之，实体主义方法鼓励适用最好的法律。在一些情况下，其他理论把有些情况看作真实冲突，相应的，实体主义方法就用作一种例外手段，允许法院地法官适用非法院地法律避开次一等级的法院地法律。

三、国际私法体系中实体主义方法的规则构造

实体主义方法可谓是从全新的视角来探讨法律选择，其更加注重所选择法律的具体内容，更加注重选择对当事人更公正和更好的法律，因此，在实体主义方法看

---

① Robert A. Leflar, *Conflicts Law: More on Choice - Influencing Considerations*, 54 Cal. L. Rev. 1584, 1594 (1966).

来，法律选择不是管辖的选择而是争议的公正解决。因此，实体主义方法的出发点是针对的私人主体本身，关注的是他们利益的公正保护，其需要的是问题的真实解决而不是规则本身。实体正义的追求在不遵循事先确立的法律选择规则而以个案为基础解决法律冲突问题的国际私法体系中是更为容易及可能成就，在这样的体系内，法官拥有充分的自由裁量权，旨在寻求既是空间上的又是实体上恰当的一个结果。比如，在美国传统方法使用的全盛时期，美国法官在使用“例外方法”方面，就是被实体正义的考量所驱使。在20世纪末，当美国越来越多的州抛弃了传统以规则为基础的体系而使用有利于灵活的特定方法时，这种例外方法的需求已经消失了，其中一些特定的方法明示倡导实体正义的追求，如利弗拉尔的“更好法律方法”，麦克杜格的“最好法律方法”，卡弗斯关于合同和产品责任的优先选择原则，温特劳布的合同生效规则及其关于侵权中有利于原告的规则，荣格倡导的最紧密的符合产品责任现代标准的规则。虽然只有利弗拉尔的“更好法律方法”曾得到司法认可，但是，结果为导向方法的多样性和有说服力的倡导说明实质正义观被人们逐步接受。①

实质正义的考量也已经被大陆法系国家的国际私法体系所接受，并已体现在结构上适合传统模式的法律选择规则中，这些就是上面提到的结果为导向的规则。这些规则的设计为的就是取得一定的实体结果，而这种结果被认为是理应优先考虑的。

（一）有利于法律行为形式或实体有效的规则

以有利于某种法律行为有效的结果为导向的规则在国内和国际立法中越来越多，几乎在每一个国家立法中都能找到这样的规则，其表现形式为包含若干连结点的选择性冲突规范（可替代连结点的适用规则）或者允许法院选择使法律行为有效的法律的冲突规范。该规则的适用范围也在扩大，如遗嘱、结婚或普通合同，并且不但适用于形式问题而且还包含实质问题。

1. 遗嘱（有利于遗嘱的效力）

有利于遗嘱有效的政策是继承法领域中一个最为基本实体法政策，这个政策也越来越多地通过法律选择规则的实体化而反映到国际私法层面上。现在一些法律选择规则授权法院适用其列举的一系列可替代适用的多国法律来确定遗嘱有效，以此维护遗嘱的效力，更多包括可替代适用法的冲突规范体现在《有关遗嘱处分形式冲突法的海牙公约》第1条中。该条款规定如果遗嘱符合如下几个潜在不同法律中任何一个国内法，那么，遗嘱应被认为形式有效：遗嘱制作地的法律；或在制作遗嘱

① 参见邓正来：《美国现代国际私法流派》，法律出版社1987年版。

时或在死亡时，遗嘱人的国籍、住所或习惯居所的法律；关于不动产，财产所在地法。这个公约在超过三十个国家内被执行，并且也大大影响了在一些国家内相似条款的制定，如荷兰、意大利和魁北克省。① 相似的规则在美国1909年统一遗嘱法规中被提议，这个法规在美国大部分州内被采纳，并最终包含在统一遗嘱检验法规中。2010年《中华人民共和国涉外民事关系法律适用法》（下称《涉外民事关系法律适用法》）第三十二条规定："遗嘱方式，符合遗嘱人立遗嘱时或者死亡时经常居所地法律、国籍国法律或者遗嘱行为地法律的，遗嘱均为成立。"

2. 其他法律行为

关于合同或其他法律行为的形式效力问题，尽量使之有效的原则，选择适用多种规范在许多大陆法系国家的国际私法中得以体现。随着促进交易达成理念的深入，尽量使法律行为有效成立成为各国实体法的基本立法政策，各国普遍放弃了对法律行为方式的严格要求。表现在法律行为的法律适用上，就出现了可选择的包含若干连结点的冲突规范，如可选择的法律包括法律行为实质要件的准据法、行为地法、属人法、法院地法和法律关系成立地法等。1946年《希腊民法》第11条规定："法律行为的方式如果符合决定行为内容的法律，或者符合行为地法，或者符合全体当事人的本国法，就认为有效。"②

（二）有利于某种身份地位效力确定的规则

经济全球化促进了国际民商事交往的空前发展与繁荣，不同国家的法律体系与不同价值体系的整个文明得以交流和融合。正因如此，保护个人权利、利益和价值的需求被相互影响、唤醒和激发。确定特定身份地位的有效性及保护法律体系中弱者个体的权利和利益得到人们的普遍认同，如婚生或亲子关系的身份地位确定，夫妻关系的身份地位确定甚至身份地位的解除（离婚），这本身就是对实体结果的维护。

1. 婚生地位的确定

在20世纪初，各国法律对非婚生子女存在不同程度的歧视和不平等待遇。因为这些不公正的结果，近代各国为改变非婚生子的不平等境遇作了许多努力，许多国家的立法正在努力缩小婚生与非婚生的区别，大部分国内法都包含了有利于婚生地位确定的规则。既然在国内法中婚生是一个给予优先保护的身份地位，那么，在国

① 余先予主编：《冲突法资料选编》，法律出版社1990年版，第372页。

② 参见韩德培主编，肖永平修订：《国际私法》（第3版），高等教育出版社2014年版，第174页。

际私法中，适用对子女婚生更为有利的法律就成为各国立法的一个趋势，如 1978 年《奥地利联邦国际私法法规》第 21 条就规定适用配偶双方的属人法，如果属人法不同，应依其中更有利于子女为婚生的法律。1964 年《捷克斯洛伐克社会主义共和国国际私法及国际民事诉讼法》第 23 条、1979 年《匈牙利国际私法》第 46 条、1984 年《秘鲁民法典》第 2803 条也有类似的规定。

2. 父母子女关系的确认

既然婚生和非婚生之间的严格区分将会消失，因此，对于父母子女关系的确认继续采用以结果为导向的、有利于这种身份地位确定的规则。出于对子女幸福和利益的考虑，现在一些国家的立法与实践主张子女的属人法应得到适用。特别是捷克和匈牙利的立法表现出明显的保护子女利益的意图，如 1964 年《捷克斯洛伐克社会主义共和国国际私法及国际民事诉讼法》第 24 条规定，父母子女关系包括抚养和教育依子女本国法。如果子女居住在捷克境内，只要对子女有利，就依捷克法。《日本法例》第 21 条规定，亲子间的法律关系，如果子女的本国法与父的本国法或母的本国法或如果父母一方死亡时与另一方的本国法相同，依子女的本国法其他情况下依子女的惯常居所地法。[①] 魁北克民法典第 3091 条，该条款规定，父子关系的确认由子女或他的父母中的一方的住所或国籍国法……任何更有利于子女的法律所支配。[②]

3. 结婚和离婚

在 20 世纪初，大部分国家对结婚和离婚的实质有效性规定了严格的限定条件。这在国际私法中也得到一定程度的反映，如结婚的实质有效性，或规定适用单一法，或规定重叠适用夫妻双方的属人法；离婚规定适用单一法，通常是夫妻的惯常住所地或国籍国法。在 20 世纪末，随着大部分国家的婚姻实体法中出现了更多婚姻自由的规范，国际私法也随之将相应的内容和实体价值加入其规范之中。就结婚来说，有利于结婚的理念已经获得更加广泛的承认，并通过拥有多个可替代连结因素的法律选择规则来实现。瑞士国际私法法规第 44 条规定，外国人之间在瑞士结婚，如果它符合瑞士法或夫妻任何一方的国籍法规定的实体要求，那么，它就被认为是有效的。[③] 关于离婚，有利于离婚的政策在 20 世纪后半期已经获得更加广泛的承认。适用有利于离婚的法律成为各国国际私法规范的一个重点选项。当然，该做法并不是冲突规范直接规定"适用有利于离婚的法律"，实际情况是一些国家首先规定离婚适用的法律，然后指出依该法律不能离婚的，则适用法院地法或其他法律。这样的规

---

① 韩德培主编，肖永平修订：《国际私法》（第 3 版），高等教育出版社 2014 年版，第 233 页。

② 刘仁山主编：《加拿大国际私法》，法律出版社 2001 年版。

③ 参见陈卫佐：《瑞士国际私法法典研究》，法律出版社 1998 年版。

定，显然有利于当事人解除婚姻关系。1987 年《瑞士联邦国际私法》第 61 条规定，离婚双方有共同外国国籍且其中一方居住在瑞士的，离婚和别居适用他们的共同本国法；如应适用的外国法不允许离婚，或对离婚作出非常严格规定的，只要夫妻一方具有瑞士国籍或在瑞士居住满 2 年以上，可以依瑞士法律处理离婚问题。①

（三）有利于保护特定当事人利益的规则

在一个社会中，总是存在个体的差异，总是有一方在交易中处于优势地位，为了促进社会的文明进步，设置一定的价值偏向以此保护特定主体的利益是公平原则的体现。具体到国际私法中，一般总是通过设置一定法律选择规则来实现对特定主体利益的保护。

第一，在争议案件发生之前或在之后，一方当事人有权从一个以上国家的法律中选择适用法，或者允许法院为了有利于一方当事人而作出法律选择。

有的国家的立法规定遗嘱人有权选择某种法律来支配其财产继承关系，赋予遗嘱人在争议之前作出法律选择，其反映出有利于处置财产的遗嘱自由和其他实体继承政策，这是以保护继承人为目的的社会实体政策的选择。在此意义上，允许遗嘱人在一定范围内选择支配其遗产继承的法律可看作实质正义的实现。1987 年通过的《瑞士联邦国际私法》第 90 条规定：被继承人死亡时最后住所地在瑞士的，遗产继承适用瑞士法律。立遗嘱的外国人可以选择其本国法来调整继承关系。但是立遗嘱人在立遗嘱时已不再是该国国民，或者已经加入瑞士国籍的，其选择无效。1988 年海牙《死者遗产继承法律适用公约》第 5 条、第 7 条和第 11 条中都规定允许被继承人生前指定适用于遗产继承和继承协议的法律，即明确承认涉外继承领域里的当事人意思自治原则，被继承人可以选择其在指定法律时或死亡时的国籍国法或惯常居所地法作为遗产继承和继承协议的适用法。美国纽约州的法律规定，遗嘱人所选法律是纽约法，并且动产或不动产位于纽约。然而与纽约州再无其他联系，遗嘱人选择让纽约法来支配其纽约州财产的处理是有效的。在这种情况下，内在效力如包括遗嘱人的通常能力、效力，任何这种处置的解释、撤销或改变将由纽约法支配。②

允许一方当事人在争议发生后选择适用法的法律选择规则在国际私法立法中更为普遍，这也是实质正义考量的结果。在很多国家，某种侵权的受害人可以在争议发生后选择适用法，如 1987 年《瑞士联邦国际私法》第 132 条规定，在侵权行为发

---

① 参见赵相林主编，杜新丽、宣增益副主编：《国际私法》（第 4 版），中国政法大学出版社 2014 年版，第 150 页。

② 参见陈隆修主编：《美国国际私法新理论》，五南图书出版公司 1987 年版，第 172 页。

生后的任何时候，当事人可以通过协议方式选择适用法院地法。1998 年《突尼斯国际私法典》第 71 条规定，造成损害的原因事实发生之后，当事人可以协议适用法院地法，只要案件尚处于初审阶段。瑞士在 1987 年的国际私法立法中明确规定了产品责任的法律适用问题，即基于产品的缺陷或有缺陷的产品说明而提起的诉讼请求，由受害人选择以下法律支配：①加害人营业所所在地国家的法律，或无营业场所时其惯常居所地国家的法律；②取得产品所在地国家的法律，除非加害人能证明该产品未经其同意而在该国销售。

在一些国家的国际私法立法中，出于对一方当事人利益的特殊保护，将选择适用法的权力授予了法院，也就是立法规定指示法院为特定一方当事人的利益而选择适用法，如明确赋予法院选择有利于儿童和抚养权利人的法律。我国《涉外民事关系法律适用法》在多个方面的规定中也都体现了该原则：父母子女人身、财产关系，适用共同经常居所地法律；没有共同经常居所地的，适用一方当事人经常居所地法律或者国籍国法律中有利于保护弱者权益的法律（第 25 条）；扶养，适用一方当事人经常居所地法律、国籍国法律或者主要财产所在地法律中有利于保护被扶养人权益的法律（第 29 条）；监护，适用一方当事人经常居所地法律或者国籍国法律中有利于保护被监护人权益的法律（第 30 条）。

第二，保护一方当事人免受强制或一致法律选择条款所产生不利后果的影响。

在消费者合同或者雇佣合同中，商家和雇主往往利用其优势地位在合同中加入法律选择条款，该条款表面上看是合同双方协商一致确定的，但是，形式上的平等掩盖了事实上的不平等，因此，从保护消费者或雇员利益出发，各国国际私法立法规定，消费者或雇员免受法律选择条款所导致不利结果的影响。我国《涉外民事关系法律适用法》第 42 条、第 43 条规定，消费者合同，适用消费者经常居所地法律；消费者选择适用商品、服务提供地法律或者经营者在消费者经常居所地没有从事相关经营活动的，适用商品、服务提供地法律。劳动合同，适用劳动者工作地法律，难以确定劳动者工作地的，适用用人单位主营业地法律。劳务派遣，可以适用劳务派出地法律。

（四）法院裁判中实质正义的考量

上面的讨论主要集中在制定法律选择规则过程中实质正义的考量，这并不意味着，只有立法者受此影响，法官在具体适用法律选择规则时也同样受此影响。当法官考虑是否援引例外条款，如识别、公共秩序保留和反致，即是否使用避免由管辖权选择规则所产生的结果时，实质正义的考量总是起着至关重要的作用。正如希尔教授在讨论瑞士国际私法第 15 条第 1 款例外条款所注意到的,① 虽然例外条款不是为了实质正义这个目的而制定，而是为了纠正普适化的管辖权选择规则适用的不利结果，但是，这样一种纠正就会受到实质正义的影响。如果适用普适化的冲突规则所指引的法律与另一个与案件有密切联系的法律相比，所取得的判决结果是不公平的，那么，后者作为更为密切联系的法律就会取代前者适用。虽然人们都认同第 15 条第 1 款把“更好法律”方法成文法化，但是，并不能排除这样一个例外条款也将作为“实质正义”的安全阀。

结　论

实体主义方法可谓是从全新的视角来探讨法律选择，其一改传统中立的法律选择方法，直接强调法律选择的价值体现，可谓真正找到了国际私法作为私法的本源，为法律选择开辟了全新的路径，但是，正如任何事物都有两面性一样，其在凸显优势的同时，不可避免地会在现实环境下面临无法克服的问题，如过于灵活和主观等，更为重要的是，在现行国际司法体制内，如何与管辖权以及判决承认与执行制度合理衔接，并最终发挥其功效，也成为了该方法必然要面对和解决的课题，但是，正如在 20 世纪其所取得的巨大成就一样，冲突正义和实质正义的两难境地不再是他们之间的取舍选择，而是何时、如何和多少实质正义的考虑应调和冲突正义追求的问题。

---

① See Symeon C. Syeonides, *Private International Law at the End of 20th Century: Progress or Regress?* Kluwer Law International, 1998. p. 386.

第九章　经济分析方法

可以设计出这样一种广泛的法律选择体系，通过关注个人而非政府的利益，以此来提高社会福利。在某种现实程度上，除为了确保某种选择是现实的程序保护外，当事人应能选择他们的适用法。在没有明示协议的情况下，法院应适用便利当事人选择的规则或选择了当事人很有可能约定的法律的规则——那就是拥有比较管理优势国家的法律。该体系依赖于这样一些清晰的规则，确保当事人能事前以低成本决定什么样的法律适用到既定的行为，进而通过改变他们的行为来选择适用法。通过国家对法律选择的明示立法而不是基于国家利益考虑的特别的司法裁决，国家规则调整的考虑被重视。本文将表明这种体系如何通过管辖权的竞争来得到实施。

一、概述

尽管在过去的几十年中有关法律与经济的法律著作层出不穷，但令人吃惊的是，经济分析几乎不曾涉入最迷惑的法律领域——冲突法。也不是冲突法完全不曾被进行过清晰的经济分析。[①]一些法律选择理论的经济基础不是很明晰，但是，这些理论可以很容易地划归于效率的框架内。[②] 但无论如何，没有任何一个人曾提议一种牢固建立在经济理论基础之上的处理冲突法的广泛体系。

到目前为止，占中心地位的理论没有真正归因于经济理论。[③]美国冲突法第一次

---

① See Richard A. Posner, *Economic Analysis of Law* 645 - 646 (Aspen 5th ed 1998)（认为法律选择应该按照每个国家的比较管理优势来决定）; Bruce Hay, *Conflicts of Law and State Competition in the Product Liability System*, 80 Georgetown L J 617 (1992)（适用公共选择于利益分析中）; Larry Kramer, *Rethinking Choice of Law*, 90 Colum L Rev 277, 339 - 344 (1990)（认为国家利益的明确确认将允许管辖区发展一种稳定和合作的方法来解决在冲突法中所普遍存在的囚徒困境）; Michael E. Solimine, *An Economic and Empirical Analysis of Choice of Law*, 24 Ga L Rev 49, 74 - 89 (1989)（经验考查和分析第一次重述和现代方法之间的不同）.

② See William F. Baxter, *Choice of Law and the Federal System*, 16 Stan L Rev 1, 4 - 22 (1963)（主张法律选择应最大化国家利益的实现）.

③ 这些方法将在以下内容中广泛讨论。

重述反映出在美国法院盛行的法律选择方法。[①]由它的报告人比尔（Joseph Beale）提出的“既得权理论”（The “vested rights” rationale）导向了划分国家立法权力地域界限的一整套规则。按照这种地域方法，个人的权利只在一定时间段内某一点和某一地方取得，并且也只有这样一个管辖区能决定所创设权利的内容和范围。进而，既得权理论强调的是国家控制争议结果的政治权力。之后，在美国的大部分法院最终以关注立法意图——也就是国家政治目标的“利益分析”的一些形式取代了地域性规则。

与在国家之间分配政治权力的法律选择体系相反，本文提议一种建立在财富最大化和个人选择基础之上的体系。以这样的观点来看，强调国家的利益与权力有一定的误导性，因为我们不可能寄希望于政治领导人最大化社会福利。而且，政治决策不可避免地受附随权力授权所带来的代理成本的影响。通过个人行为让受法律支配者避开无效率的强制规则，冲突法规则能有助于缓解政治代理成本。[②]

有效率的法律选择体系应该从这样一个前提假设开始，即有利于合同中法律选择条款的执行。在当事人不能明示约定的情况下，规则应设计为让当事人能事前意识到相应行为将会引发的对特定国家法律的适用。有了这样的认识，当事人可以构造自己的行为来避免不适合他们事务的法律。而且，一个有效的法律选择体系也将避免无效率法律的成本。在缺乏明示约定的情况下，法院应该适用这样一个国家的法律，即如果在法律争议产生之前当事人明示约定的话，他们最可能选择的法律。假设当事人特别愿意受最大化他们整体福利的法律支配[③]，他们可能希望选择拥有比较管理优势国家的法律。但是，为了保持事前的可预测性，比较管理优势不应被用作一种普遍的标准，而应作为一种发展特别和可预测规则的标准。

便利个人选择的体系有可能削弱有效或无效法律的效果。因此，法律选择体系必须通过禁止一些当事人的法律选择或通过让这种选择视为对程序保护的满足而为有利政府管理保留一席之地。然而，为了最大化可预测性和个人的选择，最后的决定权应由国家立法机关而不是法院作出。因此，本文提出的选择最大化的规则是作为缺席规则（default rules）操作，在有必要保持立法机关有效立法的情况下，立法机关可以通过明示的法规来排除这样的缺席规则。

一个有效率的方法试图最小化法律选择决定所施加的成本数量。这包括了与法

---

① 同上。

② See Roberta Romano, *Empowering Investors: A Market Approach to Securities Regulation*, 107 Yale L J 2359, 2395 - 2399, 2415 - 2418 (1998).

③ See Posner, *Economic Analysis of Law* at 646.

律的不确定性相联系的额外诉讼成本[①]，在进行相关行为时当事人预测适用法的成本，无效法律的社会成本，以及通过当事人的法律选择来规避法律所损失的收益。一个法律选择体系在增加其他成本的同时也可能降低一些成本。比如，如果法院总是适用法院地法，那么，在诉讼提起之后，他们的裁决可能是简单的和事后可预测的，并且这样可能最小化诉讼成本。然而，这种方法将会制造在相关行为之前关于事前适用法的不确定性。这反过来将会降低有利的国家之间的竞争和生产活动。

二、现存理论存在的问题

尽管横跨数世纪以来有大量书写国际私法的著作问世，但是我们不得不承认法律选择领域确实缺乏一个连贯一致的理论基础或一整套规则来解决相关争议。简单来说，作为一个规则整体，从学术和实践的观点来看，法律选择领域是令人不满意的。[②] 虽然对这个主题人们花费了大量的笔墨，但对于法律选择问题应该如何被解决仍没有一致看法。所存在的概念化的结构被广泛批评，尽管批评者很少能提出更好的替代解决办法。已存在的解决办法我们接下来讨论。[③]

（一）既得权理论（Vested rights theory）

早期的冲突法理论关注于地域性。法律代表的是国家权力的实施，选择法律被看作一种在竞争的国家之间分配国家权力的机制。按照地域性原则，每一个管辖区有权力调整本领域内的人和事，但是，没有任何一个管辖区拥有权力调整其领域之外的人和事[④]。当争议涉及跨越多个管辖区的人、行为和事时，单单地域性不足以决定适用法。在地域的可能性中间，为了选择调整管辖区，一些辅助的原则是必要的。

为了解决这样的困境，美国冲突法第一次重述的报告人比尔（Joseph Beale）提

① See, for example, Louis Kaplow, *A Model of the Optimal Complexity of Legal Rules*, 11 J L, Econ, & Org 150 (1995); Richard A. Posner, *Economic Analysis of Law* 554 - 560 (Little, Brown 4th ed 1992); Isaac Ehrlich and Richard A. Posner, *An Economic Analysis of Legal Rulemaking*, 3 J Legal Stud 257, 265 (1974).

② *See*, *e. g.*, Joel P. Trachtman, *Conflict of Laws and Accuracy in the Allocation of Government Responsibility*, 26 VAND. J. TRANSNAT'L L. 975, 978 (1994).

③ Albert A. Ehrenzweig, Conflict of Laws, Part I (1959); Willis L. M. Reese et al., Cases and Materials on Conflict of Laws (9th ed. 1990); Arthur Taylor von Mehren & Donald Theodore Trautman, the Law of Multistate Problems (19650); Lea Brilmayer, *Interest Analysis and the Myth of Legislative Intent*, 78 Mich. L. Rev. 392 (1980) [hereinafter Brilmayer, *Interest Analysis*]; Lea Brilmayer, *Rights*, *Fairness*, *and Choice of Law*, 98 Yale L. J. 1277 (1989); Larry Kramer, *More Notes on Methods and Objectives in the Conflict of Laws*, 24 Cornell Int'L L. J. 245 (1991); Kramer, *supra* note 6, at 277; Larry Kramer, *Return of the Renvoi*, 66 N. Y. U. L. Rev. 979 (1991).

④ Joseph H. Beale, 1 *A Treatise on the Conflict of Laws* E 2. 1, 5. 2 (Baker, Voorhis 1935).

出了既得权理论①。这种方法以这样的理念为前提，即实体法律权利归属于一个特定的国家，并且只有这样的国家能决定所创设权利的内容和范围。比尔提出主张，判决私人争议，只有权利授予国家的法律可以适用。② 适用任何其他国家的法律将是对权利授予国家主权的侵犯。③ 进一步讲，一旦一方当事人的权利已经被授予，他们必须被其他国家尊重。因此，如果一特定权利在甲国取得，它就可以在乙国得到执行。比尔的方法获得相当的成功，出现在冲突法第一次重述中。④ 按照第一次重述，权利是根据创设诉因的最后行为地或事件地的法律产生。比如，侵权行为所产生的请求权由损害地的法律所赋予，合同的有效性由形成合同地的法律认可，财产权由不动产所在地的法律来认定。

既得权理论提出之后，受到人们的广泛批评。针对其具体内容，批评者认为，其一，为了适用既得权方法，确认权利授予的时刻和所依据的法律是必要的。权利一般认为是在完成诉因的最后行为产生的管辖区内取得。⑤ 结果是，相关管辖严重依赖于被选诉因。比如，合同签订地的法律支配合同成立的诉讼，但是，履行地的法律支配与履行相关的诉讼。⑥ 其二，基于既得权理论所作出的管辖权分配要求只有一个地方被确认为活动的所在地。⑦ 实际来看，这是有问题的，因为跨越管辖边境的活动很可能涉及跨越边界的不同事项。⑧ 建立管辖权的“最后行为”的确认被认为是武断和不可预测的。⑨ 其三，法律现实主义者认为，只有法官宣布既得权利，要不，根本没有既得权。换句话说，只有在回答了法律选择问题之后，我们才知道将决定最后行为所在地的实体法。但是在知道实体法的情况下，就会挫败任何解决法律选择问题的企图。⑩

既得权理论的最基本问题是，它没有对为什么国家权力应该依赖于授予权利地给出一个很好的理由。为什么产生诉因的必要因素的发生地。比如，合同形成地，就会比其他因素的发生地，如合同的违反，更为重要。没有一个引导性的原则，就

---

① See Lea Brilmayer, *Conflict of Laws* 20 – 25 (Little, Brown 2d ed 1995). See A. V. Dicey, *A Digest of the Law of England with Reference to the Conflict of Laws* xliii (Stevens & Sons 1896).

② *See* 1 Joseph H. Beale, A Treatise on the Conflict of Laws 311 – 312 (1935).

③ *See* Brilmayer.

④ *See* Restatement (First) of Conflict of Laws (1934).

⑤ *See* Brilmayer.

⑥ *See* Brilmayer, at 24.

⑦ *See* Brilmayer, at 25.

⑧ *See* Brilmayer, at 25 – 29.

⑨ *See* Brilmayer.

⑩ *See*, *e. g.*, David F. Cavers, *A Critique of the Choice – of – Law Problem*, 47 Harv. L. Rrv. 173, 176 n. 10 (1933).

没有一个可以依赖的方式来说出一个给定的权利在什么地方已经授予。实际上，在实践中，决定的作出更多由社会和经济政策或道德的考虑所引导。这些考虑深深地隐藏在既得权理论分析的迷雾中，为混淆和法官控制结果创造了机会。

但无可否认的是，从赋予个人选择的效率观点来看，既得权理论有重要的优点。通常所选法律基本上依赖于个人的行为地，而不是从竞争的国家规则下所推定的目标。这样，规则经常能产生可预测的结果，一般都是当事人进行相关行为时所产生的结果，比如，合同的订立、财产利益的获得和实施侵权行为等。即使人们不提前考虑规则，他们也通常希望法律是相关行为发生地的法律，从而他们能调整行为以符合这样的法律。

然而，第一次重述并不完全有助于当事人自治，部分是因为它关注于划分权力范围。更重要的是，重述没有条款可以让合同当事人通过合同选择适用法。比尔把当事人选择法律谴责为不允许的私人立法①。而且，重述的规则中有几个法院可以操作的规避工具，比如，公共秩序保留等。

按照第一次重述，对预测性最大的阻力可能是识别问题。因为重述规则的适用依赖于所涉的特定实体法领域，如果将来的争议被识别为关系一个以上法律领域的问题，那么，当事人就不能事前决定最终适用于争议的法律。总之，虽然既得权理论分析赋予当事人自治，但是，它对法律选择条款的敌视和本身所具有的模糊性注定使其不能成为一种满意的以效率为基础的考查。

（二）利益分析（Interest analysis）

大部分的现代冲突法学者与柯里一道把既得权分析谴责为建立在不合理基础之上的武断规则。因此，人们探寻建立在更坚固基础之上的法律选择规则。于是，一些学者提出了利益分析，即在决定适用法时审视国家的立法利益。这些学者包括柯里（Brainerd Currie）、贝克斯特（William Baxter）和克雷默（Larry Kramer），他们所提出的理论有一共同点就是强调政府利益而不是个人利益。

1. 柯里的利益分析说（Currie's interest analysis）

绝大部分现代法律选择学者抛弃了既得权理论分析，认为它在理论上是不满意的。②取而代之的是许多冲突法学者提出的利益分析。③ 利益分析本身已经被冲突法学者从几个不同方面发展。为了我们论述的目的，我们需要注意的最重要一点是，

---

① See Joseph H. Beale, 2 *A Treatise on the Conflict of Laws* ? 332. 2 at 1079 (Baker, Voorhis 1935).

② See BRILMAYER, at 25 – 31; O'Hara & Ribstein, *From Politics to Efficiency*, at 1169.

③ See Brainerd Currie, Selected Essays on the Conflict of Laws 183 – 184 (1963).

每个理论都关注于政府利益而不是个人利益。

利益分析最显著的形态就是柯里（Brainerd Currie）的政府利益分析说。柯里认为一般法院应该适用法院地法处理案件。外国管辖区的法律只有在本地法院没有利益的情况下才予以适用。如果本地法院有利益，它将会适用自己的法律，即使其他国家也在案件中有利益。[①] 两个国家都有利益的一组案件被认为是存在“真实冲突”。柯里认为，法院地法律应该适用于存在真实冲突的案件中，因为法院是不适合承担平衡有冲突的利益重任的。至少在适用法院地法律时，一国能确定提升包含在国内法中的本国政策和利益。

柯里在1964年对他的方法进行阐明作出了如下概括。[②] 如果只有一个国家有利益（所称的虚假冲突），这个国家的法律予以适用。当一法院被要求适用外国国家的法律时，应该审查各自法律背后的政策和国家确认政策是合理性的而所处的环境。如果一个明显的冲突出现，法院应该试图“适度”或“限制”解释竞争的政策以便解决冲突。法院究竟应该如何适中限定政策和限制解释是不明确的。如果冲突不可避免，法院地法适用。如果法院没有利益，但是在两个其他国家之间确实存在真实冲突，法院应该试图以不方便法院原则为理由驳回起诉，或者如果不能这样做，进入立法状况和按照想象立法机关将决定哪个利益将让步而解决冲突。

虽然柯里的政府利益分析实质上部分被冲突法第二次重述所采纳并且在现今法律选择理论中占支配地位，[③] 但是它不曾逃脱批评。批评者认为利益分析在实践中适用是不可预测和困难的，并且它没有意义的基础。比如，对于政府利益的关注被批评，因为它要求法院决定立法机关的意图，这是不可能的。立法机关不是单一的，他们不可能有一个超越特定立法之外的一致意图。

利益分析强调的是政治过程或利益集团的相互影响，而不是个人选择最适合于他们行为的法律的能力。这种强调的准确性质依赖于法院如何决定政府利益和立法意图，决定法规背后的立法意图实际上是不可行的，因为立法者要把不同的利益、动机和意图带到立法桌上来。一些人倾向保护私人利益，其他人关心公共利益，对于这些争议与分歧，立法者寻求协调和综合这些分歧的利益，因此，法规可能就是故意保持沉默或含混不清。

---

① *See* Brainerd Currie, Selected Essays on the Conflict of Laws 183 – 184 (1963), at 183 – 184.

② Brainerd Currie, *Selected Essays on the Conflict of Laws*, *in* Elliott E. Cheatham et al., Cases and Materials on conflict of Laws, 477 – 478 (5th ed. 1964).

③ Restatement (Second) of Conflicts of Laws § 6 (1971). Willis L. M. Reese, *Conflict of Laws and the Restatement Second*, 28 Law & Contemp. Probs. 679, 680 – 681 (1963).

通过寻求有关法律地域范围的立法意图，柯里的努力配合了上面提到的困境。既然立法者很少考虑这样的问题，法院必须求助于解释基础上的意图：如果立法者考虑过这样的问题，立法者可能会提出的内容。然而，解释基础上的意图没有任何效果，因为用什么原则来引导这种解释是不清楚的。

从效率的观点来看，柯里方法的真正问题在于，对这样一个问题的决定：为确定解释基础上的意图，究竟什么样的政策应该是重要的。柯里设想，在保护受冲突的法律约束的本国居民方面，政府有地域范围的利益。但是，对国家法律的歧视性适用只会加剧无效率立法问题，因为地域利益的考虑会产生倾向于有益于本地居民而施加成本于其他国居民的法律。非本国居民本身就存在游说立法方面的不利条件，因为他们不可能投票选举维护自己利益的立法者。这样强调本国居民而非本国居民利益的法律选择规则就会增加有利于本国居民法律的效力。

利益分析允许原告单方面选择法律，而且往往是在原告知道这种法律如何影响每个当事人的利益之后，这样等于进一步加剧了不效率。特别是，原告通过选择法院而选择了适用法。除非是在极少数的情况下，外国管辖区在适用自己的法律方面有效率而法院对争议的结果没利益。

2. 贝克斯特的比较损害理论（Comparative impairment）

贝克斯特（William Baxter）应该说是利益分析的忠实追随者。他非常赞成柯里对政府利益的正当关注，但是，他不赞成柯里解决真实冲突的方法。柯里认为，为了防止法官成为独立的政策制定者，应适用法院地法来解决真实冲突。但是，贝克斯特提出一种比较损害的方法。按照这种方法，所有的法律选择问题应通过求助于一个假设各国之间存在的协议来解决。贝克斯特的直觉是各国愿意放弃对它有更少利益案件的权力适用，进而换取对自己相对有更大利益案件的权力适用。因此，法院应该适用这样一国的法律，即如果这样一国的法律不被适用，那么，该国就会遭受最大的比较损害①。

可以说，比较损害代表了一种最符合经济理论的方法，因为它试图最大化受影响国的整体利益。然而，从效率分析的观点来看，贝克斯特方法的一个重要问题是，比较损害关注于最大化政府而非个人利益。众所周知，立法者可能不是公众值得信赖的代理人。因此，政府利益不需要符合社会福利。贝克斯特通过把个人利益看作零数量的游戏来维护他对个人利益的抗拒，因为，在他看来，每一个当事人都想适用有利于自己的法律。

---

① Id at 8 - 9. See id at 10.

出于当事人不能轻易地通过改变他们的行为来选择法律这样一个另外的原因，贝克斯特的理论可能导致无效率的结果，因为当事人不能轻易地预测法院按照这种方法将得到的结果①。Bernhard v. Harrah's Club,② 一个适用比较损害的加利福尼亚州案子证实了这样的难度。一位顾客在内华达州的一个酒馆喝酒，然后驾车去加利福尼亚州，在那里与驾驶摩托车的原告发生碰撞。加州法律规定，如果顾客明显喝醉后，酒馆的老板继续让顾客饮酒，那么，醉酒的顾客所造成的损害由酒馆老板负责。然而，内华达州法律免除酒馆老板的民事责任。虽然法院适用了加州法律，但是比较损害为什么认为这种结果是合理的则不得而知。这里国家政策的损害依赖于各个不同的方面，实在很难精确地予以确定。

贝克斯特教授赞同柯里的观点即审查应该集中于政府利益，但是他建议为了解决真实冲突，法院地应该决定，如果其法律得不到适用的话，哪个国家的政策可能更受损害。③ 这种方法的一个重要的优点是它避免了衡量冲突政策的困境。法院承担的不是衡量，而只是寻求在特定的案件中，哪一个国家的法律得到适用更好。然而，在经常难以事前知道哪个管辖区的法律将被判定面对更大损害的情况下，该方法在可预测性方面依旧存在问题。

3. 克雷默寻求立法意图的延伸方法（Expanded approach to legislative intent）

克雷默（Larry Kramer）通过提出一种对立法意图的更深刻审视来修正柯里的方法④。他认为法院应通过解释的方法来确定每一国法律背后内国法的实体目的⑤。而且，法院也应通过考虑反映出关于解决多国争议所体现政策的法律选择规则来确定关于法律域外适用的立法意图。

克雷默通过五个多国解释原则来完成他的体系：（1）如果两国法律之间存在冲突，并且不适用一个法律将会导致事实上的无效，那么，这个法律应该被适用⑥。（2）对于实体政策和程序政策的冲突，反映实体政策的法律应该优先，除非法院的程序利益大到法院应以不方便法院原则为理由拒绝实体政策⑦。（3）真实冲突应通过

---

① William H. Allen and Erin A. O'Hara, *Second Generation Law and Economics of Conflict of Laws: Baxter's Comparative Impairment and Beyond*, 51 Stan L Rev 1011, 1014, 1031 – 1033 (1999).

② 16 Cal 3d 313, 546 P2d 719 (1976). See *Cory v Shierloh*, 29 Cal 3d 430, 629 P2d 8, 10 (1981).

③ *Baxter's Comparative Impairment and Beyond*, 51 Stan. L. Rev. 1011 (1999); William F. Baxter, *Choice of Law and the Federal System*, 16 Stan. L. Rev. 1 (1963).

④ See Kramer, 90 Colum L Rev at 319 – 343.

⑤ See Theodor Baums, *Corporate Contracting Around Defective Regulations: The Daimler – Chrysler Case*, 155 J Institutional & Theoretical Econ 119, 121 – 126 (1999).

⑥ Id at 323.

⑦ Id at 324.

适用当事人所选择的法律来解决，或者，如果没有明示的选择，通过适用任何有效合同的法律来解决。[①]（4）当两个冲突法律的一个过时（如不符合制定该法律国家盛行的法律和社会标准），另一个法律应被适用。[②]（5）当两个法律有冲突，但是当事人事实上合理地依赖于其中一个，这个法律应被适用。[③]

从效率的观点来看，通过强调私人秩序而不是法院地法，这些原则提升了柯里的方法。而且，克雷默的第三个原则清晰符合我们的方法。克雷默认为，大部分州在赞成合同自由方面有普遍的政策，如日益接受意思自治。因此，除非拥有更多限制的州表达相反的意图，为了促进赞成合同自由调整国的更基本政策，这大概将符合另一个赞成合同自由国家的政策[④]。调整国不会过度关心规避，因为当事人必须选择一些国家的法律，并且必须建立他们与所喜欢法律产生国的联系[⑤]。

克雷默理论的利益分析依旧是它的核心基础。他的合同原则不稳定取决于对立法意图的强调。确实，克雷默表明，如果合同原则与第一或比较损害原则严重冲突，那么，合同原则居于次要地位。克雷默的理论也强调国家的互惠。克雷默批评柯里忽视了国家为了促进礼让、互惠、阻止挑选法院和促进有效率的诉讼而想服从其他国家利益的可能性。他把冲突法看作一个反复的囚徒困境游戏，当中的每一国都有强烈的动机去合作，因为从合作所获得的长远收获远远超出适用法院地法而不合作所获得的短期收益。但是，这种分析不现实地忽略了成就互惠的现实困难。不合作是可能的，因为一国的法院不能轻易地控制，更不用谈约束其他国家不合作的法院。更为重要的是，从效率的观点来看，即使各国确实合作，也没有理由认为这种合作的结果将能提升效率或个人自治。

概括来看，既得权方法单单关注于产生诉因的既定事项的发生地方。这种方法与适用法对当事人来说是最有效率的这个问题没有什么联系。而利益分析，准确来说，往往得出与效率分析相反的结果，因为利益分析支持立法权力，这恰恰是退出规则寻求限制的。确实，主观来看，既得权理论更接近满足效率标准。因为有关法律选择的以规则为基础的方法可能无意地成为更个人化的而不是政府化的选择。

（三）实体政策的司法估量（Judicial evaluation of substantive policy）

卡弗斯（David Cavers）认为传统的法律选择理论是进行管辖权的选择而不是规

---

① Id at 329.

② Id at 334.

③ Id at 336.

④ See id at 330.

⑤ Id at 333 - 334.

则的选择。他认为法院应该估量冲突实体法律背后的政策①。相似的是，里斯（Willis Reese）也强调需要规定政策为基础的规则，因为这样的规则要求在冲突的法律之间作出清晰的选择②。

可能在支持以实体主义为基础的法律选择方法的人当中最突出的是利弗拉尔（Robert Leflar）。他认为法院应该在选择适用法方面使用五种影响选择的考量③，这些因素是：（1）结果的预测性；（2）洲际或国际秩序的维系；（3）司法任务的简化；（4）国家政府利益的促进；（5）更好法律规则的适用。这种方法期望法院承担客观调查哪个法律是最公正和合理的。④ 其中最为重要的是“更好法律规则”⑤。利弗拉尔基于这样的原因来合理化他的结论，即选择更有利的法律在法院的实际操作中是固有存在的，并且律师也以这样一种方式来在案件中进行主张。据利弗拉尔观察，法院经常事先就作出法律选择的决定和判决结论，然后依据支持法院结论的法律选择理论来解释这样的结果⑥。这种方法有明显的问题，这就是，法官偏向有利于本地法律；法院缺乏评估冲突法律的价值；特别是，如果竞争的政策是不可比较的，那么，确认更好法律就没有有意义的标准。

让法院选择更好实体法的问题是，因为司法决定的信息和代理成本，没有理由认为法院的政策决定比由立法者或当事人作出的更加可靠。法官采纳以法院为导向的法律选择规则有自身利益的考虑。并且法院通常也会视法院地的法律是更好的法律。但是，法官看来没有必要的调查和决策工具来可靠地估量不同法律的相对效率。

（四）比较规范优势（Comparative regulatory advantage）

波斯纳（Richard Posner）曾以冲突法问题不应该是利益问题的理由来批判利益分析。在他看来，冲突法问题应该是哪一国家的法律最适合于产生争议的环境⑦。为了说明问题，波斯纳曾极力维护第一次重述中的侵权行为地法规则，其理由是，事

---

① Id at 190.

② Willis L. M. Reese, *Choice of Law: Rules or Approach*, 57 Cornell L Rev 315, 321 – 323 (1972). See also Joseph William Singer, *Real Conflicts*, 69 BU L Rev 1, 79 – 80 (1989).

③ See Robert A. Leflar, *Choice – Influencing Considerations in Conflicts Law*, 41 NYU L Rev 267, 282 – 304 (1966).

④ Professor Leflar 的方法已被美国几个州采纳. *See* Symeon C. Symeonides, *Choice of Law in the American Courts in* 1997, 46 AM. J. COMP. L. 233, 253 (1998).

⑤ See Brilmayer, *Conflict of Laws* at 71.

⑥ Robert A. Leflar, *Choice of Law: A Well – Watered Plateau*, 41 L & Contemp Probs 10, 11 – 12 (Spring 1977).

⑦ Posner, *Economic Analysis of Law* at 646.

故发生地国家的侵权法可能是最接近符合这个国家影响安全问题的环境条件，比如，气候、地形和对安全的态度等①。这表明法律选择应该考虑立法者在获得有关适用于案件的法律规则信息的相对能力。因此，事故发生地可能在这个管辖区保持谨慎方面有相对比较规范的优势②。

波斯纳的比较规范优势理论正好符合法律选择的效率方法。特别是，无论法律选择规则如何规定，在当事人没有办法选择适用法的情况下，它作为缺席规则就更具有意义。因此，在美国，比较管理优势理论在交通事故法和财产法方面是最有用的。

然而，在美国，比较管理优势的严格适用可能会与效率的考虑相冲突。一个最基本的问题是，它要求个案的司法判决，但是，这在提升特定司法立法的同时，也最小化了当事人事前计划参与的能力③。在每一个案件中作出比较管理优势判决可能会有非常大的不同。比如，在侵权法领域，就会产生行为调整和损失分配规则的区别④。一些规则如过失作为阻止损害行为是合理的，但是，其他一些，如旅客法规和其他豁免规则，可能最适合分配损失⑤。尽管事故发生地在规范行为规则方面有比较管理优势，不过，当事人惯常住所地可能在解决损害分配方面有比较管理优势。不过，这种区别在实践中被打破。比如，比较过失规则是行为规范或者是损失分配。虽然赔偿上限看起来是损失分配，但是这会影响经常的侵权行为者。限制赔偿孩子死于接种疫苗家庭的基金深刻影响了医药公司生产疫苗的主动性⑥。为了避免这些问题中存在的不确定性，美国学者提议一种结合比较管理优势和选择最大化的规则。

在美国，比较管理优势也与有关法律规则最佳整体适用的效率考虑相冲突。因为损害分配规则影响行为，逐个问题分析分割了整体产生效果的法律。把规则分成损害分配和行为调整规则这让各州更难很好协调侵权法的整体。

总结

总之，以上方法没有一种完全依赖于效率或试图把效率作为一种发展法律选择

---

① *Kaczmarek v Allied Chemical Corp*, 836 F2d 1055, 1058 (7th Cir 1988). See also Posner, *Economic Analysis of Law* at 646; Solimine, 24 Ga L Rev at 59 – 64

② Posner, *Economic Analysis of Law* at 646 .

③ Posner, *Economic Analysis of Law* at 646.

④ Baxter, 16 Stan L Rev at 11 – 12.

⑤ See David F. Cavers, *The Choice – of – Law Process* 60 & n 6, 173 – 176 & n 59, 300 (Michigan 1965); Baxter, 16 Stan L Rev at 11 – 13; Albert A. Ehrenzweig, *Guest Statutes in the Conflict of Laws — Toward a Theory of Enterprise Liability Under "Forseeable and Insurable Laws"*: *I*, 69 Yale L J 595, 598 – 600 (1960).

⑥ 42 USC Ė 300aa – 10 et seq (1994).

方法的广泛指导。现代法律选择理论集中于国家而不是个人利益，并且忽略了不确定的成本和挑选法院。而且，所有预先的法律选择提议忽略了公共选择理论的含义。最具讽刺意味的是，第一次重述最有可能导致有效率的结果，因为它的清晰规则提升了可预测性并赋予个人选择以法律效力。

三、新方法的理论基础及框架

国际活动的激增和技术日新月异的革新大大增加了各国法律体系必须交流的频率。最明显的是，互联网可以让信息无成本地不受国家控制地跨越边境。确实，甚至是信息的所有者也不能轻易阻止信息被外国的个人所接收。因此，这样的个人可能发现自己和他的行为受外国法律支配。相似的，在几个国家进行的商业活动潜在受每个国家的法律支配。当国际活动增加时，国内法律制度必须寻求一种办法一起作用来以理想的方式调整这种活动。现阶段，国内法律体系在解决法律冲突方面所起的作用是不足的。这主要原因是，他们没有一个有效果和有效率的法律选择体系。没有对法律选择体系和他们对个人福利影响的更好理解，不可能有改变。为了更好地理解，我们应该采取的新的研究方法。

与以往不同的是，我们寻求重建一种思考法律选择的方式。[①] 为了这样做，我们必须抛弃传统的和几乎是普遍依赖的作为一种法律选择规范正当性的主权概念，关注于受这些规则影响的当事人福利。通过关注于个人福利，我们的分析确认可能导向对跨国活动更有效率调整的政策，从而达到个人福利最大化。

虽然形成传统法律选择理论的主权概念可能代表了值得考虑的价值，但是，令人吃惊的是，传统法律选择理论几乎没有注意到个人和他们的行为如何受所选择法律的影响。[②] 对以主权为基础的方法的最准确描述应该是它是法律选择理论长期历史形成的产物，而不是一个有意识所选择的框架，我们可以在此框架内致力于国际活动的调整。从经济观点来看，它很难防守。这种方法的缺陷是我们的主权理念变化很快。比如，在20世纪早期，任何真正的域外管辖权形式被认为是对其他国家主权

---

① 尽管为了提高现存的法律选择方法而作出过许多的尝试，但是广泛认为是不满意的。*See* Lea Brilmayer, *Methods and Objectives in the Conflict of Laws: A Challenge*, 35 Mercer L. Rev. 555, 555 (1984); Larry Lessig, *The Zones of Cyberspace*, 48 Stan. L. Rev. 1403, 1407 (1996); William L. Prosser, *Interstate Publication*, 51 Mich. L. Rev. 959, 971 (1953); William L. Reynolds, *Legal Process and Choice of Law*, 56 Md. L. Rev. 1371, 1371 (1997); Kermit Roosevelt III, *The Myth of Choice of Law: Rethinking Conflicts*, 97 Mich. L. Rev. 2448, 2448 (1999); Joel P. Trachtman, *Conflict of Laws and Accuracy in the Allocation of Government Responsibility*, 26 Vand. J. Transnat'L L. 975, 978 (1994).

② 一种可争辩的例外出现在：Lea Brilmayer, Conflict of Laws 219－263 (2d ed. 1995)（讨论权利为基础的方法）。

的侵犯。[①] 然而，如今，法律的域外适用被广泛接受并且主权问题也只是在最强烈地试图扩展管辖权的情况下提起，这主要被在 United States v. Aluminum Co. of America (ALCOA)[②] 一案中采取的“效果原则”所证实。因此，对主权转变的限定是构建国际私法理论的不稳定基础。当一个特定的国家主权概念成为构建法律选择的基础时，在存在不同的主权概念被采纳的情况下，法律选择的大厦就会崩塌。

取代传统的方法，我们试图对法律选择问题采纳经济的观点进行透视。我们的观点是法律选择体系的目标应该是提供给一种尽可能达到最大化全球福利的法律秩序。[③] 这种目标对于熟悉法律经济分析的读者看来不重要，但对于熟悉传统法律选择理论的人们来说，承认效率分析，特别是经济分析到目前为止对法律选择有很少的影响。[④] 全球福利代表了政策分析的目标，然而，这不意味着单个国家将会或者应该追求相同的目标。确实，对法律选择的挑战是，国家——国际舞台的行为者不会享有这种或任何其他的共同目标。每个国家一般都会基于自己的目标确定它的政策。相对于国内环境，在国际层面上，现阶段没有任何机构授权创设一套广泛的有约束力的规则。因此，如果全球化的效率结果将被成就的话，发现一种协调国家利益和

---

① Am. Banana Co. v. United Fruit Co. , 213 U. S. 347, 357 - 359 (1909)（采纳管辖权考查，只要行为发生在美国，就受美国反垄断法支配）。

② 148 F. 2d 416, 444 (2d Cir. 1945)（表明美国反垄断法可以适用于美国之外的行为，如果他们试图影响进口和确实影响了它）. 美国最高法院在 *Continental Ore Co. v. Union Carbide & Carbon Corp.* , 370 U. S. 690, 704 (1962) 中明示采纳了 the *ALCOA* 标准；*See also* Steele v. Bulova Watch Co. , 344 U. S. 280, 288 (1952) [采纳了相似的考查，指向 the Lanham Trademark Act, 15 U. S. C. § § 1051 et seq. (1946)].

③ 全球福利最大化应该是无可争议的假设，因为计算全球福利的方式没有具体规定。对全球福利功能唯一的限制是必须考虑一些聚合国家福利功能的形式。因此，如果环境的保护是一个重要的关注，我们单单可以通过把它包括在正当个人福利功能中来当作全球福利的一个部分。

④ 现存的可以被看作具有法律与经济传统的法律选择理论主要包括在：Richard A. Posner, Economic Analysis of Law 645 - 646 (5th ed. 1998)（认为法律选择判决应以每个国家的比较管理优势为基础）；William H. Allen & Erin A. O'Hara, *Second Generation Law and Economics of Conflict of Laws: Baxter's Comparative Impairment and Beyond*, 51 Stan. L. Rev. 1011 (1999)；William F. Baxter, *Choice of Law and the Federal System*, 16 Stan. L. Rev. 1 (1963)；Patrick J. Borders, *The Choice - of - Law Revolution: An Empirical Study*, 49 Wash. & Lee L. Rev. 357 (1992)；Bruce L. Hay, *Conflicts of Law and State Competition in the Product Liability System*, 80 Geo. L. J. 617 (1992)；Larry Kramer, *Rethinking Choice of Law*, 90 Colum. L. REV. 277 (1990)；Erin A. O'Hara, *Opting Out of Regulation: A Public Choice Analysis of Contractual Choice of Law*, 53 Vand. L. Rev. 1551 (2000)；Erin A. O'Hara & Larry E. Ribstein, *From Politics to Efficiency in Choice of Law*, 67 U. Chi. L. Rev. 1151, 1153 (2000) [hereinafter O'Hara & Ribstein, *From Politics to Efficiency*]（建议法院采纳有利于合同法律选择条款的缺席规则）；Erin A. O'Hara & Larry E. Ribstein, *Interest Groups, Contracts and Interest Analysis*, 48 Mercer L. Rev. 765 (1997)；Michael E. Solimine, *An Economic and Empirical Analysis of Choice of Law*, 24 GA. L. REV. 49 (1989)；Stuart E. Thiel, *Choice of Law and the Home Court Advantage: Evidence*, 2 AM. L. & ECON. REV. 291 (2000)；Joel P. Trachtman, *Externalities and Extraterritoriality: The Law and Economics of Prescriptive Jurisdiction*, *in* Economic Dimensions in International Law 642 - 683 (Jagdeep S. Bhandari et al. eds. , 1997).

全球共同体利益的方式是必要的。启动这种协调方式就是我们发展这种理论的核心。

（一）确立效率第一的原则

法律选择理论所追求的目标经常很难确认，即使在能被确认的情况下，也很难说出它的合理性和正当化。为什么我们会致力于保护柯里所称的“政府利益”？如果“错误”的法律选择规则被适用，失去的是什么呢？作为关注于保护政府利益的分析基础的主权理念确切的含义是什么？对于这样的问题，现存理论对它的阐述是不充分的，很难确认法律选择理论的目标，因此也很难评估其他方法是否适当。

我们对法律选择问题采取不同的方法。分析的第一步是确定任何特定法律选择规则的评估方式。与经济方法相一致，我们把全球福利最大化作为它的目标。这意味着只与个人的福利相关。传统法律选择概念如国家利益或礼让只与他们影响全球福利的程度相关。

当然，关注个人福利与关注行为对个人所产生的效果是相同的。换句话说，行使管辖权所考虑的唯一基础是“效果”。当一个活动对一个管辖区内的任何人没有影响时，这个管辖区就没有任何理由规范这种行为。相似的，如果一个活动对一个管辖区内的居民有影响的话，这个管辖区至少在调整这种活动是有利益的，而不管是否这样做是我们平衡的主题。

我们通过使用简单而普遍的暗含法律选择结果的交易来分析法律选择问题。这种框架产生大量的有用结果，可以适用到广泛的法律选择问题中。

为分析的目的，我们把个人分为两类。第一类包括所有自愿进行交易的知悉的当事人。也可以称作交易当事人或“直接当事人”。第二类包括受交易影响但本身不是当事人的第三方当事人。除非有另外的规定，我们设想交易的当事人是自利行为。特别是，设想当事人将不会自愿进行交易，除非交易增加了他们的利益。这种假设从分析的目的来看是便利的，但也会招致批评，这是因为它暗示和设想政府在保护个人免于作出坏的决定方面没有任何作用。但是，单单通过重新命名相关的当事人，而把这种政府的保护考虑进去也是可能的。比如，想象分别位于甲国和乙国的甲和乙的一项交易。进一步设想当事人甲没有能力进入这样的交易，把甲作为第三方当事人而不是交易当事人。换句话说，设想甲不能保护自己或是设想可以在未经甲同意的情况下由一个或更多其他当事人对甲产生影响。在一个或更多的当事人需要政府干预去保护他们免于进入一定形式的自愿安排的情况下，这种分析也是有效的。为了容易说明，第三方当事人这个术语是指不能保护自己利益的那些当事人。

我们分析的第一步是确认应被考虑的成本收益和考虑交易的当事人。交易当事人所享有的收益将被看作“直接的效果”。直接的效果总是积极的，因为个人只参与增加他们福利的交易。我们也必须考虑交易第三方当事人的效果，这将被看作“间接效果”。这些效果都会潜在地被位于每一个国家的个人所感受到，而不管交易的当事人是否出现在这样一个国家之内。间接效果可能是积极的或是消极的。

在每个国家内，交易对国家福利的整体影响是直接与间接效果的总和。这种交易对全球福利的整体影响单单是全世界范围内的所有直接与间接效果的总和，并且他们可能是积极或消极依赖于和第三方当事人的效果。在形成法律选择规则时，我们的目标是，当对福利的整体影响是积极的情况下，应确认和实施允许交易发生的规则；在对福利的整体影响是消极的情况下，应确认和实施阻止交易发生的规则。

一种法律选择规则可以影响全球福利的方法有两种。第一，它可以导致很少有满意国家的法律选择。在两种或更多潜在的实体规则之间，一种经常优于其他的规则，可能导致更满意的结果。然而，出于不同的原因，通过试图确认更好的法律来解决法律选择问题是一种令人不满意的方法。在解决一个问题时，地方立法者特定地已经选择了考虑中的法律。然而，在每个管辖区内，已经作出的判决说明所选法律代表了成就决策者目标的最好方法。因此，冲突的存在说明相关管辖区对哪一个法律是最好的有不同的观点。所以政府将不能对哪个法律是更好的达成一致意见。从客观的观点来看，试图选择更好的法律也面对巨大的实际困难。对于哪些法律能更好地成就特定的目标经常没有一致意见，而一旦我们接受不同的政府有不同的目标的话，就更难以判断哪一个法律是最好的。因此，调查哪个法律是最好的可能得不出清晰的答案。另外，寻求公平的法院也是由产生于他们自己管辖区的法律和传统的法官组成。因此在试图确认最好法律时，都是希望法院有相似于他们立法机关的观点。进而，更好法律的方法留给法院很大的自由裁量权——给予法院充足的机会选择有利于自己管辖区的法律。最终，试图通过选择更好法律来解决冲突本身具有的困境是很难的，因此，另一种方法必须被采纳。

第二，法律选择规则可以通过对实体法的影响而最终影响全球福利。在一个封闭的经济中，制定实体法的政府会考虑所有与这些法律相联系的成本和收益。然而，在一个开放的经济中，一些成本和收益会被政府管辖区之外所感知。在某种程度上，政府能外化这些成本或不能内化活动的收益，从全球观点来看，所制定的调整这些活动的法律将是不可取的，因为政府不会考虑被外国人所感知的成本和收益。[①] 结果是，当政府试图外化成本和内化收益时，在一个封闭的经济中，就什么样的法律将

---

① *See*, *e. g.*, Andrew T. Guzman, *Is International Antitrust Possible*?, 73 N. Y. U. L. Rev. 1501 (1998).

被选择而言，其实所选规则是扭曲的。比如，如果成本由外国人承担而收益由本地人享有，一个政府会允许一项对全球福利的影响是消极的活动正常进行。因此，在可能的情况下，法律选择规则应该制定成鼓励政府内化他们行为的成本（并且允许他们内化收益）。当这样的努力成功后，政府将会通过考虑了成本和收益、可能是代表最好实体规则的法律。法律选择规则和政府行为之间的关系，很少引起人们的注意，但这是我们关注的焦点。一个有效率的法律选择体系会尽可能地消除国家法律和全球最佳的法律之间的差异。

（二）采取全球性的效率政策

我们通过确立全球有效率（全球最优化）的实体法来进行我们的分析。如果一个全球善意的和完全信息知悉的决策者能确立这样的法律，这将是一整套会存在的实体政策。一旦全球最优化的法律体系被确立，就可以对试图最大化自身福利的国家行为进行分析。并从这些国家实施的政策和全球效率政策的关系中得出一些结论。

因为上面确立的框架是十分普遍的，最好的全球政策就很容易阐明。一个全球的立法者将会寻求允许所有对整个世界福利净效果是正的（积极的）交易，并将寻求阻止对整个世界福利净效果是负的（消极的）活动。换句话说，当世界直接效果和第三方当事人效果之和是正的（积极的），一个活动就会被允许，但当总和是负的，这种活动就会被阻止。

从全球策划者的角度来看，一个活动成本和收益的分配不是争论点。比如，一个活动降低了一些人甚至一些国家的福利，但是增加了全球福利，这种活动应该被允许。这样是因为全球政策制定者能通过国家或个人之间的总体转移来满足任何分配目标。当然，在实际中，这样的转移比较难成就。在不转移的情况下，就会发生效率基于对分配的关注而被取代。然而，为了分离出不同法律选择规则的效率效果，在评估全球最优化时，分配效果被忽略。当然，在考虑国家行为时，分配问题将是相关的。比如，在某种情况下，与不合作的、次优化的结果相比，全球最优化的政策会造成一个或更多国家的净损失。在这种情况下，受损失的国家将宁愿选择次优化的结果，不愿成就一个有效率的国际体制。

（三）反对不合作国家行为所导致的结果

当单个国家追求自己的利益时，他们将被几个不同的因素所影响，这其中包括法律选择规则。虽然国家的行为通过一个国家的居民所承受的成本和收益会影响这个国家的政策决定，但是，我们假设每个国家对其他国家的影响不会关心。

按照我们的设想，只要交易能对本国居民产生净收益，一国政府将会允许交易发生。显而易见，单个国家的行为一般不会符合全球福利最大化的政策。国家只会考虑本国居民的利益，忽略交易对非居民的影响。如果一个活动的成本和收益在国家之间不公平地分配，国家政策将偏离全球最优化。单个国家的政策与全球最优化相比更多或更少许可，依赖于成本和收益的分配，看看以下的例子。

例一，想象一个对每个参与者产生一个收益的交易，而且每个国家有一个参与者。设想，除了甲国由于交易的结果有一个人蒙受了两个损失外，没有第三方当事人效果。如果有 N 个国家的话，那么这个活动的全球效果将是增加全球福利 N-2，意味着对于任何 N>2 的情况，这种活动的全球收益超过它的成本。然而，在制定自己的政策时，甲国将只考虑国内的成本和收益。因为甲国的居民作为一个整体承受两个损失，这个国家将不允许这样的活动，甲国的规则与全球最优化相比是很难准许的。设想甲国对这样的活动有管辖权，并且它有权力防止这种交易发生的话，那么它会阻止发生。所有其他国家将考虑的是每个人所获得的一个收益，并允许这样的活动进行。

例二，想象一个不同的交易，同样每个国家有一个参与者，赋予每个参与者一个收益。设想第三方当事人效果给每个国家施加两个成本，除了甲国外。这样对于所有 N>2 的情况，这种交易在全球来看是福利降低的。在制定政策时，甲国将会忽略交易对非居民的影响，这意味着从甲国的观点来看，交易会产生一个净收益。如果甲国对交易有排他的管辖权，甲国会允许这样的交易发生，尽管事实上从全球的观点来看，它是福利降低的。

因为法律选择规则决定哪个国家的法律支配一个特定的交易，因此，他们能影响全球法律体系的效率。思考上述的例子，在这两个例子中，如果规则允许甲国的法律支配，结果将是不效率的——在第一个例子中是太严格，在第二个例子中是不足够严格。另外，如果法律选择规则阻止甲国实施管辖权，效率的结果会成就。

（四）提议一种有效率的法律选择方法

以前的冲突法学者曾把实体法固定和外化于法律选择决定。这样来看，无效率实体法的不当效果能减少到当事人能避免这些法律的程度。① 另外，当事人避免法律的能力降低了由有效率法律所产生的收益。

---

① See Bruce H. Kobayashi and Larry E. Ribstein, *Contract and Jurisdictional Competition*, in F. H. Buckley, ed, *The Fall and Rise of Freedom of Contract* 325-326 (Duke 1999).

这样的问题最好用简单的几何图形来阐述。设想，如果当事人缺乏避免对一个法律适用的能力，那么，在这种法律施加社会成本 C 的同时，会产生整体收益 B。如果承担法律责任的那些人有能力避开这些法律的适用，那么，成本就会减少 C [e]。另外，通过当事人避免这种法律适用，这种法律的收益也会减少 B [e] 。

理想地，法律选择规则在减轻无效法律的同时，应加强有效的法律。这样的规则也应该有助于确保这些法律的适用，尤其在这些法律产生效率而不是产生无效率的情况下更是如此。换句话说，如果 B - B [e] > C - C [e]，那么，由法律选择规则所选定的一个法律就是有效率的。增加退出的可利用性同时增加了 B [e] 和 C [e]。如果 C [e] > B [e] —— 这就是说，如果退出减少的法律的整个成本大于它减少的法律的收益，那么，法律选择规则也是有效率的。[①] 因为规则对从法律获得收益的那些人和承受这种法律所产生的成本的那些人所产生的影响对不同的个人和交易是不同的，所以，没有理由相信法律选择规则对 B [e] 和 C [e] 的影响是相同的。因为降低退出成本可能增加 B [e] 和 C [e]，对于拥有高 B 和低 C 的法律来说，更高的退出成本可能增加社会福利，并且对于拥有低 B 和高 C 的法律来说，会降低社会福利。没有一个对法律效率的数据，B [e] 和 C [e] 之间的紧张程度就很难解决。

法律选择规则的效率依赖于通过能退出无效率的法律而规则增加社会财富的程度，或者相反通过能退出无效率的法律而规则减少社会财富的程度。本文接下来将阐明无效率法律的基本问题、退出作为一种问题解决的潜在办法、便利退出有效率法律的法律选择的潜力和指出法律选择规则如何在保持 B 的同时提高 C [e]。

当然，限定效率这样一个词是必要的。尽管本文通常把一个无效率的法律识别为一个在施加重负的转换成本的同时主要重新分配财富的法律。但是，社会可能把这种重新分配本身判断为 B 而不是 C。确实，人们可能根据法院提升民主的制定法的程度来限定效率。如果这样，当事人不应该能避开主要效果是转换财富的法律。

本文不试图限定效率或优先决定特定国家法律的相关成本和收益，而是提出一种以过程为导向的方法。出于两个原因，我们把是否允许当事人对立法财富的转换进行规避的最后决定权留给了立法机关而非法院。首先，立法机关是最适合作出决定财富转换价值和正当的有关事实和政策的决定。其次，明示强迫立法机关排除当事人选择能最小化在立法决策中所具有的公共选择困境。[②] 总之，本文提议增加有益

---

① See Erin A. O'Hara, *Opting Out of Regulation: A Public Choice Analysis of Contractual Choice of Law*, 53 Vand L Rev.

② David F. Cavers, *A Critique of the Choice - of - Law Problem*, 47 Harv L Rev 173, 177 (1933).

法律的效果（这就是最大化 B - B [e]），不提议最小化有害法律的效果（这就是最小化 C - C [e]）。

为了更普遍地评估法律选择规则，我们得出一系列结论，告诉我们法律选择规则与国际法律体系整体效率之间的联系。虽然我们不可能在每个例子中产生一个有效率的结果，但是我们的结论阐明了许多法律选择问题。这些结论也证实了在现存的法律选择规则和学术中不同的误解。

1. 不合作的方法是无效果的。如果政府以不合作的方式行为，没有任何一个政府有动力去实施全球有效率的国内法律体系。一般认为，寻求最大化本国居民福利的国家不会考虑在本国之外活动所产生的成本和收益。这是因为没有国家有真正正确的动机去这样做。其结果是在国际私法领域，当把排他管辖权赋予一个国家的法律选择规则就会导致次优化水平的调整。具体来讲，如甲国在调整交易时，只会考虑对本国居民所产生的效果，至于对乙国居民所产生的影响则会忽略，反之亦然。正是因为没有国家考虑对其他国家所产生的成本与收益，所以没有理由希望任何一个国家以全球效率的方式调整交易。这样看来，分配管辖权给受到损害的国家就不是完全正当的，采纳最有利于原告的法律选择规则就不是完全可取的。完全以一方的利益和观点出发来进行法律选择是不可取的。

2. 域外适用导致过分调整（Over - regulation）。不合作的结果配以域外适用导向过分调整。如果每一个国家都有域外适用自己的法律，那么每一个减少全球福利的交易将被调整，换句话说，如果所有国家都有域外行为，法律选择不合作的方法将不会导致疏于调整，因为对于每一个全球不效率的交易，至少有一个国家有动力去阻止它。即使对于从全球观点来看是有效率的交易，如果每个国家都域外适用自己的法律，每个国家将有能力去阻止这种交易，一旦对本地的效果是负的，它就会阻止。这意味着对于允许从事的交易，全球有效率是不够的，它必须提高每个国家的福利。增加全球福利但损害单个国家福利的交易将被阻止，这自然是源于过多调整。这充分说明在学术界广受欢迎的法律选择方法“政府利益方法”将会导致整体的过多调整。政府利益方法要求适用法院地法来解决法院地有利益的案件，这当然是等于域外适用性的一种形式——允许政府扩展他们法律的适用范围，只要本地法院有利益——这是由政府政策和本国与交易的充分关系构成的。损害一个国家利益的某种活动将会被阻止，即使其他国家由此所获得的收益大于这种损害。虽然这种方法能成功阻止所有减少福利活动的开始，但是也会阻止许多全球福利增加的活动。

因此，从效率的观点来看，政府利益分析是有瑕疵的，因为它会导致整体的过多调整。这样来看，政府利益方法不能以促进效率的方式来解决冲突。政府利益方法的发展是基于保持国家主权的理念而不是创造一个适合于跨国活动展开的环境。事实上，因为政府利益方法致力于保持主权的地域理念，不可避免会导致过多的调整。当一个交易影响多个国家时，政府利益方法所体现的赞成主权的偏见会导致所有受影响国家的调整。

3. 地域性导致疏于调整（Underregulation）。在国家不能域外适用自己法律的情况下，将会存在疏于调整。如果一个国家选择调整一种活动，但是不能或不愿意域外调整，这依旧有选择阻止本国居民参与该项活动。只进行本国调整而不是域外调整，行为主体将会减少走向本想参与活动的当地居民。在许多情况下，这种行为将会减少回报，甚至对个人造成损失，由此导致疏于调整。

4. 约定法律选择。在没有第三方当事人效果的情况下，交易的当事人应被允许通过合同选择适用法。这主要是出于对私人秩序的承认和尊重。因为一般认为私人主体只有当他有利益时才会参与某项交易。当事人选择从事的交易将会是福利增加和价值最大化的，因为参与交易的当事人将会寻找有最高可能的回报。他们寻求最大化回报的一种方法是通过选择最适合于他们需求的法律体制。当这样也会最大化社会回报时，我们没有理由阻止这种选择。这表明应允许当事人从任何国家的法律中选择适用法或完全通过合同协议支配交易的习惯规则。这种方法甚至扩展到证券与破产领域。

5. 确认有利益的管辖区。有直接或第三方当事人效果存在的任何国家可能对交易有利益并希望实施管辖权。任何一个国家，不能单单是因为在其管辖区内没有第三方当事人效果，而被排除管辖权。为了进行法律选择的分析，我们必须首先决定是否特定国家在交易中有利益。一旦我们确定有利益，就有必要去估量每个国家的管辖权主张，这往往是比较难的，但是值得去确认在交易中有利益的国家，这通常会简化问题。一般认为，如果交易对某一国家有影响，该国家就对该交易有利益。如果交易当事人位于该国境内和第三方的效果也在该国能感受到，交易在该国就有效果，如果该国的直接效果是正的，并且没有任何第三方效果，那么就应允许该活动的进行。另外，如果第三方效果影响了另一国的公民，但是直接效果和第三方效果之和是正的，也应该允许该活动的进行。

6. 当事人位置和住所的考查。如果一个管辖区的公民或居住的人是交易的一方当事人，可以合理地认为该管辖区允许这样的活动是有利益的，但这不意味着适用管辖区的规则是合理的。住所和居所经常与交易当事人所感受到的效果紧密联系，它们可以作为效果的代表。这意味着，把它们作为一种管辖权的基础来使用一般不会有什么严重问题，然而不是住所本身使管辖权合理化而是交易的效果使管辖权合理。把住所或居所作为效果的代表可以解释对这些理论历史上的使用。基于对住所进行考查可能是最有效的选择，因为基于效果的位置进行考查会导致法院的武断，并由此导致确认效果的昂贵诉讼。在今天，跨国交易大量和频繁产生，这就要求一种以不同的确认管辖权的标准使用。

7. 行为考查不是关键的。因为我们只对效果关注，所以行为产生地与法律选择问题不相关。在经常用作决定管辖权的考查中有所谓的“行为考查”。这种考查基于相关行为的地理位置而确定管辖权，并且代表了最传统确定管辖权基础的一种。虽然基于活动地理位置的考查被广泛适用，但是他们本身不会对行为所产生福利有直接的影响。因此，他们不应该代表确定管辖权必要或充分的条件。虽然交易行为的地理位置本身不能作为确定管辖权的正当基础，但是它可作为效果的一种代表。当交易行为的影响可以被接近交易位置的人们感受到时，交易行为的地理位置可以作为一种有用的代表。使用交易的地理位置作为一种代表，也可以避免效果为基础考查的成本和不确定性。这些收益可能会超过由地理位置对效果不正当的代表而产生的成本。这也是“行为考查”被适用的原因，但是在决定管辖权时，应该采取效果考查。

四、法律选择效率最大化的原则

我们提倡私人合同的执行和缺席规则的适用（即在相关行为时选择法律而不是以后由原告选择法院）与在其他领域的经济分析相一致，如果当事人必须预先选择产生争议的行为而不是在争议发生之后，那么，当事人最有可能最大化他们的整体效益。事后的选择等于是一个零数量的游戏，但是，事前的选择能创造相互之间的收益。

同时，法律选择的决定也必须让政府在外部客观事物创设不效率的情况下发挥规范的能力。因此，尽管可能存在一个合同法律选择的条款，但是法院必须执行让一个特定的法律域外适用的明示立法意图。

我们所确立的体系与现在占主导地位的体系的主要不同点是强调的重点不同。现在流行的法律选择方法尽管通过合同、住所地或者物理移动为退出提供了一些空间，但是其依旧把政府利益当作理论发展的出发点，然而，我们的理论则把个人选择当作理论发展的出发点。除受立法上的否决外，法院应选择私人市场而不是政治市场。

本文提出的方法是规范性的而非阐述性的。我们永远不知道法官在冲突法的案件中是否会考虑有效率的结果。但是，有一点可以确定，我们尽管提议一种改变，但是我们提议的方法没有完全离开现有的理论。它依旧牢固建立在法院及立法机关在许多领域所适用的以合同法律选择为基础的原则之上。这包括了婚前协议和证券欺诈等问题的解决。如果说本文提出的理论所得到的结果与现有理论有程度上的不同的话，这种不同可能是我们强调事前的选择和预测性①。

（一）执行合同中的选择

合同选择就是当事人在合同中约定他们之间将来发生的争议由哪一国家的法律调整。合同选择的最大优点是它提升了法律体系之间的竞争，对合同选择的法律限制只会增加退出无效率法律的成本并因此降低合同选择的约束效果。

然而，如果缔约过程有瑕疵的话，执行合同选择可能就是不效率的。法律选择条款可能包括在一方当事人施加给另外一方当事人的附属合同中②。即使条款本身不是不合理的，但是，它可能规避反映出资讯不对称和磋商能力不同的规则。法律选择条款可能是一个特洛伊木马（a Trojan horse），它可能隐藏了要求未参与拟定合同的当事人受约束的所选法律条款。

即使有很好的理由基础，对于缔约过程的关注没有必要成为对法律选择条款广泛禁止的合理化理由。一国可以正当要求法律选择条款必须在合同中明示。如果法律选择条款代表的是一种施加有利于合同起草者的术语的伪装方法，这个国家可以要求这些术语在法律选择条款中作出规定。比如，如果当事人是为了利用一国的赔偿数量的上限而选择这个国家的法律，那么，要求当事人披露所选国家法律上限规定的法律就会缓解任何信息上的不对称。一国也可能要求合同披露法律选择条款试图规避的任何强制规则，虽然这样一个法律的收益超过要求当事人预测适用法的成本。为了减少潜在的机会主义，当事人的选择应限于选择整个法律。因此，即使法院不应该总是执行合同法律选择，但在没有直接禁止的情况下，规范通常应支持这样的程序性措施。

即使规则不可能消除缔约瑕疵，但是这样的合同没有必要让有效率的规则无效，这可以抵消任何执行合同选择的不效率。当事人只有通过选择进入一个不同的规范体系，才能避开强制性的规则。也只有在另一个管辖区选择不调整的情况下，当事人才能退出规范。因此，当事人的选择是受所选辖区及其法律的基本约束的，这正好能解决个人选择所带来的不效率的情况。

---

① See Michael J. Whincop and Mary Keyes, *Policy And Pragmatism in the Conflict of Laws* 34 – 43.

② See Romano, 107 Yale L J at 2406 – 2407.

（二）便利选择的规则

在当事人自己没有明示约定适用法的情况下，法院经常必须选择法律。甚至在这样的情况下，也为选择最大化的方法留下了空间。按照现代的法律选择方法，人们只有在他们行为之后，才能知道适用法，因此，人们通过调整他们的行为来选择或者符合适用法是困难的。现代的方法倾向于适用原告选择起诉地的法律。极端地，就是法院地法规则。在这种情况下，被告不能轻易地预测适用法，因为他们可能被在与他们有联系的几个管辖区的任何一个地方被起诉。利益分析和第二次重述的灵活性会产生相似的问题。比如，按照现代方法，卖方（1）与买方在买方住所地所在国A国内磋商，（2）在位于B国内的分支机构承诺了合同，（3）他的总部设在C国，可能受上述三个国家中任何一个国家法律的支配。

与事后选择法律相反，法律选择规则应该通过控制当事人活动的场所来最大化他们选择适用法的能力①。规则应该是清晰的并且依赖于单个事实，比如，合同要约或承诺的地方、事故或过失行为地。人们从几个方面的原因提出清晰规则的使用，这反映出对有效诉讼的关心，包括降低诉讼成本和阻止挑选法院②。我们这里所强调的是清晰规则的另外优点，这就是便利当事人选择支配他们行为的法律。

单单是清晰不能保证当事人在行为之前预测法律。比如，法院地法虽然清晰，但它只是便利了当事人的事后而非事前的选择。通过允诺原告他们将受他们选择起诉地法律的支配，法院地法把国家作为原告适用法律的指向标。通过制定有利于原告的立法，国家因此可以吸引诉讼业务。

便利选择的原则更多关注当事人在行为时的期望，在它的语境中，除非当事人从一种法律中获得收益，不然，让当事人承受法律的负担是不公平的。而且，规定对法律事前注意的选择规则鼓励当事人调整他们的行为以符合这种法律，因此也提升了这种法律的威慑价值。虽然事前提升可预测性的法律选择规则在当事人不曾注意所支配的法律标准的环境下（意外事故法）没有任何效果，但是，这些规则能影

---

① See Richard Michael Fischl, *Some Realism About Critical Legal Studies*, 41 U Miami L Rev 505, 527 –528 n 73 (1987); See Pauline T. Kim, *Norms, Learning, and Law: Exploring the Influences on Workers' Legal Knowledge*, 1999 U Ill L Rev 447; Pauline T. Kim, *Bargaining with Imperfect Information: A Study of Worker Perceptions of Legal Protection in an At – Will World*, 83 Cornell L Rev 105, 133 –146 (1997); See *New York Life Insurance Co v Dodge*, 246 U. S. 357, 376 –377 (1918).

② See Michael H. Gottesman, *Draining the Dismal Swamp: The Case for Federal Choice of Law Statutes*, 80 Georgetown L J 1, 11 –13 (1991); Maurice Rosenberg, *The Comeback of Choice – of – Law Rules*, 81 Colum L Rev 946, 950 (1981); Reese, 57 Cornell L Rev at 322 –323 See also Cavers, 47 Harv L Rev at 192 –193.

响在市场上的重复参与者，如谨慎注意这些法律的工厂和保险公司。

为了成就法律选择中的可预测性，清晰规则必须最小化识别问题。识别问题在所有以规则为基础的体系内是固有的。问题识别的模糊性为法院控制法律选择提供了机会。模糊性和控制使行为者很难在行为之时决定哪一个法律将适用于发生的争议。为了解决这样的问题，适用的法律选择规则应求助于事实本身，这比法律分类更难被法院所控制。因此，法院应该关注是否当事人曾相互磋商而不是探究案件关涉合同还是侵权。

（三）把比较管理优势作为一种缺席规则

当事人可能不曾约定或者在相关行为之前选择本来的适用法。比如，当事人通常不能选择交通事故地、紧急医疗处理地或其他重要但无计划的事故发生地。虽然一般认为，交通事故法是当事人通过选择住所而所选择的适用法，但是通过住所的选择而得到的适用法只是很少的一部分。

在选择最大化不占主导地位和法院必须依赖于其他原则作出判决的情况下，法院应该审视选择最大化体系试图实现的基本个人利益而不是政府利益。因此，在当事人选择不可行的情况下，法院应该适用拥有比较管理优势国家的法律。虽然是法院而非个人选择法律，但是，比较管理优势更多还是关注于个人的福利。比较管理优势审视的不是政府在扩展它的规范影响方面所获得的利益而是政府有效调整的能力。比如，侵权行为地规则是最符合侵权行为地所在国环境条件的法律，这些环境条件包括影响安全的客观和主观方面。立法者通常最熟悉和最有可能关注于地方条件。即使立法者不总是有动力按照他们所获取的信息行事，但是，在其他相同方面，他们被告知也是更好的。因此，如果对他们的相互优势关心的当事人能对适用法有效约定，他们大概也会选择拥有比较管理优势所在地的法律①。

然而，在案件中存在损失的分配和禁止性问题时，决定哪一国有比较优势是比较难的。有些规则虽然按照比较管理优势不是恰当地适合特定的案件，但是它能在相关行为之时就说明其适用法，法院一般就通过适用这样的分类规则来解决这种困境。这就是我们平常所适用的事故伤害地规则和土地所在地规则。

在选择的交易成本比较高甚至清晰的规则都不可能引导当事人选择的情况下，

---

① See Ian Ayres and Robert Gertner, *Majoritarian vs. Minoritarian Defaults*, 51 Stan L Rev 1591 (1999); Ian Ayres and Robert Gertner, *Strategic Contractual Inefficiency and the Optimal Choice of Legal Rules*, 101 Yale L J 729 (1992); Ian Ayres and Robert Gertner, *Filling Gaps in Incomplete Contracts: An Economic Theory of Default Rules*, 99 Yale L J 87 (1989); See Barry E. Adler, *The Questionable Ascent of* Hadley v. Baxendale, 51 Stan L Rev 1547 (1999).

人们认为以个案为基础的准确政策配对比清晰更为重要。因此，有的评论者就曾主张强调可预测性的规则在侵权领域几乎没有任何作用①。他们认为谨慎作出的个案裁决可能更为可取。

然而，在现有情况下，清晰的分类规则主要实现几个重要的目的。其一，整体性原则表明法院应该适用单个的法律来解决一个主张中的所有实体法问题。其二，不管是事前还是事后，清晰运作的规则能节约诉讼成本并能约束试图在判决中用模糊的标准来掩盖他们个人偏好的法官。其三，规定事前清晰的关于适用法注意的分类规则能帮助当事人调整他们的行为以符合适用法，而不管他们是否选择这样的法律。其四，让所选法律事前清晰的分类规则在选择法律可行的情况下是有益的。当事人可能会花费很高的交易成本来避开不能充分保护财产、对侵权行为人过分严格或给受害者很少赔偿的国家的法律。通过最大限度地便利选择，事前的清晰至少能给予过分的法律以足够的约束。

（四）分割与整体（Depecage and bundling）

适用更加现代的法律选择方法的法院典型是采取分割论的，这意味着，他们适用不同国家的法律来解决所涉法律主张中的不同法律问题②。因此，一国法律可能决定被告是否在行为上有过失，然而，另一国法律决定原告的诉因是否由于被告豁免诉讼而终止。在有外国实体法适用的情况下，法院不可避免地会适用一些分割的方式，这只是因为长期以来一般认为法院被授权适用自己的程序性规则③。

一般而言，试图便利或使用当事人选择的理论是需要以一个问题接一个问题为基础来贯彻的。通过选择只有一个管辖区的法律而要求当事人一起捆绑法律选择实际上是降低了当事人选择最好法律规则的能力，因为当事人必须好的法律带坏的法律一起选择，正如卖方的捆绑销售降低了消费者的选择。

然而，捆绑有几个重要的收益，而在限制当事人选择方面超过了它的成本。

其一，把合同选择限于单个国家的法律可以阻止磋商或因信息的差异而影响选择。如果指定法律的当事人必须接受有利和不利的法律规则，那么，当事人在合同中用合同的法律选择来加入一边倒的术语是更难的。因此，捆绑的限制可以合理地

---

① See, *Nesladek v Ford Motor Co*, 46 F3d 734, 738 (8th Cir 1995); *Mitchell v Craft*, 211 S2d 509, 513 – 514 (Miss 1968); *Heath v Zellmer*, 35 Wis 2d 578, 151 NW2d 664, 672 (1967); Leflar, 41 NYU L Rev at 310 – 311.

② See Symeon C. Symeonides, Wendy Collins Purdue, and Arthur T. Von Mehren, *Conflict of Laws: American, Comparative, International* 128 (West 1998).

③ See Eugene F. Scoles and Peter Hay, *Conflict of Laws* ? 3.8 at 57 (West 2d ed 1992).

替代对法律选择更重负的限制。可以确定的是，捆绑不必阻止退出强制性规则，因为当事人可能发现一国宽松的法律所获得的收益超过其他法律所施加给他的成本。一个典型的例子就是出借人对法律不限制利率的国家的选择。捆绑比试图决定一个法律是否有效率也许更好，捆绑实际上是通过限制法律的退出而让市场作出最后的决定。这就能确保法律服务于当事人的整体利益。

其二，捆绑能降低当事人关于调整他们行为法律的不确定性。没有捆绑，当事人只得预测法院将适用什么样的法律来调整案件中的每一个问题。使用捆绑，当事人只需要作出单一的预测，这比分割论所要求的单个预测更容易。

捆绑要求严格适用单个的法律于程序和实体问题。但是，令人信服的考虑支持了捆绑对程序规则的例外适用。法院在关于程序规则方面有十足的比较管理优势，因为它最懂得如何遵循适用于特定诉讼环境的程序。而且，允许法院按照一套单一的程序规则来操作能提升司法经济。确实，事前选择对于程序规则没有什么关联，因为大部分当事人不可能调整依赖于程序的行为。

另外，为了提高国际规范体系的效率，加强国际合作是必要的。我们可以加强冲突法和实体法方面的合作和统一，这样的法律从全球的观点来看是最有效率的。还有在谈到效率时，国际组织的作用也是一个应关注的重要现代问题。可以证实的是，当国家之间的利益统一以至于对法律选择规则的协商能足够达到有效率的结果，所有的当事人能从这样的结果中享受到利益的话，就不需要国际组织。确实，如果国家之间的磋商能以避免其他争议问题的特定方式进行，那么，磋商更容易进展。另一方面，当单独的国家没有动力制定有效率的法律选择规则，或当需要实体法改变时，磋商就变得更加复杂，一个更加广泛的机构设置如 WTO 就证明是有用的。特别是，当有效率的结果只能通过使用从一个国家集团到另一个集团的支付转移时，磋商应该在 WTO 或一些其他国际组织内进行。这样的支付在任何设置内很难成就，但是当一个领域内的获得能在其他领域的让步中得到替换，那就至少是有可能的。

五、具体问题的考查分析

在这里我们试图通过探究特定类型的法律争议来详细阐述上面论述的基本原则。一般而言，我们赞成让当事人选择适用法，或者在当事人选择不可行的情况下，选择拥有比较管理优势的法律。这样的规则能得出与按照第一次重述的地域规则相似的结果。只不过，我们的规则关注于提升私人秩序而不是国家在其领域内的调整能力。

（一）合同

合同是对我们的方法最直接适用的领域。现在的法律允许法院在所选法律与所选国家缺乏充分联系或者违反利益国政策的情况下不考虑合同法律选择。然而，我们认为法院应该执行合同法律选择和法院选择条款，而不管当事人与所选管辖区是否有联系。[①] 然而，立法机关限制执行法律选择条款，从而提供了一种执行有效率强制性规则的机制。我们也提议为这些没有包括法律选择条款的合同制定清晰的缺席规则。这种规则可以替代第一次重述中易混淆的两种履行和有效的规则，以及第二次重述中含糊的“重要关系”和“联系”考查。

1. 法律选择条款（Choice - of - law clauses）

我们执行法律选择条款的方式不同于在第二次重述中更受限制的方法。[②] 按照第二次重述第 187（2）条的规定，当事人不能选择对强制性规则（如有效问题）自己的适用法，特别是在法律选择至关重要的情况下，如果：

（a）所选国家（州）与当事人或交易没有实质联系和对当事人的选择没有其他合理基础，或

（b）所选国家（州）法律的适用将相反于一国的基础政策，而该国在决定特定问题方面比所选国家（州）有实质的更大利益并且按照第 188 条的规定该国就是在当事人没有作出有效法律选择的情况下的适用法国。[③]

虽然这些限制反映了对当事人法律选择有效性的关注，但是它们的内容与有必要实行这些关注相比是更广泛的。首要或是“实质联系”的考查，一般认为它可以通过使那些所选择国只调整那些与本州有联系的人们来确保所选择国内化无效率不严格法律的效果。然而，是否有联系的当事人应受这种法律的约束，受到其他受影响居民的限制。其次或是“基础政策”限制，一般试图防止有效率国规则的规避。然而，其他的方法能防止当事人更少对事前有效率法律选择的妨碍。当事人不能随意事前决定是否法院所选法律是在这种限制的范围之内。但是，程序性的要求，如要求披露将适用法律的重要规则，能够保护未约定的当事人且不威胁到可预测性。立法机关也可以对当事人协议支配他们合同的规则施加实质的限制。

在实践中，适用第二次重述规则的法院一般都已经执行合同法律选择。因此，在美国，几个州包括加利福尼亚、特拉华（州）、纽约州和得克萨斯州都已经制定了成文法规，都不同程度地阐明执行合同法律选择条款。[④] 结果是，我们的提议可以加

---

① See Larry E. Ribstein, *Choosing Law By Contract*, 18 J Corp L 245 (1993).

② Restatement (Second) of Conflict of Laws ? 187.

③ Id ? 187 (2) (a) - (b).

④ Larry E. Ribstein, *Delaware*, *Lawyers*, *and Contractual Choice of Law*, 19 Del J Corp L 999, 1007 - 1012 (1994).

强事前的可预测性，而不会根本改变有关合同选择的现行法律。

2. 对合同选择的立法限制

一般的法律选择规则只能粗浅地估算出如何在个案中很好地平衡当事人自治和政府规范权力。因此，我们的原则是缺席规则，即只是在缺乏相反明示立法说明的情况下，法院才应该适用的规则。清晰和简单的缺席规则不但可以帮助当事人而且可在成文法律选择条款需要的情况下帮助立法确认。然而，重要的是对合同选择任何立法限制都必须是明示的。比如，禁止对成文法规保护的弃权成文规则不应适用于法律选择，除非规则明示指向法律选择。[①]只要立法机关必须规定出合同选择的效果，利益集团的竞争将会帮助限制任何因而发生的不效率。[②] 赞成和反对的集团能估算出成文法规净退出效果的成本和收益 C［e］和 B［e］，然后设定相应的游说成本。相反，依赖于个案判决意味着游说成本必须反映出法官在赞成域外适用方面所主张观点的可能性[③]而不仅仅是不同退出规则的相对成本和收益。因此，利益集团不能组织反对合同选择的限制，因为可能法院将让他们通过法律选择条款来避免这种限制。相反，赞成合同选择限制的利益集团也不会动员这样做，因为可能法院将解释反放弃条款而扩展到法律选择。

虽然立法机关将决定法律选择条款的可执行性，但是法院将继续解释这些条款，与清晰规则需求相一致，法院应该执行法律选择条款，只要他们是明示的。在缺乏明示条款的情况下，缺席规则应该适用。

当然，整个合同应受所有合同规则的约束，包括不公平和不诚信。不公平原理可帮助防止一边倒的合同，而不诚信规则可帮助防止对合同条款过度字面解释的不公平突袭。这些一般的程序保护，连同特别适用法律选择条款的规则，规定了比第二次重述中的宽泛规则更为综合的保护。

3. 缺席规则（Default rules）

在当事人不曾明示选择特定国家法律时，什么样的法律应适用于合同？第一次重述规定，合同缔结地法律适用于合同效力问题，而合同履行地法律适用于与合同履行相关的问题。这种两分法的规则是有意义的。无论什么样的法律选择规则，为了分配与履行相关的规则问题（如利率、消费者保护、雇佣和劳动规则）的成本与

---

① See Currie, *Married Women's Contracts* at 107 – 108（cited in note 75）. See also *Lilienthal*, 395 P2d at 549.

② See Gary Becker, *A Theory of Competition Among Pressure Groups for Political Influence*, 98 Q J Econ 371, 372 – 373, 381 – 388 (1983).

③ Restatement (Second) of Conflict of Laws ? 187 (2) (b).

收益，当事人将会审视履行地的法律。这种对特定国家法律的关注会降低当事人考虑调整与履行相关的合同问题国家法律的成本，同时，让当事人希望得到适用的法律得以适用。

合同履行地和合同缔结地两分法规则的问题是，它把法律选择留给事后的司法判决来解决，来决定是否一问题是与履行或效力相关的问题。因此，它没有规定有益于当事人选择和行为控制的背景权利的明确确认。换句话说，适用于履行和效力问题的特定缺席规则与法院“适用”于特定事实的一般标准相比是更好的。[①] 合同履行地规则不是对所有的合同问题起作用，因为没有事后对合同的司法解释，合同履行地不可能确认。可以确定的是，对于一些合同，如通过电话和网络订立的合同，合同缔结地是不明确的。在电话缔结的情况下，最好的选择是受要约人所在地，因为这是唯一一个要约人和受要约人都可能周知的地方。相似的，在网络缔结的情况下，缺席规则应该是买方所在地。虽然这可能让卖方受几个国家法律的约束，但是卖方可能通过与买方缔结特定国家法律的适用来保护自己。这种解决方式是特别有意义的，因为卖方可以通过网站来控制交易的方式。[②] 有利于买方的缺席规则给予卖方动力去通过缔约而不是利用买方的混淆来阐明适用的法律。

跨国合同缔结地缺席规则可能存在的问题是关于法律规则的整体最优化。一般认为，一个国家的合同有效性规则是相互联系的，并且应该与合同履行地规则作为一个整体捆绑在一起，因为当事人的义务可能出现在当事人缔结合同的容易程度上。然而，在一些场合，捆绑合同规则可能与有效率地捆绑履行地国内合同与非合同的规则是不一致的。合同履行地国一般也不可能通过对法律选择立法而避免这样的问题，因为法院通常只会适当地审视合同缔结地和法院地的明示法规。让合同履行地作为缺席国家将会与审视合同缔结地的可预测性优点相矛盾。更好的解决方式就是把这样的问题留给受影响的当事人去合同约定选择履行地国家，如果在特定情况下最优化捆绑也是重要的。

（二）商事组织

这里我们主要就公司法律问题作一分析。在公司法领域，长期以来一般认为应

---

① See Ian Ayres, *Making a Difference: The Contractual Contributions of Easterbrook and Fischel*, 59 U Chi L Rev 1391, 1403 – 1408 (1992); See Whincop and Keyes, *Policy and Pragmatism* at 47, 120 – 121; See also Michael Whincop and Mary Keyes, *Putting the 'Private' Back into Private International Law: Default Rules and the Proper Law of the Contract*, 21 Melb U L Rev 515, 536 – 539 (1997).

② See Jack L. Goldsmith, *Against Cyberanarchy*, 65 U Chi L Rev 1199, 1214 (1998).

适用公司当事人合同约定所选择的法律——公司成立地国的法律。这样的规则正扩展到其他的商事组织。但是，我们可以看到公司问题与其他类型的合同已经有很大的区别。公司法律适用的规则只有通过明示的法院地国法规才能使其合理化。

1. 调整公司内部事务的规则

以往理论表明公司法的竞争是有效率的。任何商事组织都是一个多方面综合的合同，在这其中，参与者都与许多不同的国家发生联系。但是，适用多个国家的规则来解决公司监管不同方面的问题代价是特别高的。因而，本文提议一种内部事务规则的观点，按照这样的规则，公司形成国的法律适用于所选定法律可涵盖的所有事项。

通过公司成立国选择而作出的合同选择，在商务公司领域与传统合同领域，得到了更加广泛的承认①。制度经济学家曾表明，作为节约交易成本机制，商事组织与其他合同之间具有基本经济上的相似性②。在公司案件中，对确定性与一致性的需求不能认为完全服从公司成立国法律是合理的③。公司可以通过遵守强制性规则来解决强制性与非强制性规则之间的冲突，通过诉讼来解决多方面的强制性规则之间的冲突④。然而，只得通过遵守强制性规则或诉讼解决强制性规则之间的冲突对于公司来说可能是昂贵的。商务公司可以通过撤走资产和其他的方式来惩罚不承认的在外国成立的公司。然而，各国也承认拒绝赋予外国公司以权力将会导致同样的报复，因此也会贬损他们自己公司成立的权力。

现在法学理论都认为，公司不再是一个普通的合同，而是由公司成立国创设并

---

① See Larry E. Ribstein, *Choosing Law By Contract*, 18 J Corp L 245 (1993).

② See Sanford J. Grossman and Oliver D. Hart, *The Costs and Benefits of Ownership: A Theory of Vertical and Lateral Integration*, 94 J Pol Econ 691 (1988); Oliver E. Williamson, *The Economic Institutions of Capitalism: Firms, Markets, Relational Contracting* (Free Press 1985); Eugene F. Fama and Michael C. Jensen, *Separation of Ownership and Control*, 26 J L & Econ 301 (1983); Steven Cheung, *The Contractual Nature of the Firm*, 26 J L & Econ 1 (1983); Eugene F. Fama, *Agency Problems and the Theory of the Firm*, 88 J Pol Econ 288 (1980); Oliver E-. Williamson, *Transaction - Cost Economics: The Governance of Contractual Relations*, 22 J L & Econ 233 (1979); Michael Jensen and William Meckling, *Theory of the Firm: Managerial Behavior, Agency Costs, and Capital Structure*, 3 J Fin Econ 305 (1976); Armen A. Alchian and Harold Demsetz, *Production, Information Costs, and Economic Organization*, 62 Am Econ Rev 777 (1972).

③ See Alan R. Palmiter, *The CTS Gambit: Stanching the Federalization of Corporate Law*, 69 Wash U L Q 445, 449 - 450 (1991); Buxbaum, 75 Cal L Rev at 37 - 47; Elvin R. Latty, *Pseudo - Foreign Corporations*, 65 Yale L J 137, 137 (1955).

④ Elvin R. Latty, *Pseudo - Foreign Corporations*, 65 Yale L J 137, 137 (1955).

赋予某种特性的一个法人①。这种“主体”理论近来已经扩展到未组成社团的公司。这种主体理论不但划分了公司责任与所有者的个人财产，而且把公司与公司成立国联系起来。同时，这与合同相比，为执行当事人的选择提供了更为强有力的法律基础。

2. 向公司之外的扩展

合同选择的执行最终会走出法人的范围。首先，公司与其他类型的商事组织之间的区别正在很快地被打破。比如，美国冲突法第二次重述通过让公司（如一般合伙和有限合伙）适用同其他类型合同相同的条件而处理公司中的合同选择，而不是通过适用更强的公司规则来实现。尽管重述基于合伙的当事人可能没有关于适用法真正期望的理由而试图让这种区别合理化②，但是，对于非法人的有限责任公司却不是这样，因为公司的所有者通过在一个特定国家办理执照而清晰地选择了适用法。无论如何，当立法机关为新的实体（有限责任公司和有限责任合伙）日益明示规定了形成国法律的情况下，这种区别正在被打破③。

在美国，合同法律选择也正扩展到非正式公司，特别是一般合伙。美国修订的统一合伙法含有一个缺席法律选择规则，规定适用主要事务管理机构所在地的法律来调整合伙人之间的关系和合伙人与合伙组织之间的关系。这是明示受相反协议的约束。这等于用一个简单的缺席规则替代了复杂的重述合同规则④。合同选择对合伙的适用最终降低了合伙法统一的高密程度。这种因而发生的竞争和不同导向了更加有效率的合伙法的发展。

在商务公司领域，扩展执行合同选择可能进一步影响在非商务组织合同中的执行。本身所固有的这两种交易分类之间的经济区分不能解释对这两种分类的不同对待。美国法院因此从商事组织类推适用到其他类型的合同。人们曾提议使用一个“合同主体”机制，通过该机制，在如特许经营关系中，公司的所有人可以公开申请一个类似于公司成立的执照而避开他为代理人所负的不同责任⑤。这可能是扩展有限责任概念的一种合乎逻辑的路径。

---

① See Larry E. Ribstein, *The Constitutional Conception of the Corporation*, 4 S Ct Econ Rev 95, 97 - 100 (1995); Willis L. M. Reese and Edward M. Kaufman, *The Law Governing Corporate Affairs: Choice of Law and the Impact of Full Faith and Credit*, 58 Colum L Rev 1118, 1121 - 1122 (1958).

② See Restatement (Second) of Conflict of Laws ? 294.

③ See Larry E. Ribstein and Robert R. Keatinge, *Ribstein & Keatinge on Limited Liability Companies* ch 13 (West 2000).

④ See Jennifer J. Johnson, *Risky Business: Choice - of - Law and the Unincorporated Entity*, 1 J Small & Emerging Bus L 249 (1997).

⑤ See also Larry E. Ribstein, *Limited Liability Unlimited*, 24 Del J Corp L 407, 438 - 440 (1999).

3. 对成立国法律适用的限制

对于商事组织的合同法律选择可能只限于三个重要的方面。其一，这种选择仅仅扩展到内部监管事项和有限责任。换句话说，股东自己不能通过执照本身来选择适用于公司与第三人交易的法律，除了有限责任的规则。尽管这个原则是明确的，但是对于有限责任的条件有一定的模糊性。比如，成立国支配在第三人交易中对公司产生约束的公司代理人的代理权力，或者揭开公司面纱法律对有限责任有例外吗？这些事项与受公司成立国法律约束的事项紧密相连，如代理人的管理权利。因此，一般主张，即使这些事项被看作适用于与第三人的特定交易，公司成立国法也应适用。

其二，几个国家有了适用自己的公司法于“虚假外国”公司（在其他地方成立但是实质属于本地）的法律。虽然这些法律有政策基础上的麻烦，因为他们威胁到合同选择的安全，但是他们符合我们通常的方法。对合同选择明示的立法限制符合我们的理论。当导致公司避开与一国的联系而不对地方市场造成伤害的情况下，一国是不会对“虚假外国”公司施加限制的。

其三，公司正式成立对于合同选择来说是强制性的。这里就提出一个问题，那就是，公司能在一国登记成立，而选择适用另一国法律来调整公司内部事项吗？或者在相反的情况下，能否适用成立国法律解决股东的公司协议，而不适用他们在协议中所定的法律？

针对这种情况，对于禁止可替代的选择有过几种争论。允许合同可以不顾成立国法律的适用可否会造成混乱，因为存在两种法律选择规则的冲突。然而，要求当事人明示退出缺席法律选择规则意图会减少或者消除这样的混乱。

按照合同法律选择，除非立法明示不考虑约定而适用公司成立国法律，法院应适用在合同中所选择的法律。换句话说，仅仅公司成立程序的存在不能否决合同选择。对合同选择的其他限制有益于确保强制性规则的效率。

结　论

流行的冲突法理论强调的是国家的权力和利益而不是个人和公司的利益。这些理论暗示和设想国家的立法者是受法律调整值得信任的代理者，这样确保每个国家在调整行为方面的正确结果。冲突法学者很大程度上回避适用经济和公共选择相结合的方法来分析冲突法规则。本章通过执行个人的事前法律选择而不是事后的政治权力正当分配的决定来突出效率原则。不管这样的理论是否成熟，但是我们强调个人选择而非国家利益的观点能有益于冲突法的法理本身。

第四编　立 法 论

第十章 国际民商事关系法律适用法的法典化进程

引 言

法典化有非常广泛的含义，通常是指制定一个成文的法律，与非成文法相对。把散见于各个不同地方的规范统一到一个体系中，是法典化的一个主要的作用。法典化还有更加远大的目的，它试图压缩一个法律部门的所有内容到一个广泛的单元之中。进一步归纳，我们可以看出，法典化主要有两个不同的意义，第一个意义就是书面的正式有效性，它创设产生了一个完整的法律制度。第二个意义就是关于它的实质性，它对法典化的两个政策作出了区分：或者固定现存的规则，或对新问题作出独创的回答。

历史法学派认为法律是一种缓慢的、整体的、渐进的过程，[①] 因此，反对法典化，主张法官造法能更好适应科学和实践的需要。在普通法系和成文法系国家内，适用于解决跨国法律选择争议的条款曾是立法的例外，而不是法律本身。即虽然大部分国家已经有了分散地适用于为数不多的特定法律选择问题的成文法规定，但是大部分问题仍然适用由法院确定的原则来解决。依赖于法院来解决这样的问题不但在普通法系国家内流行而且在大陆法系的管辖区内同样如此。在这些管辖区内，大部分法律选择问题被看成没有法律规定的案件，只是通过“惯例”或“不成文法”或“衡平”的适用而得以解决。然而，逐渐地，一部分欧洲国家率先在民法典中包含了一些冲突规则。这就是 1792 年普鲁士民法典和 1804 年拿破仑民法典。在这两个法典中，一些法律选择条款散见于实体条款中。可以肯定的是，在 19 世纪中期之前没有发现国际私法法典。然而在此之后，有一个因素使国际私法法典化成为可能和必要。这就是萨维尼提出的“法律关系本座说”使得国际私法的结构完全发生了

---

① Anzilotti, Una pagina di storia della codificazione civile in Germania in Studi critici di diritto internazionale privato (1898), reproduced in Opere di D. A., vol. III, Scritti di diritto internazionale privato 98, 108 (Giuffr, 1960).

改变。萨维尼的观点完全不同于法则区别说的概念。在巴托鲁斯和在其后的学者的观念中，国际私法的问题是对法律适用的地域限制，并且学者阐述了限制的标准。萨维尼却认为人们应该寻找特定法律关系的“本座”，即按照法律关系本座原则，特定的法律关系如何受特定法律的调整。不同于对法律和管辖权的地域限制，它确定的是事实与适用法律之间的关系。

萨维尼抛弃法则区别理论，认为它是不完全和不明确的，同时拒绝接受胡伯从地域主权出发所作出的推论。他寻求发现每一个法律关系按其本身特性所属的本地法律，这个特定地方的法律中都有一个自然的本座。不同于法院地法律，本座所在地法律必须适用。并且，本座的确定是在制定法律的权限范围之内。这样，1865 年的意大利民法典在萨维尼的影响下，同时吸收了孟西尼的国籍原则，经过深思熟虑，初步对冲突法条款作出了规定。相似的模式见于德国民法实施条例。

同时，欧洲一些国家已经采纳了冲突法或国际私法的法典，在这些法典内包含了相对广泛的法律选择适用范围。欧洲法典化的趋向可能鼓励了其他成文法系国家采纳有法律选择条款的国际私法法典，也鼓励了普通法系国家的立法机关制定成文法规以处理众多的法律选择问题。这些国际私法法典适当调和了在跨国法律选择争议中所有相关的不同利益，为争议的解决提供了一致的处理方式，因而得到人们的赞成。

时间总是在不经意中流逝，人们也未曾预料，在过去的三十多年中，世界范围内国际私法的法典化浪潮可谓一浪高过一浪，所涉国家范围之广也是前所未有的，不光包括有立法传统的大陆法系国家，还有英美法系国家。而法典的完备程度也是以前无法比拟的。现如今国际私法的立法依旧是国际私法的一个新的动向，我们不禁要问，是什么原因和动力促使如此波澜壮阔的立法浪潮，其所要解决的是什么问题？而立法秉承什么样的原则，也是法典化过程中人们一直思考的问题。欧洲法典化趋向所提出的第一个问题是：在经过了数个世纪的法律选择的非法典化之后，为什么突然要求法典化这些法律选择规则，答案当然是不同的，一些国家是为了成就法律选择决定的确定性，可预测性和结果的一致性。其他国家试图获得这种目标和现代法律选择理论所要求的灵活性之间的一种平衡。虽然法典的主要目标可能有些不同，但是，有两个问题需要澄清。那就是，法典能在多大程度上成就法律选择决定中的确定性、可预测性和结果的一致性；更为重要的是，这些法典中的法律选择规则能引导解决跨国争议的法律适用吗？在对这样两个问题作出回答时，我们首先应对现有的法典的内容，作一阐述。下面我们对国际私法的立法状况作一探讨，以期明晰。

一、国际私法法典的简单介绍

过去的一百年应该是国际私法法典化的一个世纪。先驱者就是在1900年1月1日实施的德国民法实施条例，但是在20世纪的前半个世纪，这还是一种温和的运动，在二次世界大战结束之后，才得到了新的推动，在接下来的三十年中曾是记录国际私法立法的“光辉三十年”。在欧洲，法典化最著名的事件是1987年12月18日通过的瑞士国际私法和1995年5月31日通过的意大利国际私法。列支敦士登也已经在1997年采纳了国际私法的新条款，还有俄罗斯。比利时也紧随其后，在1999年年末，比利时政府有了一个包含国际私法法典的草案法规的咨询意见。

虽然在大洋的彼岸，“冲突法律和立法依旧被视为对立的主题”,[①] 但是不得不提两个重要的例外，那就是：1991年的路易斯安那923法案和1994年1月1日实施的魁北克民法典中新的国际私法条款。当然这也不是历史的巧合，这两个管辖区在19世纪初引进了法国的民法典。

审视过去制定的一些法典，我们发现，他们虽然有程度上的不同，但是都是结合传统法律选择信条和现代先进思想制定而成。我们注意到，并入这些法典中的传统信条不是比尔的思想而是萨维尼和孟西尼的思想。不管采取什么的理念，传统的信条是使用管辖权选择的规则来解决法律选择问题。即采用一种特定的连结因素，如侵权行为地或当事人的国籍，引导法律来解决特定类型的争议，如侵权行为或行为个人的能力。而反映在这些法典中的大部分现代思想法吸收了美国冲突法第二次重述的精神，更多使用较为灵活的连结因素，如最重要联系标准。

东德法典和匈牙利法典有相当的相似性，他们虽然都很大程度上依赖于传统信条,[②] 但是，也在某种程度上反映出现代理念。比如，虽然按照东德的法典，伤害发生地国家法律的传统规则一般被认为应适用于侵权行为，但是，在“虚假冲突”的情况，如果伤害者和受害者是同一国家的居民或有相同国籍，那么，这样的法律也不予适用，当“虚假冲突”存在时，双方当事人居住或是具有同一国籍的国家的法律将被适用。匈牙利法典在侵权方面也引入了“虚假冲突”的概念。另外，匈牙利法典还并入了“可替代的优先条款”（Alternative preference clauses），至少从受害当事人来看，允许“更好法律规则”的适用。匈牙利法典规定，“支配侵权作为或不

---

① Symeon C. Symeonides, *Private International Law Codification in a Mixed Jurisdiction: The Louisiana Experience*, 57 RabelsZ 460, 461 (1993).

② 以下法条内容均来自，李双元、欧福永、熊之才编：《国际私法教学参考资料选编》，北京大学出版社2002年版。

作为时间和地点的法律将适用于侵权行为，除非损害发生地国法律对受害当事人更有利，在这种情况下，这样的法律应予以适用”。

除了侵权方面，在东德和匈牙利法典在合同方面也不同程度反映了现代美国思想。比如，东德法典承认了在国际商务交易中不受限制的“当事人自治”。这就是当事人能设计支配他们合同义务的法律。这种条款比第二次重述更为自由，因为法典不要求所选国家与当事人或交易有任何实质联系，也不要求当事人的选择有其他合理基础。这样一种当事人自治的自由观点长期以来被一些大陆法系国家所采纳。东德法典也就合同的形式引入了允许“可替代的优先条款”，即按照支配合同法律关系国家的法律或合同执行时国家的法律或履行发生或将发生国家的法律来对合同形式的满意程度进行考查。匈牙利法典也允许在所有合同类型中不受限制的“当事人自治”，在缺乏当事人选择的情况下，为不同类型的合同规定了一系列详细的连结因素，如买卖合同适用卖方国家的法律，货款合同适用银行所在国法律，保险合同适用保险人所在地法律。

东德和匈牙利法典也规定了一般连结因素，以确定在列明连结因素范围之外的合同应适用的法律。匈牙利规定，没有列明连结因素的合同由与该合同关系最密切联系的国家的法律支配。这个条款相似于在第二次重述中所使用的术语，即适用合同特征履行方的主事务地法律，这反映了现代思想。同时，如果使用这样的连结因素不可能，那么将适用履行地的法律，这样的连结因素又渗透了传统信条。

奥地利法典，看来较深地受现代法律选择理念的影响，每一个特定的法律选择规则都意图确定与特定问题最强联系的国家。而在特定争议中，法官可能不认为特定规则所指认的国家就是“最强联系的”国家，那么，法官能忽略特定规则而适用他认为与特定争议有“最强联系”国家的法律吗？特定规则仅仅是与第二次重述中相似的“假设的优先性”吗？法典对这样的可能性保持沉默。但是奥地利评论者杜绝这样的理念，即法官能独立地决定哪个国家有“最强联系”并拒绝适用由一特定规则所指的法律。

虽然奥地利的每一节都意图确定最佳联系的国家，但是，只有一个特定规则真正把“最强联系”作为连结因素来使用。第48节处理非合同主张时规定：如果“所涉当事人与另一个国家的法律有更强的联系，那么，这个法律而不是禁止行为发生地国法律应被适用”。这个条款可看作使用了第二次重述的“最重要联系”原则，以此来按照柯里的政府利益分析理论确定“虚假冲突”。另一个反映了近似于现代美国思想的条款是适用于合同的“意思自治”条款。特别的，奥地利法典排除了以下合同中法律选择条款的适用，如消费合同、不动产租赁合同和雇佣合同中对更弱一方当事人造成损害的合同条款。另外，该法典也不要求所选国家与当事人或交易有任何联系。因此，只有极少规则真正体现了现代标准；剩余大部分条款都排他地依赖于传统的信条。

瑞士法典也包含了几个并入现代方法的条款。最显著的条款是，当出现案件与所指法律只有非常松散的联系，而很明显的与另一个法律有更紧密的联系时，那么，赋予法官权力去避免适用特定规则。虽然这个条款字面上没有显示出对法官排除适用特定规则的权力有任何限制，但是，起草者已经指出，这样的条款应该只在“极端的案件”中适用。然而，很少有案件需要法官依赖于这样的条款。这是因为法典中的连结因素是与当事人或争议有最密切联系国家的因素，如在缺乏合同法律选择条款的情况下，与合同有最紧密联系的国家法律将被适用。除了这些条款的例外，瑞士法典主要还是提议坚守传统信条。

尽管所有这些法典充满了传统规则，但他们确实包含了几个美国冲突法第二次重述的最密切联系的理念。另外，通过“可替代优先适用”工具的使用，这些法典已经有了规定一些灵活性的分散条款，一些条款甚至确认了“虚假冲突”。

二、国际私法法典化与宪法的关联

在过去，在萨维尼的“国际共同体”理念的支配下创设了国际私法体系。这些基本理念为当时国际私法的发展提供了很好的指导。但是，随着宪法的历史发展，法律的创设成为立法机关的特权，马上就出现了宪法上的困境。事实上，各国宪法没有考虑到国际私法方面，因为依据宪法，国家对法律制定具有垄断性，在国家法律之外并不存在任何法律。大部分宪法原则面对国际私法就出现了严重的问题：根据国际私法规则，法官有义务适用外国法，但是很明显外国法不是由国内立法机关通过的，这不是意味着外国法的适用违反了宪法原则了吗？为了得到合理性的解释，各国从不同方面作出了自己的回答。

为克服这种困境，法国学者提出：外国法律一旦在国内范围适用，该外国法就是简单的事实。这种解决办法已经被大家熟知。许多国际主义者像 Batiffol 坚持这样的观点。进而非法律的外国法像任何其他事实一样由当事人证明。因此，外国法的证明不会取消。在英国，我们也发现类似的解决办法。

尽管许多著名的学者都提议在国内法院适用外国法时把外国法转化为一个法律事实。但是出于不同的原因，这种操作的价值受到质疑。因为这种“事实”理论的推理会导致奇异的结果。那就是，法官总结案件事实只是为找到新的事实——被适用的外国法。

意大利又发展了另一种理论，它将合并权力适用于国际私法规则，法官把需要适用的外国法转移到国内法体系内，这种合并理论也主要被美国现实主义者所支持。但是外国法如何转移到国内法体系内，在宪法秩序内如何获得合理解释，依旧没有合理答案。

从现在的观点来看，我们不必要求国际私法规则指向的法律应该来源于自己的立法机关，但是，国际私法存在的基础仍应该在宪法的秩序内得到解答。

在立法过程中，有两个问题必须作出处理。第一个是关于国际私法立法的科学性、普遍性问题；第二个是关于冲突规则的宪法有效性的问题。如果我们不否认国际私法的古老理念是一种“科学”，它规定了比国家层次更为广泛范围内的争议解决的话，那么，这种科学符合演变的实践，结合了学理和判例，最终是值得推崇的。这就要求我们在国际私法立法过程中除了立足于本国外，还要考虑它的国际因素，考虑它的普遍性，和它作为一门科学应遵循的客观规律。还有就是宪法有效性问题，如在欧共体中，国际私法的立法不但要求具有宪法上的有效性，符合欧洲关于人权和基本自由的原则，而且还要符合由欧共体条约所保证的经济自由。

宪法也是法律之上的法律，但是当它与冲突规则相结合时，它创造了两个法律层面的协调。法官极容易单独判断法律冲突。宪法基本规则的演变，特别是：法律的平等保护的新方法已经导致了一些传统法律规则的过时，如一些以男子特权或对非婚生子女歧视为基础的规则。如果国际私法的法典化随着更新的准确和限定的规则进行，那么，它也存在面对宪法价值进一步演变的风险，宪法会随着时代和社会的变迁而发生变化，在制定国际私法法典时，需要考虑这样的变化。而宪法规则的发展变化将会为冲突规则的发展施加一定的影响。

谈到宪法性问题时，又有两个具体的宪法授权问题在国际私法中必须澄清，这就是，在国际私法立法中，所涉及的人权的普遍要求和国际公约的适用问题。现在人权问题已成为一个世界范围内普遍要求遵循的问题，通过国际公约的签订，给各个国家施加了国际义务。这种公法上的义务，已经侵入了私法领域，要求在私法立法时，保护这样的基本权利，在国际私法立法时，我们必须考虑这样的国际性要求。还有就是国际公约在国内适用的问题，因为随着全球化浪潮的影响，统一的国际规则大量出现，各国为了参与国际竞争，都加入大量的国际公约中，怎样将国际公约适用于国内仍是问题？在私法领域这样的问题更为突出，如何协调私法方面的国际公约与国内法的关系，是必须解决的问题，这又需要宪法上明确的授权，然后我们才能在国际私法的立法中把它具体化。因此这样看来，处理好宪法与国际私法的关系就非常重要了。

三、国际私法法典化进程中的两个大的基本方向

国际私法的发展应该说是随着国际私法的理论发展起来的，因此，可以这么说，国际私法立法的形式与内容都与国际私法理论休戚相关。具体而言，一般是国际私法理论的发展先于立法本身，甚至是理论的创设奠定了国际私法立法的基本框架和体系内容。在国际私法理论的发展过程中，明显出现了两个发展方向，一方面是由萨维尼所创设的“法律关系本座说”，由该理论确立了国际私法的基本规范，并使国际私法规范的确定化和体系化成为可能，进而使国际私法的立法成为现实；另一方面是美国冲突法革命和欧洲冲突法的改良所形成的理论，该理论虽然未最终动摇和推翻“法律关系本座说”所奠定的国际私法的基础，但针对“法律关系本座说”自身的弱点所提出的对国际私法的修正是对国际私法非常有益的发展。在国际私法的立法中，我们必须深刻把握这样两个发展方向，使国际私法的立法更加科学。

具体来看，萨维尼的“法律关系本座说”的创设不但在方法论方面作出了创新，其更为重要的是，为国际私法成为客观的规范体系奠定了理论基础，概念化的冲突规则的创设就使国际私法立法成为一种可能。依据萨维尼理论，国际私法的主要任务是，根据法律关系的特征性质，来寻求法律关系的地域“本座”，因此，它不是用规范性规则来调整社会冲突，而是仅仅通过指出冲突规则来确定适用法。在萨维尼的视角中，国际私法仅仅是法律适用的中立法，只是寻求并决定涉及私人法律关系的私人主体的适用法，所适用法律的真实实体内容不在考虑之列。也只有这样才能达到判决结果一致的目标。这样萨维尼的国内方法就超国家化，并且让外国法也得到平等、一致和非歧视的适用。该理论确立的最大优点是创立了全新的解决法律冲突的方法，并且把这种方法转化成客观的双边或多边冲突规范，这样使解决法律冲突有了可依据的客观、确定的标准，实现了法律的确定性、冲突正义和判决结果的一致性，以上特点使国际私法的立法成为现实。现在国际私法的立法依然必须坚持这样一个基本方向。

但是，另一个侧面，“法律关系本座说”自身又存在难以克服的缺陷。正因为其单纯考虑地域上的联系，因此它不可避免具有盲目性、单一性和机械性的特征，缺少对法律灵活性、实质正义和相关利益的考量。实质而言，由萨维尼所构建的传统国际私法把自己仅限于寻找地域上“最好”法，而不考虑法律本身的内容，公共秩序仅作为一种纠正。它实际上只是确定适用的实体法的一种事前设定的盲目的工具，而实体正义却排除在冲突规则的范围之外。在萨维尼的国际私法的传统理念中，私法秩序被概念化为一个免于国家影响的领域。国家只是尽义务保护私权自治，在这

里其假设的前提与利益无关。但这样的理论体系所构建的中立的冲突法规则，显然不能合理调整日益复杂的涉外私人法律关系，于是爆发了美国冲突法革命，他们试图改变萨维尼所构建的传统冲突法体系，这其中涌现出一大批激进的冲突法理论，一些可谓是直接站在萨维尼的对立面，最具代表性的是“政府利益分析说”和“结果选择说”。他们一改传统冲突法的思维逻辑，认为传统冲突法不具备法律作为调整社会经济秩序工具的功能，因而，应自由地把价值判断与传统冲突法规则联系起来，这样才能实现法律作为社会调整和政治控制的工具。更有甚者提出应直接寻求对冲突案件的实体法方面的解决。很显然，不管是把冲突法当作一种考虑国家利益的政治工具，还是要求冲突案件的实体法解决，都会导致法律的不确定性甚至武断，而对于所有国家来说，其最重要的政府利益恐怕只能是法律的确定性和判决结果的一致性了。而传统冲突法恰恰能更好地完成这一使命，因此，试图彻底推翻传统的冲突法体系显然是行不通的，但这场声势浩荡的革命和随后引起的欧洲冲突法的改良却为冲突法的发展提供了新的养分，这就是，冲突法再也不是一个自我封闭的中立机械体系，在保持其法律确定性、冲突正义和判决结果一致性等特性的同时，也应该为法律的灵活性、实体上的正义和相关利益做考虑。因此在国际私法的立法过程中，我们必须清醒把握国际私法的这两个基本发展的方向，如何更好地实现这两个发展方向中所产生的一些价值取向上的协调。

在笔者看来，我们必须坚持萨维尼的“法律关系本座说”构建的传统冲突法的规范体系，这是主体框架，但我们同时必须吸收一些新的内涵，对传统规范体系进行修正和补充。

四、国际私法法典所秉承的基本原则

在制定冲突法规则时，一个国家的立法首先选取的是本国的司法体系，设想他们对案件有管辖权，同时，他们又不是普遍的立法者，面临这样的选择：或者解释单个实体法的适用范围，或决定什么样的法律，国内的还是国外的，来适用于案件。以前的立法是有利于第一种选择，按照法国民法典第 3 节第 3 款的措辞，“关于个人地位和能力的法律支配居住在国外的法国公民”。尽管采取“单边”规则，但通过让外国人适用他们自己国家的法律，外国法律同样被适用。在国际私法的立法过程中，确定立法文本应该秉承的基本原则直接决定以后立法内容的基本导向。在国际私法立法中究竟应该坚持什么样的原则，过去一直是有争议的，主要表现在两个大的基本方面，一个就是国际私法立法究竟是体现对国家利益的保护还是私人利益的保护，另一个就是立法中是确定性多一些还是灵活性多一些。这些基本原则的确定直接决定着具体规则的设计和规则是否能很好地指导实践。随着国际私法理论和实践的不断发展，现在一般认为国际私法的立法中还是要坚持对私人利益的保护和实现法律的确定性、可预测性和判决结果的一致性。

（一）私人利益保护原则

众所周知，适用法的确立不是简单的地域联系，可以这样说，地域的联系只是一个载体，在该载体的背后，我们必须明确其最终规范的目的和产生的效果。

传统国际私法根植于国家主权和国家利益的保护来展开对国际私法的构建，故冲突规范就是由僵硬的地域性的连结点所构成，在解决法律适用问题上往往直接体现着立法者所代表的国家意志。因此，综观国际私法理论，其中压倒一切的“政策”和“主权”基调几乎掩盖了这样一个基本事实：在每一个法律选择的案件中，我们所面对的只是两个或两个以上的当事人，他们的冲突主张需要公正裁判。

说到底，国际私法在本质上是私法，商品经济的进一步发展必然要求冲破国家的界限，从一国走向多国，而引导这种突破的先行军就是私人主体，他们在弥漫着民主开放思想的氛围中，走出了本国的边界，在更为广阔的空间范围内从事民商事活动。他们交往的基础仍然是商品经济和作为商品经济基础的市民社会，只是在跨越国界范围的世界市场的进一步拓展。这种情况下，虽然私人交往的空间位置发生了改变，但是主体作为人的价值却丝毫没有受到影响，反而对人的价值有了更全面的认同与实现。因此，商品经济所保护的交易自由和市民社会中确认的身份平等仍是其中应有之义，这些主体要求自身的人格能够在外国得到平等尊重，自身的权利能够在外国得到充分保护。通过享有充分的私权，并在私权受到侵害时能够得到充分的救济，使私主体在与他人自由合法的交往中获取自身的利益。国际私法的产生就是在民商事交往的自由空间拓展到世界范围后，私权的确认与保护要求不再局限于一国范围的情形下，提供法律适用规则，肯定更多的法律关系的效力，实现私人所欲谋求的利益最大化，以激发私人交往的积极性，最终促进国际交往的进一步繁荣，在全球范围内实现经济要素的顺利流通，经济资源的合理配置。虽然比起国内民商事法律而言，国际私法所提供的对私权的保护是间接性的，但是，这丝毫没有影响它致力的目标——保护好私人利益。

因此，在私法领域内，大部分国内法律规则的目的是实现法律关系中当事人的利益，或在当事人之间实现正义，而不是保护或促进国家利益。有时我们强调当事人的共同利益，如在订立合同或缔约婚姻时，当事人共同希望交易或法律关系能产生法律后果；有时我们强调对当事人之间实现正义，这体现在侵权领域中，实现对弱者一方当事人利益的保护。

在私法领域内，适用于争议中的不同国家国内法律规则的目的是实现当事人的利益，而不是国家利益，这样，这些国家的利益对于法律选择来说就不再相关。进而，法律选择规则背后的政策将会同私法领域的国内规则本身一样，实现当事人的正义。在侵权、合同领域内，国内法律规则不仅包括了非强制性规则，它的功能是填补当事人协议的漏洞；而且包括了强制性规则（不管当事人的协议而直接适用），它的功能是保护当事人中弱者一方的利益；还有就是与合同的成立相联系的规则。在婚姻家庭关系领域，也是在当事人之间实现正义而不是促进国家利益，这些规则是当事人可以选择成立婚姻关系，当然也可以基于生理缺陷或缺乏同意而选择撤销婚姻。

综上所述，国际私法的目的就是通过指引可以适用的一切法律来保障国际交往的安全与自由，使国内外人民的权利得以保障，这也是国际私法的终极思想。如何实现好私人利益的保护，更应确定为国际私法的基本原则。

但如何实现私人利益的保护呢？一般认为赋予当事人自治权利是最有利于保护私人利益的，因此，应最大限度地实现私权自治。从国际私法产生和发展的整个历程来看，私权自治一直就贯彻于国际私法的始终，以实现当事人的意愿，确保交易安全，保护当事人的正当期望并尽可能让当事人能准确预测他们的权利和责任。以此行事，结果的确定性和可预测性就最有可能得到保证。

“私法自治”在国际私法领域的集中体现，是在法律选择问题上遵循当事人意思自治原则。这首先反映在合同方面，即合同准据法应根据合同当事人双方共同的意思表示来确定。目前，它是解决合同法律适用问题的首要原则。另外，私法自治具体还表现在个人人格和身份平等基础上的财产权自由、结婚离婚自由、遗嘱自由和社团设立自由，应依据这些不同私法的性质来确定法律选择规范是一个基本趋势。

综观各国立法及判例，当事人意思自治原则已经在下列领域得到不同程度的应用：夫妻财产关系、继承、物权、侵权行为、不当得利、信托以及司法管辖、国际商事仲裁，等等。因此，可以说，扩张当事人意思自治原则的适用范围，泛化当事人意思自治原则的作用领域，是当前国际私法立法和司法实践呈现出来的一个重要特点。

（二）确定性、可预测性和判决结果的一致性

法典化的一个目标就是实现法律适用的确定性、稳定性和可预测性，具体在国际私法领域就是实现法律选择的确定性、可预测性和判决结果的一致性，因而，国

际私法中的规避手段也受到广泛批评，因为他们限制了传统信条成就确定性、可预测性和结果一致性的程度，法典的起草者曾特别授权一些“规避手段”的使用，而忽略了这些被法院使用的手段所带来的许多问题。不能解决好这些规避手段的固有缺陷，法典就不能很好的成就这项主要目标。

另外，在法典中的许多连结因素是以高度抽象的语言来表达的，如“特征履行”或“住所”，所以需要授予法院自由裁量权以解释这些术语。另外，分析显示规则的范围上存在漏洞，他们没有规定应解决哪些法律选择问题。不完全的范围和抽象的规则均有害于法律适用的确定性、可预测性和结果的一致性，也影响法典的完善和科学与否。

1. 规避手段的分析

（1）公共秩序

在国际私法法典化进程中，对于公共秩序，主要存在两个方面的问题：第一个问题是公共秩序的内涵是什么？对该术语可以给予一个法律上的限定吗？这涉及的是法律的确定性问题。第二个问题是，如果外国法律违反公共秩序，应该适用什么法律？这里涉及的是本地化的倾向。

几乎所有法典都规定，当外国法的适用不符合法院地国的公共秩序，应明确排除外国法的适用。如果外国法不符合法院地的公共秩序，那么，法院地法将予以适用。许多国家的法典反映了这样一个事实，当然，大陆法系的“公共秩序”的概念，比按照既得权理论发展起来的美国概念更受限制。在奥地利，公共秩序只是在外国法不符合奥地利法律秩序的基本原则时才被使用。即使公共秩序的大陆法概念被狭义地限定，但是它仍潜在地在大量的案件中被使用，因为它的使用可能是积极的，也可能是消极的。消极地使用就是拒绝适用不符合法院地公共政策的外国法。积极地使用发生在法院地法被适用时，而不考虑外国法，因为这个问题属于强有力法院地政策的范围之内。瑞士法典明示包括了积极和消极地使用。虽然其他法典只包含了消极条款，但更有可能的是，这些条款也被积极使用。

不管如何使用，对于什么样的政策会落入“公共政策”例外的范围之内的基本不确定性依旧存在。英美法系的国家从来不对公共秩序作出限定，更多是由法官考虑本国的政治利益，还有就是道德原则。大陆法系以德国为例，他们坚持萨维尼的主导观点，排除外国法只是一个例外。萨维尼认为一国的法律可以分为强制性的和非强制性的两部分，前者建立在社会道德或公共利益基础之上，与国家的政治、经济有关，绝对地排除外国法的适用；后者则只是为权利的个人占有者而制定的，冲突规则指向外国法，应适用该外国法。

虽然评论者经常拿出法院曾找出什么样的政策属于政策例外范围之内的例子并提示可能在这个范围之内的其他政策，但是没有一个人曾拿出或能拿出所有这种政策的一个穷尽的和限定的例子。[①]

因为法院在决定外国法是否符合法院地国的公共秩序方面有很大的灵活性。所以，甚至是公共政策更加限制的观点也对法律选择法典条款的适用并入了一定程度的不确定性和不可预测性。公共政策被积极地或消极地使用时，这种不确定的程度被彰显。

（2）反致

反致制度的产生，一方面主要是针对传统国际私法规范的僵硬、盲目和机械性而作出的灵活处理，另一方面是为了尽可能地适用本国法律而设计。

所有法典都指出在特定情况下反致的使用。奥地利法典规定了反致和转致，东德法典规定了反致，但是对转致未作明文规定。

匈牙利的反致条款是混淆的。该条款的第一句表明指向外国法意味着外国的国内法。然而，在第二句中，它表明如果外国法指向匈牙利，匈牙利法应被适用。评论者曾表明这种不连贯的表达应被解释为外国的法律选择规则只得在如下情况下考虑：①它被并入一个特定的实体法中，或②实体法限制于一定的范围内并且明显没有涵盖特定的争议。因此，很明显的，匈牙利看来是把反致的使用设想在有限的数量中。相反，在瑞士的法典中明示禁止反致的使用，除非特定规则授权它的使用，这种特别授权的数量是特别受限制的。[②]

因此所有的法典是限制对作为一种规避手段的反致进行广泛使用。至少当起初的指向返回到本国法时，所有的法典排除了进一步指向另一国法律。可以肯定的是，在存在反致的情况下，确定性、可预测性和结果的一致性是不能保证的。

不管任何时候存在指向外国法，这些目标就很难成就。如果指向外国的国内法，这些法律的范围和内容可能是不清楚的，法院地国法院只得猜测那些国家的法院将如何解决这种问题。如果起初的指向包括外国的法律选择规则，经常可能没有适用于这种争议的特定法律选择规则，即使有这样的法律选择规则，它的范围和内容可能是模糊的。在这种情况下，法院地国法院将通过对其他的国家法律选择规则的范围和内容作出猜测。这种猜测程序毫无疑问支配着争议的结果。

即使不这样使用，成就确定性、可预测性和结果一致性的可能性在这种情况下

---

① Palmer, *The Austrian Codification of Conflicts Law*, 28 Am. J. Comp. L. 197 (1980).

② 参见李双元、欧福永、熊之才编：《国际私法教学参考资料选编》，北京大学出版社2002年版。

就显得非常遥远。因此可以看出，即使限制使用反致，它也会减少成就确定性、可预测性和结果一致性目标的程度。

（3）程序或实体

审视这些法典表明，在大部分情况下，他们不能对区别实体和程序问题作出说明。几个条款规定，确定的法律是实体的，但只是有限的范围。这些条款的缺陷说明法典的制定者不能制定足够处理这个问题的条款，或他们承认，在存在许多不可估量的和不同因素的事项中，判决的一致性是不可苛求的，或者存在其他的原因。①不管什么原因，法典范围方面的漏洞意味着，法官如果想，他能把这些问题识别为实体或程序来成就他们认为争议正当的解决。如果决定一特定问题是程序的，这就意味着法院地法将被适用，法官能避免特定规则所明显指出的结果，即使法院不试图获得特定结果。区别实体和程序所固有的困难，导致法律选择问题倾向于不确定性。

（4）识别

在许多情况下，在选择适用的条款之前，法院必须对一问题进行识别，并且经常争议的结果依赖于识别。比如，如果问题被识别为一个继承问题，被继承人最后住所地国法律将被适用，如果识别为一个财产问题，财产所在地法律被适用。如果两个国家的法律是不同的，并且他们的适用将产生不同的结果，问题的识别决定争议的结果。

很多国家的法典对识别问题保持沉默。识别问题给予法官在决定争议结果方面很大的灵活性。因此这个过程使他们控制了结果。甚至在缺乏这种控制的情况下，特定争议的结果经常是不可预测的，因为支持可替代识别的原理有相同的效果。

因为识别问题的复杂性和多样性，设计出给予法官在识别问题方面给予指导的一般原则是难以理解的，所以，法典对识别问题不能作出说明是可以理解的。法典不希望说明这样一个可能的宏大安排。虽然不可能，也许就是不可避免的，但是依旧有这样的疑问。现实中，法典究竟在多大程度上成就了确定性、可预测性和结果的一致性。

（5）先决问题

到目前为止，还没有立法机关真正考虑过先决问题。学者对这个问题也存在不同的观点。支配主要问题的法律调整先决问题还是由法院地的法律选择规则调整先决问题？

英美国家的法官一般不直接考虑可能相反的解决办法，采取具体分析的态度。

---

① Morgan, *Choice of Law Governing Proof*, 58 Harv. L. Rev. 153, 195 (1944).

大陆法系国家的理论是赞成分开处理先决问题。客观来看，对先决问题的不同处理，主要体现的是：究竟是以牺牲国内的不一致来成就判决的国际一致性，还是以牺牲国际的不一致来获取判决的国内一致性？从现在的发展来看，人们倾向于坚持国内判决一致性的原则。

2. 连结因素的分析

应该承认国际私法及其法典化最重要的问题是复杂的连结因素概念。这个问题包括两个主要问题。第一是应该如何划分不同法律概念、制度的范围？第二是应该确立什么样的连结因素？

任何立法机关在制定国际私法的条款时，一般都是使用本国法律体系的概念与制度。然而，这些法律概念、制度的含义、范围是不同的。另外，本国有的东西可能其他国家根本没有，或者是正好相反。

在确立连结因素时，除了传统的地域因素之外，更加抽象的连结因素也成为当代国际私法立法经常使用的对象。

现在来看，几乎所有法典都充满了拥有高度抽象的连结因素。最明显的是适用与争议最强或最密切联系国家法律的现代理念。然而这种连结因素没有给予法官在不同的重要事实方面作出相关性衡量以指导。结果是，法官不得不在赋予这种抽象性以内容时实施很大的自由裁量权。

赞成这种灵活性连结因素的评论者也赞成法典成就确定性、可预测性和结果一致性的目标，但这是很难协调的。[①]

有这种不一致的主张，可能是因为在法典中很少有特定规则真正含有这种灵活的标准，或认为其他连结因素是确定的和明晰的，就特定事实适用法律时给予法官很少的自由裁量权。然而，审视不同的法典，许多连结因素实际上是模棱两可的。匈牙利法典中的两个法条可以为证。[②] 第29条规定，包含在第24—28条中的适用条款不能确定应适用的法律，那么，由特征履行人的住所地、习惯居所地或总部地法律所支配。显然，法官在决定哪个义务人有最显著的履行特征方面有相当的自由裁量权。这种连结因素的模糊性在瑞士法典中也得到了体现，它试图给予法官在赋予特征履行内容时以引导。然而，这种条款没有特殊的益处，因为它主要依赖于有限数量的举例来明证。比如，在保证合同中保证人的履行，信托合同中受托人的履行等。相同的困境也存在于把住所作为一个连结因素的条款中。使用住所概念的每个

---

① McCaffrey, *The Swiss Draft Conflicts Law*, 28 Am. J. Comp. L. 235 (1980).

② 以下法条参见，李双元、欧福永、熊之才编：《国际私法教学参考资料选编》，北京大学出版社2002年版。

国家的法理试图在特定事实模式的情况下赋予这个术语以内涵。

连结因素另一个不充分的地方可以在匈牙利法典第 32 条得到证实。该条规定："合同关系之外的损害赔偿责任应由侵权发生时行为所在地的法律所决定。"这个条款设想侵权行为将只在一个国家的范围内发生。当侵权行为由跨越国家边境的一系列事实组成时，指向又是哪一个国家？同样类型的不充分可以在处理不当得利的第 35 条中找到。该条规定不当得利适用不当得利发生地国法律，但是，当被告是一个四处移动的骗子时，哪个法律适用？

因此，可以看出，这些法典包含了模糊的连结因素和适用范围上的漏洞，这将迫使法官在解释这些连结因素，以及在特定争议中填补漏洞时进行自由裁量。因为法典经常迫使法官实施自由裁量权，所以，其成就确定性、可预测性和结果一致性的能力受到质疑。

不管法典如何精心制定，也难以成就绝对的确定性、可预测性和结果一致性。不同规避手段的利用会造成这样的结果，高度抽象的连结因素和适用范围的漏洞存在从而迫使法官实施自由裁量权，将进一步加剧这种结果。

因此，在国际私法的立法过程中，这些问题如何很好地解决，是立法者必须深思的问题。

五、法典化进程中基本价值取向的协调

在国际私法的立法过程中，我们首先应该解决的一个问题就是需要对所秉承的价值取向作一基本定位，因为只有在既定的取向下，我们才能在把握大方向的前提下，进行规范的技术设计，也才能制定出符合我们要求的冲突规范。而对基本价值取向的定位其实说到底就是需要处理好如下几方面的关系。

（一）法律确定性与灵活性之间的协调

至少在某种程度上，法律应理解为是普遍和抽象规范的总和。这可以看作不能对法律进行否定，也就是说，必须坚持法律的确定性。因此传统的管辖权选择规则的基本结构不但不能抛弃而且必须坚持，但是传统国际私法体系的一个典型特征是他们过分依赖于单一的连结因素（如合同缔结地或侵权行为地），很显然不能适应日益复杂的涉外民商事法律关系，再说立法本身也不能穷尽所有的事实可能，需要为法官未来裁判留下自由裁量的空间。于是我们需要用新类型的规则补充这些传统规则，以此达到法律确定性与灵活性的协调，这在立法中尤其要重点把握。具体而言，以下规则在立法中应该选取使用：

1. 拥有可替代连结因素的规则的使用①

这就是一些赋予法官可以在两个或两个以上的连结因素之间作出一个选择的规则。比如，合同的形式有效性不是绝对地受合同缔结地法的支配，这些规则给予法官另外的选择，即可在诉因地法，当事人的经常住所地法、惯常居所地法或营业所在地法，在不管任何确认合同有效的法律中作出选择。

2. 拥有灵活的连结因素的规则的使用②

这就是由无限度的、多指向的和灵活的连结因素所构成的冲突规则，如最密切联系取代事前固定的、单指向的和僵硬的连结因素（如合同缔结地或侵权行为地）。相反于几乎坚持事前决定适用法的古老规则，包含有这些灵活连结因素的规则允许法官在确定与案件有最密切、最强有力、最直接或最适当的联系的国家时有相当的自由裁量权。

这些立法授权是符合调和确定性追求和灵活性需要之间的要求的。在我们立法过程中也必须考虑到。

3. 例外条款的使用③

在实现确定性与灵活性调和时，对法律选择规则得出的结果作出事前授权考虑，这就是例外规则的使用。例外条款可能是具体的，如他们被附加于一个规则，为了规定这个规则的一个例外，或他们也可能是普遍的，如规定一个以上的规则的例外，1995 年英国国际私法法规的第 12 条是第一种方式的最好例子，④ 而瑞士国际私法典第 15 条（1），魁北克民法典第 3082 条和奥地利国际私法典第 1 条就是后一种方式的更早的例子。⑤

这些例外规则恰恰更好实现了确定性与灵活性之间的协调。在我国立法中值得借鉴。

（二）冲突正义与实体正义之间的协调

从现在来看，国际私法的发展在历经对传统冲突法的批判之后，不是正如批判

---

① 无条件的选择型冲突规范就属此类，在这种冲突规范中，其系属指明的几种法律具有同等的地位，可以不分先后顺序而任意进行选择，以此来达到规则的灵活性。

② 这是在法律选择规则中，包含了灵活性的措辞，如最密切联系、意思自治等，这样就留给法官和当事人选择法律的自由。

③ See Dordrecht, *Exception Clauses in Conflicts of Laws and Conflicts of Jurisdictions – or the Princinple of Proximity*, Marinus Nijhoff Publishers, 1994, p. 47.

④ See *Dicey and Morris on the Conflict of laws*, 13th ed. London, Sweet&Maxwell, 2001, p. 324. .

⑤ 参见陈卫佐主编：《瑞士国际私法法典研究》，法律出版社 1998 年版。刘仁山：《加拿大国际私法》，法律出版社 2001 年版。余先予主编：《冲突法资料选编》，法律出版社 1990 年版。

者所主张的那样，彻底放弃传统冲突法的规范或规则程序，相反，批判之后的反思更让我们看到，冲突规范虽然有其自身的缺陷，但它是现阶段确立国际私法规则体系最适当的组成要素，也是实现调整涉外民商事活动规则化最可行的手段。当然，这也不是意味着传统冲突法不可改变，在坚持传统冲突法规范程序的基础上，对规则本身的内容进行变革，充实新鲜的内容是可行的，也是适应社会发展所必需的。具体方法就是在制定冲突规范时，更多考虑实体方面的内容。这样可以更好地达到传统中立间接指引法规范模式与实体法内容考虑之间的协调，也就是所说的，冲突正义与实体正义之间的协调。

因此，从世界范围内来看，现在国际私法立法的基本格局是，传统观点（冲突正义）依法保持其主导地位，然而，现代观点（实体正义）已经取代了传统观点的一些位置。换句话说，冲突正义传统观点已经在更多情况下接受了实体正义的纠正功能。实体正义的考虑已经被大陆法系的国际私法体系在一定程度接受，并已被囊括到结构上适合传统模式的法律选择规则中。这些就是结果为导向的规则，他们同样是被设计成就某种被认为值得优先考虑的实体结果的规则。这种结果可能是有利于某种法律行为的效力，在利于某种身份地位或者有利于特定一方当事人中的其中之一。这种结果或通过提供给法院一系列可替代适用的几个国家的法律和指导法院选择产生事先设定好结果的法律，或通过允许受影响的当事人在确定的可参照的法律中选择适用法而成就。这些规则的大部分来自大陆法系的国际私法体系，但不能认为非法典化的国际私法体系就没有结果为导向的规则。情况恰恰相反，如在美国，几个结果为导向的规则已被法规所规定，并且甚至更多这样的规则已被判例法所阐明。在我国国际私法立法中，也应处理好这两个方面的协调关系。而这两种关系的协调表现为具体的规则就是：（1）有利于某种法律行为能力有效的规则；（2）有利于某种身份地位有效的规则；（3）有利于一方当事人的规则。上面所阐述的法律选择规则，通过有利于法律行为或某种身份地位的效力，也直接或间接地有利于他的利益依赖于特定行为或身份地位的当事人。然而，20 世纪的最后 25 年已经表明法律选择规则的多元化，这些规则更明示和直接地被设计为有利于法律争议当事人中的一方。这方当事人可能是侵权受害人、抚养权利人、消费者、雇员或任何其他法律秩序认为是弱者或他的利益被认为值得保护的当事人。这方当事人被通过以下方法中的一种或更多来偏袒：

1. 由一方当事人作出法律选择或为有益于一方当事人由法院作出法律选择。

允许一方当事人有权选择适用法的规则同样是结果为导向的，因为这方当事人可能选择他认为是最好的法律。而这种选择不管是发生在争议之后，还是在争议之前。

2. 保护消费者或雇员免受不利的法律选择条款所造成的结果的影响。

（三）国际社会公共利益与维护本国国家利益的一致性

萨维尼的“法律关系本座说”及美英的“既得权理论”都为在冲突法中成就国际判决结果的一致性奠定了理论基础。作为普遍方法的代表，多边规则的创设可被看作追求判决结果一致性的立法体现。他们都旨在消除挑选法院及不稳定的法律关系（在一管辖区有效实施的法律事务在另一管辖区有不同的法律效果）。就现在来看，对于所有国家来说，其最重要的政府利益恐怕也只能是法律的确定性和判决结果的一致性了，因为这是跨国私人主体可以进行正常国际民商事交往的前提，也是保持稳定的国际民商事秩序的基础。如果从这样一个角度来看，实现判决结果的一致性应是属于国际社会公共利益的一个部分了，实现这样一个目标就等于维护了国际社会公共利益。但纯粹只是对一国国家利益的考虑也在出现，起初是传统例外手段的使用，如公共秩序保留、识别和反致等；接下来，就是美国政府利益分析的方法及大陆国家的强制性规则的出现。这种现象背后主要的原因之一是，在20世纪所分配给政府在私法关系中维护公共利益所增加的角色（比如，反垄断法、进出口控制、规范证券交易市场及不动产交易等）。

因此，自从20世纪以来，许多学者已经主张，虽然一致性是一个值得称赞的目标，但国际私法的理论和实践应承认和支持其他目标，如成就实质正义的需要。在提出的许多新目标中，一个最直接的相反于国际判决结果一致性的目标，是保护国家利益的需要，特别是法院地国利益的需要。

确实，当立法者在制定以下任何一种规则时，纯粹国家利益的立法考虑就会产生：（1）取代一般的法律选择规则的直接适用规则；（2）强制适用法院地法于某种多国案件中的其他单边冲突规则；（3）甚至某种普适化的多边法律选择规则。具体来看有：

1. 多边或单边法院地为导向的规则。

例如，最近时期阻止本应适用的外国法适用到某种侵权案件中的某种侵权规则。这种例子如瑞士国际私法法规第135（2）条和第137（2）条。他们规定，在产品责任和阻止竞争由外国法支配的案件中，不同于按照瑞士法所规定的赔偿，没有赔偿可在瑞士赋予。[①] 相似的，如匈牙利国际私法法规第34条规定，匈牙利法院不应施

① 参见陈卫佐主编：《瑞士国际私法法典研究》，法律出版社1998年版。

加责任给按照匈牙利法不是不合法的行为，也不应施加匈牙利法并不所知的法律结果，尽管这个案件本应由外国法所支配。①

2. 直接适用的法②

在这些规则中，一个特定的位置由所谓的强制性规则或直接适用的规则所占据。不管是否这个理念正如在瑞士、意大利、委内瑞拉或罗马公约中被成文法所承认，或是否它单单正如在法国、德国、比利时、荷兰和波兰被法理所承认，事实是法院地国强制性规则是法院地利益的同等表达。

因此，在我国的国际私法立法中，重点处理的就是如何实现国际社会公共利益（判决结果的一致性）与维护本国国家利益一致性的问题了。

（四）保护中方当事人的合法利益与维护外方当事人的合法利益的一致性

众所周知，国际私法得以孕育产生，国际民商事交往的大量出现是最基本的社会物质条件，然而，赋予外国人在内国平等的民事法律地位则是产生这样交往的法律前提，平等待遇原则（国民待遇、最惠国待遇和非歧视待遇）的确立就是在法律上认可了内国与外国人平等的民事地位。由萨维尼的“法律关系本座说”理论所创设的多边的管辖权选择规则，以其平等对待内外国法律和中立适用，也很好地体现了内外国人平等对待的基本理念，因此，可以说，在冲突规范设计之初，其出发点是中立的，内外国人的合法利益是被平等保护的，但美国冲突法革命之后，单边冲突规范的回归、公共秩序的大量使用和直接适用法的激增，这一切表明法院地法的优先适用性成为各国立法设计的一个趋势，再加上最密切联系原则的随意适用性，更加导致法院地法的广泛使用。而这样一种现象的出现，其背后的动因就是对本国利益的优先保护和优先保护本国人的利益，这样至少在形式上就体现为，内外国人在适用法上的不平等对待，这样做是否真正能达到优先保护本国人的目的姑且不说，但有一点是肯定的，这样的规范设计会影响判决最终的承认与执行，最终会阻滞国际民商事的交往，因此，从长远来看，设计无歧视的平等保护内外国当事人合法利益的冲突规范是符合一国的最终利益的，恐怕也应是最重要的利益了。具体到我国国际私法的立法中，对于冲突规范的设计，我们也必须处理好保护中方当事人的合法利益与维护外方当事人的合法利益一致性的问题。如何合理地设计单边冲突规范、公共秩序及直接适用法是必须注意的问题，对最密切联系原则如何进行一个合理的

① 参见余先予主编：《冲突法资料选编》，法律出版社1990年版。

② 详细论述请参见肖永平：《冲突法专论》，武汉大学出版社1999年版，第159－182页。

限制，以防在司法过程中不合理的使用所导致内外国当事人的不平等对待也是在立法中应重点解决的一个问题。

六、法典化进程中两种规则的选取使用——管辖权选择规则和结果为导向或内容为导向规则

一般认为地域性规则服务于司法过程中有几个重要功能：简单化、可预测性、易于司法执行和避免挑选法院。但是随着时间的推移，我们清楚地看到规则的形成没有充分考虑规则本身的功能和目的。这种规则越来越不切合实际。而且随着时间和空间的推移，对规则的解释会产生冲突的结果，对这样规则确定的适用要求不同的法律拟制和技巧。最后，机械地适用管辖权选择规则不会在个案中产生正义。于是法院开始寻求避免不公正或不可取结果的办法。公共秩序的保留、实体与程序的区分处理、问题的识别、求助于反致都会促成司法公正。逐渐的，法院开始把他们的注意力从正当管辖的选择转向正当法律的选择来解决特定问题。这代表了从不管案件在何地提起寻求统一法律选择结果的多边主义转向了寻求限定冲突规则本应该的正当空间范围的单边主义和指导法院适用最好实体法而不考虑统一目标的实体主义。

在国际私法的立法过程中，针对各种不同的情况，分别设计不同的管辖权选择规则与内容为导向的规则或方法并选取使用就显得至关重要。管辖权选择规则应与冲突正义的理念相对应，内容为导向的规则或方法与实质正义的理念相联系。

在成文的法律选择规则的体系内，冲突法律的内容已成为正式的法律选择标准，它设计内容为导向的法律规则，这样的规则要求在法律之间的选择作出前，考虑冲突的实体法律的内容。确实，审视 20 世纪的国际私法典会发现，有惊人数量的内容为导向法律选择规则存在。①

应该承认，在可资借鉴的国际私法典中，管辖权选择规则继续构成其主要部分，但他们正在逐渐被内容为导向的规则所取代。这些规则是这样一些双边规则，如结果为导向或允许当事人选择适用法的规则；单边规则或允许从事先设计好的法律中作出例外的规则。这在立法中可以借鉴。具体而言：

1. 结果为导向的双边规则

这些规则是被设计为成就一定的实体结果，而这种结果被认为是理应优先考虑的。这种结果可能是如下的几种：

---

① 参见刘慧珊、卢松主编：《外国国际私法法规选编》，人民法院出版社 1988 年版。

（1）有利于法律行为形式或实体的效力，如遗嘱、结婚或普通合同。

（2）有利于某种身份地位的效力，如婚生或亲子关系的身份地位、夫妻的身份地位或身份地位的解除（离婚）。

（3）有利于特定当事人，如侵权的受害者、消费者、雇员、抚养权利人或法律秩序认为他是弱者或他的利益被认为是值得保护的任何其他一方当事人。①

2. 允许双方当事人进行法律选择的规则

3. 单边法律选择规则

单边法律选择规则，特别是那些强制或要求以减损本应适用的法律来使法院地法得到适用的规则，也是内容为导向的，即使这种内容导向的特征在规则表面上不是很明显。其实，制定这些规则的相同立法机关也是制定法院地的实体法机关。当这种立法机关要求法院地的实体法适用到本来可能被外国法所支配的多国案件中时，立法机关因为这两个法律的内容而确定这样做。

4. 传统和非传统的例外条款

当然，众所周知，传统的公共秩序保留同样是一种内容为导向的方式。虽然可以说法院应该是审查由外国法适用所产生的结果而不是外国法本身的内容，但这个结果是这个内容的直接后果。反致也是内容为导向的，同样的，识别可能在某些法官的手中是内容和结果为导向的方式。

七、法典化进程中制定的规则如何确保争议的正当解决

因为法官在一些情况下会错误地适用条款或不恰当地使用特定方法，所以没有任何机制能确保在所有案件中都能产生正当结果。但是任何法律选择方法或法典至少应在大多数情况下产生正当的判决。所以，我们分析的中心问题是，这些法典是否能在大多数的法律选择争议中产生正当判决。

（一）限定正当判决

国际社会中的每个国家可被看作在确定地域边界内的一个群体，他们适用制度于国内资源而后产生价值。他们所寻求的价值出于分析的便利可以分类为权力、财富、启蒙、技艺、正直、福利、尊重和忠诚。为了实现他们公民寻求价值和保护他们的国民免受价值剥夺的能力，在不同国家内，政府得以建立和保持。当国家的有权决策者，不管是立法者、法官或行政长官，认为确定的事项或潜在的决策结果可

① 实体法的价值导向和内容的变化无不影响了国际私法规则的发展变化。

能重大影响他们国民的价值立场时，有权决策者可能主张（维持）有关这些事项或决策结果的确定利益，主张这些利益是为了防止价值被剥夺或确保价值实现。而利益是通过适用于特定事项的有关规定获得的。

在绝大部分争议中，当事人是同一国的国民和产生争议的事项单单发生在当事人本国内。在这些安全的国内案件中，决策者可以实现他们希望的任何利益，只是除了他们的宪法或国际法所施加的限制。但是，当产生争议的事项发生在另外一国或几个国家内，或者当争议是在不同国家的国民之间产生，这样每一个国家可能对该争议有利益。在一个虚拟的世界中，法院地国可以忽略其他国家的利益来解决所有争议以实现他们自己的利益。虽然，这样一个行为活动可能为法院地国产生短期的收获，但是，通过干涉合作性的活动，它也将产生长期的损失，很少有国家采取这种偏狭的行为活动，主要是因为他们意识到，如果他们从事这样的一种活动，其他国家可能会报复并在涉入他们国民的争议中采取相似的行为活动，使他们的国民蒙受实体价值的剥夺。因此，面对跨国争议的决策者已经并且应该关注他们的决定对其他国家利益的影响。

国际社会中的国家，虽然他们公共秩序的体系不同，但是他们在形成和分享价值方面是高度依存的，国家是受到全球价值进程影响的独立地域区域；他们内部的价值进程被全球进程所影响，而反过来他们也影响全球进程，因为这种依赖性，国际社会在有关跨国争议的决策结果中产生这样的需求和赞成性期望。

为了讨论的便利，这种国际社会的需求和期望将被看作内部利益（Inclusive interests）然而特定国家的需求和期望将被看作外部利益（Exclusive interests）。

在许多跨国争议中，产生争议的事项或者潜在决策结果已经严重影响了一个以上的国家和集体共同体。经常，不同外部和内部利益将会发生冲突，因此不通过否定一些利益而实现其他一些利益来解决争议是不可能的。当存在这种竞争（冲突）的利益时，决策者最好能以实现总的净长期共同利益的方式来调和他们，共同利益是与有关人类尊严的国际法相协调的共享利益。违背共同利益的权利主张和与人类尊严不协调的主张是特定利益，应拒绝考虑。[①] 只有以这种方式通过调和共同利益和拒绝特定利益，决策者才能最大程度地确保他们的决策会鼓励与人类尊严优先政策相协调价值的最大产出和最大分配。

在确定受重大影响国家的外部利益和集体共同体的内部利益的过程中，决策者

---

① 更详细的特定利益的讨论 See L. McDougal, *The New Frontier in Choice of Law—Trans - State Laws: The Need Demonstrated in Theory and in the Context of Motor Vehicle Guest - Host Controversies*, 53 Tul. L. Rev. 731, 747 - 753 (1979).

将在外部和内部利益的表述中发现漏洞、模糊性和矛盾，当这样的漏洞、模糊性和矛盾存在时，决策者应通过求助于有关国家尊严的世界秩序的优先政策来解决。

在解决特定争议时，决策者会发现相关的不同外部和内部利益的正当协调不可能通过适用任何一个受重大影响的国家法律而得到解决。在这种争议中，决策者应发展和适用专门设计协调所有相关利益的跨国政策。

最好能以实现总的净长期共同利益的方式。这不是一种完全打破以前的建议，而正是多少国际法逐渐发展的结果。当决策和经验进一步发展和限定这种决策时，确定性、可预测性和结果的一致性的最高接受程度将会产生。无论何时，当现存的法律不能反映出在一个特定争议中相关利益的正当协调时，确定性、可预测性和结果一致性依旧必须服从。利益会随着时间而发生改变，当他们改变时，利益的正当协调要求法律重新制定。

（二）对一种观点的质疑

一种观点认为，国际私法与实体法有本质性区别，所以在制定国际私法规范时，不应考虑实体法的内容，其最经典的表述是“实体法致力于实体的最好解决，国际私法致力于空间的最好解决”。这样，在它看来，现代美国法律选择理论不能作出这种区分并且冲突法消失在实体法的“黑洞”中。[①]

法律选择所关注的是空间方面问题的解决办法，同时，也关注实体问题的解决，空间的最好解决也是实体的最好解决，其实应该说，国际私法致力于空间和实体的最好解决。很难想象如果忽略了对所有相关利益方的关注，能产生最好的解决。毫无疑问，出于这样的考量作出的判决更为复杂。然而，对复杂问题的简单解决只会偶尔存在，最好能达成实现长期共同利益的结果。

（三）共同利益的实现

设计的法律选择条款如何指导决策者（法官）作出最大实现总体净长期共同利益的判决，这是制定法律选择条款时，必须考虑的问题。我们试图选取三个条款来进行分析。

首先，各国法律都规定个人的行为能力由属人法所决定，在大陆法系则由自然人的国籍国法决定。比如，甲国公民，按照甲国的法律被宣布为禁治产人，在乙国

---

① Kegel, *Paternal Home and Dream Home*: *Traditional Conflict of Laws and the American Reformers*, 27 Am. J. Comp. L. 615 (1979).

签发了一个向乙国银行支付的本票。按照甲国法律所赋予他的权利，其监护人宣布票据无效，乙国公民甚至在核查了在两个甲国银行的账户后，仍不清楚甲国公民已被宣布为禁治产人。如果按照上面的行为能力的条款，适用了甲国的禁治产人法律，该本票无效。这样一个判决不能看作反映了对争议中相关利益的正当协调，判决虽然实现了甲国的外部利益，保护了禁治产人家庭的经济安全，但是它否认了跨国协议中真正值得保护和实现的当事人的期望、相同效果的甲国比较补偿外部利益即在阻止欺诈方面的甲乙两国的外部利益、保护实现当事人正当的期望和阻止欺诈方面国际社会的内部利益。这些不同利益的正当协调要求否定甲国在保护禁治产人家庭方面的外部利益，通过执行本票实现所有其他相关的外部和内部利益。这才是执行跨国政策应产生的判决。比如，在合同领域，各国法规定，银行的事务营业地法律支配借贷交易。这些规则就将会否定债务人国家可能主张的任何外部利益，如在担保法中所反映的利益，在储蓄交易中保护本国国民。这些规则也否定了在确保银行没有对借款人和参与交易的人施加过分的或不合理负担所产生的相关世界共同体的内部利益。

所有法典都规定，[①] 保险人的主事务营业地国法律支配保险合同。这些规则可能否定了被保险人所在国家的外部利益，而该被保险人是通过排除在保险合同加入不可接受条款进行一系列保护。他们也否认了在附属合同中拒绝接受不合理合同条款的内部利益。因此，虽然这些特定规则是确定的和可预测的，可能产生一致判决，但是通过毫无必要地破坏争议相关的共同利益所负担的成本是很高的。

还有，不动产所在地法支配房屋和土地的所有权，支持使用这种原则的理念是对所在国登记制度的保护。实然，登记制度理念经不起仔细推敲并且在许多情况下不能产生正当的判决。几乎在所有情况下，不否认土地或房屋所在国在保护它的登记制度方面的利益，也能对相关的外部和内部利益作出正当的协调。

分析显示，其实法典中的许多条款产生的结果不能最好实现总体净长期共同利益，这也不足为奇，因为我们只要清晰确认了所有相关的外部和内部利益之后，并以能产生正当判决的方式协调它们，这样的结果才能达到。

法典的主要目标之一是在跨国法律选择争议中给予确定性、可预测性和结果的一致性，我们如何达到这样一个目标和多大程度上达到这样一个目标，是我们需要解决的问题，通过对已有法典的分析，我们发现，规避手段和高度抽象连结因素的

---

① 法条参见，李双元、欧福永、熊之才编：《国际私法教学参考资料选编》，北京大学出版社2002年版。

出现，以及适用范围漏洞的存在部分造成了难以成就这样的目标。重新塑造一种规则和方法是必需的，正当的判决，需要我们对所制定规则对争议中相关利益方的利益作慎重考量和协调。对利益进行衡量，进行经济分析，最后作出取舍是我们制定规则中必须使用的思维方式。当一个争议发生在两国或更多国之间或跨越国界的事项时，争议发生地国法律，另一个国家的法律或专门设计解决跨国争议的法律都可以被适用来解决这样的争议。但是对于跨国争议所选被适用的法律应该将会是最好实现整体净长期共同利益的法律。在决定哪一个法律将这样解决争议时，立法者应考虑：1. 争议发生地国的利益。2. 它的人民、资源或制度受产生争议的事项或者争议所产生的判决严重影响任何其他国家的利益。3. 国家整体共同体的利益。对于不能合理地衡量作出决定所在国家利益和不符合人类尊严公共秩序的基本政策的利益应予以拒绝。

在立法过程中，确立这样一个基本的指导原则是必要的。它迫使立法者考虑争议中相关重要因素——严重影响国家的外部利益和整体世界共同体的内部利益。它迫使法官最大可能地通过适用最好实现整体净长期共同利益的法律来正当解决跨国争议，以这样的方式立法将会有助于产生更大的成果和更广泛的价值分配，并有助于成就世界公共秩序。

国际私法的法典化进程正如火如荼地进行着，正如任何形式法律重述的性质，它是一个正在进行的实行过程。正如在美国发起的不同法律重述计划所看到的，永远会是一个工作已完成和把结果标示为“完全的法律重述”的时期，重述法律的工作有点像改变建筑以适应居住在那里的人们经常变化的需要，这样一项任务，正如对其目标的限定，是持续的。[①] 国际私法的法典化进程也是不断进行的过程，而法典化本身不是目的，国际私法的法典化是否最终有利于国际民商事活动的顺利展开，这是法典化的目的，因此，在法典化过程中，我们需要对以上论述的问题一一合理解决，法典化才不会停留在形式上，而是真正实现其规范功能。

---

① Report of the Committee on the Establishment of a Permanent Organisation for the Improvement of the Law Proposing the Establishment of an American Law Institute (reproduced in The American Law Institute 50th Anniversary (1973), 3 et seq. (at 45).

第十一章　中国涉外民商事关系法律适用法评析

改革开放近四十年来，涉外民商事交往促进了中国国际私法的发展。改革开放之初制定的规范涉外民商事活动的《民法通则》第八章，已难以应对改革开放所带来的民商事法律关系的变革，2010 年《涉外民事关系法律适用法》应运而生。我国制定的《涉外民事关系法律适用法》，在理论上坚持了萨维尼的“法律关系本座说”对传统规范体系的修正与补充，在原则上秉承私人利益保护原则，在价值规范上对国际私法进行了定位，在立法规范选取上注重内容为导向，构建出了中国国际私法立法体系。

一、中国国际私法立法的模式设计

可以这么说，国际私法作为一门古老的学科，它的成文立法是随着频繁的跨国（区）界民商事交往的产生而发展起来的，并且立法的内容与范围也是随着跨国（区）界民商事交往的广度和深度的扩展而不断得到丰富的。从现代来看，在世界范围内，各国国际私法的立法形式与内容是有较大差异的。从立法的形式上来看，主要存在两种情况，其一，就是在《民法典》中集中规定调整涉外民事关系的冲突规范，另外，在其他单行法规中也规定相应的冲突规范。这样的立法形式主要受《法国民法典》的影响。如法国、希腊、日本、加拿大的魁北克省等都是采取这样的立法模式。其二，就是制定专门的《国际私法典》，这种立法模式尤其以瑞士、意大利和罗马尼亚等国为代表。从立法所涵盖的内容来看，又大体可以分为两大类：一类是立法只涉及法律适用的规范内容，如法国、希腊、日本等国。另一类是立法内容包括了总则、法律适用、管辖权和外国判决的承认和执行，在这里又因立法体例的不同安排呈现出不同的形态。主要有三种表现形式，第一种是按照不同的法律关系，分别就一个法律关系具体规定管辖权、法律适用和判决的承认与执行。这是以《瑞士国际私法典》为典型。第二种是法典分为总则、管辖权、法律适用和外国判决的承认与执行四个部分。这是以意大利1995年的《意大利国际私法改革法》为典型。第三种是法典分为总则、冲突法和国际民事诉讼三个部分。这以《罗马尼亚国际私法典》为典型。当然这些立法形式与内容的不同表现是与各国的立法条件和法律文化传统紧密相关的。

我国原有的国际私法的立法不管是形式还是内容都存在一些不足，具体表现为：形式上，我国国际私法的立法一直采取以篇章式为主，兼采散见式的方式，这种立法方式导致法律缺乏系统性和协调性，极易造成法律规定的矛盾与重叠，更不利于法律的查阅和适用；内容上，就我国原有的国际私法规范来看，一方面，许多民事领域，我们没有相关的冲突规范，如人格权、知识产权、不当得利和无因管理等。另一方面，即使有些领域作出一些规定（如物权、合同），往往又太笼统、不全面、缺乏周密性、可操作性差等。[①] 我国原有国际私法的立法显然不能担此重任。因此，重新制定和完善我国国际私法立法既是时代的要求，也是现实的需要。

中国究竟制定什么样的国际私法确实是需要我们深思的问题。针对我国的国际私法究竟采取什么样的模式呢？在国际私法学者中有两种截然不同的意见：一种意见主张，只制定国际私法中的法律适用法，以适用社会的急需，在实践中逐步完善，待条件成熟时，再制定一部全面的《中国国际私法典》，即包括：国际民事诉讼法、国际民商事关系适用法和国际商事仲裁法；另一种意见主张，“一步到位，国际私法法典化”，现在就制定一部完善的《中国国际私法典》，甚至提出“宁可慢些”。[②] 最终，从我国现有的立法条件和现实出发，在2010年出台了《涉外民事关系法律适用法》。这主要来自两方面的原因：其一，之所以选择只制定国际民商事关系法律适用法，是因为就我国现有的立法条件来看，制定专门的、全面的《中国国际私法典》显然是不成熟的。在我国现有条件下，我国的基本大法还未全面法典化的立法背景下，来讨论《国际私法典》的全面制定，确实为时过早；而且，如借鉴各国先进的立法经验，《中国国际私法典》应包括总则、法律适用、涉外民事诉讼与仲裁和附则，这里就涉及对其他相应部门法所涉内容进行清理和整合的问题，在还未与其他部门法进行协调之际，率先推出包括其他部门法所涉及内容的《中国国际私法典》，也是不符合《立法法》的规定。但是，从我国涉外民商事交往的现实整体情况来看，

---

① 此处所指国际私法主要是涉外民商事关系适用法，以下的论述也是围绕此含义展开。我国国家私法的立法规范主要体现在民法通则第八章以及民通意见中，在其他部门法中又有散见的条文如票据法、合同法、海商法以及航空法。

② 2008年中国国际私法学会年会上，与会代表中的意见大致可以分为这两种。对其是否应放入民法典，仅从立法进程上看，可以明确的是，放进来是加快涉外民事法律关系适用法的出台，因此，从此角度来看放进来是对的。

我国《民法通则》第八章的规定显然不能满足当时的需要，因此从当时的情况来看，我们急需有一个全面详细的规范涉外民商事活动的规则。其二，之所以选择只制定国际民商事关系法律适用法，出于这样两个方面的考虑：一方面，我们现在制定国际私法的内容以后是要全面整合在《民法典》中的，而《民法典》中的内容是调整民商事关系的，因此，我们就不能在《民法典》中规定国际私法的其他相关程序法方面的内容（如涉外民事诉讼上的内容），这也不符合立法体例的整体安排。另一方面，在《民法典》中专门只规定冲突法的内容，也是从国际私法的这门学科和其作为一个部门法的特征出发的，说到底，国际私法的历史使命就是指出调整涉外民商事关系应适用的法律，因此，从这样一个意义上来说，冲突法就是国际私法的核心内容，专门规定国际私法的核心内容，也是符合立法的宗旨和规律的。出于上述几方面的考虑，2010 年《涉外民事关系法律适用法》的出台也在情理之中。

二、中国国际私法立法的理论基础

国际私法的发展是随着国际私法理论的深化而发展起来的，因此，可以这么说，国际私法立法的形式与内容都与国际私法理论休戚相关。具体而言，一般是国际私法理论的发展先于立法本身，甚至是理论的创设奠定了国际私法立法的基本框架和体系内容。在国际私法理论的发展过程中，明显出现了两个基本发展趋向，一方面是由萨维尼所创设的“法律关系本座说”，由该理论确立了国际私法的基本规范，并使国际私法规范的确定化和体系化成为可能，进而使国际私法的立法成为现实；另一方面是美国冲突法革命和欧洲冲突法的改良所形成的理论，该理论虽然未最终动摇和推翻“法律关系本座说”所奠定的国际私法的基础，但针对“法律关系本座说”的弱点所提出的对国际私法的修正是对国际私法非常有益的发展。在我国的国际私法的立法中，深刻把握了这样两个发展方向，最终使得我国的法律适用法更加科学。

萨维尼的“法律关系本座说”的创设不但在方法论方面作出了创新，其更为重要的是，为国际私法成为客观的规范体系奠定了理论基础，概念化的冲突规则的创设就使国际私法立法成为一种可能。依据萨维尼理论，国际私法的主要任务是，根据法律关系的特征性质，来寻求法律关系的地域“本座”，因此，它不是用规范性规则来调整社会冲突，而是仅仅通过指出冲突规则来确定适用法。在萨维尼的视角中，国际私法仅仅是法律适用中的立法，只是寻求并决定涉及私人法律关系的私人主体的适用法，所适用法律的真实实体内容不在考虑之列。也只有这样才能达到判决结果一致的目标。这样萨维尼的国内方法就会超国家化，并且让外国法也得到平等、一致和非歧视的适用。该理论确立的最大优点是创建了全新的解决法律冲突的方法，并且把这种方法转化成客观的双边或多边冲突规范，这样使解决法律冲突有了可依据的客观、确定的标准，实现了法律的确定性、冲突正义和判决结果的一致性，以上特点使国际私法的立法成为现实。现在我国的法律适用法也正是坚持了这样一个基本方向。

但是，“法律关系本座说”由于其单纯考虑地域上的联系，因此它不可避免具有盲目性、单一性和机械性的特征，缺少对法律灵活性、实质正义和相关利益的考量。实质而言，由萨维尼所构建的传统国际私法把自己仅限于寻找地域上的“最好”法，而不考虑法律本身的内容，公共秩序仅作为一种纠正。它实际上只是确定适用实体法的一种事前设定的盲目的工具，而实体正义却被排除在冲突规则的范围之外。在萨维尼的国际私法的传统理念中，私法秩序被概念化为一个免于国家影响的领域。国家只是尽义务保护私权自治，在这里其假设的前提与利益无涉。但这样的理论体系所构建的中立的冲突法规则，显然不能合理调整日益复杂的涉外私人法律关系，于是爆发了美国冲突法革命，他们试图改变萨维尼所构建的传统冲突法体系，并涌现出一大批激进的冲突法理论，一些可谓是直接站在萨维尼的对立面，最具代表性的可谓是“政府利益分析说”和“结果选择说”。他们一改传统冲突法的思维逻辑，认为传统冲突法不具备法律作为调整社会经济秩序工具的功能，因而，应自由地把价值判断与传统冲突法规则联系起来，这样才能实现法律作为社会调整和政治控制的工具。更有甚者提出应直接寻求对冲突案件的实体法方面的解决。很显然，不管是把冲突法当作一种考虑国家利益的政治工具，还是要求冲突案件的实体法解决，都会导致法律的不确定性甚至武断，而对于所有国家来说，其最重要的政府利益恐怕只能是法律的确定性和判决结果的一致性了。而传统冲突法恰恰能更好地完成这一使命，因此，试图彻底推翻传统的冲突法体系显然是行不通的，但这场声势浩荡的革命和随后引起的欧洲冲突法的改良却为冲突法的发展提供了新的养分，这就是，冲突法再也不是一个自我封闭的中立机械体系，在保持其法律确定性、冲突正义和判决结果一致性等特性的同时，也为对法律的灵活性、实体上的正义和相关利益做考虑。因此我国的法律适用法清晰地把握了国际私法的这两个基本发展方向，并且更好地实现了这两个发展方向中所产生的一些价值取向上的协调。

三、中国国际私法价值取向的平衡

在国际私法的立法过程中，首先应该解决的一个问题就是要对所秉承的价值取向作一基本定位，因为只有在既定的取向下，才能在把握大方向的前提下，进行规范的技术设计，也才能制定出符合需要的冲突规范。我国的法律适用法在既定取向和把握大方向的前提下，进行了规范的技术设计，并且处理好了以下几个方面的关系。

（一）法律确定性与灵活性之间的协调

在某种程度上，法律应理解为是普遍和抽象规范的总和。必须坚持法律的确定性。因此传统的管辖权选择规则的基本结构不但不能抛弃而且必须坚持，但是传统国际私法体系的一个典型特征是他们过分依赖于单一的连结因素，很显然不能适应日益复杂的涉外民商事法律关系，而立法本身也不能穷尽所有的事实可能，就为法官未来裁判留下了自由裁量的空间。于是我们需要用新类型的规则补充这些传统规则，以此达到法律确定性与灵活性的协调，这在立法中尤其要重点把握。具体而言，我国的国际私法立法中选取使用了以下规则：1. 拥有可替代连结因素的规则的使用①。2. 拥有灵活的连结因素的规则的使用②。3. 例外条款的使用。这些规则恰恰更好地实现了确定性与灵活性之间的协调。

（二）冲突正义与实体正义之间的协调

国际私法的发展在历经对传统冲突法的批判之后，不是如批判者所主张的那样，彻底放弃传统冲突法的规范或规则程序，相反，批判之后的反思更让我们看到，冲突规范虽然有其自身的缺陷，但它是我国《涉外民事关系法律适用法》中最适当的组成要素，同时也是调整涉外民商事活动规则化最可行的手段。当然，这也不是意味着传统冲突法不可改变，在坚持传统冲突法规范程序的基础上，对规则本身的内容进行变革，充实新鲜的内容是可行的，也是适应社会发展所必需的。基于这一点，我国《涉外民事关系法律适用法》所采取的具体方法就是在制定冲突规范时，更多考虑实体方面的内容。这样可以更好地达到传统中立间接指引法规范模式与实体法内容考虑之间的协调，也就是所说的，冲突正义与实体正义之间的协调。

因此，从世界范围内来看，现在国际私法立法的基本格局是，传统观点（冲突正义）依法保持其主导地位，然而，现代观点（实体正义）已经取代了传统观点的一些位置。换句话说，冲突正义传统观点已经在更多情况下接受了实体正义的纠正

---

① 无条件的选择型冲突规范就属此类，在这种冲突规范中，其系属指明的几种法律具有同等的地位，可以不分先后顺序而任意进行选择，以此来达到规则的灵活性。

② 这是在法律选择规则中，包含了灵活性的措辞，如最密切联系、意思自治等，这样就留给法官和当事人选择法律的自由。

功能。实体正义的考虑已经被大陆法系的国际私法体系在一定程度所接受，并已被囊括到结构上适合传统模式的法律选择规则中。这些就是结果为导向的规则，他们同样是被设计成就某种被认为值得优先考虑的实体结果的规则。这种结果可能是有利于某种法律行为的效力，在利于某种身份地位或者有利于特定一方当事人中的其中之一。这种结果或通过提供给法院一系列可替代适用的几个国家的法律和指导法院选择产生事先设定好结果的法律，或通过允许受影响的当事人在确定的可参照的法律中选择适用法而成就。

在我国的法律适用法中，很好地处理了这两个方面的协调关系。而这两种关系的协调表现为具体的规则就是：（1）有利于某种法律行为能力有效的规则；（2）有利于某种身份地位有效的规则；（3）有利于一方当事人的规则。20 世纪的最后 25 年已经表明法律选择规则的多元化，这些规则更明示和直接地被设计为有利于法律争议当事人中的一方。依据我国法律规定来看，这方当事人可能是侵权受害人、抚养权利人、消费者、雇员或任何其他法律秩序认为是弱者或他的利益被认为值得保护的当事人。

（三）保护中方当事人的合法利益与维护外方当事人的合法利益的一致性

国际私法得以孕育产生，国际民商事交往的大量出现是最基本的社会物质条件，然而，赋予外国人在内国平等的民事法律地位则是产生这样交往的法律前提。由萨维尼的“法律关系本座说”理论所创设的多边的管辖权选择规则，以其平等对待内外国法律和中立的适用，也很好地体现了内外国人平等对待的基本理念，因此，可以说，在冲突规范设计之初，其出发点是中立的，内外国人的合法利益是平等保护的，但美国冲突法革命之后，单边冲突规范的回归、公共秩序的大量使用和直接适用法的激增，这一切表明法院地法的优先适用性成为各国立法设计的一个趋势，再加上最密切联系原则的随意适用性，更加导致法院地法的广泛使用。而这样一种现象的出现，其背后的动因就是对本国利益的优先保护和优先保护本国人的利益，这样至少在形式上就体现为，内外国人在适用法上的不平等对待，这样做是否真正能达到优先保护本国人的目的姑且不说，但有一点是肯定的，这样的规范设计会影响判决最终的承认与执行，最终会阻滞国际民商事的交往，因此，从长远来看，设计无歧视的平等保护内外国当事人合法利益的冲突规范是符合一国的最终利益的，恐怕也应是最重要的利益了。具体到我国的法律适用法中，对于冲突规范的设计，我们很好地处理了保护中方当事人的合法利益与维护外方当事人的合法利益一致性的问题，合理地设计了单边冲突规范、公共秩序及直接适用法的相关条文。我国法律适用法在很大程度上适用了最密切联系原则，因此如何对最密切联系原则进行一个合理的限制是今后的司法过程中应重点解决的问题。

四、中国国际私法规范的选取——管辖权选择规则和结果为导向或内容为导向规则

地域性规则服务于司法过程中有几个重要功能：简单化、可预测性、易于司法执行和避免挑选法院。但是随着时间的推移，我们看到这种规则的形成没有充分考虑规则本身的功能和目的。随着时间和空间的推移，对规则的解释会产生冲突的结果，对这样规则确定的适用要求不同的法律拟制和技巧。最后，机械地适用管辖权选择规则不会在个案中产生正义。于是法院开始寻求避免不公正或不可取结果的办法。公共秩序的保留、实体与程序的区分处理、问题的识别、求助于反致都会促成司法公正。逐渐地法院开始把他们的注意力从正当管辖的选择转向正当法律的选择来解决特定问题。这代表了从不管案件在何地提起寻求统一法律选择结果的多边主义转向了寻求限定冲突规则本应该的正当空间范围的单边主义和指导法院适用最好实体法而不考虑统一目标的实体主义。

在国际私法的立法过程中，针对各种不同的情况，分别设计不同的管辖权选择规则与内容为导向的规则或方法并选取使用就显得至关重要。管辖权选择规则应与冲突正义的理念相对应，内容为导向的规则或方法与实质正义的理念相联系。

应该承认，在可资借鉴的国际私法典中，管辖权选择规则继续构成其主要部分，但他们正在逐渐被内容为导向的规则所取代。在我国国际私法体系内，冲突法律的内容已成为一个正式的法律选择标准，它要求设计内容为导向的法律规则，这样的规则要求在法律之间的选择作出之前，考虑冲突的实体法律的内容。这些规则是这样一些双边规则，如结果为导向或允许当事人选择适用法的规则；单边规则或允许从事先设计好的法律中作出例外的规则。

第五编　具体规则论

第十二章 公司法律适用规则

历史发展表明，公司准据法的确定一直存在着内部事务主义和真实本座主义的对立和争论，普通法系的国家遵循了内部事务主义，[①] 而大多数的大陆法系国家则选择了真实本座主义。内部事务主义认为公司成立地法决定公司法律人格的承认和公司的适用法；真实本座主义则认为，公司真实本座（公司实际管理中心或者主营业地）所在国的法律调整公司关系。内部事务主义和真实本座主义之间的分歧反映出意思自治和本地利益优先保护之间的基本理论冲突。于是，内部事务主义与真实本座主义两相对峙，一国采取其中的任何一种理论固然都依赖于其法律传统，但也无不透露出不同理论的利弊得失以及各国的价值取舍。在21世纪初，欧盟内传统上坚守真实本座主义的国家迫于欧洲法院裁决的影响，[②] 也开始转向了内部事务主义。[③] 这种转变是在欧盟统一市场和自由流动的背景下产生的，这与内部事务主义倡导的法律选择自由和公司设立自由的理念不谋而合。从此，内部事务主义确立了在公司关系法律适用准据法确定中的主导地位。内部事务主义的精髓在于彰显了法律选择自由和保护投资者的开业自由，其具有推动区域经济一体化的功效，这无疑应和了当今经济全球化及一体化的时代发展趋势。

一、公司法律适用规则的基本规范立场

内部事务主义因兼具法律和经济上的优势而奠定了在公司准据法确定中的主导

---

① *See* Paschalis Paschalidis, *Freedom of establishment and private international law for corporations* , Oxford University Press. 2012, p. 21.

② 欧洲法院相继就 Daily Mail（每日电讯）案，Centros（森特罗斯）案，Überseering（于贝泽林）案，Inspire Art（灵感艺术）案作出了相关裁决，基本宣布了公司真实本座主义在欧盟内的终结。

③ *See* Kilian Baelz & Teresa Baldwin, *The End of the Real Seat Theory* (*Sitztheorie*): *the European Court of Justice Decision in Ueberseering of* 5 *November* 2002 *and its Impact on German and European Company Law*, 3 German Law Journal (December 2002).

地位，成为大多数国家的立法选择。从法律上来讲，内部事务主义赋予了公司发起人法律选择的自由，确定公司的适当法（proper law）相对简单，与公司发生争议的当事方可以轻易地事前确认支配他们关系的法律，具有法律的确定性、可预测性，结果一致性和保护当事人正当期望的特性。对公司设立自由选择权的尊重创设了公司法的统一交易市场，在该市场内，公司法被当作一种产品进行交易，这使规范竞争在各国展开，最终有利于提高公司法的效率和提供更为有效和优质的公司法律，换句话说，这对公司设立市场会产生积极效应，因为这促使各国立法机构优化自身的公司法，最终促使公司法走向竞优（race to the top）而非竞次（race to the bottom）的过程①。从经济上来讲，内部事务主义所具有的宽松和自由的特性培育了经济贸易的发展，提高了公司的经营效率，鼓励了投资和促进一国和区域经济的发展，这种理论无可争议地最适合于成就单一市场的共同利益。

然而，确认内部事务主义的结果并不能解释其原因。内部事务主义之所以确立了在公司关系法律适用准据法确定中的主导地位，既离不开其身处的特定时代与经济社会环境的孕育，也离不开对人类社会具有根本意义的思想激发。

从经济社会环境维度看，自由开放的经济社会环境是内部事务主义规范主导地位确立的物质基础。追溯历史，内部事务主义肇端于英国，② 现代内涵发展、丰富和形成于美国。19 世纪早期，美国法最初对公司的立场是，公司是法律创造物，在其成立地国之外不能有效存在，③ 此时各国公司法的冲突是很少的，伴随着地域性的公司法，该理论排除了竞争。从 19 世纪中期开始，随着美国工业化的发展，越来越多的公司活动开始跨越国（州）的地域边界，公司法地域性的限制意味着公司并不能普遍地挑选公司法，这样公司的发起人只能在公司的重要经营活动场所或重要的经营场所所在国（州）选择设立，这自然与经济的发展背道而驰，于是在 1845 年，美国新泽西州率先突破了公司法的传统地域性，④ 开始推行公司自由设立制度，一种

---

① 在美国，人们经常形象地把公司设立的竞争描述为“趋向更好的竞争”（“race to the top”）或者“趋向更坏的竞争”（“race to the bottom”），这都源于人们对特拉华州的看法。如果人们认为特拉华州的法律与其他州相比是更好的，那么，人们就把公司设立竞争的这场竞赛描述为趋向更好，如果人们认为特拉华州的法律与其他州相比是更坏的，那么，人们就把公司设立竞争的这场竞赛描述为趋向更坏。然而，无论如何，人们在限定这条终线时，特拉华州无疑是必须首先跨越的一个州。

② 早在 18 世纪，在英国的判例法中就可以寻见其踪影。J. BORG – BARTHET，*The Governing Law of Companies in EU Law*，Oxford：Hart Publishing，2012，pp. 52 – 69.

③ *See* Frederick Tung，*Before Competition*：*Origins of the Internal Affairs Doctrine*，32 Journal of Corporation Law，44（2006 – 2007）. Bank of Augusta v. Earle，38 U. S. 519，588（1839）.

④ Christopher Grandy，*New Jersey and the Fiscal Origins of Modern American Corporation Law* 81 – 82（Garland Pub. 1993）.

"强化形式"的公司设立竞争出现。[①] 在19世纪晚期和20世纪早期，随着大规模的兼并运动，公司与成立地国的地域联系逐渐放松，正式开始了现代公司设立的竞争。美国新泽西州开始允许公司发起人自由设立公司而无须公司与设立地之间有任何实质经济联系。[②] 内部事务主义在自由开放经济需求的催生和作用下形成了公司发起人自由选择公司设立地和公司法的现代内涵。这也促使英美法系传统国家将其作为确定公司准据法中的主导适用理论。而对于在大洋彼岸的大多数大陆法系传统国家，在1999年之前，一直采纳真实本座主义。[③] 依据该理论，只有一个国家对外国公司内部事务有规范权力，该权力属于公司真实本座所在地国家，公司的真实本座通常就是公司的经营管理中心或者主营业地。也就是说，外国公司只受公司经营管理中心或者主营业地所在地国家法律的调整。其强调公司成立地（法律本座）与经营管理中心或者主营业地（真实本座）的一致性。但是，真实本座主义试图建立公司和公司成立地之间最密切的联系，结果限制了公司发起人法律选择的自由和公司的自由流动，阻止了各国公司法之间的竞争，进一步破坏了公司设立自由。自由设立是共同市场的必备因素，而严格适用真实本座主义就是对共同市场的破坏。[④] 随着欧洲共同市场的建设和运行，真实本座主义与欧洲共同市场发展的目标背道而驰。于是，在1999年至2003年，欧洲法院作出的一系列判决对欧洲公司法起到了变革性的作用，依赖于欧共体条约第43条和第48条，欧洲法院开始否定支持真实本座主义的各国公司法的规定，其中三个裁决Centros、Ueberseering、Inspire Art终结了真实本座主义在欧盟内的实施，原本采纳真实本座主义的国家也纷纷转向了内部事务主义，内部事务主义最终也奠定了在欧洲大陆的支配地位。[⑤]

---

① "强化形式"的公司设立竞争，意味着公司可以不再顾忌其营业地，发起人的住所或者任何其他地域因素而任意选择公司法。

② Christopher Grandy, *New Jersey and the Fiscal Origins of Modern American Corporation Law* 43 (Garland Pub. 1993).

③ Borg - barthet J. , *The Governing Law of Companies in EU Law*, Oxford : Hart Publishing, 2012, p49 - 51; *see also* Becht, M. & Mayer, C. & Wagner, H. F. , *Where Do Firms Incorporate? Deregulation and the Cost of Entry*, Journal of Corporate Finance, 14 (3), p. 243.

④ Gelter, M. , Centros, *The Structure Of Regulatory Competition In European Corporate Law*, 5 (2) Journal of Corporate Law Studies, p. 248 (2005); Mucciarelli, F. M. , *Companies' Emigration and EC freedom of establishment*, European Business Organization Law Review 9, pp. 267 - 303 (2008).

⑤ *See* Eugene F. Scoles & Peter Hay, *Conflict of Laws*, 2nd ed , West Publishing Company , 1992, pp. 322 - 349. 美国《冲突法第二次重述》明确指出，公司成立地州的法律决定公司的设立要件，并且诸如公司的股东、内部管理和分红、表决委托、股份占多数的股东人的义务、普通股东人的义务、董事或高级职员的义务等问题原则上由公司成立地国法律决定。*See Dicey and Morris on the Conflict of Laws by Collins of Mapesbury*, 13th ed. , London Sweet& Maxwell, 2000, p1179. 英国法认为，公司成立国法调整公司的成立、公司章程事务、谁是有权代表以公司名义行为的公司成员、对于公司债务或负担的个人成员的责任范围和公司的合并和解散等。

从思想维度看，公司的合同理论和经济效率原则是内部事务主义规范主导地位确立的思想基础。其一，内部事务主义源于公司的合同理论，这种理论的基本假设是只有公司设立者的意愿才创设了公司与所选择成立国法律之间的联系。因此，公司应受公司成立行为完成地的法律调整（如在一个国家的有权国家机构登记注册）。公司的设立行为创设了公司与公司成立国法律体系之间的充分联系，至于公司与成立国之间是否存在真实的经济或人员的联系则在所不问。其二，适用内部事务主义，促进设立自由也是基于经济效率的原则。从经济学的角度来看，自由市场是实现比较优势和利益最大化的基础，而市场主体的可自由流动是自由市场的基本要求。采纳内部事务主义，至少在为市场主体（这里特指公司）的可自由流动方面扫除了法律上的障碍，这样，发起人就有选择设立公司的自由，也会选出最优质的法律。公司同时也是可自由流动的，公司的中心事务管理和活动场所也可以不经公司的解散而自由转移，因为这样不会担心公司准据法的更迭，同时达到适用法的连续性和确定性。

二、公司法律适用规则的规范范围

早期国际私法立法对于公司准据法的确定深受自然人属人法的影响，体现在立法形式上就是参照自然人属人法，仅笼统模糊地规定法人权利能力和行为能力的适用法。随着时代的发展，公司跨国经营已经成为常态，公司法内容也日益丰富复杂，公司准据法所面临调整的事项也逐渐增多和复杂化。如何合理限定内部事务主义的规范范围不仅有利于实现内部事务主义适用的确定性、可预测性、准确性和有效性[①]，更关乎内部事务主义适用的合理边界和限制。

内部事务主义的普适性已经得到了广泛的承认，但是，公司成立地法的规范范围却是一个具有争议的问题，对于该规则（理论）的准确规范范围并不清晰。简单地主张区分内部和外部关系的学说理所当然无法得到贯彻，因为它会导致在区分上的疑惑并因此有损法律的稳定性[②]。此外，困难还在于确认一种法律关系是否应归属于公司法的问题上。

关于内部事务主义规范范围的边界确定，董事和股东的责任与公司债权人和公司自身保护的问题最集中突出了其中的严重分歧。董事或者股东的错误行为，甚至

---

① 如能合理限定公司内部事务主义的调整事项并进行列举，这就可以在具体适用中避开复杂冗长的识别环节，做到节约成本，提高适用效率和准确性。

② 参见［德］托马斯·莱塞尔（Thomas Raiser）、［德］吕迪格·法伊尔（Rudiger Veil）：《德国资合公司法》，高旭军等译，法律出版社2005年版，第914页。

是欺诈行为导致公司破产或者由此损害了公司债权人的利益就会产生责任承担的问题。这里产生的问题就是责任是否只按照公司成立地国法律确定还是可以按照公司真实本座地国法律确定。这就涉及识别的问题，使用不同的识别方法就可能有不同的结果。比如，在英国，董事或者股东的错误行为或者欺诈交易应受破产法第213条和第214条的调整，这样所适用的破产法就由债务人主要利益中心（COMI）[①]所在地法来决定，在虚假外国公司的情况下，一般就是由公司真实本座地法律决定。另外一种结果就是识别为侵权法调整。德国联邦最高法院将股东抽逃出资而对公司产生的责任就限定为侵权，有关侵权行为的适用法律在大多数情况下会导致公司真实本座地法。同样，如果公司管理人员和股东应对公司债权人直接承担责任，在虚假外国公司的情况下，大部分的债权人都位于公司管理中心所在国境内，这依旧会导致公司真实本座地国法律的适用。[②]

随着公司跨国经营已经成为常态和公司法内容日益丰富复杂，面对内部事务主义调整事项的叠加交错，杂乱纷繁，尽管成文规范应该为司法适用留下解释空间，但是，既然立法者的权限并不是在个案基础上作出决定，那么，其至少应尽可能地为规范的适用划出更为明确的界限和设想将来可能发生的情况。确定判别和衡量内部事务主义适用事项的主观标准，依此标准确定公司准据法的绝对适用事项，最后，通过包含若干事项的非结论性清单的方式进行具体规定，这应是在规范意义上有效实现合理限定内部事务主义规范范围的可行路径。这既可以确保公司准据法有一个尽可能大的合理规范范围，又可以通过划分公司成立地法与真实本座地法规范范围边界，明白无误地给出公司准据法具体规范的范围，省却了司法中可能面对的复杂的识别困难甚至错误，这无疑是一种消除分歧，实现法律的确定性和节约成本的有效方法。

某一事项究竟是否受内部事务主义调整，这取决于该事项的性质，即它是否或者在多大程度上应归属于公司法律关系，归根结底还应按照对该公司适用的公司法进行审查和评价，本质上还是要回归到公司的本质上来进行判断。公司是法律创设之物，是实证法赋予其生命，其设置、结构、机构、功能及组成都由包含在各国成文法规及公司文件（章程）中的实体及程序规则所设定，这是唯一以资衡量和判断的标准。正是基于这样一个思路，里斯在其主持编撰的《美国冲突法第二次重述》

---

① The Centre Debtor's Main Interests.

② Eva - Maria Kieninger, *The Law Applicable to Corporations in the EC* Rabels Zeitschrift für ausländisches und internationales Privatrecht / The Rabel Journal of Comparative and International Private Law, *The Communitarisation of Private International Law* (July 2009), pp. 607 - 628.

中就公司成立地法所适用的范围作出了具体的规定,[①] 将内部事务主义的适用分为绝对适用和相对适用。其中，绝对适用是指只能适用公司成立地法而不能适用其他法律，适用的事项主要包括公司的有效成立、公司存在的终止和中止、股东在对公司应缴份额、资产分担以及对公司债权人所负债务方面应承担的义务及范围等。[②] 相对适用是指一般情况下适用成立地法，在特定情况下，可以依据最密切联系原则适用其他法律，适用的事项主要包括公司的股东参与公司管理和分红、股东的表决委托、股份占多数的股东人的义务、董事或高级职员义务等。[③]晚近的国际私法立法便开始采取这种清单列举事项的方式，规定出公司准据法调整的事项，并尽可能扩大法人准据法的规范范围，这尤其以 1987 年《瑞士联邦国际私法》为代表[④]。这种立法方式也为许多国家效仿。1992 年罗马尼亚《关于调整国际私法关系的第 105 号法》第 42 条[⑤]，1995 年《意大利国际私法》第 25 条[⑥]，2001 年《俄罗斯联邦民法典》第 1202 条[⑦]，德国国际私法委员会提出的欧洲条例建议稿的第 3 条规定了公司成立地

---

① Luther L. McDougal III & Robert L. Felix & Ralph U. Whitten, *American Conflicts Law* , Transnational Publishers, 2001, p. 315.

② 见《美国冲突法第二次重述》第 196 – 199 条，第 307 – 308 条。参见李双元、欧福永、熊之才编：《国际私法教学参考资料选编（上）》（总论·冲突法），北京大学出版社 2002 年版，第 474 – 475 页。

③ 见《美国冲突法第二次重述》第 303 – 306 条，第 309 – 212 条。也参见前引 31，李双元等书，第 474 – 475 页。

④ 如该法在第 10 章第 155 条中规定，除第 156 – 161 条外，适用于公司的法律特别支配下列事项：（1）公司的法律性质；（2）公司的成立和解散；（3）公司的民事权利能力和行为能力；（4）公司的名称或商号；（5）公司的组织；（6）公司的内部关系，特别是公司与其成员间的关系；（7）违反公司法的规定所应承担的责任；（8）公司承担债务的责任；（9）为公司进行活动的人员的代表权限。很显然，第 156 – 161 条规定事项就是公司成立地法规范范围的例外事项，这主要是：公开发行股票或债券、名称和商号的保护、对代理权的限制、对公司所负的责任、公司在瑞士的分支机构及公司的转移等。参见刘铁铮：《瑞士新国际私法之研究》，三民书局 1991 年版，第 171 – 185 页。又见陈卫佐：《瑞士国际私法法典研究》，法律出版社 1998 年版，第 201 – 211 页。

⑤ 该条规定适用于法人之组织章程的法律特别适用于：（1）法人的权利能力和行为能力；（2）成员资格的取得与丧失；（3）根据成员资格而产生的权利与义务；（4）法人领导机关的选举方式、管理权限以及作用方式；（5）通过本身机构进行代理；（6）法人及其机关对第三人的责任；（7）创立文件的改变；（9）法人的解散清算。参见前引 31，李双元等书，第 275 页。

⑥ 该条首先规定了公司由其成立地所在国法律支配后，接着规定该法律尤其适用于：（1）法律性质；（2）商业或社团名称；（3）成立转让及解散；（4）能力；（5）组织的编制、权力及运作方式；（6）机构；（7）取得或丧失组织成员资格的方式以及由此产生的权利和义务；（8）商业负债的法律责任；（9）违反法律或公司章程的后果。Rammeloo Stephan. *Corporations in private international law : a European perspective* , Oxford University Press, 2001, p. 222.

⑦ 该条规定了法人的属人法：1. 法人以其设立地法为属人法。2. 根据法人的属人法特别确定：（1）一个组织作为法人的地位；（2）法人的组织法形式；（3）对法人名称的要求；（4）法人设立、重组和清算的问题，包括权利继受问题；（5）法人权利能力的内容；（6）法人取得民事权利和承担义务的程序；（7）内部关系，包括法人与其股东的关系；（8）法人对自己的债务承担责任的能力。参见邹国勇编译：《外国国际私法立法精选》，中国政法大学出版社 2011 年版，第 30 页。

法适用的范围，其所采取的方式也是提供了一份包含若干事项的非结论性清单。①

三、公司法律适用规则的规范例外

内部事务主义彻底实现了公司设立和流动的自由，这是意思自治原则在公司准据法确定中的胜利。但是，任何法律选择的自由并非不受限制，正如意思自治原则必有其适用的范围和例外一样，这才构成意思自治原则的完整内涵，内部事务主义自然也如此。在决定公司适用法时，合同自由原则本身不能解决所有问题。如果承认公司法主要具有合同性质，那就依旧存在合同自由限制适用的部分。保护合同中弱者和保护善意第三方可以作为正当限制公司法律选择中意思自治的理由。公司的合同性质不应导致得出这样的结论：公司的发起人可以不受限制地自由选择公司适用法。在公司法中意思自治也不是绝对的，因为公司的合同总是会被产生公司法所补充和修改。承认公司组成文件的合同要素的同时，也需要认识到这样一个现实，国家赋予这些文件法律效力，并赋予公司虚拟法律人格和股东有限责任。

公司成立地国法律无限制的适用只建立在实体公司法达到最低限度的趋同化的基础上，尽管在各国公司法中股东本位的模式在更大范围上趋同一致，并在公司法冲突中自由主义获得广泛认可，但不同国家对公司、公司法的目标和具体设计存在差异。在欧洲，依旧有一些国家在公司治理中包括了工人的代表。美国也采取了公司利益相关者法规，旨在允许或要求公司管理人员在作出决策时考虑公司利益相关者的利益。英国作为另一个推崇股东价值的阵地也通过修订公司法来规定董事的责权并不限于完全为股东的利益服务。尽管公司董事的主要义务是为股东利益服务，但是，其也应尽可能作出其他的考虑：（1）决策的长远效果；（2）雇员的利益；（3）供应商和消费者之间的关系；（4）公司对社区和环境的影响；（5）公司的愿景；（6）公司内部成员之间的公平性。除了长期存在的分歧之外，新的分歧也在欧洲出现，这就是公司法中的性别问题。法国、西班牙和挪威等国家认为法律应该规定在公司董事会中性别的平衡，相似的发展也在欧洲其他国家出现。然而英国则认为平等性不应通过公司法来执行。这证明对于哪些事项是公司法集中处理的问题，

---

① 该第三条公司适用法的范围：按照第二条公司适用法应该特别适用于下列事项：1. 公司的性质、权利能力和行为能力；2. 公司的设立、重组和解散；3. 商号或者公司名称；4. 组织和资金的章程；5. 公司的代表权限；6. 公司成员资格的取得和丧失，以及成员的权利和义务；7. 公司的责任，公司的管理人员和股东对公司义务的承担；8. 对公司法施加义务的违反所产生的责任；9. 依据商法确定的标准制定公司清账，特别是年度财务声明及其内容，年度财务声明和形式的审计，财务披露和不遵守的法律后果，包括责任。除了上述第 2 项中的“重组”和整个第 9 项之外，德国司法部关于新的民法实施法建议稿第 10 条中也有相同的清单。前引 29。

哪些应留给其他法律来处理继续存在分歧。相应的是，公司治理模式趋于一致将继续受到旧的和新出现分歧的抗衡。对于公司采取合同观点的国家往往在公司的国际私法中限制合同自由，因为合同主义从来不是不受限制的。各个国家都乐于通过国际私法来保护这些差异和对公司法的选择，限定公司法中需要保护的重要领域范围。公司的国际私法与立法选择紧密关联而不是依赖于争议的原则。

公司成立地国法律无限制的适用带来了如下不利后果：其一，根深于内部事务主义的意思自治，允许公司的发起人在一个公司法宽松的地域设立公司，规避了公司所从事经营活动地国的法律，尤其是对债权人和股东保护的规范，造成对公司成立地法的滥用；其二，内部事务主义允许公司的发起人依据更为宽松的公司法来设立公司，这导致一个公司与公司成立国除了在该地设立的事实之外再没有任何联系，其主要管理和活动中心在其他地方，产生大量的虚假外国公司。法律的滥用和对虚假外国公司（邮箱公司）的容忍被认为是该理论最大的缺点。为了保证本国区域内经营的公司在财务上的稳定性以及保护股东和债权人等相关方的利益免受欺诈，保持对内部事务主义的例外适用和遵循虚假外国公司理论应是有效的应对之策。本国公司法中需要优先强制保护的利益不因滥用公司成立地法而受损，也不因虚假外国公司的出现而造成本国的公共利益和公共政策得不到维护，基于这样的考虑，在设定内部事务主义例外适用的条件和标准时，在维护本地优先保护利益的前提下，应尽量具体化和客观化，这一方面保持了适用法律的张力，另一方面可以避免具体适用的随意性而导致危及内部事务主义的基础。也正是在此理念的指引下，有的国家采用了实体法方法来实现，如最具代表性的就是美国的加利福尼亚州和纽约州的超越法规①和荷兰的虚假外国公司法案②，也有的国家采用了冲突法的方法来实现，如美国冲突法第二次重述恰当使用了“极少”和“另一州优先的利益”这样的词语来指向了成立地法可以例外适用的情况。随之，第二次重述所使用的“最密切联系”

---

① 超越法规（outreach statutes）在美国各州普遍存在，按照该法规的规定，如果条件满足，外国公司直接受法院地州的实体公司法来调整。这构成了公司内部事务主义的例外。这以美国的两个商业州纽约州及加利福尼亚州的法规为代表。纽约州和加利福尼亚州已经采纳了修订内部关系理论的“超越”法规。纽约州法律规定，本州的公司法规的相关条款适用于在纽约州内从事商业活动的外国公司，外国公司的以下事项受纽约实体法律规定的约束：审查股东记录的权利、提交有投票权的信托记录、董事和高级职员的责任、外国公司未披露所需信息的责任等。但是，如果外国公司在本州内从事少于一半的商业活动或其股票在其本国证券交易所上市，那么这些条款就排除适用于这些外国公司。加利福尼亚州法规更为宽泛，但是它反映出试图相对平衡本地政策和成立地的政策。如果外国公司在本州内的财产要素、在职人员名单要素和销售要素的平均值在最近的整个收支年度内超过50%和一半的已发行投票证券由在本州内有住所的个人所持有，外国公司受加利福尼亚州规定的约束。以下事项适用于外国公司：董事的年度选举；无原因地撤换董事；通过法院程序来撤换董事；当少于法定人数时，由股东选举董事的空缺；董事的谨慎注意标准；非法分配的董事责任；董事、高级职员和其他人的赔偿；对以现金或财产进行公司分配的限制；接收非法分配的股东责任；每年股东会议的要求和不能定期召开的救济；在选举董事时，股东累积投票的权利；特别多数投票条件；资方出售的限制；对合并的限制；重整；持异议者的权利；记录和报告；通过律师的诉讼；审查权利等。从上规定来看，这些超越法规并不是在任何条件下都适用。首先，他们仅限于特定的实体法问题，并不能用法院地法完全取代外国法律。其次，他们不适用于所有的外国公司，而只适用于与法院地州有实际联系的外国公司。Jason S. Haller, *The Constitutionality of Outreach Statutes under the Dormant Commerce Clause*, 37 Seton Hall L. Rev. 597（2006 - 2007）. Deborah A. DeMott, *Perspectives on Choice of Law for Corporate Internal Affairs*, 48（3）Law and Contemporary Problems 161 - 198（Summer, 1985）. Norwood P & Beveridge, Jr. *The Internal Affairs Doctrine: The Proper Law of a Corporation*, 44（3）The Business Lawyer 693 - 719（May 1989）. William L. Cary, *Federalism and Corporate Law: Reflections upon Delaware*, 83（4）The Yale Law Journal 663 - 705（March 1974）. Nat Stern, *The Practicality of Outreach Statutes Enforcing Directors' Duty of Care*, 72 Neb. L. Rev. 905 (1993).

② 在荷兰，面对人们依据宽松的外国法律成立公司来规避荷兰严格的公司法，为了反击对外国公司的滥用，荷兰立法者决定对滥用外国公司行为进行开战。在1998年1月1日，议会的两个议案被付诸实施，其中一个被称为虚假外国公司法案。该法案所要解决的是纯粹虚假外国特征的公司，其第1-6条给虚假外国公司的执行董事施加了重大责任。然而，这套强制性规则单单适用于虚假外国公司（该公司除了其创设和成立之外与创设国没有任何其他实质联系）。这意味着，真实外国公司依旧不受这个立法的影响。但是所有外国公司——不管是虚假外国与否——却受1998年公司冲突法案第5条的约束。公司法律冲突法案第6条明示规定，该法律不应影响虚假外国公司法案条款的实施。虚假外国公司法案可谓是对虚假外国公司的全方面规范。首先在本法案中虚假外国公司意味着按照不同于荷兰法律成立的具有法人地位的资本公司（资合公司），它完全或几乎完全在荷兰从事商业活动，而与公司成立国没有任何进一步的真实联系（见第1条）。接着，该法案规定了额外的“成立”和披露条件，旨在保护纯虚假外国公司的债权人（见第2条）。同时规定，如果一公司是虚假外国公司，其必须注明是虚假外国公司（见第3条）。另外，该法案还对虚假外国公司的资本要求、额外的会计和审计要求以及本地管理者和工作人员等作出了详细的规定，旨在对虚假外国公司实施与公司成立地法不同的本地法规范。Stephan Rammeloo, *Cross - Border Mobility of Corporations and the European Union: Two Future Landmark Cases*? 8 Maastricht J. Eur. & Comp. L. 117（2001）. Xandra E. Kramer, *Dutch Private International Law - Overview* 1998 - 2002, 537 - 546（IPRax, 2002）.

的考查就是在例外情况下对成立地法的干预。[①] 瑞士也制定了相应的单边冲突规范。[②] 总之，这是作为一种公共秩序条款发生的作用。

四、公司法律适用规则的中国规定

《涉外民事关系法律适用法》第 14 条规定："法人及其分支机构的民事权利能力、民事行为能力、组织机构、股东权利义务等事项，适用登记地法律。法人的主营业地与登记地不一致的，可以适用主营业地法律。法人的经常居所地，为其主营业地。"《涉外民事关系法律适用法》的本意应是采用内部事务主义，但是，文本的表达尚未准确地传递出这样的信息。在"法人的主营业地与登记地不一致的，可以适用主营业地法律"的立法构造之下，由于缺乏任何具体指引标准和对"主营业地"的准确界定，新法的规定始终处于内部事务主义与真实本座主义的摇摆不定之间，在适用法"回家化"的倾向下，司法实践中极有可能完全走向真实本座主义，完全失去了内部事务主义例外适用的规范功能。同时，规范范围的高度概括和相关事项的有限列举增加了识别的难度和适用法律的困难，十分不利于司法实践。[③]

在规范立场方面主要存在如下问题：第一，选取登记地作为适用法的连结点会形成一定的法律漏洞。公司登记有设立登记和营业登记之分，在公司存在跨国经营的情况下，设立登记地与营业登记地就存在不一致的情形，因此，对登记地会产生歧义，对其进行准确限定是必不可少的。《最高人民法院关于适用〈中华人民共和国涉外民事关系法律适用法〉若干问题的解释（一）》第 16 条对登记地作出了限定，"登记地"指法人的设立登记地。依此解释，看似问题已经解决，但还是存在一定的缺陷。尽管现代国家立法逐渐趋向于采取强制登记原则，但是公司法人任意登记还是在一些国家客观存在，登记并非每个国家法人成立的要件，对于那些不需登记就可成立的法人，如果在我国法院涉诉，涉及公司法人内部事项等争议时，将会出现

---

① 美国冲突法第二次重述第 302 条规定：与公司的权利和义务相关的其他问题：（1）第 301 条规定以外的涉及公司权利和义务的问题，可适用根据第 6 条原则所确定的与事件及当事人有最重要联系的州的本地法。（2）公司设立地州的本地法，决定此类问题。但是在非常情况下，就该特定问题，另一州与事件及当事人有更重要的联系时除外。在此情况下，依该另一州的本地法。

② 1987 年的瑞士联邦国际私法在第 154 条明确了公司内部事务主义的适用之后，在其第 159 条明确规定："如果依外国法设立的公司的活动是在瑞士进行的或从瑞士开始进行的，以该公司名义进行活动的人的责任，适用瑞士法律。"该条规定被视为对公司内部事务主义的一项重要限制，为的是保护公司债权人的利益。但是，该条只是针对"活动的责任"产生对公司内部事务主义的例外适用。

③ 在"宏智实业股份有限公司与陈孟榆、丁修智、武汉友谊特康食品有限公司股权转让纠纷再审民事判决书"（〔2014〕鄂民监三再字第 9 号）中，宏智公司是台湾地区注册的企业法人，就其董事长丁修智在涉案股权转让协议上签字行为的法律效力问题，是否应该适用《涉外民事关系法律适用法》第 14 条历经三审，可见适用之困难。

法律适用上的漏洞，即没有公司法人适用法的连结点。因此，似乎应该补充规定，如果公司没有或者还不曾在公共登记簿上登记，其应受其设立所依据的法律调整，这样更为合理。

第二，“法人的主营业地与登记地不一致的，可以适用主营业地法律”的规定在一定程度上彻底瓦解和否定了内部事务主义，并最终可能完全倒向真实本座主义的阵营。《涉外民事关系法律适用法》第 14 条第 1 款规定：“法人及其分支机构的民事权利能力、民事行为能力、组织机构、股东权利义务等事项，适用登记地法律。”旨在采用内部事务主义，这本没有任何理论和逻辑上的问题，但是，当第 2 款规定“法人的主营业地与登记地不一致的，可以适用主营业地法律”时，在没有任何客观指导标准的情况下，“可以”措辞的使用，无疑以一个主观标准将适用法的决定置于一种游离的状态，规范功能摇摆不定。实质而言，当法人的主营业地与登记地一致时，内部事务主义与真实本座主义之间并没有区别，只有法人的主营业地与登记地不一致时，才出现内部事务主义与真实本座主义之间的差异和分野。当法人的主营业地与登记地不一致时，适用登记地法律，可归入内部事务主义的阵营，适用主营业地法律，可归入真实本座主义的阵营。而《涉外民事关系法律适用法》文本的表达导致在司法适用中完全依赖于主观标准，即法官的逐案判断，在涉外民商事关系的法律适用方面本来就存在“回家化”的倾向，再加上外国法查明上的困难，可能出现的结果是，当遇到“法人的主营业地与登记地不一致的”情形时，无一例外地适用主营业地法律，最终彻底倒向真实本座主义的阵营。在未根本改变现有立法的前提下，纠正现有立法缺陷和不足的唯一办法就是为“可以适用主营业地法律”设定明确的指向标准，列举适用主营业地法律的主要事项，以此来抵消现有立法规定可能带来的随意性。在维护我国公司法中需要优先强制保护的利益、公共利益和公共政策的原则下，就虚假外国公司滥用法律损害我国的公共利益，严重损害我国公司法中优先强制保护的小股东和债权人等利益相关方的利益，明确适用主营业地法律，其他情况下，无须适用主营业地法律。

在规范范围方面主要存在如下问题：《涉外民事关系法律适用法》的规范事项限于民事权利能力、民事行为能力、组织机构和股东权利义务等四项内容。在法律颁布之时，由于没有权威说明这四项内容的内在关联性和分类标准，结果这样的列举采用的完全是客观标准，不合理限制了公司准据法的适用范围，实质在一定程度上限缩了内部事务主义的适用范围，同时增加了识别的难度和适用法律的困难。可以考虑将公司内部治理及组织法的内容作为确立规范范围的主观标准，在现有列举事项基础上进一步扩展和具体化，将其他如法人的性质和成立、高级管理人员的权责以及法人的解散也纳入其中。具体可以包括如下事项：（1）公司的设立及其条件、法律性质、登记程序和设立中公司的法律关系。这尤其适用于最低资本数额、公司股份的认购、实物投资的合法性及其处理以及发起人的责任等。（2）公司股东出资、股东权侵权、公司股权确认、股东责任等。（3）公司的内部事务和管理。该事项原则上都是公司自治的内容，由公司章程来决定，这包括成员资格的取得和丧失；公司机关的产生方式、组成和职权；股东会（股东大会）、董事会决议效力；其成员的任命和免职；执行公司事务的规则；决议程序；公司与其股东或董事、监事与股东之间的关系；筹集资本和维持资本规则；改变章程包括增减注册资本；购买权的排除以及公司的解散、清算和终止等。

第十三章　代理法律适用规则

代理是指发生于本人、代理人和第三人之间的民商事法律关系，代理人依代理权与第三人进行民商事活动，其权利义务直接由本人承担的制度。而国际代理是介入了国际因素的代理。在这种代理关系中，本人、代理人和第三人中至少有两人具有不同国家国籍或他们的住所（营业所）处在不同国家。较之于国内代理制度，国际或涉外代理具有如下几个特点：第一，国际代理主要是委托代理，广泛地运用于国际商事关系当中；第二，国际代理的成立通常既要符合本人所属国的法律规定，还要符合代理权行使地国家的法律规定，否则代理权不能依法行使；第三，各国有关代理的实体法和实践不尽相同，客观上存在法律冲突问题。因此，代理法律适用问题的解决对于处理好国际代理法律关系具有十分重要的意义。

一、国际代理的法律适用

由于各国对代理的法律规定各不相同，因而在国际代理实践中不可避免地就会产生法律冲突，需要解决代理的法律适用问题。代理关系涉及本人（被代理人）、代理人和第三人三者的关系，即本人与代理人的关系、本人与第三人的关系、代理人与第三人的关系，由此可见，国际代理的法律适用问题极为复杂，需要分别确定代理法律适用的规则。

（一）本人与代理人关系的法律适用（代理内部关系）

国际代理中的内部关系是指本人和代理人之间的委托代理合同关系。由于代理内部关系并不产生特殊的法律适用问题，绝大多数国家均将其纳入一般合同之中予以探讨，并没有将其作为特殊问题对待。

既然本人与代理人之间的内部关系通常是建立在委任合同的基础之上，因此适用于一般合同关系的国际私法规则也同样适用于代理的内部关系。首先适用当事人选择的法律是人们的共识，但是如果当事人没有作出法律选择，应如何确定准据法，各国的做法则不同。

第一，适用代理关系成立地法律。例如，英国的冲突规则对本人与代理人之间的关系问题虽然没有明确的规定，但英国国际私法学者戴西（Dicey）和莫里斯（Morris）认为，代理合同应受其合同自体法（proper law of a contract）的调整，该合同自体法通常是代理关系成立地国家的法律。

第二，适用最密切联系原则确定准据法。例如，美国的许多判例对于当事人未能选择适用于代理合同的法律时，适用最密切联系地的法律。但美国有的判例也适用代理关系成立地的法律或代理人意图为代理行为地的法律。德国将罗马公约纳入民法典，规定如果当事人未进行法律选择，则代理合同要受到最密切联系国家的法律支配，而且推定代理合同与履行特征性义务的当事方所在国有最密切联系。

第三，适用代理关系成立时代理人的营业地法。例如，根据《海牙代理法律适用公约》第6条的规定，在当事人没有根据公约第5条进行法律选择时，应该适用代理关系成立时代理人的营业地法，如果没有这种营业地，则改为适用其惯常居住地法（第1款）。但是第2款规定，如果代理人的主要活动地国又是本人的营业地或惯常居住地，则应以该国法律作为适用的法律。第3款规定，如果本人或代理人有一个以上的营业地时，则上述所指的营业地应以与代理关系有最密切联系的营业地为准。应该讲，公约的这一规定，比上述各国的规定与判例更为具体，也更加全面。总之，公约将代理人或本人的惯常居所地法与营业所在地法结合起来加以规定的做法是值得肯定的。

（二）代理外部关系的法律适用

1. 本人与第三人关系的法律适用

在代理关系中，本人与第三人不直接接触，代理人以自己的名义与第三人进行一定的法律行为，因此，本人与第三人的关系形式上表现为代理人与第三人之间的关系。根据各国占主导地位的理论和实践，代理的外部关系主要是当事人之间的合同关系，属于合同法调整的范围。那么对其准据法的确定，一般根据有关合同的法律适用原则进行。但在某些特殊情况下，本人与第三人之间的关系一般应单独确定其法律适用问题。[①]

（1）关于复代理的适用。复代理是指代理人为处理其权限内事务之全部或者一部分，而委托他人为代理行为的代理。被委托之人为复代理人。代理人是否可以替本人委托复代理人，各国法律规定各不相同。国际私法对这类代理的调整方式一般是：就本人与代理人之间的关系来讲，大多适用支配代理内部关系的法律，亦即以

① 赵相林主编：《国际私法》，中国政法大学出版社2000年版，第195－198页。

本人与代理人之间关系的准据法来确定代理人能否委托复代理人。

（2）关于表见代理的适用。表见代理本属于无权代理，但因本人与代理人之间特定的关系，存在有授予代理的假象，致使相对人相信其有代理权而与其发生法律行为，法律使之发生与有权代理相同的法律效果。表见代理的目的旨在保护交易的安全，使相对人的利益不受损害。在表见代理的情况下，本人与第三人之间的关系也就是要确定本人的行为是否构成表见代理及其限制问题，一般大多适用代理人实施代理行为地的法律。

（3）关于隐名代理的适用。所谓隐名代理是指代理人未透露其代理身份，亦即未以本人名义而径行以自己名义所实施的代理行为。英美法系国家通常承认这种隐名代理，而在坚持“显名代理”的大陆法系国家则不承认隐名代理的效力。对其一般适用代理行为地的法律。

（4）有关不动产物权的代理行为。诸如代理人代为转让土地利益和设定担保物权的行为，采用物之所在地法。

（5）有关船长的代理权问题。船长的代理权问题一般是指船长的行为后果能否扩及船主的问题，对船长的代理问题，各国一般适用船旗国的法律。

2. 代理人与第三人关系的法律适用

众所周知，在代理人与第三人关系的法律适用问题上，代理人在代理权限内以被代理人的名义所进行的代理行为的法律效果直接归属于被代理人，被代理人是代理人与第三人所成立的法律关系的权利和义务的原始承受人。一般情况下，就代理人与第三人关系而言，既然代理行为的法律后果直接由被代理人承受，那么，代理人与第三人在一般情况下并无关联，不产生法律适用问题。

但在特殊情况下，两者的关系仍需作出法律选择：（1）如果代理行为构成对第三人的侵权时，则应适用侵权行为地法来判定代理人的侵权责任；（2）对于代理人的无权代理或越权代理，如果依据支配被代理人与第三人关系的准据法，被代理人对第三人不承担任何责任时，那么无权代理人与第三人之间的关系应该适用什么法律作为准据法的问题，则存在着不同的观点。有人主张适用无权代理人为代理行为地法，有人主张适用主要合同的准据法，有人赞成采用支配被代理人与第三人关系的法律作为准据法。

（三）代理权的法律适用

代理权的法律冲突问题历来是代理关系中最为复杂的一个问题。因为代理人的代理权是代理内部关系和外部关系的交汇点，一方面，除非本人已向代理人授权，本人原则上不受什么约束，这就将代理权与内部关系联系在一起；另一方面，又直接关系到第三人的利益。由此可见，代理权也是与代理外部关系相联系的连接点。传统做法是将代理权问题置于代理权实施地国家的法律，亦即行为地法（lex loci actus）的支配之下。[①] 但是，现代社会人们对此问题有着不同的观点。

1. 代理权适用本人住所地或代理内部关系的准据法

该方法19世纪得到欧洲各国的普遍采用。代理权产生于代理内部关系，本人的利益理应受到保护。但在国际商事交往中，第三人往往对委任合同的内容或本人的身份不熟悉，因此，如果适用第三人并不知晓的内部关系的准据法来调整代理权问题，这对第三人并不公平。正是基于这一考虑，目前支持此做法的学者并不是很多。[②]

2. 适用主要交易合同的准据法

代理权适用主要交易合同的准据法，也即根据国际私法有关合同的法律适用原则来确定代理权的准据法。此种做法对第三人利益的保护比较有益。在英国的国际私法理论和实践中，对代理权的行使及其效力适用调整外部关系的法律，也即适用主要合同的准据法。[③] 例如，在1891年查特莱诉巴西海底电讯公司案（Chattenay v. Brazillian Submarine Telegraph Co.）中，一位住在巴西的巴西籍委托人（本人）授权一位居住于伦敦的经纪人为自己买卖股票，后因该经纪人行使代理权发生争议，英国王座法庭认为该代理人行使代理权的权限决定于英国法。伊舍（Esher）勋爵在该案的判决意见中指出："如果某一代理权是可能在英国、法国或其他任何国家行使的代理权，我们的结论就是：当事人一定是想在该代理权可以行使的任何国家，该代理权的行使应适用各行使地国的法律。"在代理人行为地与主要合同准据法不一致的情况下，英国法院也曾明确表示应适用主要合同准据法（Maspons v. Mildred 1882）。[④] 除英国的学者之外，法国著名教授巴迪福也主张代理权适用主要合同的准据法。

3. 适用代理人行为地法

应该说，代理人行为地与代理的实质联系最多，不仅较容易为第三人所了解和接受，而且也有利于保护第三人的利益，对本人而言，也不失公平。因此，在国际私法的实践中，除了关于行为地法的确切含义及其适用条件有所保留之外，代理权

---

① H. L. E. Verihagen, *Agency in Private International Law*, Martinus Nuhoff Publishers, 1995, p. 72.

② 刘铁铮：《国际私法论丛》，三民书局1984年版，第157页。

③ ［英］莫里斯主编：《戴西和莫里斯论冲突法》，中国大百科全书出版社1998年版，第916页。

④ 郑自文：《国际代理法研究》，法律出版社1998年版，第174－175页。

适用代理人行为地法被视为是支配代理权的行使及其效力的最主要的法律选择方法。比如，美国《第二次冲突法重述》第292条第2款规定，在美国，如果被代理人曾授权代理人在某地为代理行为，或者导致第三人有理由相信代理人有此授权，则一般适用代理行为地法来判定被代理人是否应对代理行为负责。此外，其他一些国家，如日本、澳大利亚、挪威、瑞典等均采用代理人行为地法作为代理权的行使及其效力问题的准据法。

4. 适用代理人营业地法或居所地法

《瑞士联邦国际私法》第126条第2款规定，代理人的行为在何种条件下对本人和缔约第三人发生拘束力，由代理人营业地国家的法律支配，如果没有这种营业地或者这种营业地是第三人无法认清的，由代理人在一定期间进行大量活动所在国家的法律支配。可见，在瑞士，代理人代理行为的效力问题首先适用代理人营业地国家的法律，只有在代理人没有自己的营业机构，或者第三人与代理人订立合同时无法知道代理人的营业机构设在何国时，才适用代理人主要活动地国家的法律，也即代理人行为地国法。[①]

二、海牙《国际代理法律适用公约》

（一）公约的结构和范围

1. 公约的结构

海牙国际私法会议于1977年6月16日通过《国际代理法律适用公约》（Convention on the Law Applicable to Agency），该公约于1992年5月1日生效[②]。该公约是迄今为止国际上仅有的一个对代理法律适用问题作出规定的国际公约，也是一个很有特色的关于代理法律适用的国际公约。公约在结构上共有五章28条，第一章为公约的适用范围；第二章为本人与代理人关系（即代理的内部关系）的法律适用；第三章为本人与第三人和代理人与第三人关系（即外部关系）的法律适用；第四章为一般条款的规定；第五章为最后条款。

2. 公约的适用范围

公约第1条规定，本公约适用于一方（代理人）有权代表他人（本人）与第三人进行交易活动所产生的具有国际性关系的准据法之确定。这种代理关系还应包括

---

① 郑自文：《国际代理法研究》，法律出版社1998年版，第185页。

② See Information Concerning the Hague Conventions on Private International Law, 2 Netherlands International Law Review XLV, 299 (1998).

代理人代表他人接收或传递提议或从事谈判活动，而且不管代理人是否以自己的名义（显名代理）或以被代理人名义（隐名代理）进行代理活动，也不管是常设代理或者临时代理，均属于公约适用的代理范围。由此可见，公约只涉及代理关系的法律适用问题，而不涉及该关系的实体问题、司法管辖权问题以及法院判决的承认与执行问题；公约没有对当事人的国籍、住所和惯常居所加以特别限制。因此，无论有关当事人是否为公约签字国或批准国居民均不影响公约的适用。公约也不要求被公约指定为准据法的所属国必须是缔约国，公约只适用于具有国际因素的代理关系。不过，对于何谓“国际因素”，公约并未作出具体界定，由此引起了各国的不同解释。

除广泛的范围外，公约明确规定了几类排除适用的情形：（1）当事人的行为能力；（2）代理形式方面的要求；（3）家庭法、夫妻财产制或继承法上的法定代理；（4）根据司法机关或准司法机关决定的代理，或在这类当局直接监督下的代理；（5）关于司法程序上的代理，即诉讼代理；（6）船长执行其职务上的代理；（7）与提单有关的代理。

另外，从公约第1条规定的措辞来看，以下两种与代理相关联的法律问题被排除在外：（1）本人对代理人的侵权行为承担转承责任的问题；[①]（2）独家经销商（sole distributor）问题。制造商与其独家经销商之间的关系存在许多方面类似于本人和代理人之间的内部关系，因而在实践中难以将独家经销商与代理人身份明确区别。为了增加公约的实用性，起草委员会曾考虑过将公约的范围扩大适用于独家经销商，然而最终还是没有在公约的最后文本中对此作出规定。因此，可以认为公约实际上排除了对独家经销商的适用。[②]

（二）公约关于代理关系准据法的确定

1. 代理内部关系准据法的确定

（1）适用当事人选择的法律

公约第5条规定，被代理人与代理人的关系，适用当事人按照双方共同的意思表示所选择的某国国内法。在选择法律的方式上，依照公约的规定，可以明示和默

---

① 由于一些普通法国家，特别是美国将本人对其具有雇员身份的代理人在代理活动中所为的侵权行为也包括在代理关系中，因此，在讨论公约的过程中一些学者提出公约中是否应该明确排除这种责任问题。而公约对此并未作出规定，不过从公约的措辞中（act…in dealing with）可以推断出，这种责任已经自动予以排除。因为“act”一词在此显然是指代理过程中的法律行为，而不包括代理人的物质性侵权行为（physical tort）。

② 郑自文：《国际代理法研究》，法律出版社1998年版，第210－211页。

示。不过，这种默示的选择必须是能够以合同条款或案件情况中有合理根据（reasonable certainty）推定出来的。如果从当事人的协议和案件的事实中分别推定出不同的法律，就不得认为具有“合理的根据”。当然，如果当事人滥用其选择法律的权利进行不切实际的法律选择，还可以根据公约第 16 条的一般强制性规则和第 17 条的公共政策条款予以阻止。①

（2）当事人未作法律选择时准据法的确定

公约第 6 条规定，当事人没有进行法律选择的，代理内部关系则适用代理关系成立时代理人营业所所在地法律，没有营业所的，适用其惯常居所地法。但是，如果代理人在本人营业所所在地或惯常居所地实施主要代理活动，则应适用该地的法律。代理人具有一个以上营业地的，则应适用与代理关系有最密切联系的营业地法。

2. 代理外部关系准据法的确定

公约第三章采取折中方法对代理外部关系的准据法作出规定。根据公约第三章的规定，当事人意思自治原则作为一项基本原则得以确立，本人和第三人可以选择代理权以及外部关系其他方面的准据法，不过，为了保证这种选择的有效性，必须以书面形式规定应适用的法律。由此可见，公约在代理外部关系方面的意思自治只允许采纳明示方式。

在当事人没有进行有效的法律选择时，公约规定②适用代理人为有关行为时的营业所所在地法。为了保护第三人的利益，该条第 2 款规定，有下列情形之一的，则改为适用代理人为代理行为地法：（1）被代理人在代理人为有关代理行为地国家内设有营业所，或虽无营业所但有惯常居所，并且代理人正是以被代理人名义进行活动的；（2）第三人在代理人为代理行为地国家内设有营业所，或虽然无营业所但设有惯常居所；（3）代理人在交易所或拍卖行为代理行为的；（4）代理人无营业所。公约第 11 条第 3 款明确指出，在当事人一方有几个营业所的场合该条所指的营业所，系指与代理人所为的有关行为有最密切联系的营业所。

（三）关于法律适用的一般规定

公约第四章和第五章就代理法律适用中涉及的国际私法的特殊制度和问题做了

---

① 该公约第 16 条规定，如果任何国家的强制性规则与代理协议有密切联系，法院可以适用该强制性规则；法院也可能会因为适用当事人选择的法律明显与法院地公共政策相抵触而拒绝适用当事人选择的法律。See Karsten Report Nos. 54.

② 公约第 11 条第 1 款规定，在被代理人与第三人关系中，代理权的存在与范围，以及代理人行使或者意图行使代理权所产生的效力，应该适用代理人为有关行为时的营业所所在地法。

规定，主要涉及以下几个方面：

1. 关于直接适用的规则

直接适用的规则是指那些不能为法律选择规则排除适用的强制性规则。强制性规则通常具有公法性质，旨在保护公共利益和国家利益。为了制约当事人对意思自治原则的运用，公约第 16 条规定，在适用该公约时，如果根据与案件有重大联系的任何国家的法律，该国强制性规范必须适用，则该项强制性规范可以予以实施，而不管该国国际私法法规规定的是应该适用何种法律。

2. 关于公共秩序保留条款

为了吸引更多国家参加，公约规定了公共秩序保留条款。但是出于尽量使公共秩序保留条款对公约的普遍效力减少到最低限度的考虑，公约对公共秩序保留条款的适用采取了严格的态度。公约第 17 条规定："本公约规定应适用的法律只有在其适用明显地与公共政策相抵触时才可以拒绝适用。"

3. 关于公约在复合法域的适用问题

公约第 19 条、第 20 条和第 21 条就复合法域或者多法域国家的法律适用作了详尽的规定，其内容包括：（1）在法律适用上每一个非主权法域都应视为国家；[①]（2）如果按照公约规定单一制缔约国无义务适用另一国家的法律，那么在同样的条件下复合法域国家也不必适用公约，即对于纯国内案件，任何缔约国都不必依据公约决定代理关系的准据法；（3）复合法域国家可以宣布公约扩大适用于其所有法域或者其中的一个或几个法域。

4. 关于公约的保留问题

依据公约第 18 条的规定，缔约国只能提出三项保留。第一项，允许缔约国对在银行交易过程中，银行或银行集团的代理提出保留。该保留只限于银行或银行集团作为代理人（而非本人或第三人）行为的情况，如作为信用证的保兑行或代表公司将股票、债券投放到国际市场等。第二项，保险业务中的代理。第三项，公职人员在行使职权时替私人从事代理活动的行为。以上三项，缔约国可以提出保留不予适用。

（四）非缔约国法律的适用

公约第 4 条明确规定，凡是依据本公约冲突规范所指引的准据法，无论是否为

---

① 比如，一位营业地在美国的本人委托在休斯顿设有营业地的代理人在纽约州与该州第三人签订了一项合同，美国法院将不必适用公约规定的冲突规则，因为整个商事交易均在美国这个主权国家之内进行。

缔约国的法律，均应予以适用。这与海牙国际私法会议的其他法律适用公约奉行的立场是一致的。其目的在于扩大公约的实际适用范围，使公约具有更加广泛的普遍性。此外，公约倾向于实体法指定说，而不接受反致、转致和间接反致。

三、我国关于涉外代理的法律适用

我国《涉外民事关系法律适用法》第 16 条规定："代理适用代理行为地法律，但被代理人与代理人的民事关系，适用代理关系发生地法律。当事人可以协议选择委托代理适用的法律。"可见，对于委托代理，该规定采取意思自治原则，当事人可以协议选择法律适用；对法定代理、指定代理和没有选择法律适用的委托代理，采取代理行为地法，但被代理人与代理人的关系除外——适用代理关系发生地法律。上述规定是我国现行有效的专门针对国际代理法律适用的条文，但其显然不够全面和周延，存在着未限定法律选择范围从而易导致恶意的法律规避、未区分代理内部关系和外部关系等不足，在以后的立法工作中应加以完善。

第十四章　合同法律适用规则

私权自治原则是国际私法中最为重要的原则之一，其发端于法则区别说时期，并经历了正式产生、现代法律选择等阶段的完善。私权自治原则的提出和坚守具有深刻的思想和社会基础，其首先在合同领域得到完整的适用，并逐步扩展到个人人格和身份的确定、财产权、婚姻关系、继承和社团法人等领域。但是，私权自治不是绝对的、无限制的，其必然受到强制性规范的制约和限制。

引　言

保护当事人的正当期望是所有私法都致力于实现的一个目标，这当然也包括国际私法。当私人主体依据一个国家的法律来从事某种行为，而让其按照另一个国家的法律来承担相应的责任，这很显然是不公平的。同样，突然让某一私人主体进行的某种交易适用某一国家的法律来调整，但是，该私人主体对于该法的适用不可能进行合理地预测，这也是不公平的。因此，实现当事人正当期望的需求在国际私法中意义深重。于是，立法者把它的生命力赋予一些主要的法律选择原则，其中，最为重要的就是私权自治原则，大意是当事人能为自己选择适用法。毫不夸张地说，私权自治原则就是国际私法的生命线，其贯穿于国际私法的始终，承担着实现当事人正当期望保护的功能。这里产生的疑问是，私权自治原则在国际私法领域是如何发展演变而来，又是如何适用和运行，寻找这些问题的答案是全面理解国际私法本质的一个最佳切入点，也是预测国际私法未来发展的一个最佳立足点，在此意义上，对国际私法中私权自治原则的研究就具有理论和现实意义。本文从国际私法中私权自治原则的流变、形成基础和适用三个维度展开论述，以求上述问题的答案。

一、国际私法中私权自治原则的流变

在国际民商事交往中，当事人确信知道什么样的法律来支配他们的交易，能促成国际交易的顺利展开，因为这保护了当事人的正当期望和实现了当事人对交易结果的确定性和可预测性。在国际民商事交往中，个人或公司都想尽量避开对晦涩的或者不熟悉的外国法律的研究和进行复杂的比较法分析，私权自治原则赋予当事人选择适用法律的自由，这无疑为当事人的期望提供了最好的保护。因此，从国际私法诞生之时，就出现了“私权自治”原则的发端。

（一）国际私法中私权自治原则的萌芽

有关合同法律选择历史的理论发端于中世纪国际私法产生之初。首次尝试划分城市国家和王公小国之间冲突法规范围的是13、14世纪的北方意大利。提出的问题是：谁对某人和某事有权力支配。有两个效忠原则相冲突：中世纪早期的个人效忠原则和更适于地主对财产控制的地域性原则。在这其中，著名的法则区别学者巴托鲁斯（1314—1347）通过分析法律的性质来限定地方法律的范围，遵循传统罗马法的划分，将法律区分为关于人的法律、关于物的法律和混合人物特征的法律，这包括如合同等行为。法则的范围依赖于它们归属的分类。如果法则是人的，该法律约束所有隶属该国的公民；如果法则是物的，该法则的范围限于在该国领域内的事物；如果是关于行为的，该法则扩展到在该国地域内实施这些行为的个人。因此，适用于合同法律选择的首要规则是行为地法。[①] 如果合同的成立和履行发生在同一个国家，这种原则适用很简单，但是如果地点不同，怎么办？哪一个优先：合同缔结地或合同履行地？巴托鲁斯14世纪的著作对合同的自然结果和随着合同成立的结果作出了区分。根据巴托鲁斯的论述，合同的自然结果——存在于合同本身中——是受合同缔结地法律的支配，然而合同成立之后的结果——这来自过失或延误——是受合同履行地法律的支配。前者的原则被称为合同缔结地法，后者的原则被称为合同履行地法。在这个阶段，不考虑当事人的主观范围，因为它的关注点是地方规则的权力。但是，在特定城市交易的外国人在此框架内提出了一个问题，那就是，他们对本地的国王没有效忠义务，是对自己的国王有效忠义务。然而，其他资料表明，只有在当事人知道属地法或因为当事人已经默示同意适用时，属地法才能发生支配的效力。另外，通过推断在某一地方行为，就意味着愿意接受该地法律的支配来解决这样的问题。[②]

通常认为法国法学家杜摩兰最早在国际私法中创设了合同自治理念。[③] 杜摩兰最早使用当事人的主观意图而不是行为地来决定适用法。杜摩兰相信，当事人的意愿

---

① See Lorenzen, *Validity and Effects of Contracts in the Conflict of Laws*, 30 YALE L. J (1921), pp. 572－573.

② H. Batiffol & P. Lagarde, *Droit International Prive*, 7th Ed, 1981, p. 265.

③ See Lorenzen, *Validity and Effects of Contracts in the Conflict of Laws*, 30 YALE L. J (1921), pp. 572－573.

就是主权，因此，他们能协议不同于属地法的法律予以适用。[①] 在杜摩兰看来，在合同事项中，另一个国家法律的适用并不是这种法律的直接适用，而是这种法律设想和实施默示协议的执行。杜摩兰把相同的法律强制力赋予明示的协议。这种新的理论很快被盛行。但是，进一步分析显示，他使用了当事人的默示意图作为一种手段来指向合同履行地而不是订立地。他主要关注的是婚姻合同。他使用了当事人的默示意图理论来使丈夫住所地法的适用合理化，这后来演变为一种单独的法律选择规则。但是从现代观点来看，婚姻合同受丈夫住所地法支配，这样的规则走向了当事人自治原则的反面。

荷兰学者胡伯的分析始于立法权力地域性的前提假设，当然这种假设是当事人自治的反面。正如历史所表明的，他把合同缔结地法看作主要规则，但是他作出了调整，即合同缔结地法不应该绝对地考虑，因为如果当事人在合同缔结时设想过另一地的法律，该法律将支配该合同。值得注意的是，如杜摩兰一样，他也给出了一个婚姻契约的例子。如果一个弗里斯兰人来到荷兰与他的荷兰新娘成婚，但是意图是婚后在弗里斯兰建立他们婚姻住所，那么，弗里斯兰的法律就决定婚姻的权利。如杜摩兰一样，他没有提到私权自治，但是他承认合同缔结地不总是适宜的，推断的意图开始作为一种手段出现，正如以后在英国法律使用的，它使“适当法律”方法合理化。[②]

推断意图的理念在英国的 Robinson v. Bland 一案中得到进一步的彰显［体现在曼斯菲尔德（Mansfield）爵士著名的附带意见中］，并介绍到英美法中。[③] 该案是关于一个英国人在法国巴黎借钱给另一个英国人，并希望以后用英镑在英国偿还。无论在任何情况下，在英国和法国法律之间不会产生法律冲突，但是英国的曼斯菲尔德爵士阐述了自己的立场：“当交易的达成明示是基于另一国家的法律，而该法律是作为支配该交易的法律，那么，（交易）所在地法律就不再适用规则本身。”[④] 他引用胡伯上述的论述，认为当事人有意图适用英国法律。但是，当事人不可能有任何这样的意图，当事人的意图再次表现为默示的虚假意图。正如英国学者韦斯特莱克（Westlake）所指出的，英国判决的轨迹真正是基于最真实联系的客观考查。也正如在 1925 年英国学者韦斯特莱克出版的《国际私法评论》中所谈到的，它没有指出当

---

① K. Lipstein, *Principles of the Conflict of Laws National and International*, 1981, p. 12.

② See Peter Nygh, *Autonomy in International Contracts*, Clarendon Press, Oxford 1999, p. 5.

③ 97 Eng. Rep. 717 – 718 (K. B.).

④ Prebble, *Choice of Law to Determine the Validity and Effect of Contracts: A Comparison of English and American Approaches to the Conflict of Laws*, 58 CORNELL L. REV. 442 (1973).

事人可以表示对合同的适用法作出选择。胡伯的结果不是主观私权自治，而是所谓的客观考查。甚至在欧洲大陆，在明示法律选择的表达意义上，私权自治原则出现在19世纪末。①

关于国际私法中私权自治原则更为清晰的表达出现在斯多利的著作中，斯多利作为胡伯的普通法信徒，也遵循胡伯以合同缔结地法作为主要规则，但是，他作出了一定的调整，把合同缔结地法的适用仅限于合同在相同地方缔结和履行的案件。但是当合同在任何其他地方明示或默示地履行时，一般规则是，尊重当事人的推定意图，有关合同效力、性质、义务和解释由合同履行地法支配。② 美国最高法院在1882年Pritchard v. Norton一案中出现了有利于明示的法律选择；在某种程度上，至少有利于合同缔结地法的设想被否定而有利于合同履行地法，这是通过当事人的明示宣告。③

在欧洲，合同中私权自治原则的普遍接受应归功于萨维尼。19世纪伟大的德国学者萨维尼寻求发现每一个法律关系所隶属或受约束的地域（也就是本座）。萨维尼认为，法律关系所在的法院就是它的真实本座，但是，法院地和真实本座依赖于当事人自愿受到地方法律的约束。④ 但是，如同斯多利一样，萨维尼设想的当事人自治也不是指向选择适用法而是确定履行地，萨维尼把履行地看作决定争议的“天生法院地”（natural forum）。法院地的法律也应该是适用的法律。就适用法的特定选择，萨维尼的影响不是直接的，不可以称为私权自治的产生。⑤ 19世纪重点强调当事人是合同关系中的私人立法者，这当然与政治自由和自由市场经济的自由观点紧密相连，这影响到合同理念的改变。然而，起初人们认为是法律施加给当事人的一项义务，后来看作当事人自己所创设的一项义务。与法律选择相联系，我们很容易看出其中的差异：早期的著作不关注当事人的主观意图，而是来自他们所做的或试图做的结果，以后的方法更直接关注于当事人试图施加什么样的规则给他们的关系。以后的学者也清晰表达过这样的理念：合同主要是基于当事人意图的协议，并且他们的意愿创设了法律义务。以后法典予以认可，强调合同义务来自当事人的协议。

正如英国学者阿蒂亚（Atiyah）所言⑥，在自由市场经济中，当事人设定了他们合同的内容，法院和法律一般设定了这种范围，但他们给予当事人自治更为广阔的

---

① Westlake, *Private International Law*, 7th edn, Bentwich, 1925, p. 304.

② See Lorenzen, Collected Essays (Yale Up, 1947), p. 270.

③ See Lorenzen, Collected Essays (Yale Up, 1947), pp. 136 - 137.

④ See O. Lando, 3 International Encyclopedia of Comparative Law 24 - 3 (1976).

⑤ See Peter Nygh, *Autonomy in International Contracts*, Clarendon Press, Oxford: 1999, pp. 6 - 7.

⑥ See Atiyah, *The Rise and Fall of Freedom of Contract*, p. 141.

范围，每一个人都希望照料好自己的利益并计算他们的风险。与法律选择相联系，可以得出的结果是，当事人应该自由地选择适用合同的法律，由一方当事人施加给另一方当事人的法律制度没有必要予以否定，这当然需要很长一段时间的接受。如果我们审视13世纪到19世纪中期的著作，我们会看到没有当事人自治理论的真正发展。正如德国学者凯勒（Keller）所指出的，这种发展属于20世纪。①

（二）国际私法中私权自治原则的正式产生

在实证和明示选择适用法的意义上，第一位主要采纳当事人自治的法学家是法国学者孟西尼（1817—1888）。孟西尼最为著名的理论是把国籍作为国际私法中的主要连结因素。但是，更为基础的是，他拒绝以往理论所赖以存在的地域性。在他看来，国籍国法支配个人的身份关系，而不考虑当事人居住或暂留在什么地方。在国家关注于个人福利的事项中，如合同缔结的能力，国籍国法也应支配。在这些情况下，当事人选择的自由不能超越国家法律。但是在当事人的事务留给自己调整的情况下，如决定合同的术语和条件，当事人应该自己自由决定哪一个法律应该适用。地域性只在如下情况下通过公共程序予以适用：如果国籍国法或当事人所选择法律的适用有违于公共秩序或法院地更多的利益，法院应该拒绝该法律生效。

虽然私权自治理论在19世纪后半期的学术著作中得到回应和在该时期的法律中作了表述，但是，真正的反映出现在20世纪50年代。毫无疑问，这是政治气氛的一个反映。当事人自治原则，是与政治与经济的自由主义紧密相连的，在二次世界大战之后才得以落地生根。正如美国学者埃塞尔（Hessel Yntema）在1952年所写道的："在某种程度上，公共需求导致了对确定交易类型的规范或标准化，或在国家极权主义的时代中，公共秩序的地位被夸大，或更被企业的极权主义专注所决定，这时自由合同的范围必然会降低。"②

因此，在强调国家作为立法的主权来源的时代中，允许当事人自由地进行法律选择的理念被看作一种没有保证的、由私人主体行使立法权力的设想。正是在这样的社会环境下，世界各个国家坚持地域主权，拒绝当事人自治理念，它包括南美、德国、法国。美国在20世纪早期，比尔说服了大部分的美国司法和学术意见，认为允许当事人自治就是允许当事人在地域适用法律的范围之外自己立法。因此，第一次冲突法重述没有承认合同当事人有任何自治来背离基本规则即合同缔结地法支配

① Keller and Siehr Allgemeine Lehren des internationalen Privatrechts (Schulthess, 1986), p. 366.

② See Yntema, *Autonomy' in Choice of Law*, 1 AM. J. COMP. L. 358 (1952)

合同。

我们可以说，在20世纪中期普遍承认当事人自治更像是在现代国家中承认地域（区）的政治自由。“当事人有确定的自由通过指向外国法来构造他们的合同，但是主权权力限定和划定这种自由。”

当事人自治的自由解释出现在英国的 Vita Food Products Inc v. Unus Shipping Co. Ltd 一案中，在该案中，英国的莱特（Wright）爵士以最为广泛的术语确定了当事人选择适用法的自由：英国的法律规则是，当事人的意图是法律适用考查的内容，并且有这种意图的当事人明确表示选择合同的法律，很难看出作出这种限制是可能的，如果所表达的意图是诚信和合法的，并且没有理由基于公共政策避免这样的选择。①

在美国，法院对私权自治的态度是历经了漠视、敌对和国家主义。1825年，美国最高法院遵循英国法院的先例并宣布，普通法的原则是由合同缔结地的法律来支配的。如果合同不包含一个明示的法律选择条款，最高法院有时探究“可能设想的意图”，这通常是有利于支持而不是挫败交易国家的法律。随着时间的推移，法院和学者对当事人自治明显采取了相反的观点。由比尔所倡导的美国法律学派采纳了既得权理论并拒绝承认当事人自治。这种立场反映在冲突法第一次重述中，它并没有提到当事人的意图。很少有法院遵循比尔关于当事人自治的理论，并且他反对当事人自治的理论最终在 Siegelman v. Cunard White Star. Ltd 一案中由 Harlan 法官作出处理。② 美国最高法院在1972年 The Bremen V. Zapata off – shore Co. 一案的判决中广泛承认了当事人选择适用法的自由。③ 现如今，理论上，当事人可以自由选择支配他们交易的法律理念被广泛接受。美国第二次冲突法重述把当事人自治看作决定支配多国交易法律的核心。美国统一商法典在第1－105（1）节中也反映出相同的主张。在大陆法系国家中，接受当事人自治作为合同法律选择的原则出现在1955年《海牙国际货物买卖合同法律公约》第2.1条中，另外《罗马公约》的第3条和第4条也作出了类似的规定。

只有当地域主权的重要性已经降低时，当事人自治理念才得以盛行，现如今，国家施加自己的意愿给参与国际交易的人们的权力已经弱化。可以说，关注于个人的利益而不是国家的利益成为国际私法主要的集中点和正当化理由，现在很少有国

---

① ［1939］A C 290.

② Beale, *What Law Governs the Validity of a Contract*, 23 HARV. L. REV. 260（1910）. 221 F2d 189（2d Cir. 1955）.

③ 407 U S 1（1972）.

家不在合同领域内规定私权自治原则，而且私权自治原则也得以扩展到婚姻、继承和侵权领域。

（三）在现代法律选择分析中的私权自治

不可否认的是，现代法律选择方法通常是在独立于当事人利益基础上建立起来的，比如，“政府利益分析”方法关注于所涉国家的利益，“最密切联系”方法关注于当事人或交易与法院地之间的联系，“更好法律规则”方法关注于在特定案件中实现正义。当事人的正当期望通常在法院适用这些方法时就会被阻滞。

美国学者库克和洛伦岑（Lorenzen）教授可谓站在了对国际私法传统体系强烈批评的前沿。[①] 以后，美国学者卡弗斯教授认为，法律选择规则是管辖权选择，这种法律选择不考虑法律的内容。相反他提议一种“结果”为导向的方法，它要求考虑冲突法律的内容来满足政策的需要并要求体现正义。这种探求冲突法律的内容发起了现代对法律选择分析方法的革新。这样一个过程人们把它标示为“冲突法革命”。在这场革命中，两个主题贯穿于现代冲突法理论，第一个就是“回家倾向”（homeward trend），第二个就是“逐个问题分析”（issue - by - issue）。这种“回家倾向”的必然结果是，谨慎的考虑必须给予对争议有管辖权法院的选择，因为所选法院将倾向于适用自己的法律来处理特定争议。这种“回家倾向”强烈偏好于法院地法律。无论如何，这种“回家倾向”很少给予当事人自治留有空间。逐个问题分析的方法是寻求与问题有最大利益或最重要关系国家的法律。这种方法导致了分割，这就是在相同的案件中，适用不同国家的法律来调整不同的问题。在合意选择法律条款中，当事人一般会选择一个国家的法律来支配整个协议，当这种选择与作出判决的法院之间不存在任何联系时，当事人自治原则就与解决法律冲突的现代方法产生分歧。这些现代方法表明，每一种方法选择适用法都是基于国家利益、寻找实质联系或能在个案中提供正义的更好法律等因素，几乎根本没有考虑当事人的意图。另外，在某种程度上，合议选择法律规则被认为是设定了国家立法权力的范围来影响合同关系，这些规则类似于决定司法管辖权的规则。如果法院赋予当事人的选择因而阻止本应适用法律的适用，这可能会侵犯国家主权。我们可以从以下学者的论述中看出现代法律选择分析中的私权自治。

---

① See W. Cook, *The Logical and Legal Bases of the Conflict of Laws*, 42 – 43 (1942); Lorenzen, *Tort Liability and the Conflict of Laws*, 47 LAW Q. REV. 483 (1931).

1. 柯里的政府利益分析

柯里的政府利益分析表明当事人自治与构成柯里方法基础的“政府利益”理念不相符。柯里的理论不考虑当事人的意图并只关注于正当的“国家利益”。按照柯里的解说，如果一国与案件有联系以至于适用它的法律可以促成本国的政策，那么一国让它的法律适用于多国情势中是有利益的。按照柯里的政府利益方法，如果一法院发现只有一个国家适用自己的法律有政策利益而其他国家没有，应该适用有利益国家的法律，这种手段被称为确定“虚假冲突”，这已经证明是柯里方法最具吸引力的特征之一。对一国或另一国政策或利益更加缓和与限制的解释可以避免冲突。如果进一步考虑，法院发现两个或两个以上国家的正当利益存在的冲突不可避免，“真实冲突”存在，法院应该适用法院地的法律。这样来看，柯里理论几乎没有给当事人的意图留下任何生存的空间，因为它直接关注国家利益和实现国家利益，至于个人利益和个人意图不是其理论框架内的事物。①

2. 利弗拉尔提出的影响法律选择因素的考量

另一个解决法律冲突的现代方法是，利弗拉尔（Leflar）的影响法律选择因素考量，通常被称为“更好法律方法”。利弗拉尔提出的方法是适用这样一些国家的法律：在个案中实现正义；支持当事人的正当期望；出于其他一些客观理由。当事人自治看来更符合利弗拉尔提出的方法，因为它明确考虑了当事人的正当期望。然而，法院认为更好的法律完全可以替代当事人所选择的法律。虽然利弗拉尔没有对他的考虑划分优先次序，但是，人们一般批评“更好法律规则”因素潜在地最小化了他的其他影响法律选择的考虑。②

3. 美国冲突法第二次法律重述所体现的方法

虽然在决定适用什么法律来调整多国交易时，大部分冲突法理论会考虑当事人的意图，但是，自治主义者和客观主义者对当事人意图在合同法律选择中的正当角色还是存在分歧。当事人自己决定哪一国法律来调整他们合同的权利现在一般被法院和学者所赞成，但是在现代理论中，只有一个理论专门论及当事人自治，那就是包含在重述中的“最密切联系”方法。第二次重述在两个争议的阵营中采取了中间路线，并把当事人自治作为合同的基石体现在第 187 节中。但是最密切联系方法也不能充分执行当事人自治理论。③

---

① B. Currie, Selected Essays on the Conflict of Laws 177, 183 - 184 (1963).

② See Leflar, *Conflicts Law: More on Choice - Influencing Considerations*, 54 CALIF. L. REV. 1584, 1586 - 1588 (1966).

③ Restatement (Second) of Conflict of Laws § 6 (1971).

现在来看，新的冲突法方法是促成了私权自治原则，特别是其中最有影响力的最密切联系方法，把私权自治原则看作解决合同法律选择问题的核心概念。但是，私权自治原则与其他现代解决法律冲突的方法之间存在分歧。

二、国际私法中私权自治原则的形成基础

随着商品经济的进一步繁荣和发展，民商事交往的空间必然要求突破一国边界而走向全球范围。在全球范围内实现经济要素的顺利流通，经济资源的合理配置，这是不可阻挡的历史潮流。国际私法中私权自治原则正是顺应这一潮流，在适当的思想和社会基础上产生和发展起来。

（一）国际私法中私权自治原则产生的思想基础

现在普遍认为，人文主义的哲学思想、自由主义的经济理论思想和自然法的理性主义思想是契约自由产生的思想基础。人文主义自由意志观认为，自由和平等是人不可剥夺的自然权利，每个人都有追求幸福与私有财产的不可剥夺的权利，契约自由原则正是在此哲学基础上，确立了平等、权利、义务、责任、自由意志等观念在法律上的地位。自由主义经济理论的代表人物亚当·斯密提倡经济上的自由放任主义，认为“每一个人，在他不违反正义的法律时，都应任其完全自由，让他采用自己的方法，追求自己的利益，以其劳动及资本和任何其他人或其他阶级相竞争”。政府和法律的任务只是作为自由竞争的保护者和看守人，为当事人订约提供方便。契约自由正是这种自由主义的经济学说在法律上的反映。自然法的理性主义思想倡导自由意志理念，契约是自由意志观念的产物，是自由意志的表达，当事人私权自治原则是建立在自由意志理论基础之上的。自然法的理性主义思想倡导平等观，契约主体之间的平等是契约本质属性的最基本要求。只有当事人地位平等，双方才能真实充分表达自己的意思，契约的内容才不会发生倾斜，近代自然法倡导的平等观是当事人私权自治原则的核心，私权自治的本质就是平等自由。康德的整个法律理性就是对于个人的尊重。因为只有人才有自由意志，才有与生俱来的权利。出于对人的理性及选择行为能力的尊重，人一方面必须对自己的行为负责，同时他人也应对这种权利予以尊重。在他看来，善良意志就是自主自律的，是自己立法自己遵守的意志。人正是通过意志自治而体现了人作为自由理性存在的本质，获得了有理性存在的尊严。

正是这些伟大的思想促使私权自治原则成了私法领域最为重要的指导原则，这不仅仅体现在各国国内私法领域内，而且在国际私法层面上得到进一步的彰显。在

国际私法统一实体规范中无不闪现着契约自由的光芒（如《联合国国际货物销售合同公约》CISG），在法律选择领域，私权自治原则也成为私人主体自主选择法律，自己承担责任的最好诠释。

（二）国际私法中私权自治原则产生的社会基础

商品经济的发展是私权自治原则产生的社会基础，更是私权自治原则产生的原动力。罗马私法体系的发展与完备首先是罗马社会商品经济发展的结果。共和时代后期，罗马逐步实现了对意大利全境和整个地中海地区的征服。随着版图的扩大和交通的便利，商品货币关系迅速发展，商人阶层形成，商业城市涌现，早期市场经济关系已深入城乡。这一时期，适应贸易关系多样化的需要尤其是发展海上贸易的需要，罗马人在传统市民法之外建立和发展了万民法。商品经济的发展不仅有力地促成了罗马私法体系的建立与完善，而且内在地赋予了这一私法体系以客观性的、理性主义的和普遍性的性格，这是后世市场经济国家普遍继受罗马法的根本原因。

近现代私法体系是欧洲国家在资产阶级革命以后建立起来的，尤其欧陆国家的法典化浪潮以及大陆法系的形成是近代私法制度得以确立的突出标志。而这一切同样是商品经济发展的当然要求。中世纪后期，欧洲社会商品经济的发展与落后的封建上层建筑之间的矛盾也日益尖锐。当这种矛盾难以调和时，资产阶级革命也就相继爆发。革命的成果是摧毁了落后的政治法律上层建筑，为资本主义商品经济的发展扫清了障碍。当资本主义商品经济取得主导地位以后，各国纷纷确立了完整的私法体系，把私权自治原则贯彻其中。

20世纪以来，私法体系更加完备，私权自治理念更加深入人心，这不光反映在国内法上，更加体现在国际私法上。而这其中根本的原因在于要求打破国界的商品经济以及国际商品经济关系的飞速发展。自近代资本主义制度建立以来，商品经济获得空前发展并最终突破了地区的和国界的封锁，国际商品经济关系日益发达，整个世界趋于发展成为一个全球化体系。对这一现象，马克思、恩格斯早有洞察，并指出："资产阶级，由于开拓了世界市场，使一切国家的生产和消费都成为世界性的了……过去那种地方的和民族的自给自足闭关自守状态，被各民族各方面的互相往来和各方面的互相依赖所代替了……资产阶级，由于一切生产工具的迅速改进，由于交通的极其便利，把一切民族甚至最野蛮的民族都卷到文明中来了。"①

尤其当今时代，科学技术和信息革命方兴未艾，交通通信工具日新月异，越来

① 参见《马克思恩格斯选集》（第1卷），人民出版社1995年版，第254－255页。

越多的国家实行开放的市场经济，市场经济是一种以市场为中心进行资源配置的经济，是一种自由竞争的经济。自由竞争意味着市场主体是独立、自由、平等的个体，同时也为权利主体，它们都是自己利益的判断者、追求者，在价值规律的指引下，自由地追求属于自己的利益。私法自治是市场自由竞争的反映，正是自治为特征的私法抓住了市场的自由竞争这种社会发展的最基本推动力，并使之法律化，从而也从根本上促进了市场经济的发展。

三、国际私法中私权自治原则的适用：合同领域

在国际私法领域中，私权自治原则的适用首先出现在合同领域。在解决合同冲突法问题时，承认合同自由原则和尊重合同内容与同时代的自由理念相符合。萨维尼认为，除了法律强制领域，合同法依赖于当事人的自治，即当事人可以自由协议规定调整他们不同个人利益的“私法”。[①] 这种理念适用于冲突法领域，就是当事人可以约定对合同事项适用的法律。然而，私权自治原则在合同法律选择领域的表达内容和方式是什么，私权自治原则为什么首先出现在合同领域，以下论述围绕上述问题展开。

（一）在国际私法合同领域中私权自治原则的内涵

何为私权自治，一般有三种不同的观点，并呈现出三种不同的内涵。[②] 按照第一种观点，交易当事人除了受一般公法的约束外，有权力选择支配交易的法律。在私法领域内，当事人的意图，不管是明示抑或是默示，还是在特定环境中推断出来，在适用法方面都具有决定性作用。按照这种观点，除受强制法律的限制外，私人主体的合议为他们的合同制定了法律。第二种观点否认当事人自治自决理念。这种观点的维护者认为，在法律规定的限制范围内，当事人可以就他们偏爱的合同内容进行协议，并且出于便利，为简便的目的，可采纳既定法律体系的规则。但是这样一种对法律条款的“并入（incorporation）”不是立法，他们之所以具有约束力，只是因为对合同有管辖权的主权国家制定的法律允许其这样做。同时，这种观点指出，在不同交易中，当事人不能自由选择适用法，并且在其他交易中允许这样的自由也是反常的。然后，该观点进一步主张，当事人自治原则实际上是允许当事人避开在国内法适用范围内具有强制适用的法律，法律在国内范围具有强制性而在国际范围内具有任意性，这是不适当的。在这种观点看来，法律排他性来源于主权国家，其

① See Lorenzen, Collected Essays (Yale Up, 1947), pp. 136 - 137.

② See Yntema, *Autonomy' in Choice of Law*, 1 AM. J. COMP. L. 358 (1952).

适用于在其管辖范围内的所有主体的活动。第三种观点由巴蒂福尔（Batiffol）提议，按照他的观点，私权自治表明的不是规定适用法的权力而是当事人通过自己的自愿行为协议本地化交易的自由，合同的法律是由它的“经济活动中心”所决定，也就是指出它的空间位置环境，这通常会包括关于适用法的明示规定。一般认为这种分析避免了传统观点中所存在的困境：允许当事人选择合同的法律。实际上，就私权自治而言，对于确定合同的法律，这种“适当法”理论的解释是从合同的客观位置推导出当事人的意图，这与萨维尼所主张的利用当事人的意图来确定合同空间位置的分析方法完全相反。

这些观点的差异只是程度上的，事实上最根本的差异是政治上的，即是否国家主权原则是冲突法的排他性基础。除了这个，现在的情况清楚地表明每一个法律体系都承认和执行私人协议，而提出的问题是，多大程度上法律选择应受协议的特定内容影响。在这种意义上，所有上述的理论都在一定程度上允许私权自治，他们的差异在于不同的解释和当事人意愿实现的程度。有时，人们尽管反对私权自治这个概念，但是在实践中都承认适用于合同中的法律选择主要由当事人的意图所决定，不管明示、默示或推定。冲突法的现状表明，通过指向或参考当事人的自由表达或其他行为，法律选择已经被个人化，这就完全区别于来自制定法的解决。

（二）在国际私法合同领域中当事人实现自治的方式

从国际范围内来看，当事人在合同中实现自治的方式，可以是明示，也可以是默示，不同的只是各国承认的程度不同。

1. 明示选择

尽管现在对私权自治的认可程度还存在各种不同的差异，但是，有一点是肯定的，这就是当事人有权通过明示协议选择支配他们交易的法律，这已经获得人们普遍的接受。在英美法系中，英国1760年曼斯菲尔德爵士在判决意见中确立了该理论，1937年At Kin爵士在国际信托案件的报告中正式作出说明：“合同的适当性（proper law of a contract）是当事人意图适用的法律，他们的意图将通过表述在合同中的意图予以确认，这是结论性的。如果没有这种意图表述，法院可以从合同的术语和相关周围的环境中作出推断。”① 美国虽然在第一冲突法重述中没有确认，但是，美国的判例逐渐确认了当事人选择法律的权力，正如1935年比尔所言：“从总体上来看，美国判例的主要趋向是认为当事人的意图具有决定性作用，并且，通常

---

① See Yntema, *Autonomy' in Choice of Law*, 1 AM. J. COMP. L. 349 (1952), A C [1937] 500, p. 529.

会发现合同的法律适用最终有利于合同履行地法律的适用。”① 这在第二次重述中最终得以确认。在大陆法系国家内部，法国继承了杜摩兰的传统，德国吸收了萨维尼的理论，意大利尊重了孟西尼对契约神圣自由的强调。其他国家也相应通过立法的形式，赋予当事人自治以制定法的地位。现如今，标准化的国际交易几乎成了一种司空见惯的交易模式，在交易合同中明示规定适用法已经成为一种定式，并被各国法律所认同。

2. 默示选择

当合同就适用法没有作出明文规定时，人们通常从合同的内容和文句中推导当事人对适用法的默示意思，如仲裁地、诉讼地，某些地方惯例的选择都看作一种默示选择。一般认为，按照私权自治原则，当事人的任何行为都会暗示出对特定法律的选择，这将和明示的规定有相同的效果。但是，当事人默示的意思通常与当事人所谓的“推定的或假设的意思”相混淆。因此，有的学者与判例承认，契约如载明争议由某国法院处理时，也足以表明契约当事人默示适用该国法律。但是，有的学者和判例认为，这种记载只是当事人“假设的意思”。“假设的意思”是指假定当事人于订约时，在意念中总有一种法律存在，可是没有明示或默示，而法官就当事人意念中的法律设法加以确定。不过，事实上，合同当事人通常根本不知道有所谓的法律适用问题，更不知道选择什么样的法律。因此，就这样的合同而言，法官实为确定，如果当事人知道有适用法的问题，可能会选择什么法。换句话说，合同适用法的确定依据的不是当事人明示或默示的意思，而是当事人“假设”或“推定”的意思，或者更准确地说应是法官的意思。现在，普遍的承认观点是，只有真实的意图才是法律选择的基础，因此，在确定为默示意思的情况下，就承认它的效力；在确定为假设意思的情况下，就否认它的效力。

（三）在国际私法合同领域中实行私权自治的理由

合同当事人应该有权选择适用法来决定他们之间的争议，主要有两个方面的理由：契约自由；确定性和经济效率。

1. 契约自由

契约自由的思想虽由罗马法提出，但是，作为原则是在近代法中形成的。近代资本主义的出现，使契约自由形成了以人文主义为价值基础、以代议制民主政体为政治保障、以市场经济为根植土壤的完整价值体系。正是基于这一价值体系的完成，

---

① See Beale, A Treatise on the Conflict of Laws (1935) 1077.

契约自由才从古罗马的理想跃升为近代民法的一大原则。

市场经济是契约自由兴起的经济基础。在市场经济中，资本的流动、社会财富和劳动者等资源的配置都是通过市场来进行和完成的，社会生产和商品交换都被看作个人的事情。契约作为进行市场交换的手段，成为市场参与者为实现各自利益所倚重的工具，不仅商品的交换需要通过契约来完成，就连劳动力的交换也要借助于契约来实现，这使得契约的适用范围空前扩大。实行契约自由是近代市场经济的必然要求，同时契约自由也为市场经济的发展提供了法律保障，弗里德曼（Friedmann）更是认为契约自由是19世纪自由放任经济的奠基石之一。因此，市场经济是契约自由的运作空间，没有市场经济，就不可能实现契约上的自由。特别是在地理大发现之后，国际贸易迅速发展和世界市场得以建立，更加扩大了契约关系的视野和应用范围。

通过契约媒介，当事人可通过自身意思而自由地成为与自己有关的立法者，通过契约安排自己的生活，对生活进行计划。这意味着当事人具有独立的法律人格，具有平等的法律地位，可以在法律所界定的广阔领域中自主处分自己的利益和权利，并在社会交往双方达成合意的条件下建立或改变彼此间的权利义务关系。具体来说，契约自由包括：（1）缔约自由，即当事人可以自己决定是否与他人缔结合同。（2）选择相对人自由，即当事人可以自由决定与何人缔结合同。（3）决定合同内容自由，即双方当事人可以自由决定合同内容。（4）变更和解除契约自由，即当事人可以协议变更或者解除合同，行使变更权或者解除权将合同解除。（5）缔约方式自由，即当事人选择合同形式的自由。法律不对合同方式作出硬性规定，以不要式为原则，要式为例外。①

在国际合同中，当事人的契约自由被进一步扩大，合同当事方可以自由选择支配其合同的法律，不同国家的法律通过当事人明示或默示条款的约定扩展到国际交易中。即使否定当事人选择适用法的任何自由，但是，不能否认当事人可以通过选择一系列连结因素来"地方化"他们合同的自由，如选择合同订立地、合同履行地、合同货币和支付地，总之，任何试图限制当事人缔约自由的努力都将是徒劳。

2. 确定性和经济效率

承认当事人私权自治原则，有利于提高和保证法律适用结果的确定性与可预见性。采用私权自治原则，当事人可以自己选择支配合同的法律。在通常情况下，当事人都会在订立合同时即作出法律选择，这样，当事人都能对缔结合同的行为以及

---

① 参见张文显：《法理学》，法律出版社2000年版；崔建远：《合同法》，法律出版社1999年版。

合同关系开始后的行为作出预测。当事人依据约定的法律事先了解各自的权利和义务，由此可以减少纠纷的发生；即使产生了纠纷，也容易确定责任主体以及责任的划分，促进合同关系以致国际商业关系的稳定与安全。

在市场经济中，私法中的每一个人都被假设为经济理性人，都是自己利益的最佳判断者，在任何时候都能够做出最有利于自己的决定。私法自治就是尊重当事人的选择，由其根据自己的判断而行为。它尊重人的自主权利，视人作为自我的主宰。私法自治尊重人、关心人、视人为终极关怀，这极大地激发了人的主动性、积极性和创造性，这种主动性、积极性和创造性的发挥，使人们自主地最大限度地追求自己的利益，通过利益的追求促进了社会利益乃至社会的进步，使个人利益实现最大化，给社会创造极大的财富。这就个人和社会而言是最有效率的。因此，在国际民商事交往中赋予当事人私权自治，保证了交往的确定性和稳定性，实现了利益最大化，这也成为支持私权自治最好的理由。

四、国际私法中私权自治原则的适用：其他领域的扩展

一般认为当事人自由选择适用法不仅仅意味着当事人有权选择一国法律而取代本应适用的法律，而且意味着当事人可以对自己的事务作出安排。虽然这可以被看作私权自治的实施，但实质上这是创设权力。当事人私权自治并不限于合同领域，完整的私权自治还包括个人人格和身份平等、财产权自由、婚姻自由、遗嘱自由和社团设立自由。这些自由理念在国际私法确定适用法方面也得到了充分的展现。

（一）人格和身份平等

每一个私法主体都享有独立平等的法律人格和法律地位，各自都能独立表达自己的意思。私法主体在法律独立的基础上平等参加民事活动，承担法律后果。这样的理念表现在国际私法上，首先是赋予外国人民事法律地位，如国民待遇和最惠国待遇的提出；其次就是在确定自然人和法人的权利能力方面，一般都适用其属人法，即只要其国籍国和住所地国甚至经常居所地国认为其具有权利能力，其他国家就会依据其国籍国和住所地国甚至经常居所地国法律承认其权利能力，这是对人格和身份平等理念的体现。

（二）财产权自由

财产所有权人对其所有的标的物享有自由占有、使用、收益和处分的权利。财产权自由理念的核心是财产权人对财产的绝对支配权和排他权。支配权是保障权利

人能够对物的全面支配，从而直接享受物的效益。支配权包含着国家的意志、权利人合法支配物的意志和权利人可支配行为的范围和程度。排他权是财产权具有的、排除他人妨害、恢复权利人对物正常支配的效力。排他权是国家为维护正常经济秩序，保障民事主体独占地支配一定物质财富的意志。财产权自由理念体现在国际私法范畴内，就是对财产的归属一般适用财产所在地法来调整，因为财产所在地法赋予了权利人对财产绝对支配权和排他权，对于财产的流转，在不涉及第三方利益的情况下，适用法律选择自由。

（三）婚姻自由

婚姻自由，是民事主体自由决定自己身份地位的权利。具体而言，结婚自由是指当事人有权自己决定是否结婚、有权决定和谁结婚、有权自己决定基于什么理由结婚、有权自己决定采取什么样的方式结婚，有权决定在什么地方结婚等。离婚自由是指只要双方当事人中任何一方认为感情破裂，都可以向对方作出离婚的意思表示或者向法院提起诉讼，通过诉讼方式实现离婚的意愿。这样的理念体现在国际私法上，就是赋予当事人选择结婚地与离婚地的自由，因此，现在越来越多的国家，对于婚姻的法律适用从原来坚守属人法，开始走向了结婚适用婚姻缔结地法，离婚适用法院地法。

（四）遗嘱自由

被继承人生前通过立遗嘱的方式处分自己财产的自由。遗嘱自由体现了私法自治的理念，赋予了被继承人广泛的选择自由，如是否订立遗嘱、赋予何人继承权、继承份额的分配。而且，在遗嘱合法有效的情况下，其效力高于法定继承。体现在法律选择问题上，就是被继承人可以在遗嘱中对遗嘱适用的法律得到确定，这已经受到各国立法和国际公约的认可。

（五）社团法人设立自由

社团的设立，作为自然人意志自由的延伸，也要求在法律上规定社团设立自由。社团设立自由，各国都有一个演变的过程。团体的设立，经历了特许设立主义、行政许可主义、准则设立主义和自由设立主义的变迁。一般认为，公司的设立一般采取准则主义，只要符合公司设定的法定标准，就可以成立公司，少数影响到国计民生公司的设立采取设立强制主义、特许设立主义或者行政许可主义。社团设立自由，即社团的设立完全决定于当事人的自由意志，国家不加以任何形式的限制和干预。

而介于自然人和法人之间的合伙组织的设立，只要有合伙人之间的合伙合同，就可以自由设立。可见，团体设立自由非常明显地彰显了私法自治精神。设立社团的自由，自19世纪至20世纪，由各国编纂法典而最终完成。体现在国际私法层面上，就是社团设立人可以自由选择社团设立地，设立地的法律支配社团的内部关系法律问题，这已经得到美国、欧盟各国立法和国际公约的认可，不得不说是社团设立自由在国际私法上的充分体现。

私法自治，是在私法领域内，每个人得依其自我意愿处分有关私法之事务，形成私法上权利义务关系，决定私法上的结果，这是个人主义、自由主义的最大凸显。在国际私法层面上，这样的私权自治理念在选择适用法方面也得到充分完整的体现。

五、国际私法中私权自治原则适用的限制：与强制性规范的对峙

为了说明当事人自治问题，理解强制性规范是最基本的。因为这些概念决定了什么样的规则或原则是强行法，不能由当事人抛弃，限制当事人自治；哪些规则或原则是任意法，允许当事人自治，能通过当事人选择法律来排除。

私权自治，主要是指当事人可以自由地选择决定他们所处法律关系适用的法律。但是，支配这种选择本身的法律、所选法律的性质和所谓的强制性规则等对这种选择的影响都会对私权自治构成限制。一般认为，合同中私权自治的实行必须具备以下条件：（1）合同应该具有国际特性；（2）所选法律应该与交易或当事人有联系，或至少应该有合理性基础；（3）所选法律应该是现代国内法律并且当事人应受该法随后改变的约束；（4）所选法律按照法院地法律不应该是非法的，或不应该试图避开法院地的强制性规则，或违反法院地的公共秩序；（5）选择应出于自由和自愿。按照美国冲突法第二次重述的第187条的规定，合同私权自治有两个限制性条件：（1）所选法律应与当事人或交易有实质的联系；（2）所选国家的法律不得与有更大利益国家的基本政策相违背。排除其他限制性条件，对当事人自治最重要的限制主要体现为这样一个原则，即强制性规则优先于当事人选择的法律。作为古典冲突法多边体系之父的萨维尼认为，多边主义原则必须在许多法律规则方面作出限制，这种法律规则就是严格的强制性实证法，这种“例外”法律的分类比强行法或“绝对法”的范围更窄，而这种绝对法规则就是当事人不能通过协议改变或抛弃的规则。根据萨维尼的说法，“例外法律”的分类必须反映公共利益而不是私人利益，这种利益必须被立法机关所宣布，通常是法律默示寻求保护的道德价值，如婚姻法中禁止一夫多妻制，或它们依赖于公共利益分类标准。这就是“强制性规则”概念的初始，它是一个国内法不易限定的分类，排除了一般冲突规则的指引。强制性规则不是以

地域为基础的，其不只影响本国区域内外国人进行的交易，而且扩展到由本国人所参与的国际交易。

“强制性规则”这个术语本身就有天然的模糊性，这被罗马公约所证实。罗马公约第3.3条规定，强制性规则是不能通过合同约定加以贬损的规则。这种限定统摄了第3.3条、第5条（消费合同）和第6条（雇佣合同），在这种条款适用的情况下，当事人不通过自己的约定而予以排除，必须受该规则的约束。在这种意义上，认定合同本身效力的法律规范就是强制性规则，当事人在国内合同中是不能排除该规则的适用。但是，在国际合同中，当事人就可以通过在合同中约定选择其他法律而予以排除。因此，如果允许，当事人可以通过在合同选择另一国的法律而避开大部分特定法律体系的强制性要求。然而，在罗马公约第7.2条又赋予“强制性规则”另外一个不同的含义，该条规定：当法院地规则是强制性的，那么，在公约中没有什么能限制法院地法律规则的适用，这就不考虑本应适用于合同的法律。第7.2条所关注的是国际意义上“强制性”规则。法文版的罗马公约第3.3条使用了dispositions imperatives这个术语来说明国内意义上的强制性规则，相反的是，在第7.1条中指向了Lois de Police（警察法）。另一个用来阐述国际意义上强制性规则的术语是：lois d’application immediate（直接适用的法律），之所以有这样的称谓是因为法官会直接适用强制性的实体规则而不会审查是否这种规则按照法院地的法律选择规则是可以适用的。许多学者讨论是否这两个术语是同样的，或者是否lois de police含义更窄，这根本没有任何定论。① 其实没有必要对任何一个法律都限定它的国际适用范围，然后定性为“强制性的”。如果某一法律能双边适用，那么，就可以通过成文的法律选择规则来指引适用，也就同时承认了外国法律适用的相似地域范围。一个法律是强制性的，这是排除双边主义的政策表达，实际上是否定双边主义的。一国希望它的法律得以适用而不承认另一个国家法律的效力，这当然就是单边主义，这种法律的另一个特征就是排除通过法律选择来决定适用法。虽然在很少情况下，强制性法律本身会使法律选择无效，但这只是排除与强制性规则相反的所选择法律的规则，就是即使强制性法律没有扩展的事项，所选择的法律仍然可以继续适用。

自萨维尼时代开始，就承认强制性规则构成了公共利益的一部分，这些强制性规则寻求保护国家利益或者国家希望保护的私人利益，但是如何限定他们？德国学者维斯切（Vischer）对国家利益作出了分类，② 这包括：对市场和国家经济的规范

---

① Kropholler, *Internationales Privatrecht*, 3rd edn. (1997).

② Vischer, *General Course on Private International Law*, (1992) 238 Rec des cours 9 at p. 157.

和控制（反垄断法，进出口限制），在土地财产方面保护国家利益（禁止外国人获得土地财产，保护耕地），保护金融货币资源（保护收支平衡），控制（监管）证券市场（规范并购，主要参与者的披露义务），保护环境或劳动（限制工作时间）等。这些大部分都是公法的事项。对于国家希望保护的私人利益，主要包括寻求保护处于弱者地位的规则，不管是消费、保险抑或雇佣合同。这些法律在国际意义上是否是强制性的判断标准，正如德国学者维斯切所言：当法院地国在所有可能的情况下对法律的适用有绝对支配的利益，法院地的保护性规则就应保留适用，这包括了实体关注的重要性，法院地与交易的紧密联系程度和需要保护的当事人正当期望。[①] 因此，可以说法律的强制适用通常将涉及如下因素：（1）立法机关意图通过明示或者默示的方式表明需要保护某种利益而不考虑多边法律选择规则的适用。（2）确定某种利益和制定法律的国家之间的合理紧密联系，比如，交易的地域性或寻求保护的当事人是本国公民或居民。（3）寻求保护的当事人需要被保护。这里需要注意的是，对弱者一方当事人的保护不能扩大化以致挫败在平等基础上进行协议的当事人的合理期望。只有在立法明确表示的情况下，才能确定适用。

也有观点认为强制性规则是公共秩序的另一种表达。毫无疑问，即使把强制性规则看作公共秩序内容之一，强制性规则实现的也是与公共秩序不相关的特定功能。可以明确的是，公共秩序与公共政策概念是不可以互换的。因为一般认为，公共秩序比公共政策更为广泛，大陆法系学者清晰地区分了私法中的当事人自治和国际私法中的当事人自治，在私法中，“当事人自治”这个术语涉及的只是国内法，它暗含的是自由订立合同，并且当事人自由制定自己的规则，这通常可以替代本应适用的法律规则。在私法中，有一些规则是当事人不能放弃的，这些规则被称为“强行法”或“强制性规则”。当事人可以用自己的法律替代的法律规则被称为“任意法”。在国际私法中，“当事人自治”是指当事人可以选择一个能实体解决他们之间权利义务的适用法。当事人是否可以选择私法中的“强制性规则”而取代法院地或真实联系国家的强制性规则，这就引出了国际私法中的强制性规则与公共秩序的问题。德国学者克劳弗勒（Kropholler）区别了公共秩序消极和积极的功能，后者严格说就是属于强制性规则。但是，正如德国学者克劳弗勒一针见血指出的，现在的方法是单独处理这两方面的问题，如罗马公约第3.3条和第7条处理强制性规则，第11条单独处理公共秩序的保留。[②] 又如德国学者维斯切所指出的，[③] 公共秩序现在主要是消极

① Vischer, *General Course on Private International Law*, (1992) 238 Rec des cours 9 at p. 160.

② Kropholler, *Internationales Privatrecht*, 3rd edn. (1997).

③ Vischer, *General Course on Private International Law*, (1992) 238 Rec des cours 9 at p. 165.

的特征，它是一种法院排除适用本来适用法律的一种方法，因为这种法律违反了法院基本的社会或法律理念。对外国法律的排除不会普遍导致法院地法律的适用。大陆法系国家中的立法规则和司法实践表明，法院首先适用与排除的法律具有相同法律体系的规则，只有在该规则不予适用的情况下，才适用法院地法律。

强制性规则继续被看作“例外法”。强制性规则的适用可以让当事人对法律选择的自由安排无效，或至少可以实体调整当事人的权利义务。但是，当强制特性和适用的范围没有出现在立法中时，由法院事后使用强制性条款就会增加不确定性和不可预测性，它为法院保护本国利益提供了非常好的借口。现代立法倾向于规定强制性规则适用的范围，因此，如果立法对该问题未作出任何明确的规定，那么，可以认为该规则在国际意义上就不应该是强制性的。从以下消极方面可以限定强制性规则的适用范围：（1）不应解释为把保护给予与适用法国家无利益关系的个人；（2）不应解释为把保护扩展于与法院地没有联系的交易；（3）不应解释为把保护扩展于不要求保护的当事人；（4）不应解释为无效或调整交易可能会挫败当事人的正当期望。承认强制性规则就会削减当事人的自治，既然普遍承认当事人自治，任何程度的强制规则就必须保持在有限范围之内，他们的承认必须以当事人的正当期望和法院地的公共秩序为依托进行衡量。

结　论

在国际私法中，当事人选择某一国家的法律来支配其所处法律关系的自由被称为私权自治。其发端于法则区别说时期，并经历了正式产生、现代法律选择等阶段的完善。古典自由主义思想和商品经济的发展为个人选择法律的终极自由奠定了坚实的基础。尽管法律实证主义者主张主权国家作为权利义务的源权，享有排他的最高权力，赋予当事人对法律的选择权等于是在侵犯主权，但是，各国立法机关和法院，基于实际的需要，在涉外合同的适用法问题上给予了当事人高度的法律选择自由。私权自治并不限于合同领域，而向其他领域扩展。私权自治在支持当事人的正当期望，促成可预测性和结果的一致性方面起到了至关重要的作用。在赋予当事人自治的同时，各国往往基于对主权的考虑，对当事人的自治作出限制，这就是强制性规则的提出，该规则与私权自治原则形成了对峙的局面。而如何更好地限定“自治”与“强制性规则”之间的边界范围，是构建和谐国际民事交往社会的重中之重。

第十五章 物权法律适用规则

涉外物权的法律适用在国际私法中占有非常重要的地位。物权依物之所在地法这一古老原则自13世纪产生以来，经过几个世纪的发展，日臻完善，已成为世界各国解决物权法律冲突最普遍适用的原则。所以，关于物权的法律适用主要是研究“物之所在地法原则”。此外，我国关于涉外物权的法律适用制度也是本章的主要内容。

一、物之所在地法原则

（一）物权概述

何谓物权，几乎各国均未有明确的法律规定。然而在民法理论上，可以把物权简单概括为直接支配特定之物并享受其利益的排他性权利。

在大陆法系（传统）民法的财产权范畴中，物权是与债权相对的一个概念。物权与债权作为民法中的两大基本财产权，反映着社会经济生活中最基本的财产关系。在英美法系，虽不存在大陆法系那样的物权债权概念，但其财产法与合同法及侵权行为法的基本内容，可大致分别对应于大陆法系的物权法与债权法。在民法发展史上，物权法的产生早于债权法。随着经济的发展，现代社会的债权法在一些方面已具有超过物权法的重要意义和优越地位。尽管如此，债权以物权为基础这一基本关系并未发生根本改变。另外，虽然物权与债权已在相互渗透（即所谓物权债权化和债权物权化）。[①] 它们之间的联系越来越密切，但它们的区别依然存在。在权利的性质上，物权为支配权，债权为请求权。在法律关系的义务主体上，物权关系的义务主体是不特定的，即除物权的权利人以外，其他任何人皆为义务主体，均负有不得侵害和妨碍权利人行使其物权的义务，故物权又被称为对世权或绝对权；债权关系的义务主体是特定的，即债权人只能请求特定的债务人为一定行为或不为一定行为，

---

① 梁慧星主编：《中国物权法研究》，法律出版社1998年版，第29－30页。

故债权又被称为对人权或相对权。在上述重要区别之外，物权与债权的不同还表现在权利的客体、权利的效力、权利的期限、权利的保护方法等方面。

我国在民法通则、担保法等多部法律、法规中规定了多种物权类型，如所有权、国有土地和其他国有自然资源的使用权、农村土地承包经营权、采矿权、渔业捕捞权、取水权、不动产相邻权、抵押权、质权、留置权，等等。

（二）物之所在地法原则

1. 物之所在地法原则的产生与发展

以物之所在地法作为涉外物权关系的准据法，是当今各国解决物权法律冲突普遍适用的原则。它产生的历史十分悠久，其后经历了漫长的发展过程。

14 世纪意大利法学家巴托鲁斯提出的“法则区别说”，将当时城邦国家的法则区分为“物法”和“人法”两大类，以解决因不同城邦国家的法律冲突所引起的法律适用问题。“人法”除了用来解决有关人的身份、能力等问题以外，还用来调整动产物权关系，即动产适用当事人的住所地法。所以，物之所在地法在起源之初只是适用于不动产的物权关系，动产的物权关系则适用属人法中的住所地法。

动产适用当事人住所地法的做法，一直延续至 19 世纪末。在此期间，涉外民事关系相对来说比较简单，动产的种类不是很多。其经济价值与不动产相比也比较小，而且一般存放于所有者的住所地，所以有关动产物权问题的准据法以所有人的住所地法为准。在理论上，对动产为什么适用当事人住所地法，学者们提出了各种各样的解释，诸如“动产随人”“动产附骨”“动产无场所”等。总之，动产的所在地是偶然的，并且很容易发生变动，如果动产物权适用物之所在地法，必然会带来诸多不便或法律障碍。

至于不动产物权依物之所在地法原则，从 13 世纪到目前，几乎为世界各国所接受。这是因为，第一，各国对其境内的不动产通常主张专属管辖权；第二，只有不动产所在地的国家对不动产有实际的控制权。第三，从联系的角度来分析，不动产的所在地这一空间位置是与物权关系联系最密切的地方。

19 世纪末 20 世纪初，随着资本主义经济和国际商业活动的进一步发展，涉外民事关系日益复杂，流动资本增加，动产的比重越来越占主导地位，一个人拥有的动产可能遍及多个国家，并对这些国家的经济活动产生重要影响。这样，就会出现动产所在地与动产所有人住所地不一致的情况，因而，使动产物权适用属人法产生困难。同时，动产所在地国也不愿意用所有人的属人法来支配位于其境内的动产物权问题，都想将在其境内的所有财产，包括动产和不动产，置于本国法律的控制之下。这样“动产附骨”的原则已不能适应涉外物权发展的需要，从而遭到许多法学家的反对与批判。德国法学家萨维尼就是其代表人物之一。他提出了“动产三分”说，即将动产分为三类：第一类是不能确定其所在地的，如旅行者随身携带的行李、运输途中的物品等，这类动产经常处于变动状态，故应适用当事人住所地法；第二类是能够确定其所在地的，如摆设用的家具、图书、美术品等，这类动产应适用物之所在地法；第三类是所有者在住所所在地以外不定期托人保管的商品或者旅行者在国外暂时寄存的行李，对这类动产可以根据具体情况，或适用当事人住所地法，或适用财产所在地法。萨维尼的“动产三分”说，将动产分为三类，按其能否确定所在地，提出了灵活的法律适用标准，由单纯的动产物权适用属人法过渡到适用物之所在地法，其学说在理论上为物权不分动产与不动产均适用物之所在地法奠定了基础。19 世纪末期，一些国家的立法便开始采用这一原则。

从现代各国的国际私法立法和实践来看，对涉外物权关系的调整，不论动产、不动产的物权关系，均适用物之所在地法原则，已成为国际社会的普遍现象。物之所在地法原则是当代调整物权关系的普遍规则。

2. 物之所在地法原则的适用范围

物之所在地法原则，是各国解决涉外物权法律冲突的基本原则，从世界各国的立法、审判实践来看，物之所在地法原则主要解决以下有关物权的法律问题：

（1）动产与不动产的区分

将有体物划分为动产与不动产，其主要标准通常在于有体物按其自然属性是否能够移动。然而，各国法律关于动产与不动产划分的具体规定仍有不同。例如，种子、蜂房、森林中的动物等，多数国家认定为动产，但也有少数国家将其认定为不动产。所以，在国际民事交往中，不可避免会发生法律冲突。对此，各国一般依据物之所在地法规定的标准，将物识别为动产或不动产。这里需要强调的是，关于物为动产、不动产的识别适用的是物之所在地法，而不是法院地法。也就是说，审理案件的法官是根据该物的所在地的法律规定的标准对物为动产或不动产作出认定，在这里不适用法院地国家奉行的标准。这和法院对其他问题的识别是不同的。

（2）物权客体的范围

各国法律对作为物权客体的物的范围规定不尽相同，如英美法系国家的法律和法国民法典明确规定物分为有体物和无体物。而德国民法和日本民法则规定物仅指有体物。此外，一国从其政治、经济制度出发，对哪些物可以作为私人、集体或国家所有权的客体，哪些物可以作为外国人所有权的客体都会作出规定。例如，在土地和房屋所有权方面，有的国家规定外国人可以取得该国的土地和房屋所有权；有的国家（如我国）只允许外国人取得该国的房屋所有权，不能取得土地的所有权

(仅能依法取得一定时期内的土地使用权)；有的国家（如挪威）规定，外国人只能在该国取得房屋的租赁权而不能取得房屋的所有权。总之，物权客体的范围只能由物之所在地法决定。

(3) 物权的种类和内容

在不同的历史时期和不同国家的法律中，各国对物权的种类及内容的规定不尽相同。在一国境内外国人对其所有的财产究竟是否全部享有占有、使用、收益、处分的权利，所有权上能否设置用益物权（地上权、地役权、典权等）与担保物权(抵押权、质权、留置权等)，这些问题，各国都主张依物之所在地法确定。

(4) 物权的取得、转移、变更和消灭的条件

物权的取得、转移、变更和消灭的条件，可统称为物权的变动。导致物权变动最主要的也是最常见的是法律行为，包括多方法律行为（合同）和单方法律行为(遗嘱)。此外还有其他原因，如时效、无主物的占有、遗失物的拾得等。各国在物权变动方面的规定多有不同。例如，各国对物权的取得、转移、变更和消灭都规定必须要履行一定的法律手续，但具体规定则不同，对不动产所有权的取得，许多国家要求登记；动产的取得，有的国家以实际交付为条件（如德国），有的国家只要双方当事人意思表示一致即发生法律效力（如法国）。在国际民事交往中，由此而引起的法律冲突的解决，一般应适用物之所在地法。在实务中，有以下几种情况：

①引起物权变动的法律行为

对其中独立的物权行为——物的交付、权利的登记、物权的内容等适用物之所在地法。对于因转移而产生债务的契约行为，则适用合同的准据法。关于物权行为人的行为能力，适用当事人的属人法；不动产行为能力，适用物之所在地法；关于物权的行为方式，适用物之所在地法，但也有主张适用行为地法。

②引起物权变动的法律行为以外的其他原因，如时效、无主物的占有、遗失物的拾得等，对于这一类问题，一般都主张适用物之所在地法。例如，对于动产的取得时效，如果该动产发生了位移，并不适用原来动产所在地的法律，而是适用转移到新的地方的时效制度，即以确定该物权关系时的物的实际所在地的法律为准。

③关于物遭灭失的风险承担，由于各国均认为应属所有权人，因而在这里确定所有权转移的时间至关重要。一般均主张依物权准据法（物之所在地法）来判定所有权转移的时间，而不是买卖合同的准据法。

(5) 物权的保护方法

在民法上，物权的保护方法主要有物权人请求停止侵害、排除妨碍、恢复原状、返还原物、清除危险、确认其所有权或其他物权存在、损害赔偿等。物权人是否有

上述请求权以及如何行使，均由物之所在地法决定。

3. 物之所在地法原则适用的例外

虽然物之所在地法原则在解决物权法律冲突方面得以广泛运用，但由于某些物的特殊性或处于某种特殊状态之中，使适用物之所在地法成为不合理或不可能，因而在各国实践中，大多把以下几种情况作为例外，排除物之所在地法的适用，而适用其他的冲突规则。

（1）关于运送中的物品的物权关系

运送中的物品经常处于变换所在地的状态之中。若在运送过程中对物品进行了出售、抵押等处置，要确定处置行为发生时，上述物品正在通过哪一个国家，是难以做到的，即使能够确定，把这种完全是偶然与物发生联系的国家的法律作为支配该货物的命运的准据法，也未必合理。此外，运送中的物品有时处于公海或公海的上空，这些地方不受任何国家法律的管辖，因而对其进行处置时，不可能适用物之所在地法。因此，在国际私法的理论和实践中，运送中物品物权关系的法律适用问题主要有以下几种解决办法：①适用到达地法；②适用发运地法；③适用所有人的属人法。

（2）关于船舶、飞机等运输工具的物权关系

船舶、飞机等运输工具一般都处于运动状态中，和运输中的物品一样，这些工具在移动中以碰巧到达地的法律作为准据法来处理其所有权与物权问题，显然不妥，并且，它们有时是处于公海或公空，这些地方无法律存在，因此，各国都难以接受其临时所在地法为准据法。目前，各国普遍主张适用船旗国法或登记国法作为运输工具物权的准据法。

（3）与人身关系密切的动产问题（包括涉外财产的继承关系）

这类动产一般也不适用物之所在地法。如夫妻财产中的动产，一般适用夫妻双方或某一方的属人法；由亲子关系而产生的抚养费等动产物权，通常适用与被抚养人有最密切联系的国家的法律；涉外财产（动产）的继承问题，英、美等国适用被继承人死亡时的住所所在地法律，而德国、意大利和一些拉丁美洲国家则主张财产的继承（包括动产和不动产）依被继承人的属人法。关于遗产继承的法律适用，国际上有两种不同的制度，一种是单一制，即不将遗产作动产与不动产的区分，而是适用同一法律。另一种是区别制，即将遗产分为动产与不动产，分别适用不同的规则。在实行单一制的国家，一般根本不考虑遗产的所在地法，而是主张动产、不动产均适用被继承人的属人法。

（4）外国法人终止或解散时有关物权关系的法律适用

外国法人自行终止其存在或依法人国籍国命令解散时，该外国法人财产的清算和清算后的归属问题，依该外国法人国籍所属国的法律处理，而不是依物之所在地法处理。但是，如果外国法人因侵害当地国的利益而被该国取缔时，则该外国法人财产的清算可以依该法人章程批准地法律或法人董事会所在地法律处理。

（5）无主土地上的物权问题

有些物的所在地是不受任何国家的法律管辖的，如在地球的南极、公海或月球等处，其物之所在地法当然无法确定。对于这类物权行为的准据法国际上尚未形成统一的主张和做法。

（6）外国国家财产的所有权问题

根据国家及其财产豁免权原则，外国国家财产享有司法豁免权，即不受财产所在地国家法律的管辖，对外国国家财产所有权一般适用该财产所属国的法律。

二、物权的法律适用

（一）不动产物权的法律适用

如前所述，不动产物权适用不动产所在地法，这是古往今来为各国所普遍采用的原则。从当代的立法来看，只是一部分国家的立法专门就不动产物权的法律适用作出单独规定，指明适用不动产所在地法律。例如，1987 年的《瑞士联邦国际私法》第 99 条第 1 款规定："不动产物权适用不动产所在地国家的法律。"另外一些国家的立法则与此不同，是以其他形式实施不动产物权依其所在地法的原则。例如，1928 年的《布斯塔曼特法典》第 105 条规定："一切财产，不论其种类如何，均从其所在地法。"结合该法典"财产篇"的其他规定，上述所谓"一切财产"是把有形财产与无形财产均包括在内的。

（二）动产物权的法律适用

关于动产物权的法律适用，许多国家是从 19 世纪末开始相继采用物之所在地法原则，而不再沿袭以适用属人法为原则的传统做法。如今，大多数国家都规定了动产物权适用物之所在地法的原则，与不动产物权的法律适用原则是一致的。然而，相对来说，动产物权的法律适用要显得比不动产物权的法律适用复杂。反映在许多国家的立法上，就是前者的规定条款远比后者的多，其内容除了规定物之所在地法原则的以外，其他部分大多是对一些特定的动产物权或有关问题规定适用另外的法律，而不是适用物之所在地法律，或者不一定是适用物之实际所在地的法律。

当今，涉外动产物权的法律适用越来越复杂，一些国家新近的国际私法立法充分体现了这一特征。例如，1987 年的《瑞士联邦国际私法》，其第七编题为“物权”，共有规则 12 条，其中涉及动产物权的竟达 10 条之多，说明了动产物权法律适用的复杂性。

（三）无体动产的法律适用

无体动产（intangible property）是与有体动产相对应的概念，它指不以实体形态存在的财产。这类动产由于不以实物形态存在，其所在地难以确定，因而其法律适用问题采用了与一般动产物权不同的规则。

按照英国学者的理解，无体动产可以分为以下几方面：（1）诉权；（2）由一些文书所代表的、不仅可以交割而且在现代社会还可作为独立物流通的权利。前者如产生于借贷或正常商事活动的债，后者如流通票据和股票（股份）。这里仅谈谈股份的法律适用问题。

股份（shares）首先与其发行公司的所在地相联系，因为一般的规则是它只能通过股东登记以受让人的名义代替出让人而有效转让。该登记通常保存于公司的主营业地。只能通过登记才可转让的股份位于该登记被保存的国家。如果一个公司在多个国家保存登记，转让可在一处予以登记，则任何特定股票位于何处的问题依赖于按照正常商业程序转让的登记国。

股份转让的效力可以分为两个方面，一是对公司的效力，二是对转让当事人以及对股份提出请求的人的效力。因此，关于股份的法律适用就可以分为以下两个方面予以考虑。

1. 关于股份的转让对公司的效力，由股份所在地法决定。这是因为该事项与公司的联系较为密切，所以应较多地考虑公司所在地法的规定，通常情况下也就是股份登记保存地，即股份所在地法律的规定。例如，一个成立于纽约的公司的股票发行，应遵守纽约州法的规定。如果该公司的某一股份在伦敦被转让，则应由纽约法来决定该转让是否使受让人经登记而成为股东。

2. 关于股票对转让关系当事人及第三人的效力，则由交易的准据法决定，实际上在所有案件中都是证券交付地法。① 还举上面的例子来说，受让人是否通过交易而有权持有股票的问题应受英国法支配。如果英国法决定支持受让人，则他是否能够

---

① ［英］戚希尔和诺思：《国际私法》，巴特沃斯公司 1992 年英文版，第 824 页。

要求登记作为股东就是一个由纽约法决定的事项。股份的转让是一个独立的交易关系，双方当事人或者相关的第三人对有关股份的权利义务是由该交易关系派生出来的。因而，转让对相关当事人的效力，应该适用交易关系的准据法。对于第三人的效力，也是基于同样的道理，而适用交易关系的准据法。

（四）国有化问题

国有化是国家通过有关法律或法令对某些原属私人所有的财产收归国有的一种措施。由于国有化的结果导致所涉财产所有权的主体发生变更，使该财产的所有权从它原先的私人享有者转移到实施国有化措施的国家，因而也属于物权变动的一种，自然涉及相应的物权问题。国有化的国际私法问题主要集中在两个方面：一是一国国有化法律或法令的效力能否及于该国境内属于外国法人或自然人所有的财产；二是该国国有化法律或法令的效力能否及于为该国法人或自然人所有但位于外国的财产。这两方面所涉及的也就是国有化法律、法令的域内效力与域外效力问题。对此，国际上长期存在分歧和争论。

代表西方国家的一种主张认为，既然适用物之所在地法是解决物权法律冲突的普遍原则，那么，被某国宣布国有化的财产位于该国境外时，其所有权的归属就应该依据财产所在地国家的法律来确定，而不应承认或适用已宣布将其收归国有的法律、法令。这种完全以本国法律为标准解释外国法律的做法，其结果不可能客观、公正，而只会使外国法律遭到歪曲。至于适用物之所在地法的主张，则不顾这样的客观事实，即各国在广泛采用物之所在地法原则的同时，也普遍承认外国法人的财产清理及清理之后的财产归属，不应适用物之所在地法，而应依法人的本国法（即其属人法）确定。因此，被宣布收归国有的企业，其位于国外的分支机构及其财产的归属，应受本国的国有化法律、法令的约束。归根结底，国有化的实施作为国家的主权行为，各国从相互尊重主权的原则出发，理应彼此承认对方国家的国有化法律、法令的域外效力。

三、中国的立法与实践

关于涉外物权的法律适用，在《涉外民事关系法律适用法》正式出台之前，我国这方面的立法规定主要散见在《民法通则》《海商法》《民用航空法》和《继承法》中，物权领域中的有些内容也未作出规定。《涉外民事关系法律适用法》的正式出台为我国涉外物权的法律适用作出了进一步的充实和完善，虽然没有把所有的规定统一到一部法律中，或还有一些不足，但是，其进步意义值得肯定。

（一）关于不动产物权法律适用规则

我国在处理涉外物权关系方面，同世界上大多数国家一样，基本上是遵循“物之所在地”这一原则的。我国法律明确规定，私人不能享有土地所有权，因而外国人在我国不能对土地享有所有权，但我国公民在外国则可以依据当地法律的规定取得土地所有权。我国自然人和法人在我国境内取得财产所有权及其他物权必须依据我国的法律并受我国法律的保护；我国自然人和法人在外国取得财产所有权的范围受外国法律的约束。

在冲突法方面，《民法通则》第144条首次明确规定：“不动产的所有权，适用不动产所在地法律。”《最高人民法院关于贯彻执行〈中华人民共和国民法通则〉若干问题的意见（试行）》第186条进一步作了补充规定：“土地、附着于土地的建筑物及其他定着物、建筑物的固定附属设备为不动产。不动产的所有权、买卖、租赁、抵押、使用等民事关系，均应适用不动产所在地法律。”我国《民法通则》第144条关于不动产物权法律适用的规定，其调整的物权范围仅限于所有权。虽然物权体系的核心正是所有权，但第144条的规定仍显不足。在所有权权能相分离的基础上产生的各种他物权，例如，用益物权和担保物权等，一经成立，即区别于所有权，而不能由所有权概括。在现代社会，由于经济的发展和社会的需要，他物权的形式日益多样化，各种他物权关系的存在也越来越广泛，他物权制度的作用越显突出。因此，《涉外民事关系法律适用法》扩大了调整范围，由“不动产所有权”变为“不动产物权”，体现了法律与时俱进的特点。我国《涉外民事关系法律适用法》第36条规定：“不动产物权，适用不动产所在地法律。”以上规定有这样几层含义：（一）关于不动产的物权关系，适用物之所在地法，该物权关系既包括用益物权也包括担保物权；（二）不动产物权的客体究竟包含哪些内容，未作出界定，只能依据我国《涉外民事关系法律适用法》第8条之规定作出定性。相应的内容只能通过我国《民法通则》和《物权法》的相关规定予以判断，其包括但不限于土地、附着于土地的建筑物及其他定着物、建筑物上的固定附属设备；（三）不动产中的那些关系适用物之所在地法，不仅包括不动产的所有权取得、变更、消灭的关系，而且包括关于不动产的买卖、租赁、抵押、使用等民事关系也适用物之所在地法。例如，甲为英国人，乙为法国人，二人同在一家英国公司工作，两人于1995年在英国结婚。之后由于工作需要，两人被派到中国某合资企业工作。两年后获得城区200平方米的房屋一套，1998年两人关系破裂，对于该房屋的使用权产生争议，诉至当地人民法院。根据案情，应适用中国法还是英国法。此案中的主体虽然都是外国人，但因为争议的不动产在中国境内，根据中国法律的规定，关于房屋使用权的纠纷，应适用作为物之所在地的中国法。

再如，加拿大人甲在我国广州购有别墅一幢，两年后因其所在公司委派他常住英国开展业务，甲决定将此别墅出售给其商业伙伴法国人乙。后两人因为付款问题发生纠纷在我国法院涉诉，我国法院应怎样适用法律。该案涉及不动产的买卖，根据民法通则和最高院的司法解释，应适用不动产所在地法，即只能适用中国法律。

（二）关于动产物权法律适用规则

关于动产物权的法律适用未在《民法通则》中作出规定，这是立法上的一个缺漏。而我国《涉外民事关系法律适用法》首次对动产物权的适用作出了规定，即该法第37条："当事人可以协议选择动产物权适用的法律。当事人没有选择的，适用法律事实发生时动产所在地法律。"该规定填补了法律的不足，并将意思自治原则引入动产物权关系中，这是立法中的一大进步。依据上述规定可以得出以下含义：（一）对动产物权作出了法律适用规则，动产物权既包括动产的用益物权也包括担保物权，具体内容依据我国《涉外民事关系法律适用法》第8条予以确定。（二）对动产物权法律适用规则采取了有条件的可选择冲突规范。（三）对动产物权法律适用规则首先采取意思自治原则，并且未明确规定可选法律之范围。有学者担心这样会导致故意规避法律的现象，其实这也是多虑，因为《涉外民事关系法律适用法》的其他规定为此设置了限制性条款。（四）在当事人未选择的，适用法律事实发生时动产所在地的法律。该规定对动产所在地作出了时间性限制。

在国际货物贸易中，经常发生运输中动产物权发生变更，针对此问题，我国《涉外民事关系法律适用法》第38条规定，当事人可以协议选择运输中动产物权发生变更适用的法律。当事人没有选择的，适用运输目的地法律。

（三）关于无体动产（无形动产）的法律适用规则

关于无体动产（无形动产）的法律适用，在《涉外民事关系法律适用法》正式出台之前，我国在立法上处于空白，《涉外民事关系法律适用法》首次对无体动产（无形动产）的法律适用作出了立法上的规定。

无体动产（无形动产），究其实质，就是权利财产，或对外主要体现为一种财产性权利，其是不以实体形态存在的财产，一般包括有价证券（股票、汇票、支票、本票、债券），存款单，仓单，提单，可以转让的基金份额、股权，可以转让的注册商标专用权、专利权、著作权等知识产权中的财产权，应收账款等。因此，在确定适用法方面就不能那么简单地以权利的物质载体的所在地作为确定适用法的所在地。我国《涉外民事关系法律适用法》就有价证券和权利质权作出了规定。

《涉外民事关系法律适用法》第39条规定，有价证券，适用有价证券权利实现地法律或者其他与该有价证券有最密切联系的法律。从该规定可以作出如下解释：(1) 有价证券权利的取得、变更和消灭，统一适用一个法律来决定。(2) 有价证券在确定适用法确定方面还是从有价证券权利实现作为基点，这与有价证券的交易规则是密切相关的。(3) 适度引入最密切联系原则。

《涉外民事关系法律适用法》第40条规定，权利质权，适用质权设立地法律。从该规定可以看出，其出发点主要是基于质权自权利凭证交付质权人时设立。没有权利凭证的，质权自有关部门办理出质登记时设立。也就是说，权利质权主要通过两种方式产生，其一，就是交付；其二，就是登记。因此，权利质权应依据设立地法律来确定质权的效力和质权的内容。

（四）关于船舶物权的法律适用规则

关于动产物权的法律适用在我国《涉外民事关系法律适用法》中作出了一般性规定，用于解决某些特殊动产的涉外物权关系问题散见于有关的单行法规当中，如《海商法》《民用航空法》等。

我国《海商法》对船舶所有权、船舶抵押权的法律适用作了规定。该法第270条规定："船舶所有权的取得、转让和消灭，适用船旗国法律。"第271条规定："船舶抵押权适用船旗国法律。船舶在光船租赁以前或者光船租赁期间，设立船舶抵押权的，适用原船舶登记国的法律。"第272条规定："船舶优先权，适用受理案件的法院所在地法律。"上述规定中所涉及的几个法律概念，在《海商法》中都有专门的解释：(1) 船舶所有权，是指船舶所有人依法对其船舶享有占有、使用、收益和处分的权利；(2) 船舶抵押权，是指抵押权人对于抵押人提供的作为债务担保的船舶，在抵押人不履行债务时，可以依法拍卖，从卖得的价款中优先受偿的权利；(3) 船舶优先权，是指海事请求人依照本法第22条的规定，向船舶所有人、光船承租人、船舶经营人提出海事请求，对产生该海事请求的船舶具有优先受偿的权利。

我国关于船舶物权的法律适用规定了两个规则。

第一，船舶所有权和船舶抵押权适用船旗国法。这也是国际上的普遍做法。船舶属于特殊的动产，其所有权的取得、转让、消灭均需通过登记才发生效力。船舶在何地登记，即取得悬挂该国旗帜航行的权利，船旗国法律与船舶所有权有着最为密切的联系，故应将船旗国法作为船舶所有权的准据法。

关于船舶抵押权，实务中主要涉及以下几方面的问题：(1) 船舶抵押权的设定。船舶抵押权是由船舶所有人或所有人授权的人通过订立书面合同来设定的。这里需要区分的是，关于船舶抵押权的设定条件，应适用船旗国法，但是关于船舶抵押权的契约关系，则适用合同的准据法原则。(2) 船舶抵押权的登记。各国法律均规定，设定船舶抵押权，应进行登记。只有经过登记的船舶抵押权，才具有对抗第三人的效力。(3) 船舶抵押权的转移及消灭。船舶抵押权设定后，可以进行转让。有的国家规定，抵押权人将被抵押船舶所担保的债权全部或部分转让给他人的，抵押权随之转移。(4) 船舶抵押权的受偿顺序。在一艘船舶上，可以设定若干个抵押权，即会产生以同一船舶为标的的数个船舶抵押权的受偿顺序问题。对此问题，各国的做法比较一致，即按照船舶抵押权的登记顺序，登记在先的先受偿，以确保先登记的船舶抵押权人的权益。关于上述实体问题，通常适用船旗国法予以确定。例如，船舶所有人将一艘挂新加坡国旗的船舶抵押给中国交通银行，从交通银行取得了一笔贷款，后因抵押权而发生争议，关于船舶抵押权的纠纷应适用船旗国法。即应适用新加坡法律。

第二，船舶优先权适用法院地法。这是由于船舶优先权的随船特点所决定的。当船舶发生两种以上债务时，适用法院地法处理优先权部分最为合理。同时，船舶处于不断的位移之中，从优先权的产生到优先权的行使，船舶国籍可能发生变更，如果按产生优先权时的旗国法，可能要涉及多个国家的法律，而适用法院地法则要简便的多。

(五) 关于民用航空器物权的法律适用规则

我国《民用航空法》第 185 条、第 186 条和第 187 条规定："民用航空器所有权的取得、转让和消灭，适用民用航空器国籍登记国法律"；"民用航空器抵押权适用民用航空器国籍登记国法律"；"民用航空器优先权适用受理案件的法院所在地法律"。规则有二：第一，航空器的所有权、抵押权适用登记地国法；第二，航空器的优先权，适用法院地法。

例如，日本某航空公司所有的一架波音 727 客机，飞行于日本和新加坡两国之间。因为日本该航空公司所欠中国某航空公司的债务到期无力偿还，日本公司遂将这架飞机抵押给中国航空公司，要求延期偿还债务。后来，双方就该抵押权发生争议。根据中国《民用航空法》的规定，应适用飞机登记地国的法律，该架飞机在日本登记，所以应适用日本法律。

船舶和航空器不同于不动产，虽然其具有某些不动产的特性，但一般被作为动产看待。船舶和航空器优先权是基于船舶和航空器而设的物上请求权，它以船舶和航空器的存在为前提，通常产生扣押船舶和航空器的结果，因此国际上一般将其作为准物权看待。我国对于船舶和航空器所有权和抵押权主要适用登记地国法，而对于船舶和航空器优先权则适用法院地法。

（六）关于动产、不动产继承的法律适用规则

我国《继承法》第36条规定："中国公民继承在中华人民共和国境外的遗产或者继承在中华人民共和国境内的外国人的遗产，动产适用被继承人住所地法律，不动产适用不动产所在地法律。"《最高人民法院关于贯彻执行〈中华人民共和国继承法〉若干问题的意见》第63条对上述规定作了进一步解释："涉外继承，遗产为动产的，适用被继承人住所地法律，即适用被继承人生前最后住所地国家的法律。"1986年通过的《民法通则》第149条作了更为明确的规定："遗产的法定继承，动产适用被继承人死亡时住所地法律，不动产适用不动产所在地法律。"新的《涉外民事关系法律适用法》第31条在上述法规基础上作了部分改动：法定继承，适用被继承人死亡时经常居所地法律，但不动产法定继承，适用不动产所在地法律。该规定将法定继承中动产适用被继承人住所地法律改为适用其经常居所地法律，乃是考虑到随着国际交往的日益频繁，因游学、工作等原因而长居国外的现象越来越多，经常居所地成为实际的法律关系中心地，而适用经常居所地法律既符合最密切关系原则，又便于管辖工作的进行。

第十六章　知识产权法律适用规则

建立知识产权正当的法律选择制度是在国际私法与知识产权法领域内必然面对的问题。审视知识产权与法律选择之间的内在逻辑关系是制定合理的知识产权法律选择规则的第一步，然后分析知识产权的属性，紧紧围绕知识产权的地域性特征进行深入的探讨，知识产权法律选择规则的确立就是其中的应有之义。

哪一国法律应该调整知识产权中的权利问题，这可能是在国际私法领域内解决知识产权问题所必然面临的问题。对于建立知识产权正当的法律选择制度是值得更多讨论的问题。

首先，需要承认的是，知识产权保护有公共属性的一面，① 尽管人们对于知识产权是公法还是私法存在很大的争论，但是，在这种语境下，对国家利益的尊重，不管是经济上还是文化上的，都变得尤为重要。知识产权中的权利是由国家授予或保护的排他性权利，它在一国内参与了经济活动，这种权利在多大限度内存在，与该国在经济上的关注程度紧密相连。

其次，从国际公约的角度来看，依据国内法律进行知识产权的保护本身就不够到位，因为在理想的层面上，国际公约代表的是最基础的概念和基本的法律。这样来看，在知识产权中寻求理想的解决办法时，由哪一种法律调整知识产权问题并不是具有普遍意义的。

最后，知识产权的保护从性质上讲是具有地域性的。② 这意味着，确定既定国家法律保护的地域性联系可能受到不同的限定。尽管全球化的发展已经越来越使边界失去意义，但是，在不同程度上，国内知识产权的保护依旧受到国家边界的限制。

依据哪一国法律来调整知识产权中的问题，在于我们如何理解上述三个方面对知识产权法律选择的影响。不可否认的是，其中的每一个方面都是知识产权法律选择需

---

① 吴汉东主编：《知识产权法》（第二版），法律出版社 2007 年版。

② 郑成思：《知识产权法》，法律出版社 2003 年版。

要考虑的，但是，一般看来，第三个方面对知识产权中的法律选择有决定性影响。

一、知识产权中的国家利益与法律选择

知识产权中的权利作为国家保护的权利，具有排他性和经济敏感性，这样的属性会赋予该领域内的法律规范性的特征，并且，需要在知识产权保护中确保每一个国家有正当的利益。[①] 但是，在法律选择过程中这样的考量似乎又不是那么重要，知识产权保护主要会涉及两个问题：法律的适用问题、强制性规则的问题。

一个国家的法律被另一个国家的法院适用是比较困难的，这不单涉及知识产权方面的争议。在知识产权保护中涉及国家利益时，这样的问题有特殊的意义。一些法院并不情愿裁判涉及外国知识产权法律的问题，这不是因为外国法律的适用是困难的，也不是因为存在外国法律适用错误的风险，这样的问题是普遍性的，这里的问题在于，人们无法接受在国家利益至关重要的领域中任何外国法律被错误适用的风险。

强制性规则的问题关乎法院地法的适用，而不是外国法律的适用。知识产权保护的规范性特征意味着法院可能在任何情况下有义务适用自己的法律。如果一个版权的侵权案发生在甲国，甲国的版权保护就可能适用于其所有人。但是，如果诉讼程序发生在甲国，那任何其他国家的法律都不会予以适用，即使原、被告双方都是乙国的居民，乙国的法律被认为是与侵权行为有最密切联系的法律，乙国法律也不会予以适用。于是面临这样的问题，当法院地法的适用是强制性的时候，法律选择的一般性规则就会变得多余。要理解这些问题只能在知识产权保护的背景下审视。严格说来，不情愿适用外国的法律是关于管辖权的事项，而不是法律选择的问题，它本身并不会影响哪国的法律应该适用，而是外国的知识产权权利是否可由本法院予以裁判。这样的不情愿往往会通过直接的规则表现出来，即直接规定外国知识产权的权利主张是本法院不可裁判的，或者是基于不方便法院原则来拒绝管辖权。这样看，知识产权保护的强制性特征也就不是那么的重要了，法院地法的强制性只是法律选择过程中一个普遍的因素，并不是知识产权法律所特有的。

二、知识产权中的国际公约与法律选择

当然，并不是只有知识产权法受到国际公约的规范，只是国际公约作为该领域内法律的基石有特殊重要的意义。[②] 这些知识产权国际公约在确立知识产权保护基本

---

① Fawcett and Torremans, Intellectual Property and Private International Iaw, 1998.

② Dessemontet, *Conflict of Laws for Intellectual Property in Cyberspace*, 18J. Int' I. Arb. 489 (2001).

原则方面具有独特的作用。正是因为这些超国家规范所具有的根本性和基础性的属性，在该领域内任何法律选择规则都必须遵循这些公约的基本条件。拿版权和邻接权来说，其法律选择规则就必须符合体现在《伯尔尼公约》第5条中的国民待遇原则，这意味着，权利所有者按照一国法律主张知识产权的保护，会获得与该国国民相同的保护。甚至，一些人认为，法律选择规则就存在于《伯尔尼公约》第5条中，这样，作者权利保护的范围以及救济的方法都应该排他性地由权利寻求保护所在国法律调整。

国民待遇原则是否或在多大程度上表明了任何特定的法律选择规则，是个无法轻易回答的问题。有人认为国民待遇原则主张适用法院地法，有人认为国民待遇原则主张适用侵权行为地法律①，还有一些人认为国民待遇原则主张适用保护地国法律是合理的。但是，我们仔细审视会发现，更可能的是，国民待遇原则根本就对法律选择问题没有影响。相反，国民待遇原则有不同的功能，这样的一种功能严格说来是在国际私法范围之外的，或者至少是在法律选择规则之外的。该功能是决定保护国国内法律的适用范围，然而该国可能在法律选择的概念中得以体现。国民待遇原则通过确保保护国法律平等适用于外国权利人与本国国民而决定保护国国内法律的适用范围，这也暗示了排除权利原始取得地国法律的作用。

两个例子可以说明国民待遇原则的效果，也可以进一步把该原则限定为确立国内法律适用范围的规则，而不是法律选择的问题。比如，一知识产权权利人在甲国内知识产权侵权而在甲国提起诉讼，设想该事项并不在甲国国内法律适用的范围内，甲国法院也只得适用其法律，相反，它不可能适用调整作品原始所有权的法律，之所以会这样，主要是国民待遇原则的效果，该原则要求扩展甲国的国内法律适用到该案件中。再如，诉讼程序在甲国提起，但是其针对的是依据乙国的法律在乙国内发生的侵权，若甲国法律允许这样的诉讼，可能的结果是，法院将会适用乙国的法律来决定原告的权利范围。之所以可能这样做是因为知识产权的侵权中，外国的侵权行为适用侵权行为地法律，也就是适用乙国的法律。这种情况下，适用乙国的法律是因为甲国的冲突规则要求适用侵权行为地法律，而不是因为国民待遇原则。

但是，这也不是说国民待遇原则完全与法律选择问题相矛盾，当侵权行为发生在解决争议的法院之外时，对于如何确定保护国的法律，国民待遇原则确实是中立的。国民待遇原则对于侵权行为地法律的标准是否是适当的，没有作任何明示的说明，或者对于一种可替代的法院地法律标准是否是更合适的也没有任何明确的回答。

---

① Goldstein，*International Copyright*：*Principles*，Law and Practice，2001.

但重要的是，在否定意义上，国民待遇原则确实涉及法律选择问题，它通过排除作品原始取得国法律在公约缔约国内的适用而予以体现。确实，在国际私法意义内该原则的主要效果是，它有效排除了作为保护地国法律的唯一替代（作品原始取得国法律）成为知识产权中的法律选择规则。

我们如何确定伯尔尼公约的影响在国内法中的效力？一种回答是比较直接的，有关版权和邻接权的公约并没有明示指出法律选择规则。而且，把相关法律选择规则的设计留给任何国家的国内法是完全适当的。按照该原则，就享有的知识产权保护而言，外国与本地的权利所有者应该同等对待，这本身就说明了该原则在法律选择规则方面是次要的。在相关的公约并没有给签约国采纳任何特定的法律选择规则赋予任何义务的情况下，也很难看出国民待遇原则在法律选择中的作用。

因此，对国民待遇原则进行规定的另一个说法是，这样规定是为了把其效果限定在国内环境下。《罗马公约》第 2 条就把国民待遇定义为权利保护被所在缔约国国内法所赋予的待遇。同样，《世界版权公约》第 2 条在提到外国人可以获得的保护时，也规定该保护就是一国给予其本国国民的保护。[①] 这样，可以得出的结论是，国民待遇原则仅仅是按照保护国国内法所赋予的待遇，对法律选择问题没有任何的回答。

可以认为，国民待遇原则没有对国际私法作出任何的暗示，它只是在否定意义上明确指出了作品原始取得国法律没有任何作用。适用作品原始取得国法律的效果是，一国法院面对涉及权利所有者权利的争议时，适用的实际上这是权利所有者国籍国的法律和作品创设地国的法律。这样一种确定法律选择的程序有两个主要的缺点。首先，这是不现实的，因为这会要求一国法院适用不同的法律来处理既定权利的侵害；其次，这是具有歧视性的，因为这会在利用知识产权方面潜在地供给外国权利所有者比开发利用国国民更多或更少的保护。

国民待遇原则背后的基本原理是要求避免这样的缺点。国民待遇原则是为了确保下面情形中的法律适用：如果来自甲国的权利所有者在乙国内开发利用其知识产权，那么将由乙国的法律而不是甲国的法律来决定这些权利的范围以及这些权利是否被侵犯。该原则并没有解释乙国法院是基于什么理由适用自己的法律。是因为该法律是法院地法律，是侵权行为地法律，还是单单是保护地国法律而这样适用的？可以确定的是，其排除了权利原始取得地国法律予以适用的可能性。

人们可以很自然地认为国民待遇原则只涉及保护国国内法的适用范围，而没有

---

① 郑成思主编：《知识产权与国际关系》，北京出版社 1996 年版。

对确定保护地国法律作出任何明确的说明。因此，除了否定权利原始取得地国法律外，国际知识产权制度对法律选择问题基本保持沉默，而国民待遇原则就表现得更为暧昧。知识产权争议中最常见的案件是诉讼发生在既定权利受到侵害的所在国，在这样的案件中，国民待遇原则排除了权利原始取得地国的法律。我们可以认为权利保护地国的法律自动得以适用，如果是这样，那法院地的国内法也不可避免地就会得到适用。或者我们干脆视其为法律选择问题，即可以适用的两个规则是法院地法和侵权行为地法。然而，无论如何，只有一个法律得到适用，也许我们从称谓上可以表现为法院地法、侵权行为地法和权利保护地国法律。

国民待遇原则的否定作用排除了权利原始取得国法律的作用，并且确认了权利保护地国法律的适用，但是没有对法律选择问题作出任何的回答。Ulmer 认为，在伯尔尼公约中所体现的保护地国的原则是一种不完全的冲突规则，① 其原因是，当侵权行为发生在起诉法院所在国时，保护地国原则能充分地说明哪一国法律应该予以适用，但是，当侵权行为发生在其他地方时，则没有作出任何的说明。国民待遇原则也是如此，当侵权行为地与法院地一致时，国民待遇原则表明适用权利保护地国法律，但是当侵权行为地与法院地不一致时，国民待遇原则未作出任何的表示。

因此，可以明确的是，由于国民待遇原则体现在许多的国际公约中，理解知识产权中的法律选择问题的起点应该是国民待遇原则。该原则确保了权利保护地国法律应该适用而排除了权利原始取得地国法律。尽管从表面上看，国民待遇原则并没有适用法律选择规则，但它通过赋予保护地国法律域外的效力，并且将其扩展于外国国家的国民，达到了限定保护地国法律的适用范围。国民待遇原则通过排除权利原始取得地国法律作为一种潜在的法律适用规则而以否定的方式确定了知识产权法律选择规则的性质。然而，其并未说明法律选择规则应该是什么样的。不过，无论知识产权法律选择问题的正确解决办法是什么，可以确定的一点是，它本身并不依赖于国际公约本身。②

三、知识产权中的地域性与法律选择

各国知识产权的保护是完全地域性的，因为其只规范在本领域内权利的享有。然而，在高速讯息的时代，人们对此也产生了一定的疑问。③ 但是，并不否认的是，

---

① Ulmer, Intellectual Property Rights and the Conflicts of Laws, 1978.

② Van Eechoud, *Choice of Law in Copyright and Related Rights*, 2003.

③ Austin, *Social Policy Choices and Choice of Law for Copyright Infringement in Cyberspace*, 79 Or. L. Rev. 575 (2000).

该概念也有其灵活性。什么构成一行为在一国领域内或与一国有充分的联系，这仅仅是一个定义的问题。一国可能总是通过立法来扩展其连结因素的范围来获得对其法律适用的保护。总体上来说，什么构成侵权可能不仅仅是在既定的国家发生损害，在更为广泛的意义上，也包括源于该国的行为，或在该国产生间接的影响。在概念意义上来说，地域性仅仅意味着地域性联系存在于特定的行为与既定法律之间。但是，传统意义上，知识产权的权利范围被限制性地定义了。比如，人们总是认为版权是在一国领域内对作品排他性的开发和利用，对这些权利的侵犯就会认为是在该国内对作品不正当地开发和利用。这一点非常重要，因为这里关注的不仅仅是知识产权的保护是地域性的，而且在这种意义上，这种地域性是被狭隘地定义了。在某种程度上，这种权利不只是被地域所限制，而是这种限制对法律选择的过程产生深刻的影响。从冲突法的层面上来说，其所关注的并不是知识产权权利是地域性的，而是这种地域性对各国知识产权保护的适用产生的限制，及这种限制对法律选择的正常实施所产生的影响。

（一）法律的自我限制与地域性

在国际私法中，各国法律自我限制的现象是普遍存在的,[①] 知识产权的保护也不例外，行为或事件的地理位置也不是限制法律实施的唯一因素。任何法律都可以规定其适用的条件，法规经常限制其对在一国或与一国相联系的人或事件的实施。但是，也不是所有的法律都自我限制，许多国内法没有明示对其实施的限制，但出于冲突法上的目的，其在适用范围上被看作具有普适性的。知识产权保护自我限制的性质可能与大部分调整合同和侵权的国内法规则有所不同，后者的一些国内法规则在适用范围上具有普适性，他们在特定的案件中是出于冲突法上的目的而予以适用的。

两个不同的例证可以对此作出说明。先来看不涉及知识产权的例子，在这种情形下适用法的相关规则并不自我限制，他们在适用范围上具有普适性。设想甲国的合同法规定，豁免条款的特定形式是无效的，该规则并不限于在甲国订立的合同。如果乙国法院认可甲国的合同法调整既定的合同，那么，甲国法律的适用实际上被乙国的国际私法所控制。这样，任何与甲国法律不同的豁免条款都是无效的。但是，当相关的外国法律是自我限制的情况下，这是不可能的。设想在上述的例证中甲国法律规定，只有合同在甲国订立，确定的豁免条款才是无效的，那么，即使乙国法

① Mann, *Statutes and Conflict of Laws*, 46 BYIL129, (1972).

院认为甲国法律是适用法，它也不会适用甲国的豁免条款规则于在其他地方订立的合同的。进一步设想，甲国的法律是既定版权侵权的适用法，除非满足甲国法律对其适用所规定的条件，不然没有法院会适用甲国的法律。如果甲国的版权法只适用于在甲国内的侵权，并且争议中的行为并不属于上述的侵权，很明显，这些行为并不会适用甲国的法律。这里甲国法律的自我限制的特性自然意味着甲国法院本身也不会适用自己的法律于这样的行为。他们不会在域外适用自己的法律，但是也影响了外国法院适用甲国法律。适用其自身法律选择规则的法院可能会考虑调整这种侵权行为的法律是甲国的法律——可能当事人双方都是甲国的居民，但不可避免导致的结果是，没有侵权行为发生，因为由甲国法律所提供的版权保护不能延伸到这样的案件中来。

（二）两种关于地域性的理论

地域性的自我限制所蕴含的意义是非常重要的，我们接受哪种含义会影响我们对该问题的看法。现在有两种对地域性进行理解的办法。一种是对地域性采取了弱化的观点，这种观点我们可以理解为是限定适用法的适用范围（scope）；另一种是对地域性采取了强化的观点，这种观点我们可以理解为限定适用法的特性（identity），也可以看作关注适用法的内容，或者是关注法律选择的过程。

对地域性的这两种理论作出区分可能是解决知识产权法律选择问题的关键所在。这也解释了为什么一些评论者坚持认为知识产权需要特殊的法律选择规则，[①] 而另一些评论者却主张知识产权适用一般的法律选择规则。[②] 这样的区分可以通过以下的一个假设予以说明。权利人甲在乙国的诉讼程序中主张丙在丁国的行为侵犯了其版权。甲认为丁国法律可以作为侵权行为地法予以适用，这就是一般法律选择规则的适用即侵权中的问题适用侵权行为地法律。丙在答辩中认为乙国的法律应该予以适用，因为该法律与争议有更为密切的联系。如果我们采取关于地域性弱化的观点，我们可能接受乙国的法律是适用的法律，并且，我们可以得出的结论是，如果它只适用于在丁国的侵权行为，并没有授予甲任何权利，这样，甲就会败诉。

相反，如果我们采纳关于地域性强化的观点，我们并不能认为乙国的法律为适用的法律。地域性并不意味着甲依据乙国法律没有权利，它意味着乙国法律是不能适用的。我们可以说乙国版权保护的地域性指出乙国的法律在调整丁国的侵权行为

---

① 赵相林主编：《国际私法》，中国政法大学出版社2007年版。

② 韩德培主编：《国际私法》，高等教育出版社2008年版。

时是没有任何利益的，作为适用法是不合格的。相反，丁国法律在调整其领域内的侵权行为时是有利益的，因此，其应为适用法。这是从立法意图方面所作出的探究，这样，我们可以说乙国的版权法从无试图处理其他地方所产生的侵权。

如果我们接受关于地域性弱化的观点，初看其产生的结果是没有人反对的。在法律选择的过程中，不可避免的是适用法可能并不总是能施加义务或赋予权利；它有时并没有提供任何的救济。如果甲起诉乙，但适用法并没有赋予甲对乙的权利，那么，甲也会败诉。并且，更为重要的是，上述的结果也并不会使该法律不是适用法。国内知识产权保护的地域性并不是法律制度中所特有的，它是这种保护所具有的自然和普遍的特征。这就意味着，如果适用法是不同于保护地国的法律，起诉者就会败诉，因为依据不予适用的法律，起诉者不会获得保护。确实，赞成更为灵活的法律选择方法来避开保护地国法律的适用，可以看作支持了权利的使用者而不是权利的持有者。

与此相反，持续求助于保护地国的法律也会对权利持有者构成歧视。公平地说，法律选择的过程应该在使用一般的法律选择规则与使用灵活的密切联系标准之间保持一种中立。但是，这也不是问题的关键。正如传统所理解的那样，国际知识产权的保护确实有利于权利持有者。确实是，适用一般的法律选择规则毕竟也不是一种中立的立场，它本身也会削减权利所有能获得的保护。

地域性弱化的观点可能会扭曲适用法的真正目标——国内法的目标，它可能赋予适用法一个其本身不试图具有的适用范围，我们不能通过法律选择的过程赋予国内法一个它本身不具有的适用范围。当然，这并不意味着，当依据适用法没有人拥有权利的情况下，地域性弱化的观点会赋予权利。但是，当适用的法律没有利益，或者是并不试图适用的情况下，它会使该法律得以适用。

而地域性强化的观点不会对这样的目标产生任何的影响。它本身尊重相关法律的利益，维护侵权发生地法律的利益，并且尊重这样一个事实即没有其他法律有利益。它按照最有利益的法律授予起诉者正当的权利。

在知识产权案件中，每一种方法在法律选择的过程都会产生特定的结果。严格予以适用，地域性弱化的观点意味着忽略了知识产权保护所特有的地域性。同时也意味着在知识产权中并不需要专门制定的法律选择规则，或者至少我们并不需要专门来适应地域性。相反，地域性强化的观点产生两个明确的结果，这都尊重知识产权的地域性。一方面，它总是给予问题明确的答案：哪个法律与版权的侵权有最密切的联系？另一方面，它主张存在特定的法律选择规则——通过该规则，权利获得保护的法律得以适用。正如上述所表明的，地域性弱化观点的倡导者并不会赞成保护地国法律的适用。[1] 但是，对于地域性强化观点的支持者来说，除了保护地国法律，没有任何其他法律可以适用。

可以这么说，即使我们接受保护地国法律的强大吸引力，我们也可以采纳重要联系或实质联系的一般标准。因为即使保护地国法律最终不可抗拒地予以适用，但是，适用这样一个僵硬的规则，最后导致只有一个法律予以适用也是毫无意义的。至少从效率角度来说也要求一个特殊的规则。

① Van Eechoud, *Choice of Law in Copyright and Related Rights*, 2003.

第十七章 票据法律适用规则

随着商品经济与国际贸易的不断发展，因各国和各地区的票据法律制度不同而引起的冲突，已成为各国国际私法需要研究解决的问题。在票据行为能力法律适用上，为保护持票人权利，促进票据流通，应当增加连结因素。在票据形式效力法律适用问题上，有必要尽量扩大票据形式效力上的法律选择范围。在票据实质问题法律适用上，应采取灵活的最密切联系原则。

票据作为一种具有支付、流通、信用和融资等重要作用的证券，最初通行于商人之间，票据行为是一种商行为。以前许多国家均是在商法典中对票据予以规定，票据法因而成为商法的一个组成部分。然而，在现代社会，许多国家又将票据从商法典中独立出来，使票据法在立法上获得了相对独立的地位。票据法是一国的国立法，但是，由于作为一种支付工具和信用工具的票据是为商品经济和国际贸易服务的。因此，用以调整票据制度和票据关系的票据法，一开始就具有较强的跨地域性和国际性。随着商品经济和国际贸易的不断发展，因各国和各地区的票据法律制度不同而引起的冲突越来越多，阻碍了国际贸易的发展。因此，如何解决票据上的法律冲突就成为各国国际私法需要研究解决的问题。

一、票据的法律冲突

由于世界各国票据立法以及其缔结或参加的国际票据公约相互间的差异，票据在跨国或跨地区之间的流通过程中常常产生法律冲突。

（一）票据行为性质的冲突

票据行为是一种特殊的民事法律行为，但是，票据行为究竟是一种什么性质的法律行为，是单方法律行为还是合同行为（或契约行为），各国的票据立法和理论一直存在着分歧。归纳而言，存在两种不同的理论观点。大陆法系国家的票据法理论大多主张票据行为为单方法律行为，而英美法系国家的票据法理论则多认为票据行为在性质上属于合同行为。这就是所谓的“单方法律行为说”和“合同行为说”。

关于票据行为的性质，我国《票据法》没有明确规定。不过，从现有《票据法》第4条关于在票据上签章的出票人和其他票据债务人按照其票据记载承担票据责任的规定来看，倾向于对票据行为的性质采用单方法律行为说。[①] 其主要理由为：(1) 中国《票据法》第4条强调票据行为的文义性，出票人和其他债务人依据票据上记载的事项承担票据责任，而对持票人与债务人之间是否有合同关系在所不问。(2) 中国《票据法》在定义各种票据时，用词均为“票据的签发”。“签发”即为“签章”和“发出”，而“发出”即为交付。况且《票据法》第10条和第12条规定票据的签发、取得和转让应当遵循诚实信用原则，以恶意或重大过失取得票据的人不享有票据权利。可见，票据的合法交付为票据债务成立的条件，否则票据债务人不负票据责任。(3) 因为中国《票据法》中没有推定性的规定，如果采用合同行为说，不仅难以保护善意持票人的利益，也不利于票据之流通。

（二）出票的法律冲突

出票，又称发票、汇票的签发、汇票的发行。关于出票的定义，各国票据法的规定不尽相同。许多大陆法系国家法律并没有给出票下一个明确的定义。中国《票据法》在第20条规定：“出票是指出票人签发票据并将其交付给收款人的票据行为。”出票是各种票据行为的开端，汇票的背书、承兑、保证、付款、追索等均以出票时的权利、义务为基础。因此，汇票的出票是最基本、最主要的票据行为，又称为原始票据行为，其余的票据行为则是附属的票据行为。

关于出票行为的一般要求[②]，出票时票据上可以记载事项的具体内容[③]，票据上是否必须表明“汇票”“本票”或“支票”的字样，付款人、收款人的名称或姓名是否属绝对记载事项等，各国均有不同规定，从而不可避免地产生法律冲突。

（三）背书的法律冲突

背书是持票人以转让汇票权利或授予他人一定的汇票权利为目的，在汇票背面或者粘单上记载有关事项并签章的票据行为。中国《票据法》不承认单纯交付式的

---

① 王小能主编：《中国票据法律制度研究》，北京大学出版社1999年版，第48页。

② 我国《票据法》第10条规定，汇票的签发应当遵循诚实信用的原则，具有真实的信用关系和债权债务关系。该法第21条规定：“汇票的出票人必须与付款人具有真实的委托付款关系，并且具有支付汇票金额的可靠资金来源。不得签发无对价的汇票用以骗取银行或者其他票据当事人的资金。”

③ 比如对绝对记载事项、相对记载事项、任意记载事项、不得记载事项等，各国票据法的规定各不相同。

票据转让，因而背书交付是中国《票据法》中认可的唯一一种汇票转让方式。然而，英美票据法却对单纯交付式的票据转让予以承认。

关于背书转让票据，不得附加任何条件，这就是票据背书的“单纯性”。我国《票据法》规定票据背书转让不得附加条件，附有条件者，其所附有的条件不具有票据法上的效力。日内瓦票据公约规定，背书是无条件的，记载条件的背书，其条件部分视为无记载。《美国统一商法典》规定，附条件的背书不影响票据继续转让或流通，但在该背书的背书人与被背书人之间所附的条件具有拘束力。

（四）承兑的法律冲突

承兑是付款人表示于到期日支付汇票金额的一种票据行为，也即承担支付汇票金额的债务的行为。各国票据立法及国际公约对有关承兑制度的规定也存在着差异。关于见票后定期付款的汇票应在多长期限内提示承兑的问题，各国票据法及国际公约的规定不完全相同。英美票据法规定应在出票日后合理的期间提示；中国《票据法》规定应在出票日起1个月内提示承兑；日内瓦票据公约规定应自出票日起1年内提示承兑。对于上述法定的提示期间，英美票据法以及中国《票据法》均未规定出票人或背书人可以将法定的提示承兑期限作缩短或延长的记载，而日内瓦票据公约却规定出票人可以将其缩短或予以延长，背书人可以记载将其缩短。关于付款人承兑汇票时应当绝对予以记载的事项，各国票据法规定不同。日内瓦票据公约及英美票据法仅规定了一项内容，即承兑人签名，因而只有付款人在票据上的签名，也视为承兑，也即略式承兑。而中国《票据法》规定，付款人承兑汇票必须在汇票正面记载“承兑”字样并签章。

（五）票据权利行使和保全的冲突

票据权利的行使是票据权利人（债权人）请求票据债务人履行其票据债务的一切行为。所谓票据权利的保全是票据权利人防止票据权利丧失的一切行为，如为防止付款请求权和追索权因时效届满而丧失，采取中断时效的行为；为防止追索权丧失而请求作成拒绝证书的行为等。

关于票据权利行使和保全的时间，各国均有明确的规定。总而言之，票据权利的行使和保全，必须在票据法规定的行为期限内的营业日（或称工作日、营业时间）进行，如果期限的最后一日为非营业日，则以非营业日之后的第一个营业日为最后一日。

对于票据权利行使和保全的地点，各国票据法及国际公约的规定不尽相同，但都以审慎的态度结合本国情况列举式地规定了有可能为票据权利行使和保全的地点。一般来讲，如果票据上记载有行使和保全的特定住所时，首先应在该票据指定的特定住所进行，如没有指定，则应在票据关系人的营业所为之；如果没有营业所，就在票据关系人的住所或居所为之。票据关系的营业所、住所或居所不明的，持票人应当请求法院、公证处或其他机关进行调查，查无结果的，应当请求上述机关作成拒绝证书以资证明。

关于持票人行使追索权应履行的手续问题，《日内瓦票据公约》规定，持票人在规定的期限内必须作成拒绝证书（当事人约定或法律规定免作拒绝证书的情况除外），此为行使追索权必须履行的手续，否则丧失对出票人、背书人及除承兑人之外的其他票据债务人追索的权利。英美票据法规定，作成拒绝证书只是国外汇票的持票人行使追索权的必备条件，而对于国内汇票的持票人行使追索权并不是必要的。我国《票据法》第65条规定："持票人不能出示拒绝证明、退票理由书或者未按照规定期限提供其他合法证明的，丧失对其前手的追索权。但是，承兑人或者付款人仍应当对持票人承担责任。"

二、票据行为能力的法律适用

（一）法理分析

票据行为能力是民事行为能力的一种，对它的确定，《票据法》第96条规定："票据债务人的民事行为能力，适用其本国法律。票据债务人的民事行为能力，依照其本国法律为无民事行为能力或者为限制民事行为能力而依照行为地法律为完全民事行为能力的，适用行为地法律。"① 该规定与《民法通则》及其司法解释的同类规定相比，它们都指向了当事人本国法律以及行为地法律的适用，但其中还有所不同。按照《民法通则》及其司法解释，民事行为能力适用当事人本国法，这样的结论针对外国人在中国境外的民事行为能力以及中国人在中国境内的民事行为能力时应是确定的，针对在中国境内进行民事活动但按中国法律不具有民事行为能力的外国自然人也应该是确定的；而《票据法》第96条的规定则意味着，票据债务人不论是外国人还是中国人，其在票据行为地按该地法律不具有民事行为能力或者为限制民事行为能力者，均依其本国法律确定民事行为能力。另外，按照《民法通则》的司法解释，确定外国人的民事行为能力适用行为地法律，只规定了行为地是在中国一种情况；而《票据法》第96条关于票据行为地法律认为票据债务人在该地具有完全民事行为能力者则适用该地法律的规定，并未将行为地仅限于中国。本来，依行为地

---

① 参见赵相林主编：《国际私法》，中国政法大学出版社2007年版。

法律具有完全行为能力者视为有完全行为能力，这是一种有利于保护行为地交易安全的做法，为许多国家所采用。但如果仅在行为地即在内国或法院地国时才采用这种做法，只关注发生在内国或法院地国的交易的安全，则不免有些狭隘。其实，《民法通则》及其司法解释关于定居国外的中国公民在定居国为民事行为的能力可以适用定居国法律的规定，表明我们已经考虑到了对发生在外国的交易的安全保护。只是这里的外国限于中国公民定居的外国，且适用行为地所在外国的法律来确定行为能力，也只是对行为人定居在该外国的中国人来说是这样。因此，交易安全需要保护的行为地所在的外国，范围被我们考虑得很小，其法律的适用对象也有特别限制。与此不同，《票据法》第96条有关适用票据行为地法律的规定，意味着该行为地不论是在中国，还是在任何一个外国，其法律都可以用于确定票据债务人的民事行为能力，而不管承担票据债务的行为人是外国人，还是中国人或中国的什么人。应该说，这是一个进步。

《票据法》第96条关于票据债务人的民事行为能力适用其本国法律的规定，体现了我国及大陆法系许多国家在适用属人法时采当事人本国法原则的传统。但从当今的发展来看，不少以当事人本国法作为其属人法的国家，都已在一定范围或对某些问题兼以甚或改以当事人住所地法律或惯常居所地法律作为其属人法，以符合实际需要。我国的立法其实也有这种表现。例如，《民法通则》第143条规定定居国外的中国公民的民事行为能力可以适用定居国法律，第149条规定动产的法定继承适用被继承人死亡时的住所地法律。可见，在我国适用当事人属人法，包括为确定民事行为能力适用其属人法，并非在所有情况下都只能以当事人本国法为适用标准。我们对票据行为能力的确定适用当事人属人法，应该可以考虑不以适用当事人本国法律为限，在此之外还允许兼用当事人住所地法律或惯常居所地法律。这样，可以用于确定票据行为能力的法律就有所增多，从而把当事人的本国法律、住所地法律、惯常居所地法律以及行为地法律都包括进来，票据行为人只要按照其中任何一个法律具有完全民事行为能力，即视为有完全民事行为能力。① 其结果，无疑有利于票据效力的肯定，从而有利于票据的顺畅流通。而有利于票据流通，正是票据法的立法主旨。调整票据关系的实体法如此，调整票据关系的冲突法亦应如此。

确定票据行为能力的法律在范围上应该扩大，采用上述直接增加连结点的方式。各国票据法的立法主旨原本就在于（合理）保护和促进票据流通，而票据效力来自包括当事人行为能力等各方面在内的障碍或影响尽可能得以合理减少，无疑是有利

---

① 潘攀：《票据法律冲突》，北京大学出版社2002年版。

于票据流通的。

（二）立法建议

票据行为能力是票据行为的实质要件，它是指票据当事人独立承担票据权利和义务的资格。为保护持票人权利，促进票据流通，作为无因证券的票据之效力并不因当事人的行为能力欠缺而受影响。保证票据有效的关键是增加连结因素，也就是扩大法律选择的范围，在票据行为中，可能影响票据行为能力的法律主要有：当事人本国法律；当事人住所地法律；票据行为发生地法律；票据所在地法律；票据行为发生时或争议发生时票据基础关系标的物所在地法律；适用于票据关系的法律；适用于票据基础关系的法律。正是出于上述的考虑，建议作出以下的立法："票据当事人依据下列任何一种法律具有行为能力的，该当事人即应视为有行为能力：当事人本国法律；当事人住所地法律；票据行为发生地法律；票据所在地法律；票据行为发生时或争议发生时票据基础关系标的物所在地法律；适用于票据关系的法律；适用于票据基础关系的法律。"

三、票据形式效力的法律适用

（一）法理分析

以无因性为特征的票据行为，其形式要求尤为重要。只有符合法律严格要求的形式，票据行为以及票据才可能是有效的。对票据形式效力的确定，各国普遍遵循"场所支配行为"的传统国际私法原则，规定适用票据行为地法律。我国《票据法》第97条规定："汇票、本票出票时的记载事项，适用出票地法律。支票出票时的记载事项，适用出票地法律，经当事人协议，也可以适用付款地法律。"由于签发票据时记载的事项是否符合票据法规定，属于出票行为的形式问题，故对其适用出票地法律，符合各国适用行为地法律解决形式问题的普遍做法。何谓出票地，按照我国《票据法》第20条规定的"出票是指出票人签发票据并将其交付给收款人的票据行为"，出票地应为出票人签发票据并将其交付给收款人的地方。这与许多国家的规定是一致的。也有一些国家是规定出票地为出票人签名所在地，如"日内瓦公约"票据法体系的国家。①

由于付款地在支票关系中具有十分重要的意义，因而有不少国家在规定票据行

---

① 赵相林主编：《国际商事关系法律适用论》，中国政法大学出版社2005年版。

为的形式适用行为地法律的同时，又规定支票的票据行为如果符合付款地法律要求的形式也视为有效。《日内瓦解决支票法律冲突公约》就作了这样的规定。其结果，合理扩大了可适用法律的范围，也合理增加了支票票据行为形式效力得到肯定的机会。这是有利于票据流通的。我国《票据法》第97条也规定可以适用支票付款地法律，但须经当事人协议选择才能适用。这是颇值得研究的一个条款。本来，各国关于票据法律适用的规定鲜见采用当事人意思自治原则的采用，说明票据领域的法律适用不宜采用这一原则是各国普遍存在的共识。那么，对我国《票据法》引入这一原则应怎么看呢？按照《票据法》规定，适用该原则有如下限制：

1. 可由当事人选择法律的票据仅限于支票；2. 可由当事人选择法律的票据行为仅限于出票；3. 可由当事人选择的法律仅适用于出票时的记载事项；4. 可由当事人选择的法律仅限于付款地法律。如此严格的限制，在相当程度上弱化了意思自治原则运用到票据领域所产生的负面效果。另外，由于当事人一般会选择肯定出票形式效力的付款地法律，因此，按出票地法律不具有形式效力的出票行为，就可以通过适用付款地法律而具有形式效力。这显然有利于肯定票据行为的有效性，从而有利于票据的流通。出票行为作为基本票据行为，如果不具有形式效力，则不仅否定自身的有效性，也影响到附属的其他票据行为（如背书、保证等）的有效性。应该说，与那种只规定适用行为地法律确定支票票据行为形式效力的做法相比，我国《票据法》第97条的规定还算先进，当给予肯定。然而，《票据法》第97条仍然不能令人满足。[①] 付款地法律的适用毕竟还要经过当事人协议选择，当事人由于种种原因而没有或未能选择法律，这种情况是可以想见的，实践中也是常常发生的。因此，付款地法律能得以适用的机会实际上十分有限。这使得规定“也可以适用付款地法律”的实际意义大减，一定程度上甚至可以说比不规定适用付款地法律好不了多少。本来，《票据法》第97条对汇票、本票的出票只规定适用出票地法律，而对支票的出票除规定适用出票地法律以外，还规定也可以适用付款地法律，这表明立法已经注意到付款地在支票关系中有重要意义，付款地法律应有的积极作用（肯定票据行为的效力），也需要让它发挥。既然如此，为何又要对支票付款地法律的适用加以条件限制，即必须经当事人协议选择。看不出这种限制有多么充分的合理性，可以考虑将它除去。

我国《票据法》第98条规定：“票据的背书、承兑、付款和保证行为，适用行为地法律。”该规定调整票据行为，未明确其用于确定票据行为的形式效力还是用于

---

① 韩德培主编：《国际私法》，高等教育出版社2007年版。

确定它们的实质效力，而后者涉及票据行为所产生的票据权利义务这一核心问题。从《票据法》第五章的其他规定看，也未见直接涉及这一核心问题的法律适用。因此，需要有法可依的话，《票据法》第98条规定应该用于确定票据行为的实质效力无疑。但同时，《票据法》第98条提到的那些票据行为，在该法第五章的其他条款中未见规定。因此，可以这样理解，《票据法》第98条的规定也用于确定票据行为的形式效力。有法可依的考虑推及《票据法》第97条，是不是也可以这样理解，该条规定不但适用于票据出票时记载事项的必要性、充分性等形式要求，而且适用于这些记载事项产生的结果——票据义务。

《票据法》第98条用于确定票据行为的形式效力，就与包括“日内瓦公约”在内的一些国际公约以及许多国家国内法对该问题所作的主要规定基本一致，即采用“场所支配行为”的传统国际私法原则，规定各种票据行为的形式效力依各该行为的所在地法律确定。然而，《票据法》第98条的规定，又将行为地法律的适用绝对化了。其表现之一是，它完全排除付款地法律作为非行为所在地法律（对背书等行为而言）的适用，这对支票关系的调整就考虑得不够了。如前所述，付款地法律的适用在支票关系的调整上有重要意义。不同票据的法律适用不宜完全相同，应充分考虑不同票据的特点和调整需要。沿《票据法》第97条适当区别不同票据出票行为的法律适用这一出发点，应继续在法律适用上适当区别不同票据的其他票据行为，规定支票背书的形式效力适用背书地法律，也可以适用付款地法律。此处未提支票保证，是为了与我国《票据法》未规定支票保证制度保持一致。《票据法》第98条将行为地法律适用绝对化的另一个表现是，它完全排除内国法（即中国法）作为非行为所在地法律的适用，《票据法》第97条的规定也同样如此。从其他国家的情况来看，有不少国家在规定依行为地法律确定票据行为形式效力的同时，也按不同需要作出一定的补充，即规定有的票据除适用行为地法律以外，也可以适用其他法律。例如，规定支票的出票、背书、保证等行为适用行为地法律以外，同时规定也可以适用付款地法律。再例如，按照日内瓦《解决汇票、本票法律冲突公约》第3条和《解决支票法律冲突公约》第4条，缔约国对于本国人在外国所实施的票据行为，可以规定该行为只要符合本国法律所要求的形式，则对本国境内的其他本国人有效。又例如，《英国汇票法》第72条在规定票据形式适用行为地法律的同时，还规定境外发行的汇票只要符合联合王国法律的形式要求，那么，在联合王国境内转让或持有该汇票的人或是成为该汇票当事人者，他们之间应视该汇票为有效，但仅限于付款的强制执行。上述两例关于票据形式在特定情况下也可以适用内国法律而不适用行为地法律的规定，虽然对票据的国际流通并无多大意义，但对涉外票据或国际票据在内国范围的流通还是有一定意义的。我国根据需要也可以考虑，在规定票据行为的形式适用行为地法律的同时，规定特定情况也可以适用我国法律。尤其我国现行《票据法》还将涉外票据限定为票据行为既有发生在我国境内又有发生在我国境外的票据，既然涉外票据与我国有这种“不可分割”的密切联系，更应该作上述考虑。总之，我国在依行为地法律确定票据行为形式有效性的同时，也可以适当考虑一定情况下对非行为地法律的适用，该法律包括但不一定限于支票付款地法律和中国法律。

《票据法》第 98 条用于确定票据行为的实质效力，由于该条未将产生主债务的票据行为与产生从债务的票据行为区别对待，也没有对支票上发生的票据行为另作规定，而是将票据行为一律归由行为地法律支配，因此，产生主债务的票据行为（如汇票承兑）排除了付款地法律的适用，发生于支票上的票据行为（如背书）也排除了付款地法律的适用。如果将《票据法》第 97 条用于确定出票行为的实质效力，也会使产生主债务的票据行为排除付款地法律的适用。从其他国家的规定来看，以日内瓦票据冲突法公约缔约国为典型代表的不少国家，将票据的主债务与从债务分开，规定主债务（即汇票承兑人和本票出票人所负债务）的效力依付款地法律确定，从债务（如汇票出票人、汇票本票背书人或保证人等所负债务）的效力依产生该债务的行为所在地法律确定，支票债务的效力按不同问题分别适用债务发生地法律和付款地法律。上述所指主债务的效力实际就是汇票承兑行为和本票出票行为的（实质）效力，从债务效力实际就是汇票出票行为、汇票本票背书或保证等行为的（实质）效力。票据主债务适用付款地法律，来自债之效力依其履行地法律这一传统原则，有其合理成分。且付款地通常较为确定，以该地法律作为应适用的法律，有利于保证法律适用的确定性，便于他人对流通中的票据预见其基础债务的法律效力。而票据从债务适用产生该债务的行为所在地法律，有一个好处就是，票据从债务人（如背书人）实际付款的地方常常并不是行为地（如背书地），更有可能不是票据上记载的主债务人付款地，在这种情况下，适用行为地法律确定其从债务效力是比较合理的，对行为人、持票人及其后手预见从债务的效力也都是方便的。可见，确定票据债务的效力或确定票据行为的实质效力时，在法律适用上区别票据主债务和从债务，或者区别产生主债务的票据行为与产生从债务的票据行为，对其作出彼此有所不同的规定，是有道理的。我国也可以考虑适当采用这种做法。

总而言之，我国《票据法》第 98 条的规定过于简单，难以使人“一目了然”，因为它容易引起不同的解释;[①] 另外，它和《票据法》第97条一同为确定票据行为效力所规定的法律还是少了一些，且应有的针对性也很不够。

对于票据行为效力的法律适用，我国可以考虑：合理区别不同票据，合理区别不同的票据行为，合理区别票据行为的形式效力和实质效力，对其规定互不相同或不完全相同的适用法律，且范围适当扩大，以有利于合理肯定票据行为的效力，从而有利于涉外票据的流通。

（二）立法建议

由于形式效力涉及票据的有效性，为了使票据尽量有效，从而实现票据法的目标，保护持票人的利益，有必要尽量扩大票据形式效力上的法律选择范围。这个范围由以下法律构成：当事人本国法律；当事人住所地法律；票据行为发生地法律；票据所在地法律；票据行为发生时或争议发生时票据基础关系标的物所在地法律；适用于票据关系的法律；适用于票据基础关系的法律。因此。建议作出以下立法："票据形式符合下列任何一种法律为有效的，即为有效：当事人本国法律；当事人住所地法律；票据行为发生地法律；票据所在地法律；票据行为发生时或争议发生时票据基础关系标的物所在地法律；适用于票据关系的法律；适用于票据基础关系的法律。"

四、票据实质问题的法律适用

（一）法理分析

我国有关票据实质问题的法律选择规则主要体现在有关票据追索权的行使期限；票据的提示期限；有关拒绝证明的方式；出具拒绝证明的期限；票据丧失时，失票人请求保全票据权利的程序等方面。

《票据法》第99条规定："票据追索权的行使期限，适用出票地法律。"该条与日内瓦《解决汇票、本票法律冲突公约》及《解决支票法律冲突公约》的同类规定是一样的，用来解决票据时效的法律冲突。所谓票据时效，是票据权利在一定期间不行使即告消灭的法律制度。票据追索权的行使期限就是一种票据时效。依票据出票地法律确定票据追索权的行使期限，便于各有关当事人预见追索或被追索的时效，

---

① 李健男：《票据法律适用法比较研究》，载《暨南学报》（人文科学与社会科学版）2004年第26卷第06期。

且对他们也较为公平，因为出票地明确固定而易于确定，该地又是最终的票据债务人（指汇票出票人）发生债务（即出票）的所在地，以其法律规定的票据追索权行使期限作为统一标准，时效期间的长短对各有关当事人就完全一样。《票据法》关于票据时效法律适用的规定有一明显不足就是，它仅规定票据追索权行使期限的法律适用，而未涉及票据的付款请求权行使期限的法律适用。付款请求权的行使期限也属于票据时效的范围。我国《票据法》第17条规定的票据权利行使期限，就包括了付款请求权行使期限和票据追索权行使期限。就票据时效而言，各国法律不但在涉及票据追索权的部分存在冲突，而且在涉及付款请求权的部分也存在冲突。因此，理应也规定调整后者的法律适用规则。我国可以考虑规定，票据付款请求权的行使期限适用付款人债务发生地法律或付款地法律。

《票据法》第100条规定："票据的提示期限、有关拒绝证明的方式、出具拒绝证明的期限，适用付款地法律。"这是对行使、保全票据权利过程中涉及的一些细节或具体问题所作的法律适用的规定，与前述日内瓦公约以及英美等国法律的同类规定略显不同。它们是规定适用行为地法律，实际上即分别适用票据提示的所在地法律、作成拒绝证书的所在地法律等。显然，这些法律在许多情况下与付款地法律是重合的。因此，《票据法》第100条适用付款地法律的规定与其他国家关于适用行为地法律的规定，在调整上述所指一些细节或具体问题时，实质上并不存在太大差异。当然，调整事项既然属于细节或具体问题，因而适用通常与之有着最密切联系的行为地的法律较为合理，那么，考虑到行为地与付款地也有不一致的可能，虽然实际中发生颇少，但应该认为，《票据法》第100条的规定是否就令人十分满意，还有可探讨的余地。①

《票据法》第101条规定："票据丧失时，失票人请求保全票据权利的程序，适用付款地法律。"依付款地法律对失票人的票据权利进行保全，明显的好处就是这样最有利于失票人实现其付款请求权。《票据法》第101条与许多国家通过国际公约或国内立法所作同类规定基本一致。

概括以上现有立法，我们总结认为，在以上涉及票据当事人之间的权利义务方面，应该采取灵活的立法原则，这样既可以保持票据的流通性，也可以保护好善意受益人的利益。

（二）立法建议

在票据法中应尽量认可票据的实质有效性，并且保持票据的流通性，这样应尽

---

① 赵相林、杜新丽等：《国际民商事法律关系法律适用立法原理》，人民法院出版社2006年版。

量扩大法律选择的范围，因此，在票据的实质有效性和流通性方面，拟立法为："在票据的实质有效性和流通性上，应适用与该票据交易或票据当事人相联系的法律中承认该票据实质有效的法律。"与票据交易和票据当事人相联系的法律包括：当事人住所地法、本国法、所在地法、营业地法、交易时票据所在地法、缔约地法、履约地法、该票据交易之基础交易的准据法、票据当事人选择的法律、票面上记载的法律以及法院地法。但是，考虑到违反法院地的公共秩序，因此，加一个控制条款即"在法院地法认为承认某票据实质有效违反法院地公共政策时，可以否定该票据的实质有效性。"

有关票据当事人之间的权利义务，包括背书人与被背书人之间的权利义务关系、持票人的提示或通知义务、主债务人的责任等，我们采取灵活的最密切联系原则予以确立。因此，我们建议可以采取以下立法："1. 在票据的实质有效性和流通性上，应适用与该票据交易或票据当事人相联系的法律中承认该票据实质有效的法律。

与票据交易和票据当事人相联系的法律包括：当事人住所地法、本国法、所在地法、营业地法、交易时票据所在地法、缔约地法、履约地法、该票据交易之基础交易的准据法、票据当事人选择的法律、票面上记载的法律以及法院地法。

在法院地法认为承认某票据实质有效违反法院地公共政策时，可以否定该票据的实质有效性。

2. 票据当事人之间的权利义务，应适用与票据关系和票据当事人具有最密切联系的法律。"

第十八章　信托法律适用规则

一、信托概述

（一）信托概念及其特征

信托是指委托人（trustor settlor）将财产权转移于受托人（trustee），受托人依信托文件所定，为受益人（beneficiary）利益或特定目的而进行管理或处分信托财产的法律关系。信托是一种财产转移和管理的制度。信托关系基于信任而产生，其涉及三方主体：将财产交付他人进行管理或处分者称为委托人，接受该财产权并为某人利益或特定目的而对该财产进行管理或处分者称为受托人，享受该财产的利益者称为受益人。在由三方主体构成的信托关系中，权利义务发生于委托人与受托人之间以及受托人与受益人之间，后一种权利义务关系是信托的主要法律关系。信托具有如下法律特征：（1）信托财产的所有权与利益相分离；（2）信托财产的独立性；（3）信托责任的有限性；（4）信托管理的连续性。

（二）信托的法律冲突

随着国际民商事交往的日益频繁，国际信托业务大量发生。各国实体法上对信托的法律规定不尽相同，有些国家甚至没有信托制度，这些因素使国际信托法律冲突成为必然。

首先，有关国家没有信托的法律规定。毫无疑问，信托法律的缺乏是导致信托法律冲突现象的一个重要原因。

其次，各国对信托有效设立的规定不同。在英美法上，对于与遗嘱信托相对的生前信托实质上将其设立作为单方行为来看待，只要具备委托人的意思行为和财产的转移即可，甚至允许仅有委托人的意思行为（即宣告信托的设立）。缺少受托人并不影响信托的有效成立。在大陆法系的日本、韩国等国看来，生前信托的设立是契约行为，信托关系的成立必须有财产的转移。生前信托是否有效设立依据契约法原则确定，如果缺少委托人，或委托人欠缺主体资格及拒绝承诺，则信托设立的行为无效。只有信托契约有效设立，信托关系才能成立。

最后，各国对信托效力的规定不同。根据英美法的规定，信托一旦有效成立，委托人即脱离信托关系，委托人原则上对信托财产不再享有任何权利，除非信托文件规定保留委托人的某些权利。大陆法系的日本和韩国等国家法律规定，委托人在信托设立之后作为信托关系人得享有很多权利，这与生前信托的设立为契约行为密切相关。在信托财产权的问题上，两大法系的规定也不相同。英美法将信托财产权分为普通法上的所有权与衡平法上的所有权，分别由受托人和受益人享有。大陆法系国家则将信托财产权分割为受托人的所有权与受益人的受益权，并使受益人的受益权具有债权化的倾向。

二、信托的法律适用

综观世界各国，对信托法律适用问题在立法上作出规定的并不多见。在信托制度发源地的英美法系国家，有关信托的冲突规范主要以判例和学说的形式出现，而这方面的判例依据也比较少见。在大陆法系国家的国际私法中，就更加难以见到直接规定信托法律适用的规则。我们以学说为基础分别探讨信托中不同法律问题准据法的确定。

（一）关于信托有效性的法律适用

1. 遗嘱信托的有效性

关于遗嘱信托有效性的准据法问题有两个：一是设定信托的文书即遗嘱的有效性的准据法；另一个是遗嘱所记载的信托设定行为的有效性的准据法。美国《第二次冲突法重述》第269条规定，遗嘱人可以指定支配信托有效性的某个州的当地法，但该州与信托要有实质性联系；如果遗嘱人未指定应该适用的法律，或者这种指定无效，则应该适用遗嘱人死亡时的住所地法，除非必须适用信托管理地法才能使信托有效。

2. 生前信托的有效性

生前信托也存在两个问题，即设定信托行为的有效性及信托的有效性。对于生前信托的实质有效性，毫无疑问是由信托自体法来支配。这一信托自体法就是委托人明示或默示指定的应当适用于信托有效性的法律。该法就是与信托有最密切联系的法律。

3. 信托形式的有效性

对于信托形式的有效性问题，通常可以由信托自体法、信托成立地法、信托管理地法等法律中的任何一个予以支配，也即信托的形式要件只要符合这些法律中的任何一个规定，信托的形式即被视为有效。

4. 设立信托或者撤销信托的能力

对于设立信托或撤销信托的能力问题，一般认为由当事人的属人法支配，也可以受信托自体法支配。

5. 不动产信托的有效性

对于不动产信托的有效性问题，一般是根据不动产问题依不动产所在地法这一传统国际私法冲突原则加以确定的。不过，有英国学者认为，如果信托财产仅为位于一个国家的不动产时，适用物之所在地法来确定信托的有效性还有道理，但是假如信托财产是由位于不同国家的不动产组成，或信托财产既包括动产又包括不动产呢？此时，所有这些财产应当作为一个整体看待，其信托的有效性一般应由同一个法律即信托自体法来调整，除非该信托的设立违反了物之所在地法关于禁止违法信托等强制性规定。[①] 事实上，对于不动产信托或者含有不动产的财产所设定的信托，由信托自体法支配其有效性，往往也会导致不动产所在地法的适用。

（二）关于信托解释的法律适用

关于信托的解释，原则上由遗嘱人或委托人明示或默示指定的法律支配。这一原则无论是对遗嘱信托、生前信托，还是对动产信托与不动产信托都同样适用。在遗嘱人或委托人没有明示或默示的意思表示时，法院将依据与信托有最密切联系的地方法律来解释信托。比如，生前信托的解释适用与之有最密切而且最真实联系地方的法律。而遗嘱信托的解释，无论是动产信托还是不动产信托，均适用遗嘱人立遗嘱时的住所地法。

（三）关于信托管理的法律适用

关于信托管理，多数学者认为应该适用信托管理地法。在英国法院审理的“威尔克斯案”（Re Wilks）中，遗嘱人在加拿大安大略有住所，并死于该地。受托人受托管理死者位于英国的财产，对该信托管理，英国法院认为受托人符合英国法的管理行为是正当的，而没有适用遗嘱及信托有效性的准据法即安大略法。[②]

但是，以信托财产管理地法为准据法会遇到两个棘手的问题：一是信托管理地

---

① ［英］莫里斯：《法律冲突法》，李东来等译，中国对外翻译出版公司 1990 年版，第 428－429 页。

② See Cheshire & North, *Private International Law*, 890－891（11th ed. 1987）.

法中不存在信托制度时，应如何确定准据法的问题；二是应如何确定信托管理地。对于前者，有人认为应适用与该信托有最密切联系的地方法律。对于后者，特别是当信托财产位于两个以上的国家时，即使法院不嫌麻烦而对每项财产的管理分别适用其所在地法，但对于信托管理中涉及信托全体的问题，还是要适用一个准据法。其实，信托管理地法往往就是与信托管理有最密切联系的国家或地区的法律。

对于不动产信托的管理问题，一般适用不动产所在地法。

三、《关于信托的法律适用及其承认的公约》

（一）公约的定位

由于英美法系和大陆法系国家在信托法律制度上存在的差异，在国际民商事交往日益增多的今天，所引起的相关法律问题不断产生。因此，信托的法律适用问题较早就引起了海牙国际私法会议的关注。1985 年 7 月 1 日第 15 届海牙国际私法会议制定通过了《关于信托法律适用及其承认的公约》（以下简称《信托公约》）。《信托公约》无意将信托的概念引入至今尚无信托制度的大陆法系国家，而是试图在英美法系与大陆法系之间架设一座沟通的桥梁，便于大陆法系国家对国际信托关系的理解和接受。①

信托作为一种法律制度，并不像合同制度那样为各国普遍采用，它主要存在于普通法系国家。公约正是试图解决信托制度在一些国家存在，而在另一些国家不存在所产生的诸如信托的效力和受托人的权利方面的法律冲突问题。应该说，该公约作为国际社会统一信托法律适用问题的努力，一定程度上代表了当今国际信托法律适用的主要趋势和发展方向。

公约共有 5 章 32 个条文，对与信托的法律适用及承认有关的一些基本问题作了统一的规定，但条款的内容大多概括而原则，显然是为公约的具体适用有意留下较大的解释空间，使公约有可能用于解决更多的问题。第一章规定公约的适用范围；第二章规定信托的准据法；第三章规定对信托的承认；第四章为一般条款；第五章为最后条款。

---

① 截至 1996 年 7 月 1 日，签署该公约的国家有澳大利亚、加拿大、法国、意大利、卢森堡、马耳他、荷兰、英国、美国等。其中澳大利亚、加拿大、意大利、马耳他和英国已经批准了该公约，公约已经对这些批准国生效。

（二）公约的适用范围

公约的目的是建立信托准据法的普遍规则，并处理有关信托承认中的最重要的问题。依据《信托公约》第 1 条的规定，公约用于信托准据法的确定和信托的承认。

1. 公约适用于所有国家

公约未被限制为只适用于英美法系的信托制度，而是只要符合公约的有关规定，则不管是英美法系的信托制度，还是其他法系的与之相类似的法律制度，均可以适用该公约。

2. 公约调整的信托

根据《信托公约》第 2 条第 1 款的规定[①]，构成公约所调整的信托必须具备以下基本要素：（1）信托的主体，包括财产转移人、受托人和受益人；（2）信托的客体，指信托财产；（3）信托目的，指受益人获得利益，或指特定目的；（4）信托设立的依据，即财产转移人设定信托关系的意思；（5）信托财产的转移，是指将财产置于受托人的控制之下。

依公约调整的信托具有如下特征：（1）该项信托财产构成独立的资金，而且不是受托人自己财产的一部分；（2）以受托人名义或代表受托人的另一人的名义掌握信托财产；（3）受托人按照信托和法律的规定负有特殊的职责，享有管理、使用或处分财产的权力，承担应尽的义务。受托人对某些权利的保留，以及受托人有权自己作为受益人的事实，并不必然与信托的存在相矛盾。

3. 公约不适用的事项

公约不适用以下事项：（1）将信托财产转移于受托人的遗嘱规定或其他行为，其有效性不由公约调整。订立遗嘱或其他行为虽然为设立信托所必需，但并不是信托本身，而且将调整其有效性的规则统一起来也并非易事。可见，公约仅适用于已经设立的信托。（2）公约第二章确定的法律没有对有关信托或信托种类作出规定。

（三）信托之承认

信托的承认是公约的重要目的之一，公约第三章对此作了规范。依据《信托公约》第 11 条的规定，信托的设定如果符合依据公约规定的规则（当事人意思自治原则或最密切联系原则）所确定的准据法，则应将其作为信托予以承认，至少应该承

---

① 《信托公约》第 2 条第 1 款规定："在本公约中，当财产为受益人的利益或特定目的而置于受托人的控制之下时，'信托'一词系指财产转移人设定的在其生前或死后发生效力的法律关系。"

认该信托财产为独立的资金，受托人可以以受托人的身份起诉、应诉，并可以在公证人或其他任何代表官方能力的人面前以受托人身份办理有关事务。

这样的承认将意味着以下后果：（1）受托人的个人债权人对信托财产无返还追偿权；（2）信托财产不因受托人清算或破产而构成其财产的一部分；（3）信托财产不构成其婚姻财产或配偶的财产，也不因受托人死亡而构成其遗产的一部分；（4）在违反信托的情况下，如果受托人将信托财产与其自己的财产混合或者已经转让信托财产，信托财产仍然可以返还；（5）受托人有权以受托人身份就信托财产进行注册登记，或公布信托存在的事实，只要这些行为不为注册登记地法律所禁止或不与该法律相抵触。

信托贸易的承认受到强制规则和公共政策的限制。此外，依照《信托公约》第13条的规定，除当事人选择的法律、信托管理的地点和受托人的惯常居所之外的其他重要因素外，如果与没有信托制度或对所涉及的信托类别未作规定的国家具有更为密切的联系，则缔约国没有义务承认该信托。同时，公约不阻止适用对承认信托更为有利的法律。这一规定显然有利于扩大缔约国（特别是大陆法系国家）承认信托的机会。

（四）公约的冲突法规范

1. 适用当事人选择的法律

信托的准据法依当事人意思自治原则予以确定，是公约规定的首要原则。当事人对法律的选择必须规定在设定信托或证明信托的书面文件之中，必要时根据案件具体情况予以解释。如果财产转移人选择的法律未规定信托制度，或未对所涉及的信托类别作出规定，则该法律选择视为无效，而应当适用依《信托公约》第7条所确定的法律。

2. 适用最密切联系的法律

在当事人未作法律选择，或法律选择无效的情况下，对信托应适用与之有最密切联系的法律。在确定该法律适用时，应特别考虑以下因素：（1）财产转移人指定的信托管理地；（2）信托财产所在地；（3）受托人的居所地或营业地；（4）信托目的及该目的的实现地。这些因素不具有排他性，实践中法院还可以考虑其他因素。对于相关因素的重要性，只能在个别案件中根据具体情况来衡量。[1] 关于确定最密切联系的时间，根据公约关于准据法变更的规定，应为信托成立时。可见，公约将灵

---

① ［英］戚希尔和诺思：《国际私法》，巴特沃斯公司1992年英文版，第886页。

活的原则与具体的指导相结合，以寻求法律适用的灵活性与确定性之统一。

3. 信托准据法的适用范围

关于信托准据法的适用范围，《信托公约》第 8 条明确规定，无论是当事人所选择的法律，还是依据最密切联系原则确定的法律，都应支配信托的有效性、信托的解释、信托的效力以及信托的管理。[①] 第 8 条进而规定了特别受信托准据法支配的事项：(1) 受托人的任命、指定或更换，作为受托人行为的能力以及受托人事务的授权代理；(2) 受托人之间的权利义务；(3) 受托人全部或部分代表履行义务或行使权力的权利；(4) 受托人管理或处置信托财产、在信托财产上设置担保利益或获得新财产的权利；(5) 受托人投资的权力；(6) 信托延续以及累积信托收入的权力的限制；(7) 受托人与受益人的关系，包括受托人对受益人的个人责任；(8) 信托的变更或终止；(9) 信托财产的分配；(10) 受托人说明其管理的义务。

4. 公约的一般规定

(1) 信托贸易的准据法是指一国现行的法律规范，即实体法，而不包括其冲突法。(2) 信托可以分割的方面，尤其是管理事项，可以受信托的准据法之外的其他法律支配。(3) 准据法的变更问题，仍然由支配信托效力的法律来决定。

四、我国关于涉外信托的法律适用

我国《信托法》未能对国际信托的法律适用作出规定，也尚未参加《信托公约》，目前相关立法只有我国《涉外民事关系法律适用法》第 17 条规定："当事人可以协议选择信托适用的法律。当事人没有选择的，适用信托财产所在地法律或者信托关系发生地法律。"该规定以当事人意思自治原则为优先，允许当事人选择适用的法律，同时以信托财产所在地或信托关系发生地法律为补充。但仅有这一个条文显然不能适应国际信托发展的需要，我国应尽快填补在跨国信托领域的立法空白。

---

① [英] 莫里斯：《法律冲突法》，中国对外翻译出版公司 1984 年版，第 425 页。

第十九章 破产法律适用规则

一、破产程序域外效力的基本理论和总体原则

破产程序的域外效力是指一国依据其本国法进行的破产程序在关涉国是否也有效，即关涉国是否也承认该破产程序在其本国内效力。其实质焦点主要集中在：（1）对一个债务人是否只进行一个破产程序或者可以进行多个破产程序，二者分别被称为单一破产理论和复式破产理论；（2）一个破产程序是否应在所有其他相关国家一律产生效力还是其效力仅及于破产程序进行国，这属于破产的属地主义和普及主义的争论。这两个问题紧密联系，单一破产理论与破产普及主义相对应，复式破产理论往往又与破产属地主义相吻合，其最终还是落实到实行破产属地主义还是破产普及主义的问题上来。

（一）破产属地主义

此为最早关于跨国破产程序域外效力的理论主张。该主张从严格的主权原则出发，允许关涉国以债务人在其境内有财产而行使管辖权，并且一国进行的破产程序的效力仅及于破产人在该国领域内的财产，其他国家均不受其效力的约束。债务人在外国的财产除非外国法院根据其本国破产法的规定把财产分配给本国债权人或根据本国债权人的申请实行了扣押，不然应继续保留在债务人手中。

但随着各国之间经济交往的密切和依赖性的增强，坚持破产属地主义只会引起各关涉国的相互报复，必然破坏已经艰难建立起来的交往秩序，这样的代价是巨大的。针对这些弊端，一些国家也相继开始放弃严格的属地主义，逐渐采取开放的态度。以美国为代表，采取国际礼让的原则开始突破严格的属地主义，在一定条件下承认别国破产程序的效力。

（二）破产普及主义

此主张在各国经济交往日益频繁的大背景下提出，直指破产属地主义造成所有债权人分配不公和不利于破产案妥善处理的弊端，走在破产属地主义的对立面从破

产的基本理念出发，力图站在国际普遍主义的立场上，承认一国进行的破产程序的效力。

这是一种十分理想的解决跨国破产效力的办法。破产的主要目的是以债务人所有的财产实现对全体债权人的公平清偿，从此基本理念出发，破产普及主义认为破产制度在于对债务人和所有债权人的债权债务作一次性解决，在某一个国家进行的破产程序对债务人的全部财产，不问这些财产是在哪一个国家，一律生效；另外，分处不同国家的债权人都可以在破产程序开始国申报破产债权，参加统一分配。

纯粹的普及主义意味着一国的破产程序具有完全的全球效力，它依赖法院地法来调整一个完全的破产程序，所有的债权人都必须在这一程序中提出，证明并实现他们的求偿要求。为搜集债务人位于世界各国的财产，破产管理人可以在债务人财产所在国提出收回财产的申请，每个财产所在地国对主要破产程序进行承认并给予相应的协助，适用主要破产程序所在国的实体法，裁定将位于本国的债务人财产转移到主要破产程序中进行分配。所有关涉国家都应尊重进行主要破产程序的法院作出的裁定，世界范围内的债权人都将在这一程序得到公平偿付，不允许进行针对债务人财产的个别行为。

此理论更多的是从经济价值和公平价值考虑，构建了一个排除各国国界限制统一处理跨国破产的大环境。但该理论只是考虑应该怎么做而较少考虑实现的难度，在实际执行中要求财产所在国放弃对当地财产的控制权，是许多国家所不能接受的。另外破产普及主义使享有优先权的债权人利益得不到保障。因此，该理论虽然被各国极力倡导，实践中却大相径庭，没有一个国家彻底采用该理论。但是诸多国际组织在这方面的努力却从未松懈。

在跨国破产程序域外效力问题上，破产属地主义和破产普及主义可谓走向了两个极端。就破产属地主义而言，在各国国际贸易和海外投资越来越多的情况下，各国个人和企业在其他国有大量的财产，若一再坚持破产的地域性无异于作茧自缚。另外，若一国实行破产普及主义，要真正收回在国外的财产还必须得到财产所在国的配合和允许，这在实际执行上是十分困难的。可行的办法是在破产属地主义和破产普及主义之间，通过个案分析寻找一个比较恰当的利益平衡点，在规定本国破产程序具有域外效力的同时，对外国的破产程序也在一定条件下予以承认。

二、跨国破产的管辖权

在处理跨国破产案件时，一般都有法院的介入，依什么标准确定一个适当管辖权对跨国破产案的合理解决至关重要。从上述的论述中我们可以得知，分配破产财产和保护本国债权人的利益是处理破产案的基轴，在确定管辖权问题上也离不开对它们的深切考虑和关注。只要在本国境内有债务人的财产，只要有利于保护本国债权人的利益，各国几乎是不会放弃管辖权的。

（一）以债务人的住所地、主营业所所在地为依据确定管辖权

债务人的住所、主营业所所在地往往是在经济方面与债务人联系最密切的地方，是债务人的经济重心所在地。一般债务人到期不清偿债务首先是在其住所地、主营业所所在地表现出来。另外，债务人的住所地、主营业所所在地也是债务人大部分的财产集中地，债务人的债权人也大部分在此地，加上债务人的经济活动和交易往往与债务人住所地和主营业所所在地国家的经济有直接的利益影响，债务人破产对其本国来说自然事关重大，从利益重心分析也应由债务人的住所地和主营业所所在地国法院行使管辖权。这种确定管辖权的标准在各国破产立法中都有不同程度的体现，并且在承认和执行别国的破产裁定时也被作为一个承认与否的标准。

（二）以债务人的财产所在地为依据确定管辖权

从更为实际的角度出发，如果在本国境内有外国债务人的财产并且有本国债权存在，为了优先满足本国债权人的利益，破产财产所在国法院一般都行使管辖权。其实这样做也最能直接地支配财产和利用财产，特别是在债务人住所地和主营业所所在地坚持破产属地主义，其进行的破产程序不包括位于该国境外的财产时，对债务人在境外的资产纳入破产程序，唯一的办法是开始分别的本地破产程序，这样才能让债务人的境外财产免受债务人的随意处分和个别债权人的扣押。因此有必要由债务人财产所在地的法院行使管辖权。

（三）以最有利于跨国破产案的处理为出发点确定管辖权

此主张是直接针对债务人的住所地和主营业所所在地有时并不是债务人的主要利益中心和单在一国境内有债务人的财产而行使管辖权的弊端而提出，其结合运用最密切联系原则和利益分析说，更多科学考虑由一国行使管辖权，则该国的债权人占大多数，并且债务人的大部分财产在该国，该国是债务人的主要经济利益重心，其更有利于破产财产的收集和债权人的集体清偿。因此在这样的情况下，更有利于跨国破产案的合理解决。依此标准确定的管辖权带有明显的经济性、合理性和效益性，并且更加顺应破产普及主义的发展趋势。该确定管辖权的标准在个案中有所体现，如在 1975 年的希玛案中，英国的“适宜”法院和在国际商业信贷银行破产案中

法国的“最密切联系”法院的运用①等。虽然该理论出发点很好，其首要考虑的是有利于跨国破产案处理本身而不是优先利益并且结合了以上两个确定管辖权标准的优点，但实际执行起来却比较困难，何为最有利于案件的处理，标准难以把握。

三、跨国破产的法律适用

（一）跨国破产案中程序性问题的法律适用

一般说来，在实践中，开始破产程序的各国法院往往倾向于对破产所涉所有法律问题都适用法院地法。这在破产的程序规则方面同样无例外，开始破产程序国的法院都适用本国的程序规则进行案件的审理和裁定，各国也尊重其司法主权。这在国际实践中也不存在什么争议，一般都能得到国际范围内的认同。但这也不是绝对的，有时为了跨国破产案的有效处理，绝对适用法院地法是不可能的。例如，在外国报纸上刊登开始破产审理的公告可以依债权人所在地法；通知已知的债权人登记债权、参加债权人会议可适用债权人自己的法律；外国人申报债权的期限及方式可适用他们自己的法律，因此根据法院地法未适当登记的债权并不当然不合格或在破产分配中降为较后的清偿顺序。另外，出售债务人在国外的财产和转移境外债务人的财产也得适用财产所在地法的有关规定②。

（二）跨国破产案中实体性问题的法律适用

1. 破产要件（破产原因）的法律适用

各国立法例对破产原因的规定存在较大差异，大陆法系各国破产法采取破产原因概括主义，以不能清偿、债务超过和停止支付等术语定义宣告债务人破产的原因；在英美法国家破产法对破产行为并无定义性的解释，一般采取列举属于破产行为范畴的特定行为的形式。概括地讲，破产行为主要包括：债务人为债权人的一般利益而向其转让全部财产的行为；债务人向个别债权人特惠转让财产的行为；债务人隐匿自身债的行为；债务人的财产被强制执行；债务人向债权人或者法院明示无力清偿债务的行为；债务人实施破产犯罪行为，以及可引起破产程序开始的债务人的其他行为。

一般而言，在国际私法中，对债务人是否具备破产原因都是依据法院地法即破

---

① ［英］莫里斯：《法律冲突法》，李东来等译，中国对外翻译出版公司1984年版，第85－86页。

② 参见黄进主编：《国际私法》，法律出版社1999年版。

产程序开始国法予以判定。例如，1995 年欧洲联盟《关于破产程序的公约》第 4 条第 2 款规定："程序开始国法应决定程序开始的条件、实施和终结。"① 1990 年《欧洲公约》第 3 条规定：开始破产的决定必须在开始破产的缔约国领土上有效即应符合破产开始地的缔约国法的规定②。但若一国已经开始债务人的破产程序，债权人向有债务人财产的另一国申请债务人破产并执行财产，该国在确定破产原因时，就需同时综合考虑适用这两个国家的法律或只要符合任一国的法律来满足债权人的要求或拒绝受理。

2. 破产财产范围的法律适用

破产财产又被称之为破产财团，是债务人破产时所有可供执行用于满足债权人利益的所有财产，但应明确并非破产人所有或有权处分的全部财产都可构成破产财产。关于破产财产范围的限定有两种立法实践和原则，即固定主义和膨胀主义。固定主义认为破产财产以破产人在破产宣告时拥有的全部财产为限，不包括破产人在破产宣告后所取得的财产，其本意是帮助破产人重新开始事业，达到实现破产程序公平清偿新旧债权人的目的，使破产债权同破产财产取得均衡。德国、日本、美国、韩国等国家的破产立法采取固定主义。膨胀主义认为破产财产不仅包括破产宣告时破产人拥有的财产，也包括破产宣告后至破产程序终结时破产人取得的财产，其本意是加强债权人的受债利益的保护。例如，欧洲大陆除德国之外的大部分国家破产立法都采用膨胀主义。

由于各国对破产财产范围的立法规定存在较大差异，法律冲突在所难免。具体到跨国破产案中，究竟适用哪一国的法律对破产财产的范围作出认定，是应当研究的重点问题。一般认为应适用破产程序开始国法，即破产程序开始国法院认定的破产财产范围，亦即债权人供分配的财产范围。但有时在破产程序开始国认定的破产财产需要国外关涉国的配合和执行时又必须重叠适用财产所在地法。另外，在实务操作上常因多种因案的影响而使破产财产发生变动或者不明确，这就需要对破产财产进行识别，法院在识别破产财产时一般依据财产所在地法。

3. 破产债权的法律适用

破产债权一般是指基于破产宣告前的原因而发生的能够通过破产分配用破产财产公平受偿的财产请求权。破产债权主要包括：（1）无财产担保的债权；（2）放弃

---

① See Ole Borch: "EU Convention on Insolvency Proceedings: A Major Step Forward", in *International Business Lawyer*, May 1996, Vol. 24, No. 5, p. 224.

② See Donald T. Trautman, Jay Lawrence Westbrook, and Emmanuel Gaillard: "Four Models for International Bankruptcy", in *The American Journal of Comparative Law*, Vol. 41, 1993, p. 573.

了优先受偿权的债权；（3）有财产担保的债权，经由担保物清偿后的部分；（4）破产人的连带债务人，因代替破产人清偿而取得的求偿权；（5）应计算利息的债权；（6）票据追索权；（7）待履行合同之相对人的赔偿请求权；（8）其他合法请求权。关于破产债权的法律适用，实践中通常有两种观点。

其一，适用破产程序开始国法。一般认为，一国在受理破产案之后，其判断何为破产债权，破产债权的范围和分配顺序的标准都是本国破产法确定的规则。这既是适用本国法倾向的结果，更是维护破产统一规则的考虑。这样做不易导致确认破产债权、确定破产债权的范围和分配顺序变得混乱。正如戴西和莫里斯认为的，尽管对于某项债权是否存在需要适用原债权自身的准据法有不同看法，如果权利的获得是依外国法支配的合同产生的，则该权利有关的问题应适用合同准据法。但关于债权人对破产财产的分配及债权间的清偿顺序，如系在英国进行破产宣告均应适用英国法律的规定。在国际立法方面，1990 年《欧洲理事会公约》第 10 条、1995 年《欧洲公约》第 10 条和 1995 年《欧洲联盟公约》第 4 条第 2 款均有类似的规定，即破产管理人有权收集债务人位于各缔约国境内的破产人的财产并得依破产宣告国法律关于分配顺序和程序的规定进行分配。

其二，适用以破产宣告国法为主兼采破产宣告时的财产所在地法。此主张主要是针对实践中存在的实际问题而作出的考虑。如破产宣告国在债务人住所地和主营业所所在地，债务人在本国之外还有另外一些财产，若财产所在地法关于债权的范围和清偿顺序与破产宣告国法不同，而根据破产宣告国法也许财产所在地国内的债权人不一定享有破产债权或者得到不利的清偿顺序，就会使债权人利益受损。所以，为了跨国破产案的有效处理，防止破产宣告国法院作出的清偿裁定得不到财产所在地国的承认，不得不考虑适用财产所在地法。

4. 别除权行使的法律适用

对债务人的财产享有担保物权（抵押权、质押权、留置权）的权利人在债务人破产的情况下，可不依破产程序对担保标的物享有优先受偿的权利，此即破产法上所称的别除权。别除权的基础是担保权，别除权是民法担保制度在破产程序中的实现。在破产立法中，由于各国在对担保权优先规则与债权人集体清偿原则之间追求的价值取向不同，所以在立法上对担保权的态度也不一致。有的国家给予担保权非常充分的保护，如英国、加拿大、瑞典等国；有的国家给予比较充分的保护，如德国、荷兰、瑞士、美国、日本等国；有的国家基本上不予保护，如比利时、西班牙、大多数拉美国家等；有的则完全不予保护，如法国、奥地利、意大利等国。那么在跨国破产案中，适用不同的法律确定担保权直接关涉到担保权人别除权的行使。

根据古老的物权法律适用规则，担保物权应适用担保权成立地法。对此，1995年《欧洲理事会关于破产程序的公约》第5条规定，破产程序的开始不影响在破产程序开始时债权人或第三人对位于另一缔约国境内的债务人的有形财产或无形财产、动产或不动产所有的对物权。该条款的意思就是破产程序的开始不影响已经存在的债权人对有关物的物权权利，即其所有的物权权利依然受物之所在地法支配，也即别除权的行使适用对破产财产担保的物之所在地和留置物所在地国家的法律。1925年海牙国际私法会议关于破产的公约草案也采用这一主张①。

5. 破产管理的法律适用

法院在受理破产案后一般都需要确定破产管理人接管债务人财产的日常管理和经营事务。所以在破产程序进行中，破产管理实质上担负起管理企业、清偿债务等一系列的重要职责。破产管理主要涉及管理人的选任、管理人的职权责任、解职、更换、报酬；对破产财产的占有、清查、估计、变卖和分配等各个方面。

由于涉及职权的行使和许多程序性问题，所以破产管理一般适用破产宣告法院地法。沃尔夫认为，破产的管理适用法院地法的规定，不仅对管理的程序部分是这样，而且关于管理在实体上的效果，如由于破产人的欺诈性转让契据而撤销他的交易行为或关于债权人之间的优先权问题也都是这样②。

但是关于破产管理的实体性问题上若也适用法院地法，则理由不够充分。试想破产管理人向国外申请收回债务人的财产，就收回的财产进行变价，确定哪些财产可以转给破产管理人，以及破产管理人在确定一项受外国法支配的破产债权的有效性问题上，若适用法院地法将很难取得良好的效果，所以关于实体问题应适用财产所在地法和债权产生地法，而不是法院地法。

四、我国关于涉外破产的法律适用

我国在跨国破产方面的立法存在很大空白，现行有效的立法实践仅为2006年8月27日通过的《企业破产法》对破产之域外效力所作的原则性规定，即该法第5条："依照本法开始的破产程序，对债务人在中华人民共和国领域外的财产发生效力。对外国法院作出的发生法律效力的破产案件的判决、裁定，涉及债务人在中华人民共和国领域内的财产，申请或者请求人民法院承认和执行的，人民法院依照中华人民共和国缔结或者参加的国际条约，或者按照互惠原则进行审查，认为不违反

① See K. Lipstein: "One Hundred Years of Hague Conference on Private International Law", in *International and Comparative Law Quarterly*, Vol. 42, 1993, pp. 572 - 575.

② ［德］马丁·沃尔夫：《国际私法》，李浩培、汤宗舜译，法律出版社1990年版，第356页。

中华人民共和国法律的基本原则，不损害国家主权、安全和社会公共利益，不损害中华人民共和国领域内债权人的合法权益的，裁定承认和执行。”可见，我国《企业破产法》对严格的破产属地主义和纯粹的破产普及主义进行了折中，在承认本国破产程序域外效力的同时，有条件地认可外国破产程序在我国的效力，这样有利于保护本国利益。但同时必须看到，《企业破产法》对跨国破产涉及的诸多法律问题，如管辖权冲突、域外司法协助、与外国破产管理人的合作等具体事项均未作出规定，需要进一步完善。

第二十章 婚姻家庭关系法律适用规则

由于社会的发展，国家与国家之间在政治、经济和文化上的联系的加强，不同国家的男女互相结合、建立家庭的现象也越来越多。这种跨越国界的含有涉外因素的婚姻家庭关系至少与两个国家的婚姻家庭法律制度有联系，这样就会出现应适用哪一个国家的法律和应由哪国有关机关管辖的问题。婚姻家庭关系虽以一定社会的经济为基础而建立，但还必然受到宗教信仰、风俗习惯、民族传统的影响，所以各国的婚姻法律制度不可能达到完全一致，有时相差很大，这样便产生了在这方面的法律冲突，在目前尚难通过国际公约制定统一实体法来调整所有这方面的关系时，我们需要寻找合理解决法律冲突的办法：即依靠冲突规范，使涉外婚姻家庭关系方面的问题得到公正合理的解决。以下分别就婚姻家庭关系所涉的主要问题的法律适用逐一介绍。

一、涉外结婚的法律适用

（一）涉外结婚的法律冲突

婚姻宣告成立的标志是结婚，而结婚是男女双方缔结夫妻关系的一种民事法律行为，它的合法有效成立，所涉当事人必须符合一定的结婚条件。在各国对结婚条件的有关具体规定中，我们可以看出其内容大致可分为结婚的实质要件和结婚的形式要件两个方面。由于各国的立法对结婚的实质要件和形式要件的有关规定存在一定的差异，必然会引起法律冲突。

1. 结婚实质要件的法律冲突

结婚的实质性要件是指法律规定的，在实体上婚姻当事人双方必须具备的条件和必须禁止的条件。各国由于其政治、经济、自然条件、宗教信仰、人口情况等的不同，因此，其法律对实质性条件的规定也不一样。

（1）关于结婚的必备条件

①男女双方自愿。目前世界上除少数实行宗教婚姻的地区外，大多数国家的法

律都规定结婚必须男女双方自愿。此外，有不少国家对结婚除规定男女双方自愿外，还附加一些条件，如日本《民法典》第 737 条规定，未成年人结婚必须取得其父母或监护人的同意。此外，在有些信奉天主教的国家，虽允许当事人自愿，但若没有教皇许可，不得结婚。

②男女两性的结合。这样的必备条件，可谓不成问题，所以多数国家对此不作明文规定，但有些国家，如英格兰 1971 年的《防止无效婚姻法》规定，结婚的双方不是一方为男性与另一方为女性的结婚是无效婚姻，同时墨西哥《联邦民法典》把“不同的性别”作为结婚的五项必要条件中的第一项条件。另外，值得注意的是，随着时代的发展、道德伦理观念的日益开放，有些国家也开始承认同性婚姻的合法性，如传统天主教国家丹麦，于 1989 年 10 月通过了《伴侣注册法》（Registered Partnership Act），成为现代西欧文明国家中第一个承认同性婚姻的国家①。

③符合法定婚龄。法定婚龄是法律规定的结婚最低年龄。各国法律都从本国的实际出发，结合本身的自然条件和社会条件，对婚龄作出不同的规定。由于各国的地理环境、人口政策的不同，它们规定的婚龄都有一定的差异。

（2）关于结婚的禁止条件

综合各国婚姻法对结婚禁止条件的规定，可以看出主要包括以下一些内容：

①禁止近亲关系的男女通婚。结婚虽是男女自愿的行为，但近亲结婚涉及伦理问题，同时其后果还直接关系到民族和人类繁衍的健康质量，所以各国从现实、医学、道德角度出发，法律大多禁止直系血亲之间结婚。

②禁止重婚。当今大多数国家都实行一夫一妻制，禁止重婚是对一夫一妻制的严格维护，如《德国民法典》便明确规定，任何人不得于婚姻解除前或宣告为无效前再行结婚。并且，在对解除前婚或宣告前婚为无效的判决提起无效或恢复原状之诉时，夫妻双方于诉讼终结前不得缔结新婚。中国婚姻法也规定实行一夫一妻制并用刑法加以严格保护。

③禁止患有一定疾病的人结婚。

2. 结婚形式要件的法律冲突

结婚不仅要符合法定的实质性条件，同时还应具备一定的形式性条件，才能使其合法有效并得到承认。结婚的形式要件即结婚方式，也就是指一件有效的婚姻必须依法律规定履行一定的手续。各国通常采用的结婚形式有以下几种：

---

① 该法第 1 条、第 3 条规定：相同性别的两人可以以伴侣关系注册。该伴侣关系的注册，与婚姻的缔结有相同的法律效力。丹麦法律中有关婚姻及配偶的规定，适用于注册之伴侣，即除例外规定外，同性伴侣可以享受与异性结婚者同样的权利，并负担同样的义务。

（1）民事婚姻登记方式，即结婚当事人必须到指定的婚姻登记机关进行结婚登记，领取结婚证书，婚姻才合法有效。此种方式在世界上已占据主要地位。日本、美国、法国、中国等都采取此方式。

（2）宗教婚姻方式，即要求结婚的双方当事人需按照自己所信仰的宗教教规的规定，按一定的宗教仪式举行婚礼，婚姻才算合法成立。不同宗教有不同的教规和仪式，所以宗教婚姻也有不同的态式，如犹太教、伊斯兰教、天主教的教徒进行宗教结婚的形式就各不相同。

（3）事实婚姻方式，即只要当事人同意结婚并以夫妻身份进行事实上的同居，不必通过任何仪式或履行任何手续，此婚姻关系即告成立。这在美国被普遍承认，也被人们称为普通法婚姻。

（4）领事婚姻方式，即在驻在国认可的前提下，允许侨居国外的本国公民到本国驻东道国的外交机关或领事机关办理结婚手续或举行结婚仪式。按此方式结婚一般都是互惠的，而且不违反驻在国的法律。我国承认这种领事婚姻方式，承认依据条约、按照国际惯例和在互惠条件下，本国使领馆为国外的本国公民办理婚姻登记，举行婚姻仪式的法律效力。

（5）复合方式，即以两种缔结婚姻的方式相结合，结婚才能构成合法有效，或在两种缔结婚姻的方式中任选一种方式结婚。复合方式主要表现为：①民事登记与宗教仪式的复合的方式；②民事登记与依法律规定举行一定仪式相复合的方式；③宗教方式与民事登记方式任选的方式。

（二）结婚实质要件的法律适用

1. 适用婚姻缔结地法

结婚实质要件依婚姻缔结地法的含义是指：如果结婚符合婚姻缔结地法有关结婚实质要件的规定，该婚姻在任何地方应有效；凡婚姻缔结地法认为无效的婚姻，则在其他任何地方均属无效。婚姻缔结地法是国际社会在婚姻实质要件方面所采取的首要准据法，美国、澳大利亚、南非、智利和阿根廷等国都以其作为涉外结婚法律的基本规则，同时1978年海牙《关于婚姻缔结以及婚姻有效性的承认的公约》第2条亦规定："婚姻的缔结，适用婚姻缔结地国家的法律。"

采取这一原则的理由有：（1）结婚是一种契约关系或法律行为，根据"场所支配行为"原则，结婚这种法律行为当然受婚姻缔结地法律的支配，进而结婚成立的实质要件也应该受婚姻举行地法支配；（2）根据"既得权保护说"，将当事人依照婚姻缔结地法成立的婚姻作为一种既得权予以承认和保护；（3）结婚实质要件依婚姻缔结地法简便易行，省时高效；（4）对于移民较多的国家而言，一方面，采用此原则主旨在于使其境内的移民在结婚行为上受当地法律的支配，使已成立的婚姻关系在本国境内也得到稳定的保证。另一方面，采用婚姻缔结地法可以使自己国家法律的适用范围扩大，为外来移民提供方便。

反对者认为适用婚姻举行地法会给当事人提供规避法律的机会，使本来在当事人本国不成立的婚姻移居于另一地便成为有效婚姻，这样使“移住婚姻”（migratory marriage）大量增加，不利于婚姻的稳定性和维护婚姻的真正有效性。

2. 适用当事人的属人法

有些国家认为由于结婚与当事人的身份有密不可分的关系，有的甚至认为婚姻关系本身就是一种人身关系，所以结婚的实质要件应适用属人法。由于对属人法的理解不同，属人法又可分为本国法和住所地法。其中采用当事人住所地法的国家主要有英国、挪威、丹麦等国；而采用当事人本国法的国家主要有法国、日本、比利时、瑞士、奥地利、荷兰、西班牙等国。适用当事人的属人法，在一定限度内可以减少“移住婚姻”。同时，依照此原则，本国当事人在外国缔结的婚姻在本国或住所地国家可以得到承认。但如果完全采用当事人属人法制度，往往会发生当事人属人法中的有关规定与婚姻举行地公共秩序相抵触的现象，而给婚姻的有效成立带来障碍。对于长期旅居外国的当事人来说，要他们仍然受其原来的国籍国或住所地国法律所规定的结婚条件的束缚，也是不合理的。①

如果属人法各不相同，其法律适用有以下几种解决办法：

（1）适用双方各自的属人法。即丈夫适用其本国属人法，妻子适用其本国属人法。只要双方符合各自的属人法规定的结婚条件，此婚姻就为有效。

（2）重叠适用双方当事人的属人法。即夫妻必须同时满足彼此各自所属国的属人法，婚姻才为有效。此种法律适用较为严格，有时不利于婚姻的有效缔结。

（3）适用法院地法。即当事人一方的住所或国籍在法院国时，适用法院地法。此法律适用规则在德国法中有体现。

3. 混合法律适用规则

即在结婚实质要件的法律适用上并不单独采用一种法律适用规则，而是在以一种法律适用规则为主的情况下，兼采其他原则。主要体现在如下一些方面：

（1）以婚姻举行地法为主、兼采当事人住所地法或本国法。以《瑞士联邦国际私法法规》为例，该法第 44 条规定：“在瑞士举行的婚姻，其实质要件由瑞士法律支配。”如果外国人之间结婚不符合瑞士法律规定的要件，“但满足当事人一方本国

---

① 徐冬根、薛凡：《中国国际私法完善研究》，上海社会科学院出版社 1998 年版，第 308 页。

法规定的要件”时，仍可以举行结婚。

（2）以当事人住所地法或本国法为主，兼采婚姻举行地法。这可以匈牙利 1979 年《国际私法》为例，该法第 37 条第 1 款规定：“婚姻有效的实质要件，依双方当事人缔结婚姻时的共同属人法。如果双方当事人的属人法在缔结婚姻时不同，则婚姻只有在满足双方当事人的属人法所要求的实质要件时，才认为有效。”第 38 条进一步规定：“如果外国人意欲在匈牙利结婚，他必须证明其属人法对其缔结婚姻没有障碍”，可见，匈牙利在结婚实质要件方面以采用属人法为主，在一定条件下兼采婚姻举行地法原则。

（三）结婚形式要件的法律适用

对于结婚形式要件的法律适用，综合来看，主要有以下一些具体的做法：

1. 适用婚姻举行地法

对结婚形式要件的法律适用，长期以来一直根据“场所支配行为”原则，适用婚姻举行地法，即只要结婚的方式符合婚姻举行地法的要求，该婚姻即为有效，这一原则被多数国家的国内立法和国际公约所采纳。

2. 适用婚姻当事人本国法

即规定本国公民即使在外国举行结婚，也必须遵守本国法规定的有关形式要件，不承认本国公民在国外经其他方式成立的婚姻，实行严格的本国法原则。例如，希腊、西班牙、塞浦路斯等国，都以一定的宗教仪式为缔结婚姻的唯一方式。

3. 选择适用属人法和婚姻举行地法

为了避免“跛脚婚姻”（即依某国法律认为是有效的婚姻，而依另一国法律则认为是无效的婚姻），使婚姻关系得到稳定，现在各国都逐渐采取更加开放的态度，采用更富有弹性的法律适用原则，即在婚姻形式要件问题上，只要当事人属人法或婚姻举行地法中，其中任何一种法认为该婚姻有效，即应认为该婚姻有效。这样结婚在形式上就易于成立，同时也能有效避免“跛脚婚姻”。

4. 领事婚姻（consular marriage）制度

即在驻在国不反对的情况下，一国允许在国外的本国公民到本国驻东道国的使领馆依照本国法律规定的方式办理结婚手续，成立婚姻的制度。领事婚姻起源于 19 世纪，目的是补充婚姻形式要件适用婚姻举行地法的不足。领事婚姻现已被一些国际条约和许多国家的立法所采纳，如《海牙婚姻公约》第 11 条规定：“依照本国立法在外交或领事代表前举行的婚姻，不论具备什么形式，都被认为有效，只要结婚双方都不是结婚举行地国家的国民，而该国又不反对。”在 1961 年《维也纳外交关系公约》和1963年《维也纳领事关系公约》中，也都肯定了领事婚姻制度。《日本民法典》第741条规定："在外国的日本人结婚时，可以向驻该国的日本大使、公使或领事申报。"

采用此形式缔结婚姻，首先，派遣国领事必须征得驻在国的同意。其次，有的国家要求实行对等原则。最后，一般情况下，经驻在国同意的领事婚姻，在驻在国、派遣国和第三国都是有效的；但如驻在国不承认领事婚姻，则该领事婚姻只在派遣国有效，在驻在国则无效，对第三国来说，该婚姻也可能会被认为无效。

领事婚姻制度虽为多数国家承认，但在具体做法上各国略有差异。有些国家法律规定：结婚当事人双方必须都是使、领馆所属国公民（如巴西、日本、比利时、德国等）；有些国家则只要求当事人一方是本国公民即可（如意大利、挪威、丹麦、瑞典、澳大利亚、葡萄牙等）；法国则规定，其驻外使、领馆只办理丈夫一方为法国公民的领事婚姻。此外，有些国家不承认领事婚姻制度，如美国、阿根廷、智利、乌拉圭、瑞士、奥地利等。

（四）有关婚姻的法律适用公约

目前，世界上有关对婚姻缔结法律适用方面的国际公约，主要包括1903年签订于荷兰海牙的《婚姻法律冲突公约》和海牙国际私法会议1975年草拟的《关于婚姻缔结以及婚姻有效性的承认的公约》。

1. 1903年《婚姻法律冲突公约》①

该公约对结婚的形式要件和实质要件的法律适用都采用了在各国普遍流行的混合制度。

关于结婚实质要件法律适用，公约采纳了以当事人本国法为主兼采婚姻举行地法的原则。关于结婚形式要件的法律适用，公约采纳了以婚姻举行地法为主兼采当事人属人法的原则。公约采用了一条古老而为各国广泛采纳的原则——结婚的形式要件适用婚姻缔结地法。但是，公约考虑到该问题国际上存在的一些特殊情况，同时也作了一些例外的规定，如该公约第5条规定："根据婚姻缔结地法成立的婚姻，无论任何缔约国均应认为有效，但是，其国内立法规定，需要依宗教仪式结婚的国家，得有权认为其本国公民在外国缔结的不符合该国法律规定的宗教仪式要求的婚姻无效"；第7条规定："婚姻的方式在举行国认为无效，但如依照该当事人的本国法举行的，其他国家得认为其有效。"

---

① 佘先予主编：《国（区）际民商事法律适用法》，人民日报出版社1995年版，第531页。

2.《关于婚姻缔结以及婚姻有效性的承认的公约》

该公约以有利于国际关系中婚姻成立的原则为基础采用了以婚姻缔结地法作为关于婚姻的形式要件和实质要件的适用规范。根据该公约第3条第1项的规定，如果当事人双方符合结婚所在地国家内国法律的实质要件，且其中一方具有该国国籍，或在该国有惯常居所，则可以结婚。上述规定虽“有利于婚姻成立”，但却给“法律规避”提供了一个缺口。为阻塞这一缺口，该公约第6条规定公约成员国可以对公约第3条第1项的适用作出保留，这样公约成员国可以拒绝不符合其本国法规定的结婚实质要件的当事人结婚。以此妥协，使结婚的法律适用规范既包括适用婚姻缔结地法，又包括分别适用当事人的属人法。

关于有效婚姻的承认问题是公约的核心内容。公约所规定的有效婚姻的承认具有广泛性，即公约规定的成员国对婚姻的承认，不只限于那些在其他缔约国成立的婚姻，而是所有在其他国家有效成立的婚姻。依照公约，在婚姻缔结地国家有效成立的婚姻或其后根据该国法律获得效力的婚姻得同样被公约成员国家认为有效。而且，根据婚姻缔结地国家有关当局签发的结婚证明也得推定该婚姻有效成立，且应予以承认。同时公约也规定了成员国得以拒绝承认在外国有效成立的婚姻的各种情况。通过国际公约进行婚姻的有效承认，有利于避免“跛脚婚姻”的出现。

（五）我国关于涉外结婚的法律制度

我国关于涉外结婚的法律规定，主要体现在1983年8月17日民政部、外交部和公安部发布的《中国公民同外国人办理婚姻登记的几项规定》，1983年11月28日外交部等部门发布的《关于驻外使领馆处理华侨结婚问题的若干规定》，1983年12月9日《民政部关于办理婚姻登记中几个涉外问题处理意见的批复》（以下简称《批复》），1986年4月12日通过的《民法通则》，和2010年10月28日通过的《中华人民共和国涉外民事关系法律适用法》（以下简称《涉外民事关系法律适用法》）中，现将其主要内容归纳介绍如下：

1. 我国涉外结婚实质要件的法律适用

根据《民法通则》第147条之规定，中华人民共和国公民和外国人结婚适用婚姻缔结地法。而我国《涉外民事关系法律适用法》第21条又规定：“结婚条件，适用当事人共同经常居所地法律；没有共同经常居所地的，适用共同国籍国法律；没有共同国籍，在一方当事人经常居所地或者国籍国缔结婚姻的，适用婚姻缔结地法律。”在此种情况下，根据《涉外民事关系法律适用法》第2条“涉外民事关系适用的法律，依照本法确定。其他法律对涉外民事关系法律适用另有特别规定的，依照其规定”，故在涉外结婚的实质要件方面主要依据《涉外民事关系法律适用法》。就具体情况而言，我国涉外结婚实质要件的法律适用又表现为如下几个方面。

（1）在我国境内的涉外婚姻

①中国公民与外国人在我国境内结婚。中国公民在我国境内同外国人结婚，根据我国《涉外民事关系法律适用法》第21条的规定，结婚的实质要件应适用当事人共同经常居所地法律；没有共同经常居所地的，适用共同国籍国法律；没有共同国籍，在一方当事人经常居所地或者国籍国缔结婚姻的，适用婚姻缔结地法律。这样就不是一定适用中国的法律确定结婚的实质要件。

②外国人之间在我国境内结婚。在《涉外民事关系法律适用法》正式出台之前，只是在依据1983年民政部《批复》的规定。具体可分为以下两种情况：第一，相同国籍的外国当事人在我国结婚，根据上述《批复》第3条的规定，当事人可以根据条约的规定或互惠原则办理领事婚姻，但不得违背我国法律的有关规定。外国当事人也可以按宗教仪式结婚，但若要使其婚姻在我国具有法律效力，则必须按我国的有关法律规定到婚姻登记机关进行登记。第二，国籍不同的外国当事人在我国结婚，适用我国法律，但也要顾及当事人的本国法。[①] 此外，华侨、港澳同胞与内地居民在我国境内结婚，适用1983年3月10日民政部发布的《华侨同国内公民、港澳同胞同内地公民办理婚姻登记的几项规定》。

但是，随着我国《涉外民事关系法律适用法》的正式出台，其第21条规定：“结婚条件，适用当事人共同经常居所地法律；没有共同经常居所地的，适用共同国籍国法律；没有共同国籍，在一方当事人经常居所地或者国籍国缔结婚姻的，适用婚姻缔结地法律。”这样，适用的法律可能是中国法律，也可能适用外国法律，更有可能无法找到适用的法律。

（2）在我国境外的涉外婚姻

①中国公民和外国人在中国境外结婚。根据《涉外民事关系法律适用法》第21条之规定，中国公民和外国人在中国境外结婚的，其结婚的实质要件是否符合我国法律适用法的规定来认可其效力，主要看是否双方具有共同经常居所地，没有共同经常居所地的，是否具有共同国籍国，没有共同国籍，在一方当事人经常居所地或者国籍国缔结婚姻的，来分别适用不同的法律来认定。但适用的法律不得违背我国

---

① 《批复》第3条规定，不同国籍的外国人在我国境内结婚，只要他们符合我国婚姻法的规定，持有《中国公民同外国人办理婚姻登记的几项规定》所要求的证件，即可办理婚姻登记。同时为了保证我国的婚姻登记在当事人本国或第三国有效，可以让婚姻当事人提供其本国法律准许在国外办理婚姻登记的有关条款。

的公共秩序。

②中国公民之间在中国境外结婚。

第一，依据 1956 年 3 月 31 日《内务部、外交部关于办理我国驻外机关工作人员的结婚登记的函》的有关内容，在该外国承认领事婚姻的前提下，可以按中国婚姻法的规定到我国驻该国使领馆举行领事婚姻。

第二，中国公民之间在外国结婚，根据《涉外民事关系法律适用法》第 21 条之规定，只要中国公民在外国具有共同经常居住地，适用婚姻缔结地法有效即为有效，如在外国没有共同经常居住地，就需要适用中国法律才能认可其有效。

③外国人在中国境外的结婚。外国人在我国境外缔结的婚姻，根据《涉外民事关系法律适用法》第 21 条之规定，只要依共同经常居住地法、共同国籍国法、在一方当事人经常居所地或者国籍国缔结婚姻的，适用婚姻缔结地法律为有效，我国一般承认其婚姻效力。即使有些婚姻按我国法律是不成立的，我国也予以事实承认。

2. 我国涉外结婚形式要件的法律适用

根据《涉外民事关系法律适用法》第 22 条之规定，结婚手续，符合婚姻缔结地法律、一方当事人经常居所地法律或者国籍国法律的，均为有效。依据该规定，我国基本采取了尽量有效原则，不因结婚形成而影响婚姻的效力。

二、涉外离婚的法律适用

涉外离婚简言之，就是具有涉外因素的离婚。这种涉外因素主要表现为在离婚这种法律关系的诸因素（当事人的国籍、住所和法律事实的产生、发展和消灭）中，至少有一个与外国有关。正是由于这种涉外因素的存在，所以在涉外离婚案件中，涉及法律适用的问题。但法律适用问题只有在确定了管辖法院之后才能解决，所以在此之前还需依据一定的原则确立管辖权。

（一）离婚案件的管辖权

对离婚案件行使管辖权的原则有两个，一是以住所或居所为标志的管辖原则；二是以当事人的国籍为主，住所或居所为辅的管辖原则。

第一个原则以美国、英国为代表。

在美国，确定管辖权与当事人及案件的审理结果有密切的联系。大多数法院在离婚案件中，无一例外地适用法院地法，所以确定了管辖权就可以依据所适用的法律预知案件的结果。而美国一贯认为，住所地或居所地的法院是与离婚有密切联系的法院。美国最高法院确立了这一管辖原则，并在 1977 年美国《冲突法重述（第二次)》中充分体现了该原则，如美国各州确定涉外离婚案件管辖权的标志是：(1) 夫妻双方均有住所的州；(2) 夫妻一方有住所地州；(3) 夫妻双方在其领土均无住所，但与该州有联系，且依此联系解除双方婚姻是合理的。另外，根据1933年英国《婚姻诉讼法》的规定，丈夫在英国无住所，妻子被丈夫抛弃或逐出，如妻子被抛弃或逐出后在英国有住所，法院就应受理妻子提出的离婚诉讼。同时英国1973年《住所与婚姻诉讼法》第5条第2款规定，只有当婚姻当事人在诉讼开始时，在英国有住所，或到诉讼开始日止，在英国有习惯居所达1年之久时，英国法院才有管辖权。

第二个原则以法国、德国最具有代表性。

1986年德国民事诉讼法规定夫妻双方或一方具有德国国籍或在德国有住所或习惯居所都可以成为德国法院受理当事人之间离婚诉讼的根据。另外，1970年《关于承认离婚与司法别居的海牙公约》规定，下列国家的法院可以对离婚诉讼行使管辖权：(1) 被告在该国有习惯居所；(2) 原告在该国有习惯居所，且该居所于诉讼之前已持续1年以上，或配偶双方的最后习惯居所所在国；(3) 配偶双方为该国国民，或原告为该国国民，且有习惯居所在该国或他（她）的习惯居所于该国已持续1年以上且于诉讼开始时至少已有部分时间进入了第二个年头；(4) 原告是该国国民，且他（她）于诉讼提起时正在该国，而配偶双方的最后习惯居所国于诉讼提起时的法律不允许离婚。凡符合上述条件的缔约国法院作出的判决，在其他缔约国中均应得到承认。

（二）涉外离婚的法律适用

因为离婚的法律冲突涉及实质要件和形式要件的法律冲突，所以对其法律适用需要分别论述，但离婚形式要件的冲突主要是各国对离婚程序的不同规定，而程序问题一般都适用法院地法，这是国际私法的一个普遍性的原则。所以，以下主要针对离婚实质要件的法律适用加以论述。

1. 适用法院地法

此学说首先为萨维尼倡导，而后被许多国家所采纳，如丹麦、挪威、中国、美国的大部分州及拉丁美洲的一些国家。主张此学说的理由是离婚法律多为强行法，涉及法院地国的公共秩序、伦理道德及宗教观念；同时，一国法院取得对离婚案件的管辖权后没有不适用法院地法的理由，如果一味追求适用外国法，在现实中有诸多不便，而且外国法的规定往往非内国法院所能接受。但也有反对者，他们认为如果一味适用法院地法，这就会导致挑选法院和“跛脚婚姻”现象的产生。

2. 适用属人法

此学说为法国学者巴迪福主张。他认为离婚关系人的身份问题，所以在实体法上应受属人法的管辖，且婚姻关系之创设既然依属人法，则婚姻之解除，并应当受同一法律的支配。同时，他还对离婚依法院地法说提出批评，认为这会导致原告借住所或居所的变更，达到任意规避法律或“挑选法院”的目的。

在适用当事人本国法时，若夫妻双方国籍相同，则依夫妻共同本国法。若夫妻双方国籍不同则其准据法的确定有以下几种方法：（1）适用丈夫的本国法；（2）适用原告本国法；（3）同时适用夫妻各自本国法，即只有在夫妻双方的本国法都认为符合离婚条件时，才准予离婚；（4）适用共同住所地法；（5）适用法院地法。

在属人法被理解为住所地法的国家，确定住所地法时主要依夫妻双方或一方住所地法。其理由是，住所作为当事人生活的中心，显然与当事人的关系最为密切，故离婚应适用夫妻共同或一方的住所地法。英国、美国都采用这种制度。

3. 选择或重叠适用当事人属人法和法院地法

这一学说既反对绝对的法院地法，又反对绝对的属人法，因为这样单方面的支持一种准据法，不利于离婚和离婚判决的承认和执行，所以从实际出发，主张选择或重叠适用属人法和法院地法。主张选择适用属人法或法院地法的理由是，如果允许选择，则实现离婚比较容易；而主张重叠适用属人法和法院地法的理由是，如果重叠适用上述两个法律，则可以避免“跛脚婚姻”的发生。

实践中，一些国家在立法上采用了重叠适用的原则，基本上可分为以下三种情况：（1）以采用当事人属人法为主，兼采法院地法；（2）以采用法院地法为主，兼采当事人属人法；（3）属人法和法院地法同时适用。

4. 适用有利于离婚的法律

婚姻自由原则不仅适用于结婚，也适用于离婚，婚姻自由原则在离婚关系方面的体现就表现为各国放宽了对离婚的限制，逐步取消了一些条件，同时这也是西方所推崇的自由化政策在婚姻问题上的具体体现。有利于解除婚姻关系，适用有利于离婚的法律，便是这一问题的最终解决和目标实现的有效途径。1978 年《奥地利联邦国际私法法规》第 20 条规定，离婚的要件和效力，依离婚时支配婚姻人身效力的法律，如依该法婚姻不能根据所举事实解除，或适用于婚姻人身法律效力的准据法无一存在时，则适用离婚时原告的属人法。另外，1982 年《南斯拉夫法律冲突法》也有类似规定。

（三）关于离婚法律适用的国际公约

1902 年 6 月 12 日，海牙国际私法会议通过了《关于离婚及别居管辖权与法律冲突公约》，该公约在离婚及别居法律适用上采用一种所谓“双重隶属原则”（principle of double subjection），即采用重叠适用当事人属人法和法院地法的原则。这实际上是海牙会议试图协调当时世界上存在的一些国家不允许离婚只许别居，而另一些国家只许离婚不许别居这两大制度的结果。总体说来，它使离婚的法律适用更趋严格，不利于离婚，借鉴意义并不大。

（四）我国关于涉外离婚的法律制度

1. 我国涉外离婚案件的管辖权

根据《中华人民共和国民事诉讼法》和《关于适用〈中华人民共和国民事诉讼法〉若干问题的意见》规定，总的原则是我国法院受理涉外离婚案件，采取原告就被告的原则，被告在我国境内有住所或居所，或被告不在我国境内居住，但原告在我国境内有住所或居所，则我国法院有管辖权。此外，对以下情形下的离婚也行使管辖权。

（1）中国公民一方居住在国外，一方居住在国内，不论哪一方向人民法院提起离婚诉讼，国内一方住所地的人民法院均有权管辖，如国外一方在居住国法院起诉，国内一方向人民法院起诉的，受诉人民法院有权管辖。

（2）中国公民双方在国外但未定居，一方向人民法院起诉离婚的，应由原告或被告原住所地人民法院管辖。

（3）中国公民和外国人在华要求离婚的，中国公民住所地人民法院享有管辖权；外国人在其本国法院起诉，中国公民向人民法院起诉，受诉人民法院有权管辖。

（4）配偶双方均为外国人或无国籍人在中国要求离婚，人民法院认定当事人一方的住所或居所在中国，人民法院有权管辖。

（5）在中国境内结婚后，定居国外的华侨，如定居国法院以离婚诉讼须由婚姻缔结地法院或国籍所属国法院管辖为理由不予受理，当事人向人民法院提出诉讼的，由原婚姻缔结地或一方在国内的最后居住地人民法院管辖。

（6）双方在国外结婚并定居国外的华侨，如定居国法院以离婚诉讼须由国籍所属国法院管辖为由不予受理，当事人向人民法院提出离婚诉讼的，由一方原住所地或在国内的最后居住地人民法院管辖。

2. 我国涉外离婚的法律适用

我国《民法通则》第147条规定：中华人民共和国公民和外国人离婚适用受理案件的法院所在地法律。另外，最高人民法院在《关于贯彻执行〈中华人民共和国民法通则〉若干问题的意见》中，对该条补充规定为“我国法院受理的涉外离婚案件，离婚以及因离婚而引起的财产分割，适用我国法律。认定其婚姻是否有效，适用婚姻缔结地法律”。

我国《涉外民事关系法律适用法》第26条作了更为详细的规定：“协议离婚，当事人可以协议选择适用一方当事人经常居所地法律或者国籍国法律。当事人没有选择的，适用共同经常居所地法律；没有共同经常居所地的，适用共同国籍国法律；没有共同国籍的，适用办理离婚手续机构所在地法律。”第27条规定：“诉讼离婚，适用法院地法律。”可见，《涉外民事关系法律适用法》增加了对协议离婚的法律适用规定，并采用了意思自治原则，此乃国际社会关于涉外离婚的首创之举，但也有学者认为并不可取。

三、夫妻关系的法律适用

男女双方通过合法有效的方式缔结婚姻结为夫妻后，彼此之间就会产生一定的权利义务关系，尽管随着时代的演变，它们的具体内容不断更新，在各个不同的国家也会呈现不同的样态，但具体形式主要分为夫妻的人身关系和财产关系两大部分。由于涉外因素的存在，各国对其具体内容规定的不同，法律冲突必然产生，由此涉及国际私法方面的一些问题，以下将分别就其所涉内容作一介绍：

（一）夫妻人身关系的法律适用

夫妻人身关系是具有合法有效婚姻关系的男女双方，在社会和家庭中有关身份、地位等方面的权利义务关系，具体包括姓氏权、同居义务、忠贞及扶助义务、住所决定权、从事职业和社会活动的权利，夫妻间的日常家务代理权等方面的内容。但对于夫妻人身关系方面的内容，由于各国政治、经济、社会风俗、历史传统、宗教信仰的不同，各国法律的规定常有不同。解决这些冲突的法律适用原则主要有以下几种做法：

1. 适用当事人属人法

这是解决身份关系最常用的法律适用规则，夫妻人身关系自然与人的身份有很密切的联系，所以在解决夫妻人身关系时也适用属人法，但由于对属人法各国理解有所不同，又分为如下一些法律适用规则：

（1）适用夫妻共同属人法

在夫妻双方有共同本国法或共同的住所地法时，适用此规则是较理想的。但如果没有共同本国法或共同的住所地法时，一些国家主张适用他们的最后共同属人法，只有在无此最后共同属人法时，才适用丈夫的属人法。而法国的晚近发展趋势是主张以住所地作为解决不同国籍夫妻间身份关系的辅助连结因素的。

（2）适用丈夫本国法

如德国1896年《民法施行法》第14条明确规定，德国人夫妻之间身份上的法律关系，即使在外国有住所，仍依德国法，如夫丧失德国国籍而妻仍保留德国国籍者亦同。法国、日本和中东一些国家的法律中也都有类似规定。

（3）以夫妻双方共同本国法为主兼采住所地法或法院地法

1982年南斯拉夫《法律冲突法》第36条规定，夫妻之间的身份关系依双方共同的本国法；如夫妻为不同国家的公民，依他们共同的住所地法；如既无共同国籍，又无共同住所，依他们的最后的共同住所地法；而在依上述各种立法均不能确立其准据法时，则依南斯拉夫法。波兰等国也有类似规定。

2. 适用行为地法

虽然大体来说夫妻人身关系方面的诸问题原则上适用属人法，但有时也关涉到行为地的公共秩序和善良风俗，所以在法律适用上行为地法也应作积极考虑，在立法上1905年《关于婚姻效力的海牙公约》第1条和1928年的《布斯塔曼特法典》都有关于必须适用行为地法的规定。

3. 适用有条件的选择型冲突规范，选择更有利于夫妻人身关系效力确定的准据法

这在奥地利1978年《国际私法》第18条中体现得最为明显，该条规定：（1）婚姻的人身效力依配偶双方的共同属人法，如无共同属人法，依他们的最后共同属人法，只要还有一方仍保有它。（2）否则，依配偶双方均有习惯居所的国家的法律，只要一方仍保有它。（3）如婚姻依上述第1款所指定的法律未生效，而在奥地利的管辖范围内为有效，其人身法律效力依奥地利法；但如配偶双方与第三国有较强联系，并且根据它的法律，该婚姻也产生效力，则以该第三国法律取代奥地利法。

（二）夫妻财产关系的法律适用

夫妻财产关系又称夫妻财产制，是具有合法婚姻关系的男女双方对家庭财产的权利义务。其主要内容包括，婚前财产婚后如何处理；夫妻财产制度，是共同财产制还是分别财产制，是约定财产制还是法定财产制。财产处分和债务责任等，各国在解决夫妻财产关系的法律冲突时，主要涉及如下内容：

1. 意思自治原则的运用

把“意思自治”原则用来解决夫妻财产关系可谓是“意思自治”原则在婚姻家

庭领域的新创举，婚姻自由的原则使男女双方结为夫妻，夫妻双方在婚姻存续期间彼此平等地协调其共同生活。当他们发生夫妻财产关系争议时，也可以彼此拥有选择应适用法律的权利，这是对夫妻双方本身生活的尊重和不干涉，更是婚姻自由原则贯彻到夫妻生活关系中进而在处理夫妻财产关系中，对双方意志的尊崇和最佳体现。本来夫妻财产关系在缔结婚姻之前就体现着夫妻双方有对财产自由约定的契约性质，所以在婚后发生夫妻财产关系争议自然“意思自治”原则应得到体现。如此在双方协商一致对适用的法律作出选择的前提下，得到的结果往往双方都能接受，有利于争议的解决。

正是由于上述优点，近年来，该原则一直备受推崇，在实践中也被各国广泛应用。1979 年奥地利国际私法在夫妻财产关系的法律适用上即采取该原则，如其第 19 条规定，夫妻财产依当事人明示选择的法律，无此协议选择的法律时，依结婚时支配婚姻的人身法律效力的法律。美国、英国、日本、瑞士等国都有类似规定。

2. 关于分割制还是单一制确定准据法的问题

简言之，就是对夫妻财产是区分动产与不动产分别适用不同的准据法，还是不区分动产与不动产适用同一的准据法。分割制把夫妻财产分为动产与不动产，动产适用夫妻的住所地法，不动产适用物之所在地法。把夫妻财产分为动产与不动产，分别适用不同的准据法，可以保持夫妻财产制和继承财产权的统一，使解决夫妻财产关系的准据法与解决物权和继承的准据法保持一致，并且使不动产的判决易得到承认和执行。在此观点的影响之下，英美等国采取分割制，1971 年美国《第二次冲突法重述》第 233 节采用了分割制。英国的冲突法也规定，夫妻双方可以对动产适用的法律作出约定，但对于在英国的土地，则不得作出授予当事人所在地法律禁止或不承认的权利的约定。

3. 适用属人法

主张属人法的认为，夫妻关系由人身关系和财产关系构成，而正是由于夫妻人身关系的存在，才会在人身关系的基础上形成主要财产关系。既然夫妻人身关系适用属人法，财产关系当然也不应例外。在解决夫妻财产的法律冲突时，许多国家相继采用属人法。比如，有的国家以住所为夫妻的生活中心，主张夫妻的财产关系适用住所地法，如秘鲁《民法典》第 2078 条规定：“婚姻财产制及夫妻婚姻财产关系，适用夫妻最初的住所地法。”

4. 关于准据法的不变与可变主义问题

解决夫妻财产关系的准据法发生变更，是适用新法还是旧法，当事人的国籍或住所发生变更，是适用变更后的准据法，还是原来的准据法，这就是通常所讲的不变主义和可变主义。不变主义认为应适用旧法和原来的准据法，如果允许变更，会改变夫妻财产关系已经确定的权利和义务关系，同时会产生大量规避法律现象，这不利于保护当事人的利益。此原则被运用到有些国家的立法中，如波兰和前南斯拉夫等。

而可变主义认为应适用新法和变更后的准据法，主张夫妻财产关系受一国法律的约束，就暗示了即使其法律发生变更，也应受变更后的法律约束。另外，即使当事人国籍或住所改变，但其婚姻家庭继续维系，证明夫妻双方已经同意受变更后环境所影响，也就同时表明其已同样受变更后的法律调整其夫妻的财产关系。在实践中，土耳其基本采用可变主义，另外1978年《关于婚姻财产制的海牙公约》也采用可变主义。公约同时规定，这种准据法的改变，只能有及于未来的效力，在准据法改变以前属于配偶已经取得的财产权不受新法影响。

（三）我国关于涉外夫妻关系的法律适用

在《涉外民事关系法律适用法》正式出台之前，我国关于夫妻关系的法律适用还是空白，《涉外民事关系法律适用法》的出台正好填补了这方面的空白。

夫妻人身关系，是指具有合法婚姻关系的男女双方，在社会上和家庭中的身份、地位，包括婚后双方使用姓氏权、选择职业和住所决定权、参加社会活动权、夫妻间的代理权、同居生活义务、忠贞及相互扶助义务等方面的内容。正是因为夫妻人身关系与身份相关，一般都考虑适用当事人的属人法。《涉外民事关系法律适用法》第23条规定，夫妻人身关系，适用共同经常居所地法律；没有共同经常居所地的，适用共同国籍国法律。该规定也秉承了当事人属人法的适用，但是，如当事人既没有共同经常居所地，也没有共同国籍国的话，该如何适用法律，该条没有提供解决方案。

夫妻财产关系是具有合法婚姻关系的男女双方对家庭财产的权利义务，主要内容包括婚前财产婚后如何处理、夫妻财产制度为共同财产制抑或分割财产制、约定财产制还是法定财产制以及财产处分和债务责任等。婚姻自由是我国婚姻法的基本原则，男女双方自由缔结婚姻，在婚姻存续期间彼此平等地协调其共同生活。当他们发生夫妻财产关系争议时，也可以彼此拥有选择应适用的法律的权利，这是对夫妻双方本身生活的尊重和不干涉，更是婚姻自由原则贯彻到夫妻生活关系中，对双方意志尊崇的最佳体现。夫妻财产关系与一般的合同关系不同，其与夫妻之间的身份关系密切相关，因此双方在选择适用于夫妻财产关系的法律时应受到一定的限制。虽然夫妻财产关系具有契约性质，但其毕竟建立在身份关系的基础之上，维护婚姻家庭关系的稳定是立法时必须考虑的重要因素。如果任夫妻双方随意选择与其没有实质联系的法律，势必造成法律适用的任意性，不利于维护法律适用的统一性和可预见性，更有甚者，由于夫妻财产制度具有民族差异性，无限制地选择夫妻财产制准据法，则有危及法院地公共秩序之虞。因此，对夫妻双方对适用于其财产关系的法律的选择进行一定的限制是必要的。《涉外民事关系法律适用法》第 24 条规定："夫妻财产关系，当事人可以协议选择适用一方当事人经常居所地法律、国籍国法律或者主要财产所在地法律。当事人没有选择的，适用共同经常居所地法律；没有共同经常居所地的，适用共同国籍国法律。"

四、亲子关系的法律适用

亲子关系又称父母子女关系，是父母子女的权利义务关系，其内容又包括人身关系和财产关系两部分，而父母子女关系又可根据血缘分为父母与亲子女关系和养父母与养子女关系，其中养父母与养子女的关系属于收养范畴，所以在这一节中我们主要谈父母与亲子女关系，而根据各国法律对父母与亲子女关系的划分，又把其再划分为父母与婚生子女关系和父母与非婚生子女关系。由于各国对亲子关系认识的不同，所以法律冲突也不可避免。各国从自己的实际国情出发，制定了各种冲突规范予以解决，以下将就涉外亲子关系方面的法律适用逐一介绍：

（一）父母与婚生子女关系的法律适用

虽然不论婚生子女还是非婚生子女都是父母的亲生子女，但各国法律常对婚生子女和非婚生子女的地位加以区别，进而影响子女的姓名、住所、国籍、继承等。在对非婚生子女还存在歧视和不公正待遇的情况下，适用不同的法律对婚生子女进行确认，就会产生不同的法律后果，所以依何国法律确认婚生子女地位，对父母与婚生子女关系至关重要。

1. 父母属人法

在崇尚夫妻双方平等，并且认可子女是夫妻双方共同爱情的结晶的国家中采用此原则，具体到各国又可分为：

（1）父母的共同属人法。在《奥地利联邦国际私法法规》第 21 条中表现得最为明显，该条规定：子女婚生的要件及因此而发生的争议，依该子女出生时配偶双方的属人法，如子女出生前婚姻生活解除，依解除时配偶双方的属人法。配偶属人法不同时，依其中更有利于子女为婚生的法律。

（2）父母各自的属人法。美国的 1934 年《冲突法重述（第一次）》就规定由父的住所地法规定父与子女的婚生关系，由母的住所地法决定母与子女的婚生关系。另外，一些采用本国法的欧洲大陆国家规定，父子关系由父的本国法规定，母子关系由母的本国法决定，如在荷兰统一国际私法典中就有所体现。

2. 父母一方的属人法

主张适用父母一方的属人法的国家中又分为：

（1）适用父的属人法，此主张是男女不平等，夫妻双方不平等，妻随夫等现象体现在解决父母与婚生子女法律冲突方面的最明显的表现，认为婚生问题与父有最密切的关系。

（2）适用子女出生时生母的属人法。《法国民法典》第311—414条规定，子女是否婚生的问题由子女出生时生母的属人法规定。

3. 子女属人法

子女婚生的认可应适用子女属人法，因为婚生与否与子女的身份关系密切。而适用子女属人法是确认子女身份关系最常用的法律，同时从保护子女利益出发也应适用子女属人法，在此观点的影响下，许多国家相继采用子女属人法。例如，1965年波兰《国际私法》第19条第2款规定，父子关系或母子关系的否认与承认，依出生时子女的属人法。但事实上，采用子女属人法并不一定真正有利于子女，因为有利与否实际取决于冲突规范所指向的实体法，在实体法没有作出对子女有利的规定时，这时适用子女属人法的初衷也未能实现，所以在此基础上又提出以下这种富有灵活性和弹性的法律适用原则。

4. 适用对子女更为有利的法律

在适用父母属人法、父母一方的属人法、子女属人法时，有时并不能真正达到保护子女利益的目的，于是，各国便开始采用更富有灵活性和更具开放性的法律（即对子女婚生更有利的法律）来对婚生问题进行认可。这样才能真正达到保护子女利益的目的，如《秘鲁民法典》第2083条规定："婚姻中子女地位的确认，依婚姻举行地法或子女出生时婚姻住所地法，视其中何者最有利于子女的认可。"另外，奥地利1978年《国际私法》第21条也有相似规定。

（二）父母与非婚生子女关系的法律适用

尽管随着时代的发展，从保护子女的利益出发，婚生子女与非婚生子女的法律地位的差距正在缩小，但这种差别在现实中还是大量存在，非婚生子女在姓氏、国籍，取得的养育、教育、继承权上受到了不同程度的限制。为了真正改变非婚生子女的不公正待遇，各国通过一定方式和程序让符合一定条件的非婚生子女取得与婚生子女同等的法律地位。此种方式和程序就是通常所称的“准正（legitimation）”，准正主要是通过父母事后婚姻、认领和通过法院的判决来实现。通过准正，非婚生子女取得了同婚生子女大体相同或同等的法律地位，有利于对非婚生子女利益的保护。各国对准正法律适用主要有如下一些规定：

1. 事后婚姻的准据法

（1）依生父事后婚姻的属人法。根据对属人法的不同理解，可以分为生父事后婚姻的住所地法和生父事后婚姻的本国法，前者如英、美等国规定，事后婚姻获得准正应由父事后结婚的住所地法决定；后者如欧洲大陆等国家就规定获得准正由事后婚姻或认领时父的本国法规定。

（2）依父母的属人法。因父母的事后婚姻，使非婚生子女取得婚生子女的地位，所以在确认获得准正时，应适用父母的事后婚姻的属人法，如1979年奥地利《国际私法》第22条规定，非婚生子女因事后结婚而准正的要件，依父母属人法；父母属人法不同时，依其中更有利于准正的法律。

（3）依子女的属人法。从保护子女的利益出发，有的国家认为适用子女的属人法，可以有利于准正。该主张可以说动机是好的，但有时子女的属人法所指引的实体法并不一定规定有对子女有利的条款，因此不考虑结果而一味适用子女的属人法也未必起到真正保护子女利益的作用。所以，一些国家规定只在某些方面适用子女属人法，如前南斯拉夫1982年《法律冲突法》规定，子女、其他人或国家机关对准正的同意，依子女的本国法。

2. 认领的准据法

各国法律都规定认领不仅要通过一定的方式和程序，而且还要具备一些实质要件，如认领人和被认领人的行为能力、彼此之间的关系等，认领才能得到法律的承认。所以在发生这方面的法律冲突时，各国都区别制定认领形式要件的准据法和实质要件的准据法来解决。关于认领形式要件，一般都认为行为的方式和程序只要符合行为地法即为有效，所以一般都以行为地法指引的实体法作为认领形式要件的准据法。而关于认领的实质要件准据法各国规定较复杂，主要分为以下几种情况：

（1）父母属人法。一些国家认为，非婚生子女的准正，使非婚生子女和婚生子女具有同等的法律地位，一般都与父母有很密切的关系，同时影响父母与子女的关系，另外作为准正方式之一的认领，涉及认领人的行为能力，所以认领的实质要件应适用父母属人法。由于各国对父母属人法认识的不同，又可分为认领子女的父母的住所地法和本国法两种情况。

（2）子女属人法。该主张是以子女属人法最有利于认领、最有利于非婚生子女与父母关系的不确认和承认为原则，这样有利于子女利益的保护。

(3) 最大限度地有利于认领有效成立的法律。这是在子女属人法基础上提出的真正有利于保护非婚生子女利益的法律，如瑞士《联邦国际私法》第72条第1款规定："在瑞士认领非婚生子女，得依子女的惯常居所地国家的法律或依其本国法或依母或父的住所地法或本国法为之。"

(4) 分别适用父母子女的属人法。即对非婚生子女的认领实质要件，对其生父母而言，适用父母属人法，对于非婚生子女，适用子女的属人法，这在日本《法例》第18条和《布斯塔曼特法典》第60条表现得最为明显。

(三) 父母子女之间的权利义务关系的法律适用

父母子女间的权利义务关系，根据各国立法的规定主要体现为两个方面，即人身方面的权利义务关系和财产方面的权利义务关系。人身方面的权利义务主要是保护教育权、惩戒权、法定代理权和居所指定权等。财产方面的权利义务主要对其财产的管理权、收益权和处分权等，但具体到各国其具体内容也截然不同，在涉外的父母子女关系中，产生法律冲突也是必然的。各国从有效地解决问题、保护各方利益和维护本国公共秩序等方面考虑，制定了一些冲突规范来指引应适用的法律。

1. 不区分人身关系和财产关系而统一适用一个法律

此主张认为在父母子女之间的关系中，人身关系和财产关系是不可分的一个紧密整体，没有必要把它们区别开来分别适用法律，这样做在实践中只会徒增繁杂，给实际操作带来困难。但就其适用的统一的一个法律在实践中又表现为：

(1) 父母属人法。该观点认为在父母子女关系中，体现在人身关系和财产关系方面，父母往往处于主导地位，是权利义务关系中的核心，所以从伦理角度和实际情况考虑也应适用父母属人法。

(2) 子女属人法。这是从保护子女、谋求子女的幸福和最有利于保护子女的权益为考虑而作出的选择，《匈牙利国际私法》第45条第1款规定："父母子女间的家庭法律关系，特别是子女的姓名、保护、监护、法定代理、扶养和财产管理适用子女的属人法，但对父母的赡养除外。"

(3) 父母子女双方共同属人法。此主张认为既不能单独考虑子女的利益，而忽视父母的作用，也不能单方面从父母的地位出发，而忽视子女的利益；法律的选择要从家庭中父母和子女的互相融洽关系出发，要综合两方面的因素，既要看到父母在家庭中对子女教育、惩戒、代理、保护、关爱所起到的至关重要的作用，也要看到子女作为弱者，应保护其利益的最大化并对其幸福作出谨慎考虑，所以在此理论基础之上，父母子女关系应适用父母子女双方共同的属人法。

2. 区分人身关系和财产关系而分别适用不同的法律

此主张认为就父母子女关系而言，人身关系由于涉及身份问题与一个国家的伦理道德有密切联系，适用法律自然较为严格，而财产关系虽然适用法律并不如人身关系那样严格，但又涉及动产与不动产，所以不宜适用一个统一的法律。以英国最为典型，首先它把父母子女关系分为未成年子女的一般亲权和对子女的财产权，分别适用不同的冲突规则；其次对子女的财产权又区分动产和不动产并分别适用不同的冲突规则。

（四）我国关于涉外父母子女关系的法律适用

我国《涉外民事关系法律适用法》的正式出台，填补这方面内容的空白，并采取了不区分人身关系和财产关系而统一适用一个法律，其第 25 条规定："父母子女人身、财产关系，适用共同经常居所地法律；没有共同经常居所地的，适用一方当事人经常居所地法律或者国籍国法律中有利于保护弱者权益的法律。"该规定主要体现了如下含义：

1. 本条引入经常居所地作为连结点，适应了属人法的发展趋势和时代潮流。同时，采取了不区分人身关系和财产关系而统一适用一个法律，以父母子女共同经常居所地法律为主要规则。

2. 未区分婚生子女与非婚生子女，统一规定一条冲突规则，是我国《婚姻法》第 25 条"非婚生子女享有与婚生子女同等的权利，任何人不得加以危害和歧视"规则的体现。

3. 本条通过设置多个连结点来增强冲突规范的灵活性，以保证涉外民商事关系的稳定。

4. 本条引入保护弱者一方利益的原则，体现了现今国际私法发展的重要趋势。并考虑到实际情况中子女成年后父母确有成为弱者的可能，故笼统地使用了"弱者"一词，以保护较弱一方的利益。

但是，是否应该考虑不动产所在地法律的选择适用，这应该也是无法回避的问题。

五、收养的法律适用

收养是一方依据法律规定通过一定的法律程序把另一方，即非自己亲生子女，认定为自己的子女，从而在他们之间创制一种如亲生子女和父母之间的权利义务关系。在发生跨国收养时，收养关系的形成不仅与收养双方当事人的利益有关，而且与收养国和被收养国法律制度的联系尤为密切，在各国关于收养问题的法律规定尚不可能一致时，发生涉外收养，就必然牵涉到收养案件的管辖权，收养成立的要件的法律适用，收养的权利义务关系即收养效力的法律适用等方面的问题，以下将就诸如此类问题的解决办法逐一介绍：

（一）收养案件的管辖权

1. 收养人的住所地或国籍国的法院行使管辖权

以收养人的住所地法院来对收养案件行使管辖权，英国最具有代表性。根据1975年《英国收养法》的规定，只要收养申请人在英国有住所，被收养人或其亲生父母或监护人在收养申请提出时出现在英国，英国高级或地方法院就有管辖权。另外，瑞典法和瑞士法也确立了以收养人的住所地作为国际收养的管辖权的依据，同时也承认收养人的本国法是确定国际收养管辖权的依据之一，如《瑞士联邦国际私法法规》第75条规定，如果收养人或收养人夫妻双方住所地在瑞士，瑞士法院对宣告收养有管辖权；如果收养人或收养人夫妻双方在瑞士没有住所，其中一方为瑞士人，并且，他们在外国住所地不可能进行收养或被不合理地要依当地收养程序收养时，瑞士原始住所属地法院主管机关对宣告收养有管辖权。

2. 被收养人的住所地国籍国的法院行使管辖权

此管辖权的规定一般都是从保护儿童的利益角度出发，所以被多数国家采纳并体现在一些国际和国际条约之中，如《法国民事诉讼法》第1166条和《美国冲突法（第二次重述）》第78条都有规定。另外《美洲国家关于未成年人收养的法律冲突公约》第15条明确规定：“依该公约的规定，被收养人的惯常居所地所在的缔约国的主管机关有权批准收养。”

3. 依最密切联系原则确立国际收养的管辖权

以更加灵活、更加开放的态度来确定国际收养的管辖权，反映了在国际收养领域加强彼此协作，相互协调，最大限度地保护各方利益的一种趋势。最密切联系原则的引用，原是这一趋势的实际应用，但在各国对国际收养问题都还采取严格的控制措施时，这一原则的适用范围就相当窄了，所以很少有国家采纳，只有荷兰有类似规定，但从灵活、开放地确定国际收养的管辖权来看，当事人的惯常居所地法院行使管辖权可能是在目前情况下比较合适的。

（二）涉外收养成立要件的法律适用

对于涉外收养的成立的形式要件，即收养程序，申请、订立书面协议、公证和登记，各国有不同规定，在发生争议确定法律适用时都依据程序问题应适用行为地法即适用收养成立地法。但对于年龄规定、年龄差的规定、身份、双方自愿等的法律适用规定就比较复杂，综合各国立法和实践，主要存在以下一些情况：

1. 适用法院地法

英美等普通法系国家在解决法律冲突时，一般都是从解决管辖权问题着手，在管辖权确立之后，如果本国法院有管辖权，那么法律适用也就与管辖权联系在一起，即适用法院地法。1971 年的《美国冲突法（第二次重述）》第 289 节主张法院应适用其本地法决定是否准许收养。

2. 适用收养人属人法

此主张认为，收养人通过申请，订立收养协议，公证或登记等程序成立收养关系，在收养关系成立之后，收养人便负起了行使亲权、抚养被收养人的责任，所以在该收养协议中，收养人应是“特征履行”的一方，收养人的住所地和国籍国是该收养关系的重心所在地，应适用收养人属人法来确定收养的实质要件，同时也有利于保护收养人的权利。该主张适用到立法实践中主要体现在欧洲大陆等国家的法律规定中，如波兰 1966 年法律规定：“收养，依收养人的本国法，但如养子女本国法规定收养经养子女法定代理人或有关国家机关同意时，遵守此项规定的收养才有效。”另外意大利、德国法也有类似规定。

3. 适用被收养人属人法

随着时代的发展，各国在立法中都体现了保护弱者一方的利益的原则，在涉外收养领域中，保护被收养人最大利益是确定法律适用的一个基本立足点，另外收养制度的建立是为了使被收养人能够得到更好的家庭教育和获得真正的幸福。基于以上考虑，适用被收养人的属人法才能给予被收养人有效的保护。

4. 适用收养人和被收养人各自的属人法

该主张认为收养关系的形成与双方当事人的利益都息息相关，所以在确定法律适用时不能只考虑一方的利益，而置另一方的利益于不顾，另外为防止“跛足收养”情况的出现也应分别适用各自的属人法。

（三）涉外收养的权利义务关系的法律适用

收养关系形成之后，此收养应具有什么样的效力呢？即被收养人的姓氏是否改变，是否能取得与婚生子女一样的法律地位，这也是收养人与被收养人之间在收养成立后的权利义务关系问题，由于各国对此问题的规定也有所不同，在确定收养效力时，面临适用哪一国法的问题，以下就各国实践逐一介绍：

1. 收养人的属人法

收养的效力即收养人与被收养人之间的权利义务关系的确定依收养人的属人法，这主要考虑到收养关系成立后，被收养人将到收养人的住所地和国籍国生活，被收养人将要完全适应新的环境，遵守收养人所在国的法律，只有融入收养人所在国，才更有利于保护被收养人的利益。因此，在确定收养效力时，应适用收养人属人法，当然这也是被收养人以后生活重心所在地的法律。

2. 收养人和被收养人的共同属人法

此主张主要是兼顾双方当事人的利益，如前南斯拉夫《冲突法》第45条规定，“收养的效力，依收养发生时收养人和被收养人的本国法；如收养人和被收养人的国籍不同，依他们的共同住所地法；如收养人和被收养人国籍不同，且住所也不在同一个国家，只要其中一人为南斯拉夫公民，则依南斯拉夫法；如收养人和被收养人均非南斯拉夫公民，依被收养人的本国法。”此种规定即兼顾了双方当事人的利益，同时也考虑到实际情况，灵活方便，有利于问题的解决。

（四）有关收养关系法律适用的国际公约

有关收养关系法律适用的国际公约主要有1965年海牙国际私法会议通过的《关于收养的管辖权、法律适用及判决承认的公约》和1993年海牙国际私法会议第17届大会通过的《跨国收养方面保护儿童及合作公约》。不论是从跨国收养的实质性要件，还是从跨国收养的程序要件的规定来看，通过的公约都充分考虑到了原住国和收养国双方的利益，以最大限度地保护儿童的利益。

1. 跨国收养的实质要件

《跨国收养方面保护儿童及合作公约》规定收养程序的开始须适用收养人所在国和被收养人所在国双方的法律，即对儿童是否适于收养的条件的规定适用原住国法律，而对预期养父母是否适于收养儿童的规定适用收养国的法律。

2. 跨国收养的程序要件

《跨国收养方面保护儿童及合作公约》对跨国收养的程序要件的规定，主要体现了充分保护儿童的合法利益、原住国和收养国应协调合作的原则，所以《跨国收养方面保护儿童及合作公约》对原住国和收养国双方都给予适当的管辖权。

《跨国收养方面保护儿童及合作公约》规定，跨国收养应通过中央机关进行。首先由收养人按规定向本国的中央机关提出申请，然后由收养国的中央机关向原住国的中央机关转交该申请。原住国的中央机关在接到申请后，认为该儿童可以收养，则应准备一份报告，并将此报告转交收养国的中央机关。原住国的中央机关已经确认预期养父母同意收养，收养国的中央机关同意决定，而且该决定是符合收养国法律或原住国中央机关所要求的，两国的中央机关都同意收养可以进行，并确认预期养父母条件合格并适于收养，而且该儿童已经或将被批准进入并长期居住在收养国。在此前提下，两国中央机关采取一切必要措施以使儿童获准离开原住国，进入并长期居住在收养国。至此，跨国收养方才完成。从以上程序我们可以看出，跨国收养的程序要件也是分别适用了原住国和收养国的法律。

（五）我国关于涉外收养的法律适用

我国1991年《收养法》第20条规定：外国人依照本法可以在中华人民共和国收养子女。这表明外国人在中国收养子女应受中国法支配。1998年修订的《收养法》对原第20条作了修改，其第21条规定：外国人依照本法可以在中华人民共和国收养子女。外国人在中华人民共和国收养子女，收养人应当提供经其所在国有权机构出具的有关收养人的年龄、婚姻、职业、财产、健康、有无受过刑事处罚等状况的证明材料，该证明材料应当经其所在国外交机关或者外交机构授权的机构认证，并经中华人民共和国驻该国使馆认证。该收养人必须与送养人订立书面协议，亲自向省级人民政府民政部门登记。收养关系当事人各方或者一方要求办理收养公证的，应当到国务院司法行政部门认定的具有办理涉外公证资格的公证机构办理收养公证。这表明外国人在中国收养子女仍然要重叠适用中国法和其所在国法。1999年国务院批准的《外国人在中华人民共和国收养子女登记办法》第3条进一步规定，外国人在华收养子女应符合中国有关收养法的规定，并不得违背收养人所在国的法律。这说明外国人在我国收养子女，必须重叠适用中国收养法和收养人所在国的法律。

我国《涉外民事关系法律适用法》第28条规定，收养的条件和手续，适用收养人和被收养人经常居所地法律。收养的效力，适用收养时收养人经常居所地法律。收养关系的解除，适用收养时被收养人经常居所地法律或者法院地法律。从该条规定可以看出，我国对涉外收养法律适用采用分割的方法即同一诉因的不同问题或者不同方法而适用不同国家的法律。这就接近了实体的方法，等于其创制了一种所涉各国法律中均不存在的混合实体规则。本条区分收养成立、收养的效力和收养终止，分别适用不同的法律。

六、监护的法律适用

（一）概述

监护是监护人对未成年人和精神病人的人身、财产和其他合法权益依法实行的监督和保护。监护制度的设立是使具有权利能力而无行为能力之人的权利能力得到实现，使其与完全行为能力人一样能够生存和发展，这样社会成员之间的互助理念和保护弱者一方利益的原则便发挥到极致，并由法律予以确定和保护。

就监护制度的内容来讲，主要包括监护人和被监护人的范围和条件、监护人的权利和义务、设立监护的方式、监护的变更和终止等，但具体到各国法律规定的内容又千差万别，法律冲突必然发生，当发生法律冲突时，究竟采用何国法律来调整这种涉外监护关系，对双方当事人的影响极大。

（二）涉外监护的法律适用

1. 适用被监护人属人法

监护制度本身就是为救济和保护弱者利益而设置，其主旨是通过该制度的设立，使被监护人的利益不会因自身的缺陷而落空或无法实现，具体到涉外监护中，如果发生争议也都毫无例外地适用被监护人的属人法来解决，这也被世界大多数国家的立法所采纳。但由于对属人法理解的不同，在许多国家又可分为被监护人本国法和被监护人的住所地法两种情况。

监护适用被监护的属人法，虽然初衷是充分保护被监护人的利益，认为用被监护人的属人法来解决监护争议，对被监护人最有利，但事实并非如此。监护制度涉及范围广，有人身方面的监护也有财产方面的监护，而在财产管理方面又涉及动产与不动产，另外监护关系的双方当事人的权利义务又各不相同，如果统一适用被监护人的属人法，虽然在理论上讲操作简单方便，但难以真正达到保护被监护人利益的目的，也难以在实际操作中真正实现其利益。此外，考虑到监护人在监护关系中的作用，若要使其在接受监护和实施执行监护义务方面能顺利地履行职责，这一法律适用原则并非是理想之举，所以，笔者认为，由于监护所涉内容的性质不同，为能真正保证实现弱者的利益，应根据具体情况作出法律适用规范：（1）监护的设立、变更、终止应适用被监护人的属人法；（2）监护中的财产管理，动产适用被监护人住所地法，不动产适用不动产所在地法；（3）监护人在接受监护和执行监护义务方面应适用监护人的属人法。

2. 适用法院地法

这以英国最为典型，作出这样的法律适用规范主要与英国的司法传统有关，它对于争议的解决首先从管辖权入手，如果确定其本国法院有管辖权，那么法律适用就与管辖权联系在一起，即适用有管辖权的法院地法，也即英国法。在涉外监护中这一原则也被毫无例外地运用进来。虽然该原则看起来也是考虑了被监护人的利益才作出管辖权，进而作出法律选择的，但以单一的自我标准衡量利益时，未免太武断，产生不公正的结果也就在所难免。

（三）有关涉外监护的国际公约

1961 年制定的《关于未成年人保护的管辖权和法律适用的海牙公约》就未成年人监护的管辖权和法律适用作出了具体规定。

1. 对于未成年人的保护同样是首先从管辖权入手，然后把管辖权和法律适用原则联系在一起，如《关于未成年人保护的管辖权和法律适用的海牙公约》第 1 条规定，未成年人的惯常居所地国的司法机关和行政机关有权采取措施，以保护未成年人的利益，并得采取其国内法规定的措施。上述措施的制定、变更、终止的条件以及有关未成年人和承担保护责任的人或机构之间的关系，对第三人的效力也由惯常居所地国内法决定。这就同时确定了惯常居所地法是解决未成年人保护的法律。

2. 同时规定适用未成年人的本国法。《关于未成年人保护的管辖权和法律适用的海牙公约》第 4 条规定，如果未成年人本国主管机关认为，出于未成年人利益的需要，它可以在通知未成年人的惯常居所地国主管机关以后，按照其国内法采取措施，以保护未成年人的人身或财产。《关于未成年人保护的管辖权和法律适用的海牙公约》第 3 条又规定："依未成年人本国国内法所具有的权力关系，所有缔约国均应予以承认。"

3. 从保护未成年人的利益出发，在紧急状态下，赋予惯常居所地法以更大的适用权力。

从以上公约的规定，可以看出公约兼顾了各国不同的利益，提出"惯常居所地"并赋予"惯常居所地法"更大的适用权力，同时给予被监护人本国机关和本国法一定的权力和适用范围。但这样做的结果却是使不同国家的法律在相互牵制中难以发挥作用，公约制定的主旨便大打折扣。

（四）我国关于涉外监护的法律适用

由于监护制度是为保护受监护人的利益设置的，各国立法和上述国际条约一般规定被监护人的属人法为监护问题的准据法。我国的立法对涉外监护的法律适用没有作出明确规定，但最高人民法院 1988 年《关于贯彻执行〈中华人民共和国民法通则〉若干问题的意见（试行）》第 190 条对这个问题作了规定：监护的设立、变更和终止，适用被监护人的本国法律。但是，被监护人在我国境内有住所的，适用我国法律。

我国《涉外民事关系法律适用法》第30条规定，监护，适用一方当事人经常居所地法律或者国籍国法律中有利于保护被监护人权益的法律。该条款的规定主要体现了如下含义：(1) 由于监护制度是对被监护人的一种保护，保护被监护人的权益是其终极价值，法律适用也必然需要体现此立法价值。(2) 实现保护被监护人的权益并不限于被监护人的属人法，而应采取开放式的保护方式。

七、扶养的法律适用

(一) 概述

扶养是指根据法律的规定，配偶之间、亲子之间和其他亲属之间，一方在生活上出现接受扶助的必要时，有经济能力的另一方予以供养，以保证其正常生活的一种制度。从以上定义可以看出，扶养一般主要包括配偶即夫妻之间的扶养、亲子之间的扶养和其他亲属之间的扶养等三种情况。

(二) 扶养的法律适用

关于扶养问题的法律适用，各国都从保护弱者一方利益的角度出发，普遍适用被扶养人的属人法，具体有以下主张。

1. 肯定三种扶养的差异性，同时把夫妻之间的扶养和亲子之间的扶养看作夫妻关系和亲子关系的必备内容，所以夫妻之间的扶养和亲子之间的扶养就分别适用调整夫妻关系和亲子关系的法律，而其他亲属的扶养就适用其单独的法律。此主张以《匈牙利国际私法》最为典型。该法第39条规定，夫妻之间的扶养，应适用起诉时夫妻共同的属人法；如无，则适用其最后的共同属人法；如没有最后的共同属人法，则适用夫妻最后的共同住所地法；如夫妻没有共同住所，适用法院地或其他机构地法。关于父母对子女的扶养，该法第45条规定，应适用子女的属人法。

2. 把扶养看作一个整体概念，作广义理解，发生争议统一适用一个法律。这可谓是一种新的发展趋势。该主张认为当扶养作为一个共同综合概念吸收相关内容的组成部分从而独立出来存在于管理之中，并随着时代的统一趋势发展，逐渐演变成为一种公认的保障弱者一方利益和稳定社会的制度时，如果再分门别类，互相交叉，单独制定，这样在实践中只会增加法律适用规范选择的难度。另外，在扶养领域保护弱者一方利益是制定冲突规范的一个重要原则，这在夫妻关系和亲子关系中的扶养方面也不例外，因而在基本原则相通的前提下，法律适用规则的规定也一致，即都适用最有利于保护被扶养人的法律——被扶养人的属人法。而若在适用规则完全一致的情况再分类，只会徒增繁杂，不利于操作。

（三）关于扶养法律适用的国际公约

1956 年第八届海牙国际私法会议上制定了《关于未成年人扶养义务法律适用公约》，但随着其他种类的扶养义务的法律适用问题的出现，亟待制定一个婚姻家庭法方面关于扶养统一整体的法律适用公约来适应这一情势的变化，于是 1973 年便出台了《关于扶养义务法律适用公约》，该公约在法律适用方面主要包括如下内容：

1. 由于离婚和别居而产生的扶养义务的法律适用，根据《关于扶养义务法律适用公约》第 8 条规定，法院所适用的解决离婚和别居的法律，不仅是处理离婚或别居判决时确定扶养关系的准据法，而且也是事后有关的扶养诉讼或对先前扶养判决的修改所应适用的准据法。就该条的主旨，简言之，是离婚和别居配偶之间的扶养依解决离婚或别居的准据法。

2. 除离婚和别居之外的扶养义务的法律适用，即配偶之间、亲子之间、其他亲属之间产生的扶养义务的综合的法律适用，其具体内容如下：（1）扶养义务适用被扶养人惯常居所地法；（2）如果根据该国法律，被扶养人不能获得扶养，则可以适用被扶养人和扶养人共同本国法；（3）如果被扶养人和扶养人没有共同国籍或者根据该共同国籍国法律，被扶养人不能够获得扶养，则可以适用法院地法。

从以上规定我们可以看出公约把扶养义务的法律适用分为两个部分，即离婚或别居的扶养的法律适用和一般的扶养的法律适用。其主要原因是夫妻双方离婚，当判决生效时夫妻关系自动解除，所涉扶养义务也由法院依据离婚的法律得到确定，至于以后关于扶养义务的实现问题发生争议也只能适用解决离婚时的准据法，自然不能与一般扶养合并起来统一适用一个法律冲突规范，这是具有根本性质的差别。但同时我们也看到公约把扶养看作一个整体，对其作广义理解、统一制定一条法律适用规范的良苦用心，其最直接的影响就是在通常含义上统一了各缔约国关于扶养的国内法冲突规范，为在繁杂的扶养领域制定一个综合统一的法律冲突规范作了积极的示范，它必将促使各国在此方面立法逐步走向统一。最明显的例子是《瑞士联邦国际私法》第 83 条第 1 款的规定：“父母子女之间的扶养义务，适用 1973 年 10 月 2 日《关于扶养义务法律适用公约》。”

（四）我国关于涉外扶养的法律适用

我国《民法通则》第 148 条规定了涉外扶养的法律适用：“扶养适用与被扶养人有最密切联系的国家的法律。”我国《最高人民法院关于贯彻执行〈中华人民共和国民法通则〉若干问题的意见（试行）》第 189 条做了补充规定："父母子女相互之间的扶养、夫妻相互之间的扶养以及其他有扶养关系的人之间的扶养，应当适用与被扶养人有最密切联系国家的法律。扶养人和被扶养人的国籍、住所以及供养被扶养人的财产所在地，均可视为与被扶养人有最密切的关系。"

我国《涉外民事关系法律适用法》第 29 条作了明确规定："扶养，适用一方当事人经常居所地法律、国籍国法律或者主要财产所在地法律中有利于保护被扶养人权益的法律。"对上述规定，首先，需肯定的是在扶养领域引入适用"最有利原则"是一大进步。其次，对扶养问题作广义理解，以整体看待，统一适用一个法律，使操作灵活、方便，适应了扶养法律适用的发展趋势。最后，《涉外民事关系法律适用法》第 29 条规定在提供可选法律之范围同时，以"有利于保护被扶养人权益"为法律适用的选择标准，不但贯彻了保护弱者权益的原则，而且增加了可选择法律的范围，增强了实际操作的确定性，可以说是对我国相关法律的一大完善。

图书在版编目（CIP）数据

国际民商事关系法律适用法评判／邢钢著．—北京：中国法制出版社，2018.3

ISBN 978－7－5093－9318－5

Ⅰ．①国…　Ⅱ．①邢…　Ⅲ．①国际法－民法－法律适用－研究②国际商法－法律适用－研究　Ⅳ．①D997.3②D996.1

中国版本图书馆 CIP 数据核字（2018）第 041102 号

策划/责任编辑：杨　智（yangzhibnulaw@126.com）　　封面设计：杨泽江

国际民商事关系法律适用法评判

GUOJI MINSHANGSHI GUANXI FALÜ SHIYONGFA PINGPAN

著者/邢钢

经销/新华书店

印刷/北京京华虎彩印刷有限公司

开本/730 毫米×1030 毫米　16 开　　印张/20　字数/311 千

版次/2018 年 3 月第 1 版　　2018 年 3 月第 1 次印刷

中国法制出版社出版

书号 ISBN 978－7－5093－9318－5　　定价：62.00 元

北京西单横二条 2 号

邮政编码 100031　　传真：66031119

网址：http://www.zgfzs.com　　**编辑部电话：010－66038703**

市场营销部电话：010－66033393　　**邮购部电话：010－66033288**

（如有印装质量问题，请与本社印务部联系调换。电话：010－66032926）